Development
Advanced Materials Indus
in China:
Annual Report (2022)

中国新材料产业发展报告 2022

中国工程院化工、冶金与材料工程学部
中国材料研究学会
组织编写

化学工业出版社
· 北京 ·

内容简介

本书是中国新材料产业发展年度系列报告的第18部。全书以加快转变经济发展方式为主线，突出我国关键材料升级换代的主题，结合新材料产业“十四五”发展规划，解析新一年度新材料产业的发展态势、存在问题与解决方案，为新材料领域未来发展指明方向。主要包括高纯硅原料、铁基超导材料、碳纳米管材料、忆阻器材料、超表面信息材料、聚集诱导发光材料、聚合物太阳能电池光伏材料，以及高端化智能化绿色化的聚烯烃产业、纸基功能材料、均相离子交换膜、仿生防污材料等重点领域与关键行业新材料的发展与应用、问题与对策。

书中对新材料产业各领域的详细解读，为未来我国新材料领域的技术突破指明了方向，将为新材料领域研发人员、技术人员、产业界人士提供有益的参考。

图书在版编目（CIP）数据

中国新材料产业发展报告. 2022 / 中国工程院化工、冶金与材料工程学部，中国材料研究学会组织编写. —北京：化学工业出版社，2023.6

ISBN 978-7-122-43509-5

Ⅰ.①中… Ⅱ.①中… ②中… Ⅲ.①材料工业-产业发展-研究报告-中国-2022 Ⅳ.①F426

中国国家版本馆CIP数据核字（2023）第087627号

责任编辑：刘丽宏　　文字编辑：吴开亮
责任校对：边　涛　　装帧设计：王晓宇

出版发行：化学工业出版社（北京市东城区青年湖南街13号　邮政编码100011）
印　　装：北京瑞禾彩色印刷有限公司
787mm×1092mm　1/16　印张 $18^{1}/_{2}$　字数420千字　2023年10月北京第1版第1次印刷

购书咨询：010-64518888　　售后服务：010-64518899
网　　址：http://www.cip.com.cn
凡购买本书，如有缺损质量问题，本社销售中心负责调换。

定　　价：268.00元

《中国新材料产业发展报告（2022）》

编 委 会

主　　任　李元元　魏炳波　谢建新

委　　员　（以姓氏笔画为序）

丁文江　马振珠　王玉忠　王崇臣　左　良　朱　敏　朱美芳
李　宁　李元元　张平祥　张增志　陈人杰　陈亚楠　苗鸿雁
周科朝　赵　超　段文晖　聂祚仁　唐　清　谢建新　翟　薇
潘复生　魏炳波

主　　编　李元元　谢建新　魏炳波

副 主 编　张平祥　王崇臣　张增志

编写人员　（以姓氏笔画为序）

于相龙　马向阳　马衍伟　王　伟　王　琦　王　颖　王志明
毛旭瑞　化帅斌　田丽梅　朱振兴　任月明　任露泉　刘亚红
刘国红　齐　琳　闫希亮　严大洲　李永舫　李骁骏　杨　宁
杨德仁　吴长江　吴盛恩　何茂刚　汪　雷　汪耀明　宋文波
张龙贵　张　强　张　颖　张志勇　张现平　张勇博　陈弘达
周奇龙　赵　鹏　赵晓鹏　姚　超　姚向荣　姚献平　夏先知
徐铜文　郭　敏　郭　新　郭子芳　唐本忠　黄逸伦　曹　宇
宿禹祺　彭练矛　蒋海斌　程传同　靳会超　骞伟中　魏　飞

总序

当今，面对更趋复杂严峻的国际环境和战略格局，关键战略性新兴材料日益成为我国产业链安全的重大风险领域，也是我国迈向高水平科技自立自强的关键所在。关键战略性新兴材料包括高端装备特种合金、高性能纤维及复合材料、新能源材料、新型半导体材料、高性能分离膜材料、新一代生物医用材料以及生物基材料等，它们涉及航空航天、国防军工、信息技术、海洋工程、轨道交通、节能环保、生命健康等重大战略领域。

《中国新材料研究前沿报告》《中国新材料产业发展报告》《中国新材料技术应用报告》《中国新材料科学普及报告——走近前沿新材料》系列新材料品牌战略咨询报告与科学普及图书由中国工程院化工、冶金与材料工程学部，中国材料研究学会共同组织编写，由中国材料研究学会新材料发展战略研究院组织实施。以上四本报告秉承“材料强国”的产业发展使命，立足于新材料全产业链发展，涉及研究前沿、产业发展、技术应用和科学普及四大维度，每年面向社会公开出版。其中，《中国新材料研究前沿报告》的主要任务是关注对行业发展可能产生重大影响的原创技术、关键战略材料领域基础研究进展和新材料创新能力建设，梳理出发展过程中面临的问题，并提出应对策略和指导性发展建议；《中国新材料产业发展报告》的主要任务是关注先进基础材料、关键战略材料和前沿新材料的产业化问题和行业支撑保障能力的建设问题，提出发展思路和解决方案；《中国新材料技术应用报告》主要侧重于关注新材料在基础工业领域、关键战略产业领域和新兴产业领域中应用化、集成化问题以及新材料应用体系建设问题，提出解决方案和政策建议；《中国新材料科学普及报告——走近前沿新材料》旨在将新材料领域不断涌现的新概念、新技术、新知识、新理论以科普的方式向广大科技工作者、青年学生、机关干部普及，使新材料更快、更好地服务于经济建设。以上四部著作的编写以国家重大需求为导向，以重点领域为着眼点开展工作，对涉及的具体行业，原则上每隔2～4年进行循环发布，这期间的动态调研与研究将持续密切关注行业新动向、新业势、新模式，及时向广大读者报告新进展、新趋势、新问题和新建议。

2022年，新材料领域的战略地位更加重要，相关产业布局持续加码。在信息技术的驱动下，新材料研发与创新的发展不断加速；材料微观结构与宏观性能之间的基础理论取得突破，结合极限条件下制备加工技术的进步，推动新型高性能材料不断涌现，助力新功能器件向高品质方向发展。本期公开出版的四部咨询报告分别是《中国新材料研究前沿报告（2022）》《中国新材料产业发展报告（2022）》《中国新材料技术应用报告（2022）》《中国新材料科学普及报告（2022）——走近前沿新材料4》，这四部著作得到了中国工程院重大咨询项目《关键战略材料研发与产业发展路径研究》《新材料前沿技术及科普发展战略研究》《新材料研发与产业强国战略研究》和《先进材料工程科技未来20年发展战略研究》等的支持。在此，我们对今年参与这项工作的专家们的辛苦工作致以诚挚的谢意！希望我们不断总结经验，不断提升战略研究水平，更加有力地为中国新材料发展做好战略保障与支持。

以上四部著作可以服务于我国广大材料科技工作者、工程技术人员、青年学生、政府相关部门人员，对于书中存在的不足之处，望社会各界人士不吝批评指正，我们期望每年为读者提供内容更加充实、新颖的高质量、高水平图书。

前言

《中国新材料产业发展报告（2022）》（以下简称《报告》）是由中国工程院化工、冶金与材料工程学部，中国材料研究学会组织编写的年度系列报告第 18 部，是中国工程院重大咨询项目《关键战略材料研发与产业发展路径研究》四部系列出版物之一。

《报告》旨在面向国家重大需求，强化新材料对科技强国建设的战略保障作用，着力解决关键战略材料领域的“卡脖子”核心问题以及新材料研发、应用、需求脱节的问题，持续推进关键技术体系化产业发展，找准重大战略急需材料发展的突破口、新契机和解决方案。《报告》从产业发展角度对包括高纯硅原料、铁基超导材料、碳纳米管材料、忆阻器材料、超表面信息材料、聚集诱导发光材料、聚合物太阳能电池光伏材料，以及高端化智能化绿色化的聚烯烃产业、纸基功能材料、均相离子交换膜、仿生防污材料等领域进行了深入调查研究和阐述，以期推动高端装备、生物医药、光电子信息、新能源汽车、光伏、风电等新兴产业向中高端迈进，多措并举全力保障光电子信息产业、高技术制造业、装备制造业等稳步发展。

今年《报告》的编写邀请到多名院士、资深专家学者、产业精英热情认真参与，这些高质量、高时效性的专题研究报告和专家观点，以及推动新材料产业发展的对策和建议，既具有指导性，也有较强的可操作性。为此，对为《报告》的研究、撰写和出版提供全面指导与支持的单位表示感谢！特别感谢参与本书编写的所有作者和组织：

第 1 章　埃米空间　中国材料研究学会战略咨询部

第 2 章　陈弘达　程传同　毛旭瑞

第 3 章　汪　雷　马向阳　严大洲　杨德仁

第 4 章　吴长江　郭子芳　夏先知　宋文波等

第 5 章　姚献平　姚向荣　吴盛恩

第 6 章　马衍伟　张现平　姚　超

第 7 章　朱振兴　张　强　骞伟中　魏　飞

第 8 章　曹　宇　张志勇　彭练矛

第 9 章　化帅斌　郭　新

第 10 章　张　颖　宿禹祺　张勇博　何茂刚

第 11 章　刘亚红　赵晓鹏

第 12 章　唐本忠　王志明

第 13 章　李永舫　李骁骏

第 14 章　徐铜文　汪耀明

第 15 章　任露泉　田丽梅　靳会超

第 16 章　闫希亮　刘国红

希望《报告》的编写、出版、发行能为我国新材料产业高质量发展做出贡献，也希望从事新材料技术研发、应用相关工作的单位及人士提出宝贵意见，以加强科技创新，促进科技成果转化，共同加快我国新材料前沿技术研发和应用推广，推动新材料产业高质量发展。

谢建新

目
CONTENTS
录

第1章

新材料产业发展概述

埃米空间

中国材料研究学会战略咨询部

1.1 新材料产业发展的宏观外部环境

制造业是国家经济发展的重要基石，经济增速下行与制造业增速和占GDP比重的下降密切相关。而材料被誉为制造业的“底盘”，位于各个产业链的最上游环节，是支撑现代产业体系不可或缺的物质基础。要加快实施制造强国战略，就必须夯实新材料产业这一重要基础。

材料的最终价值体现在应用端，新材料的应用给下游制造业带来价值的同时，其发展速度和天花板也受下游制造业景气度的影响。通过分析宏观外部环境对制造业的影响和冲击，能够更好地理解当下新材料产业发展的逻辑。

当今世界新一轮科技革命和产业变革转移催生新技术、新产业、新业态、新模式，单边主义、保护主义抬头，世界各国的比较优势发生变化，诸多因素推动全球制造业格局显著调整。对全球和中国而言，能源危机、逆全球化等给新材料产业带来了挑战和机遇。

面对复杂的外部环境，我国制造业转型升级、转向高质量发展和加速国产替代是发展主线，也是应对外部环境变化的有效对策与思路。在制造业转型升级中，提升核心竞争力是促进制造业发展的根本之道，夯实制造业基础是上上之策，“工业四基”（核心基础零部件和元器件、先进基础工艺、关键基础材料、产业技术基础）是未来发展的核心。

我国制造业高质量转型过程中，新材料产业发展将获得极大的推动，新材料产业发展的三大驱动力包括产业转移、技术升级和政策推动，这三者决定了新材料产业的成长空间。当前，这三个驱动力同时存在，中国新材料产业面临前所未有的机遇，我国由新材料大国转变为新材料强国的步伐加快。

1.2 过去十年我国新材料相关制造业发展回顾

材料的最终价值体现在应用端，下游制造业的景气程度直接影响新材料产业的发展。我国制造业有最完整的产业链和供应链，在中低端领域有绝对的优势，与此同时先进制造业也快速发展，制造业正在向设计端和服务端迈进，一批具有全球竞争力的产业集群加快形成。

过去十年，我国制造业增加值从约 17 万亿元增长到超过 31 万亿元，占全球制造业增加值比重从 2012 年的 22.5% 提高到 2021 年的近 30%，持续保持世界第一制造大国地位。在 500 种主要工业产品中，我国有四成以上产品的产量位居世界第一。

回顾十年来制造业企业发展情况，可以间接描绘出新材料产业的发展轨迹。

统计 2013—2022 年部分制造业的规上企业数量年复合增长率，企业数量增长较快的行业有“计算机、通信和其他电子设备制造业”（6.35%），“非金属矿物制品业”（3.44%），“汽车制造业”（3.41%）。而“化学纤维制造业”（0.80%）、“化学原料和化学制品制造业”（0.60%）则增长较慢。其中，“计算机、通信和其他电子设备制造业”和“非金属矿物制品业”与半导体材料、电子化学品材料、先进陶瓷材料、高端靶材等关联密切，带动了这些领域的新材料跨越式发展。而汽车制造业特别是近年来的新能源汽车相关产业的蓬勃发展，也拉动了动力电池、电驱、电控相关新材料技术、工艺与设备的进步。

就近十年部分制造业规上企业亏损比来看，除 2022 年所有行业亏损企业比例明显上升外，其他年份多数行业没有太大波动。2013—2021 年，与新材料相关性较大的部分制造业平均企业亏损率：“计算机、通信和其他电子设备制造业”约为 18.7%，“非金属矿物制品业”约为 11.9%，“汽车制造业”约为 15.75%，“橡胶和塑料制品业”约为 12.6%，“医药制造业”约为 13%，“铁路、船舶、航空航天和其他运输设备制造业”约为 15.3%，“化学纤维制造业”约为 19%，“化学原料和化学制品制造业”约为 13.9%。

“计算机、通信和其他电子设备制造业”亏损企业比例与行业特点有一定关系，半导体等电子信息行业快速融资发展，这一赛道不断涌现创业企业，行业内大企业也往往进行高研发投入，这一阶段企业亏损比例较高。“化学纤维制造业”这一传统行业在 2020—2022 年平均企业亏损比例高达 26%，与口罩需求波动及相关企业固定资产投入较大有关。

1.3 全球及中国新材料产业发展概况

1.3.1 全球新材料产业发展概况

2021 年全球新材料产业规模为 3.3 万亿美元，先进基础材料占 51%，关键战略材料占 41%，前沿新材料占 8%，新材料产业专利平均活跃度为 26.65%。预计 2026 年新材料产业规模将突破 6 万亿美元，复合增长率达 14%。

近年来全球新材料产业发展迅速，目前供给竞争已经形成了三级梯队。

第一梯队是美国、日本、欧洲等发达国家和地区，在经济实力、核心技术、研发能力、市场占有率等方面占据绝对优势。第二梯队是韩国、俄罗斯、中国等国家，新材料产业正处在快速发展时期。第三梯队是巴西、印度等国家，目前处于奋力追赶的状态。

具体来看，美国新材料处于全球领先地位，并且美国新材料整体发展较为平衡，目前新材料产业主要分布在五大湖区和太平洋沿岸地区，领先企业有宣伟（Sherwin-Williams）、陶氏（DOW）、杜邦（DuPont）、PPG 等。

欧洲地区新材料产业主要分布在德国、英国、法国等国家，其中全球第一的化工材料龙头——巴斯夫（BASF）便位于德国，其提供丰富的新材料产品。

日本在电子材料、陶瓷材料、碳纤维等新材料领域处于领先地位，日本新材料发展目标为保持产品的国际竞争力，注重实用性，在尖端领域赶超欧美。领先企业有日本东丽、日本东邦、日立化学等。

韩国新材料领先企业有三星、LG 化学、SK 化学等，国家将材料科技作为确保 2025 年国家核心竞争力的 6 项核心技术之一。

俄罗斯航空航天、能源材料、化工新材料处于全球领先地位，发展战略目标为力求持续保持这些材料领域在全球的领先地位，同时大力发展对促进国民经济发展和提高国防实力有重要影响力的新材料。

中国在稀土功能材料、玻纤材料上处于全球较为领先地位。新材料是《中国制造 2025》的十大重点领域之一，是中国战略性新兴产业。

在市场集中度方面，部分细分领域市场集中度高，如日本信越、SUMCO、德国 Siltronic 等企业占据全球 60% 以上半导体硅材料市场份额，我国企业在稀土功能材料、玻纤材料等相对低端工业应用领域占有较大市场份额。

在需求方面，国际知名咨询机构 Research and Markets 数据显示，亚太地区占据了全球新材料 59% 左右的市场份额，是全球新材料第一大市场。特别是近年来，亚太地区汽车工业、航空航天等产业继续保持高速增长态势，更大规模地采用了新材料。

1.3.2 中国新材料发展概况

2021 年中国新材料产业规模约 5.9 万亿元，增速为 21.45%，占全球 1/4，相关企业达到 870 多万家，约占我国 GDP 的 6%，预计 2025 年我国新材料产业总产值将达到 10 万亿元的规模。就产业结构来看，先进基础材料占 75%，关键战略材料占 22%，前沿新材料占 3%。

我国各省市在发力新材料产业发展上的做法各有不同，整体来看，依托已有优势产业或政策红利，实现产业集群规模跃升是大多数省份的选择。从区域上看，国内新材料产业已形成了产业集群发展模式，基本形成了以环渤海、长三角、珠三角为轴心，东北、中西部特色突出的产业集群分布，各区域新材料产业的发展和空间分布都各有优势、各具特点。其中长三角新材料产业聚焦新能源汽车、生物、电子等领域的应用新材料，珠三角侧重于高性能复合材料等的研发，环渤海地区则对特种材料和前沿材料较为重视。需要注意的是，成熟的新材料产业中心过度集中于东部沿海地区。随着近年来地区间产业转移和产业合作的增加，不平衡的格局已有所改变，但我国的新材料产业集群仍有较大培育空间。

2021 年新材料产业作为战略性新兴产业的一部分，规模以上企业平均利润率在 10% 左右，比 2020 年有一定提高，但中小企业比大型企业的平均利润率低了 2 个百分点以上，而规模以下企业的数量很多，平均利润率也更低，不容乐观。2015—2022 年，新经济领域融资情况，新消费、智能制造、物流、新材料提升了 4 倍多，新材料占比约 3%。但需要注意的是，近几年新材料投资回报率在 1.1% 左右，在所有的新经济领域里新材料的回报率是倒数第一，也侧面反映了新材料产业的“三高三长”的特点。

1.4 我国新材料产业与国外存在的差距和原因分析

1.4.1 从我国新材料产业规模与结构来看

从规模上来看，我国总体产业规模处于第一梯队，但从高端或先进的维度进行衡量，与先进国家的差距非常大。例如，2021 年在先进陶瓷材料领域给市场占比，日本为 53%，美国为 26%，欧洲为 13%，中国不到 5%。

从结构来看，我国先进基础材料高于全球平均占比，而关键战略材料和前沿材料都低于国际上先进国家的占比。下面从这三类产业结构的分类本质和当下发展现状来说明存在的差距：

首先，先进基础材料主要解决从“量”到“质”的过程，避免中低端过剩和同质化竞争。然而尽管我国先进基础材料在多个领域的产量位居世界第一，但品质并不高，很多领域出现了产能极度过剩和同质化竞争严重的情况。

其次，关键战略材料主要解决产业链的痛点、堵点、短板和空白的问题，也要求必须形成整套技术的创新而非单一技术的突破。我国关键战略材料面临产业链上下游脱节严重，成套技术不完备，部分产品对外依存度高且受海外严格管制等发展问题。

最后，前沿新材料主要解决引领而非模仿的问题，也就是要解决原始创新和基础研究、应用平台与应用中心的支持问题。但当前我国前沿新材料主要是跟踪模仿，原始创新和基础研究严重不足，应用平台和应用中心匹配度不高，成果转化率和成果应用率都很低。

出现以上差距的原因主要有三个方面：

① 我国新材料产业起步比较晚，从新材料相关政策的时间线来看，比国外新材料产业先进国家晚 10 年以上，存在以上差距是必然的。

② 新材料产业具有“三高三长”的特点，打通配方壁垒、工艺壁垒再到工程壁垒，投入周期往往超过 10 年。产业内企业的生存发展需要技术、产品、设备、人才等多种要素的输入，这些要素的积累需要长期主义和极致主义。过去 20 多年是我国产业快速发展期，短期主义、机会主义企业较容易获得成功，行业也更关注“量”的发展，因此与国外在“质”上存在差距是客观的。

③ 我国应用研究投入缺乏或严重不足，而基础研究又与应用研究、产业需求脱节十分严重。基础研究、应用研究、试验发展（技术放大和工程研究）等协同研发才能真正让新材料产业从“量”到“质”、从“低端”到“高端”转变。这就需要我国进行顶层设计和系统规划。

1.4.2 从我国新材料的企业现状来看

我国企业规模普遍较小，缺乏领军型企业，且中低端同质化竞争严重，没有差异化的全局统筹与规划。企业普遍采用短、平、快的研发投入和集成组合策略，缺乏长期投入和底层布局。

出现以上差距的原因主要有三方面：

① 从企业角度来看，相对其他产业和赛道，单一新材料细分赛道体量都不大，细分赛道内企业规模都偏小，“死亡率”也比较高，在规模体量较大的赛道中，规模稍大的企业同质化竞争又很严重，这是新材料产业内企业发展必然要经历的过程。

② 一个领军型企业的诞生需要长周期（研发、验证、应用）积累和迭代、持续和可靠的高投入、差异化竞争和竞合发展。国内企业因为经营压力和社会价值的影响，更多追求“短、平、快”，做短期研发和快速产出的事情，缺乏长期主义和极致主义。

③ 国内缺乏高端产品，中低端同质化竞争的状况有一个重要成因：缺乏材料技术与设备、工艺、检测的同步研发。新材料的应用不是单一材料技术的突破，国内企业对于设备、工艺、检测等的同步研发重视程度低，也就导致材料、工艺、设备、检测等各个要素的解决问题的优势都没有发挥出来，协同解决问题的有效性也没有展现出来，往往是遇到瓶颈时去分别研发设备、工艺、检测方法，再去做融合和转化。而国外企业通过对材料、设备、工艺、检测等的同步研发，形成产业护城河和行业壁垒，在我国仅输出有代差的同质化设备的情况下，往往造成我国企业同质化的竞争严重，进一步加剧了产能过剩和价格比拼。

1.4.3 从我国新材料的科研单位和高校情况来看

研发课题集中在前沿性、影响性的基础研究，且较密集地集中在少数热点领域，与企业工程性、应用性的需求脱节。高校本身也缺乏与产业需求相结合的动机、意识、能力和逻辑。

出现以上差距的原因主要有三方面：

① 从科研单位和高校考核机制来看，基础研究偏向于高影响因子论文的领域。而除前沿新材料以外，先进基础材料和关键战略材料已经很难发表高影响因子的论文，而工程研究、技术放大的试验发展和应用研究，因为牵扯到企业商业秘密，几乎很难发表论文以及专利。所以从源头上就导致科研单位和高校基础研究集中在热点领域，而没有足够的内驱力与企业的工程性、应用性需求相结合。

② 我国很多单一的技术，包括材料技术都取得了突破，有些还实现了领先，但单一技术的突破到产业突破还有很长的距离，需要基础研究、应用研究、试验发展等协同研发、共同研发，材料、设备、工艺、检测等要同步研发，而以上联动我国还差得很远，高校难以培养出产业联动人才。

③ 科技成果转化缺乏早期顶层设计和中后期产业赋能。首先，我国科研项目在组织、咨询、目录、指南、标准、验收的各环节很少有产业内人员参与。而在发达国家，参与以上工作的企业或产业人员比例较高，很多高校基础研究方向的制定都有企业或产业人员参与。其次，从基础研发到产业化，中间过程需要大量的产业赋能，我国中试试验平台、技术放大平

台、量产研发平台的建设不足。另外，能够为材料产业小企业“创业赋能”和大企业“创新赋能”的产业服务机构几乎没有，产业联动人才在国内也极度缺乏。在现有基础上的科技成果转化，成为科研单位与企业间的独木桥和死亡谷。

1.4.4 从我国新材料产业的资本情况来看

因为材料产业具有“三高三长”的特点，资本回报率相对较低、回报周期相对较长，资本市场对材料产业认可度低、赋能不够。尽管近几年资本市场开始涌入新材料产业，但是对于材料产业客观规律认知不足，仍采用移动互联网投资的打法，缺乏良好的产业投资生态。

新材料产业需要一定基础的积累，纯财务投资思维的资本很难在“种子”阶段发挥作用。国外会有一定比例的由国家统筹和协作的产业资本进行长期投入（从种子开始），直至产业达到一定的基础和生态，甚至有很多资本可以采取不退出和湮没的机制，就是为了尽快促进产业基础的积累。而这种资本在我国几乎没有，即使有国家统筹的资本也要求回收期较短、回报率高，没有完全定位赋能产业基础或很少有超过 10 年的，对种子、天使类的项目更是很难赋能。

从本质上来看，这一现象是政府管理、资本运作统筹和分工的问题，对于资本市场要给一些顶层设计和整体定位，政府背景的产业资本需要增加更多的产业赋能、基础积累、产业生态等定位。

1.4.5 从我国新材料产业的人才情况来看

我国缺乏技术放大、产业联动、产业赋能、高技能等人才，尤其是产业联动、产业赋能的人才。而我国教育体系也较为缺乏科学研究与产业需求相结合的理念、意识、能力和逻辑。

从人才情况来看，差距主要体现在两方面：

① 当前制造业人才匮乏，高技能人才缺口高达近 2000 万人，而产业联动、产业赋能人才几乎没有。当前学校、研究所中的教育体系是无法培养出此类人才，高校中基础研究与产业需求结合不紧密，很难为产业输出“接地气”的人才，职业院校也缺乏类似专业人才的培养体系。

② 在技术放大、产业联动、产业赋能、高技能领域，大量的实践训练是培养人才、提高认知的基础。单纯的学校教育只能解决知识积累的问题，而解决不了认知积累的问题，而产业或企业直接参与的应用大学、企业大学、产业学院、教学工厂等才能真正地解决以上问题。

1.5 我国新材料产业高质量发展的目标与建议

1.5.1 对我国新材料产业发展的总体建议

① 新材料产业更需要注重顶层设计、整体管理、战略布局、系统规划。材料属于产业而不是行业，是制造业各个行业的基础和支撑，不能用单一行业的思维去对待。另外，新材料

产业的利润和价值往往体现在延伸或者关联产业，材料产业需要更重视核心技术及平台的打造，最终形成深化后续应用的竞争优势的解决方案，而不是简单的产品或者商品。

这些都需要通过顶层设计和系统规划来实现，如从战略制定上应从源头出发，解决市场需求和产品正确的方向性问题；战术上应加强应用研究（应用平台和应用中心）布局并发挥作用，更好地解决技术、产品和商品之间的匹配度问题。基础研究应与应用平台和应用中心有机结合，应用平台解决应用研究深度的问题，主要针对技术、产品功效关系进行研发。而应用中心主要解决应用研究广度的问题，主要针对技术、产品、商品匹配度方面进行研发。运营方面应综合布局产业赋能和产业服务能力等。

同时，在政府引领下，建立和完善新材料领域资源开放共享机制，联合龙头企业、用户单位、科研院所、产业服务等各方面力量，整合政府、产业和社会资源，充分利用国家数据共享交换平台体系和现有基础设施资源，实现专业化的资源共享平台开展测试评价、工程化、专利、资本、人才等方面资源的共享服务。

② 新材料产业更应做好基础研究与应用研究。从国家层面应加强企业和产业人才参与到高校基础研究方向制定中来，减少高校基础研究与产业的脱节。而应用研究需要跨企业、跨行业的竞合。在这一点上日本做得相对较好，其中行业协会发挥了很重要的作用，在国内行业协会还没有起到行业内促使企业间有效竞合的作用。国家应引导建立产业内的竞合机制，形成群狼效应、抱团出海是中国材料的重要战略路径。

③ 新材料产业更要注意产业链的安全。近两年中美竞争背景下，各国重视自身供应链安全，中国对内需要加快替代技术方案的布局，进一步保障产业链安全。与此同时，对外也应该继续保持开放和推进国际合作，支持企业在境外设立新材料企业和研发机构，通过海外并购实现技术产品升级和国际化经营，加快融入全球新材料市场与创新网络。

④ 新材料产业更应该正视人才结构和薪资压力。材料类毕业生薪资普遍较低，尽管近年来材料产业越来越受重视，但仍只有少部分材料专业毕业生会选择留在先进制造行业，造成人才资源严重不足。同时，高校教育缺乏与产业紧密结合的意识，难以产生企业亟须的“懂应用、能落地”人才。建议对材料学科开展教育改良，增加有产业经验的人员在高校任教的机会，开设与产业结合较紧密的课程，增加在校生了解产业一线实际情况的机会，逐步加强科研单位解决企业实际研发需求的职能。同时，在产业内发掘和转化一批产业赋能工程师人才，发挥这类人才在科研人员和技能人才之间的衔接作用，是成果转化和产业突破的关键环节，也是中国制造业高质量发展的核心挑战。

⑤ 新材料产业更应该有长期的资本投入。材料产业有“三高三长”的特点，即投入高、难度高、门槛高、研发周期长、验证周期长、应用周期长。内外部资本市场在新材料的投资数量和金额明显少于其他行业，回报率也比较低。国外很多资本对于新材料都是长期投入或者是只投入不退出，而目前国内即使政府主导的资本都有明确的退出机制。因此，我国需要在新材料产业领域加大政府筹措扶持性基金的力度，坚持长期主义来夯实产业基础。

1.5.2 对我国新材料产业发展主要目标的建议

我国新材料产业未来高质量发展，达到整体的国际先进，任重而道远。基于我国新材料产业高质量发展的方向和挑战，建议目标如下：

① 实现我国新材料产业结构中关键战略材料和前沿材料比例的提升，达到或接近国际先进水平。

② 提升我国新材料产业领军企业数量，优化产业内重复性和中低端的同质化竞争格局，在政府引导和市场推动的共同作用下，做好差异化与整体协作，避免中低端重复投入和同质化竞争过剩。

③ 通过政府引导和市场推动的共同作用，实现高校教育与产业需求的衔接，在高校、院所、企业建设一批共性、特质的中试平台为主的技术放大和产业赋能的组织、机构。

④ 建议每个新材料细分产业依据发展的情况挖掘、培养、训练一批产业赋能和工程师人才，以及可以培养、训练这类人才的教育组织及教师人才，使我国科研人员—产业工程师—高技能人才的比例分布趋于合理。

⑤ 在政府主导下，建立一批“坚持长期主义和夯实产业基础”的专项资本、基金，以长期投入和打造基础为目的，可以长期或永久不退出，解决关键产业早期基础积累、企业快速成长、产业良性生态的问题。

1.5.3 对我国新材料产业未来布局的建议

新材料产业细分赛道的布局建议需要结合国家面临的人口结构、经济周期、能源安全、绿色环保等重要挑战，这一过程中，新材料技术需要提出相应的解决方案，绿色化、低碳化、智能化成为新材料发展的新趋势。上述需求也催生出了一系列新材料技术与应用，也是我国未来需要着力布局的产业。

① 面向数字化、信息化、网络化、智能化与材料技术的结合，电子通信、芯片和半导体相关新材料不断涌现。如用于连接器、屏蔽罩的铜合金精密材，用于 Micro or Mini LED 高显长晶衬底的蓝宝石，用于声表滤波器的压电晶体，用于无线充电收发器的软磁和非晶带材，用于 OLED、光伏、半导体的高纯靶材，用于 PCB 和显示的光刻胶，半导体领域的特种气体、SiC、GaN、GaO 等。

② 面向清洁能源和环保的材料技术。如用于 EV 的新型负极材料、磁材、电极箔、铝塑膜和导电剂，用于氢能源的催化剂和双极板材料，用于国六尾气处理的催化剂和陶瓷材料，用于交通轻量化的铝合金和镁合金、碳纤维及其复合材料、工程塑料等。

③ 相关军用、民用高端装备制造的材料。如用于航发、舰艇、核电、石化的高温合金，航发、化工、医疗的高端钛合金，用于航空航天、大交通等的碳纤维和石英纤维等。

上述类型材料对国家能源安全、绿色环保、军工与民生等都有极为重要的作用，而且多数面临国外“卡脖子”或国产化率不足的情况。大幅提升上述类型材料的国产化率并制定指标，在国际战略竞争中占据高端，是我国未来 10 年要去重点发展的方向和目标。

第 2 章

电子信息新材料

陈弘达　程传同　毛旭瑞

2.1 电子信息新材料产业发展的背景需求及战略意义

电子信息新材料涉及信息产生、提取、转换、传输、存储、处理和显示，本章所述的电子信息新材料主要包括石墨烯材料、钙钛矿材料、忆阻器材料、柔性电子材料、信息技术与生物技术融合材料等。电子信息新材料及产品是现代通信、计算机、信息网络技术、微机械智能系统、工业自动化和日用电子产品等现代高技术产业的基础和先导。电子信息新材料产业的发展规模和技术水平已经成为衡量一个国家经济发展、科技进步和国防实力的重要标志，在国民经济中具有重要战略地位，是科技创新和国际竞争最为激烈的科技领域之一。

2.2 电子信息新材料产业的国际发展现状及趋势

2.2.1 石墨烯材料

石墨烯是世界上首次被成功制备的二维材料，是基于碳原子 sp^2 杂化组成的六角蜂窝结构，只有一个原子层厚度，是碳家族中继富勒烯和碳纳米管之后的一种碳的同素异形体，它的出现，填补了零维富勒烯、一维碳纳米管、三维金刚石和石墨之间的空白，同时为完美的二维原子晶体新材料登上世界舞台揭幕。

石墨烯自 2004 年被成功“剥离”以来，因其独特的结构和优异的性能备受关注，同时，制备和应用方面也取得了长足的进展。

在制备和转移方面：目前通过化学气相沉积（CVD）的方式，在铜、镍等金属表面高温生长晶圆级单层高质量石墨烯技术已较为成熟，研究的热点在于如何精确地控制生长的层数。日本筑波大学采用液态金属镓辅助的方法，在 50℃的低温，成功生长出高质量石墨烯单晶；韩国成均馆大学率先研制了 30 英寸 ❶ 石墨烯“卷到卷”转移方法，为石墨烯在柔性透明电子领域工程化应用提供了可能；韩国浦项科技大学采用六方氮化硼 h-BN 和石墨烯之间的范德华力将石墨烯转移生长在 Ge（100）和 Ge（110）上，这种干式转移方式可用于组装复杂的二维材料结构。

在电子与光电子应用方面：美国哥伦比亚大学研究发现，采用 h-BN 包裹的石墨烯场效应管（GFET）载流子迁移率可达到 140000cm^2/（V·s)；IBM 公司率先制备了 f_t 超过 100GHz 的 GFET，远超过相同栅长的硅基场效应管；三星公司率先制备了包含 2000 个晶体管开关电流比高达 10^5 的逻辑电路；美国海军实验室制备了三阶交调点（IIP3）优于 27dBm 的高线性度混频器；美国南加州大学利用石墨烯制备了快速检测 NO_2、NH_3、二硝基甲苯等危险气体的传感器；韩国成均馆大学制备了可同时检测压力、温度、湿度的多物理量融合石墨烯电子皮肤。在石墨烯光电探测器方面：奥地利维也纳技术大学将石墨烯与光波导结合，实现了 65GHz、76mA/W 的高频高速光电探测器；在石墨激光器方面，新加坡南洋理工大学率先将石墨烯饱和吸收体的概念引入锁模激光器中，实现了 1550nm 中心波长附近连续可调波长激光器。

石墨烯与其他二维材料通过“堆叠”的方式，可以形成新的一类层状异质二维材料结构，它们层与层之间通过范德华力连接，层与层之间形成范德华异质结。剑桥大学研究的金 / 石墨烯 / 硅异质结光电探测器比标准金属 / 硅光电探测器的响应度提高一个数量级，在 1550nm 波长的激光照射下其响应度可达到 0.37A/W；诺丁汉大学采用机械剥离的方法制备的石墨烯 / 硒化铟范德华异质结光电探测器在 633nm 波长的激光照射下，响应度可以达到 10^4A/W 数量级以上，响应时间为 100μs。

2.2.2 钙钛矿材料

金属卤素钙钛矿的典型组成为 ABX_3（A：Cs^+，$CH_3NH_3^+$；B：Pb^{2+}，Sn^{2+}，Bi^{3+}；X：Cl^-，Br^-，I^-），如 $CH_3NH_3PbI_3(MAPbI_3)$、$[HC(NH_2)_2]_3PbI_3$、$CsPbBr_3$ 等，这类材料光电性质优越，如缺陷容忍度高、载流子传输优异、直接带隙、高吸光系数、载流子扩散距离长、可低成本溶液加工等，成为光伏、发光、光电探测、辐射探测、激光等领域最具竞争力的半导体材料之一。钙钛矿材料的价带由金属 - 卤素反键轨道组成，高于一般缺陷能级位置，对缺陷容忍度高，同时钙钛矿具有双极性传输特点，可以实现载流子的高效注入和收集，在发光和探测器件中具有得天独厚的优势。钙钛矿优异的光电特性使它不仅仅局限在太阳能电池的应用中，很容易被拓展应用至其他光电器件中。鉴于钙钛矿材料宽的光谱可调谐性、高的荧光量子效率，钙钛矿材料也被广泛应用于发光二极管、激光器、光电探测器中。钙钛矿材料的引入对光电器件应用领域起到了很大的推动作用，相关的研究文章数量呈指数式爆发增长。由于钙

❶ 1 英寸 = 2.54cm。

钛矿在发光显示技术领域的巨大应用价值，近年来受到了国际上的广泛关注，掀起了科学家们的研究热潮。

在发光方面，钙钛矿量子点和薄膜通过表面钝化、维度调控、组分控制等，使红、绿光荧光效率超过 90%，甚至接近 100%。器件方面，韩国浦项科技大学的 Tae-Woo Lee 教授课题组通过调节钙钛矿薄膜的晶粒尺寸限制激子扩散，实现 8.53% 的外量子效率（EQE）；南京工业大学王建浦教授和加拿大多伦多大学 Edward Sargent 教授提出二维与三维钙钛矿组装多量子阱结构，显著增强载流子限域作用，提升了发光器件外量子效率。Junji Kido 课题组通过配体交换制备出高效红光钙钛矿量子点并得到 21.3% 的外量子效率。2014 年，英国剑桥大学研制出的第一枚室温发光钙钛矿发光二极管（LED）。2018 年，Friend 团队制造出了效率为 20.1% 的红色钙钛矿 LED。同年，加拿大多伦多大学在钙钛矿配方中加入一种添加剂，从而在钙钛矿晶体周围形成结晶壳，阻止表面缺陷捕获电荷，制造了 20.3% 的绿色钙钛矿 LED。2019 年，瑞典林雪平大学利用钙钛矿晶体边缘的铅离子捕获电子的倾向，创造了一种效率为 21.6% 的近红外 LED。此外，美国加州大学洛杉矶分校、美国普林斯顿大学、新加坡南洋理工大学、韩国首尔大学等多个实验室均有从事这一领域的开发和研究。这一系列的前沿研究成果推动了钙钛矿在发光显示领域的发展，但是，钙钛矿 LED 同样面临着诸多障碍和挑战，这些设备的工作寿命不足 50h，距离商业使用所需的 10000h 差距甚大，这都是未来需要解决的。

除了二极管发光，近年来，钙钛矿激光器也受到了广泛关注。2014 年，新加坡南洋理工大学首次在有机无机杂化钙钛矿薄膜中观察到了光致自发放大辐射行为，其激发阈值为 $12J/cm^2$。2015 年，美国哥伦比亚大学团队就实现了在钙钛矿纳米结构中可见光连续波长光致激光，激发阈值达 $220nJ/cm^2$，品质因数高达 3600。为了提高稳定性，全无机钙钛矿 $CsPbX_3$（X=Cl,Br,I）也相继被应用于激射，并获得了低至 $5J/cm^2$ 的激发阈值。

在探测器方面，钙钛矿材料由于具有平均原子序数大、密度高、载流子寿命长和可见光区带隙易调节等特点，在射线辐照时表现出吸收系数高、载流子漂移长度大、闪烁发光效率高等优异特性。因此，近年来钙钛矿材料在直接型和间接型辐射探测方面均引起了国际诸多研究机构的兴趣。金属卤素钙钛矿作为一类新型辐射探测材料，对 X 射线、γ 射线等高能射线衰减系数高，载流子收集效率高，展现出优异的探测器性能。美国内布拉斯加大学林肯分校 Huang Jinsong 教授发现 $MAPbBr_3$ 单晶 X 射线探测器灵敏度达到 21000μC/（$Gy_{air}\cdot cm^2$）。韩国成均馆大学与三星公司合作报道了基于 $MAPbI_3$ 钙钛矿薄膜的 X 射线面阵成像，对硬 X 射线灵敏度达到 11000μC/（$Gy_{air}\cdot cm^2$）。钙钛矿含重元素铅、铋、碘等，对 X 射线吸收强，高迁移率和长载流子寿命利于电荷收集，保障了器件的高灵敏度。2015 年，苏黎世联邦理工大学发现喷涂的 $MAPbI_3$ 薄膜在反向偏压下具有优异的 X 射线探测性能，达到 25μC/（$mGy_{air}\cdot cm^2$）的灵敏度；随后，北卡罗来纳大学研制出基于 $MAPbBr_3$ 单晶的 X 射线和 γ 射线探测器件，X 射线能量下表现出 10^4μC/（$Gy_{air}\cdot cm^2$）量级的灵敏度，并完成与硅晶圆的异质集成。2017 年，韩国团队将 $MAPbI_3$ 刮涂在 TFT 阵列上，构造了灵敏度 11μC/（$mGy_{air}\cdot cm^2$）的 X 射线的光电成像系统。2019 年，澳大利亚团队在柔性晶体管阵列的源、漏电极间沉积 $CsPbBr_3$ 纳米晶，制备出在 0.1V 偏压下 1450μC/（$Gy_{air}\cdot cm^2$）灵敏度的 X 射线探测器，是传统非晶 Se 探测器的 70 倍。在钙钛矿间接型闪烁探测方面，韩国首尔大学团将 $CsPbBr_3$ 纳米晶作为闪烁体沉积在硅的光电探测阵列上，完成了 X 射线的成像，空间分辨率接近 12.5lm/mm。以 $MAPbI_3$ 和 $CsPbBr_3$ 为代表的钙钛矿材料，将掀起医学辐射成像领域的变革。钙钛矿探测器具有优异的时间响应特性，可见光探测器响应带宽可达 GHz。同时钙钛矿还可以通过低温法制备（< 200℃），如溶液长晶、真空蒸镀、刮涂等，制备条件温和，因此可以直接在 CMOS 或者 TFT 面板上制备，易于集成。

2.2.3 忆阻器材料

近年来，伴随着人工智能、云计算、物联网等新技术的快速发展，未来对高性能计算芯片的需求越来越强烈。目前的通用计算机是基于传统 CMOS 器件和冯 • 诺依曼体系的计算架构，这已难以满足大数据时代高性能计算及人工智能的发展需求。这是因为这一技术路线遇到了理论和技术瓶颈：

① 现有计算器件——CMOS 晶体管的尺寸微缩已接近物理极限，其计算性能无法继续提升，功耗问题日渐严峻，主导集成电路半个世纪发展的摩尔定律即将面临失效。

② 通行的计算与存储相互分离的计算架构中的电平逻辑无法实现计算结果的原位存储和调用，计算系统处理实时海量数据时，计算与存储之间的数据交换已成为计算效率和能耗等性能优化的“冯•诺依曼瓶颈”。突破以上理论和技术限制的关键途径是发展高性能、低功耗、存储 - 计算融合的新原理器件。未来亟须开发新的硬件系统和计算架构，减少数据转移的时间和功耗成本，提高芯片速度和能效比，以满足人工智能等数据密集型领域的应用需求。

为了解决这一问题，类脑计算（neuromorphic computing）提供了一种全新的“存算一体”的计算体系以避开“冯 • 诺依曼瓶颈”，因而近几年吸引了越来越多的研究者的关注。“存算一体化”器件相关的研究也是近年来国际上的前沿热点课题，国内外都在积极尝试各类神经形态器件（neuromorphic devices）来实现“存算一体化”计算，其中新型非挥发存储器最受关注，如阻变存储器（又称忆阻器 ,RRAM）、相变存储器（PCM）、磁存储器（MRAM）等。这些新存储器件的优点在于它们可以用来制作高密度的交叉阵列（cross-point array），在硬件上直接映射深度学习网络，利用“基尔霍夫定律”即可快速实现“向量 - 矩阵”乘法等运算，从而实现对神经网络算法的硬件加速。比如，IBM 预测：未来采用基于阻变存储单元（RPU）的新计算体系来训练深度学习网络，跟最先进的 CPU/GPU 系统相比，可以实现高达 30000 倍的加速效果。

借鉴人脑存算一体的架构特征，类脑材料与器件采用交叉研究思路，拟实现计算和存储单元的局域融合，具体实现方式主要包括基于非易失性存储器和基于忆阻器两大类。与 CMOS 技术兼容的非易失性存储器从存储层级、存储形式等角度实现替代传统易失性存储的技术方案，满足类脑计算芯片的高速、低功耗要求。基于新型非易失性存储器的类脑计算芯片主要包括 IBM 利用相变存储器（PCM）实现的神经网络硬件系统。忆阻器则借鉴生物记忆和学习机制、发挥半导体器件功能的多样性，增强类脑计算的生物可信性。基于忆阻器的类脑计算芯片主要包括美国加州大学圣塔芭芭拉分校最早研发的小规模忆阻器阵列、美国密歇根大学和美国麻省大学艾默斯特分校的上千器件规模的忆阻器阵列等，可以完成 AI 算法功能的原型验证。基于忆阻器的新型仿突触、仿神经元器件也以新材料、新机理等为突破口，以发展低功耗、高稳定性、具有仿生信息处理功能的忆阻器元件为主，也取得了大量基础研究成果。

忆阻器（memristor）是一种本质上兼具信息存储与计算功能的纳米信息器件，其电阻状态能伴随电荷的流经而发生可逆变化，变化程度和极性与电荷流经的数量和方向有关，当掉电时，器件能够非易失性地保持当前状态。作为新一代非易失性存储器的有力竞争者，忆阻器具有高集成密度、快速读写、低功耗、完美兼容 CMOS 工艺等优良特性，被视为实现存算一体化计算最具潜力的技术之一。2008 年美国惠普（HP）实验室在 TiO_2 器件中物理验证了这种由加州大学伯克利分校蔡少棠教授提出的忆阻器概念，并于 2010 年在 TiO_2 器件中物理实现了可进行信息运算的实质蕴含逻辑，被视为新原理材料与器件领域的重大突破。密歇根大学 Wei D.Lu 团队、麻省大学 J. Joshua Yang 团队、德国亚琛工业大学 Waser 团队、加州大学圣塔芭芭拉分校 Strukov 团队也对该材料和器件展开了研究。例如，在国际上，2015 年加州大学圣塔芭芭拉分校 Strukov 团队在《自然》期刊上率先报道了采用 12×12 规模的忆阻器阵列来实现字母识别；2017 年密歇根大学 Wei Lu 团队在《自然 • 纳米技术》期刊上报道了在 32×32（1Kb）规模的忆阻器阵列上实现图像压缩；2018 年美国麻省大学的 Qiangfei Xia 团队在《自然 • 电子学》期刊上报道了基于 128×64（8Kb）阵列实现向量矩阵乘法并演示了图像压缩功能。相比于传统存储器的应用，“存算一体化”的应用对忆阻器的器件特性提出了更高的要求，比如需要电导在一定范围内双向连续可调、电导调控精度高（多比特数）、线性度高、耐久性好、离散性低等，具有这种特性的忆阻器也被称为模拟型阻变器件。通过特定的操作可以使模拟型阻变器件的电导在一定范围内连续取值，基于该特性可以快速完成多种神经网络算法。从文献报道上看，现有的忆阻器性能还不能满足以上需求，系统验证停留在小规模单阵列集成阶段，相关的材料、器件优化和工艺开发仍处于起步阶段，尚未形成统一的技术方案。

2.2.4 柔性电子材料

柔性电子材料及器件的前沿基础研究与多学科的交叉应用是近年来半导体材料领域一个极为活跃的方向，与化学、物理、材料、信息、能源等学科领域深度融合，逐渐形成了有机电子学学科和有机电子产业。柔性电子材料主要包括有机半导体和导电高分子，作为一种新型电子材料，不但具备半导体的光学和电学特性，而且具有有机物优良的加工和力学性能，在有机光电子、有机磁电子、有机信息、有机生物、有机场效应等领域具有潜在应用前景，国内外投入了大量的研究力量。

世界各国高度重视柔性电子材料的研究开发，纷纷布局各自的发展战略，如美国 FDCASU 计划、日本 TRADIM 计划、欧盟第七框架计划等，开发可以应用到多领域的聚合体以及软性电路封装与连接技术，利用石墨烯传感器探索大脑神经活动，滚动资助可打印的空间飞行器。

欧美在新兴柔性电子领域拥有众多优势，拥有世界领先的研究型大学和研究机构，如康奈尔大学、普林斯顿大学、哈佛大学、西北大学、剑桥大学等成立的柔性电子材料研发中心、地方国家实验室和技术联盟等专门研发机构，以及美国空军柔性技术研究实验室、柔性技术联盟（FlexTech Alliance）等，全面开展柔性材料、器件、工艺和应用性能等研究，取得了较为显著的进展。美国国防部也非常重视柔性电子技术在军事领域的应用，建立了柔性和印刷电子研究中心支持其研究和基础设施的开发。

美国还拥有世界级的企业，这些企业在柔性和印刷电子相关领域的竞争力、设备、工艺技术以及知识产权方面都是世界一流，最重要的是这些企业非常重视研究与开发活动。

2.2.5 信息技术与生物技术融合材料

生命是自复制、自适应和自组织的开放信息系统。基于现代信息技术的生命信息采集、处理、存储、整合、挖掘和解析，驱动生命科学研究进入“数据密集型科学发现”的第四范式，使得生物技术向可定量、可计算、可调控、可预测的方向跃升。同时，从基因的表达与调控，到神经元的信息交换和处理过程，生物体中的信息处理过程为信息技术的发展带来无穷的启迪。生物技术与信息技术的融合发展，有其学科内涵的本质、工程发展的规律、时代和社会的要求，带来了日新月异的研究范式、日益月滋的创新突破和日益广泛的应用场景。加强生物技术和信息技术融合发展的前瞻性、战略性和系统性布局，对于抢占科技竞争和产业竞争的制高点，具有重要的意义。从材料方面看，获取生物信号的电极材料是信息技术与生物技术融合发展的基石。

20 世纪 20 年代末，德国电生理学家 Hans Berger 首次记录到人类脑电波，他设计了一套电极系统用于大脑电位节律性变化的描记。1934 年，英国生理学家 Edgar Adrian 和 Bryan Matthews 重复了 Hans Berger 的实验，这种非侵入式的大脑电位变化记录方式被正式接受。非侵入式的脑电图技术的发现及代表性发展应用时间脉络如图 2-1 所示。非侵入式的脑电采集模式不需要任何的手术操作，只需要将采集电极放置于头皮表面进行大脑群体神经元电活动的获取，这种技术安全无创伤，对脑电进行直接采集，时间分辨率高，简单易用，费用相对低廉，因此是目前脑 - 机接口应用最广泛的技术手段。尤其近年来，计算机的计算能力大幅提高，机器学习等人工智能技术不断推进，更是促进了非侵入式脑 - 机接口技术的快速发展。该技术已经在文字输入、假肢操控等方面展示出了广阔的应用前景。相对于植入式脑 - 机接口，非植入的头皮脑电（EEG）信号幅度弱、频率低，极易受到外部环境及其他内源信号的干扰，因此，在 EEG 信号的提取中，对硬件传感系统有着很高的要求。

脑电电极是脑电获取的源头性关键器件，是放大和处理电路的源头，其灵敏度和稳定性是实现整个系统正常工作的重要保证；电极帽是保证电极与头皮接触界面可靠与稳定的关键配件，两者的性能对脑电记录的信号质量有着举足轻重的影响，是脑 - 机接口技术走向实用需要突破的关键技术之一。

对于电极，一方面，要保证与头皮形成较低的接触阻抗，另一方面，电极本身要具备良好的电化学稳定性和适当的力学特性，尽量减少电极器件本身带来的干扰。目前基于无创头皮脑电的脑 - 机接口技术的应用中，脑电电极通常搭配电极帽使用，电极帽的作用是将所有的电极稳固地附着在头皮上。电极与头皮之间的稳定的电学连接有助于减少脑电信号受接触

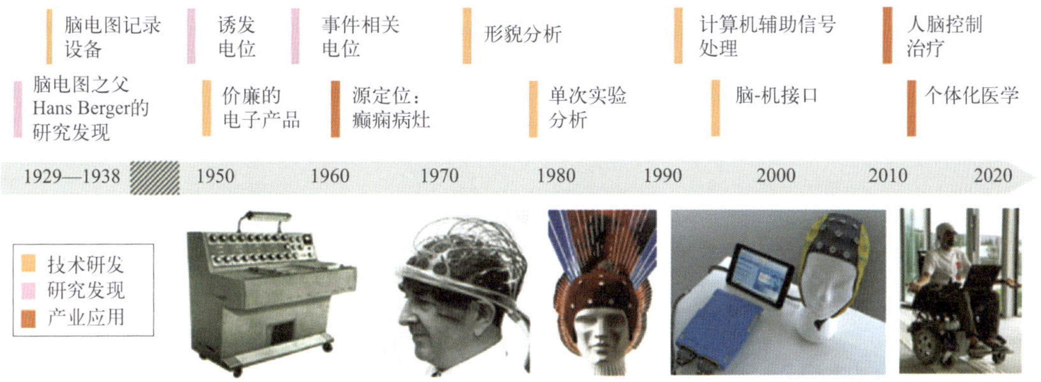

图 2-1　非侵入式的脑电图技术的发现及代表性发展应用时间脉络。从左到右：一台 9 通道的 Nihon Kohden ME-91D 脑电图仪（1959 年，日本最早的 9 通道脑电图仪）；EEG 先驱 Derek Fender 照片；20 世纪 80 年代 EEG 帽标志性设计之一（全世界仅有 1 台）；一种现代化的便携式 waveguard™ 原创电极帽和 eego™ 运动脑电图放大器；脑电图控制的轮椅

界面波动的干扰。

在基于无创电极的脑 - 机接口技术最初应用中，希望帮助患有运动功能障碍（但大脑控制运动的功能正常）的患者借助无创脑 - 机接口实现运动功能的重建或恢复。这些在实验室场景中针对静坐或静卧人群的应用只对电极的电学性能提出了较高的要求，对电极的舒适度、抗运动干扰能力、尺寸重量、美观与否以及佩戴方式等不做考虑。但随着该项技术的拓展与推广，研究人员希望这项技术可以服务于处在生活场景中的更多人群，如娱乐、休闲、教育、精神状态评估等。同时在神经科学研究中，神经科学家希望能够在复杂动态和执行任务的环境下对大脑功能进行研究。这些应用和研究的需求都希望电极器件和固定电极器件（在本章中称为电极帽）具有电学性能优良、佩戴操作简单、器件本身轻便舒适美观、轻维护或免维护的特点。因此，综合运用新材料、先进制造、界面修饰、人机工程等多学科交叉技术，研制低噪、轻便、微型甚至隐形的无创脑电电极及电极帽系统，用于任意场景中的脑电采集的实时反馈控制，对脑 - 机接口及其相关技术的发展具有重要意义。

非侵入式的头皮脑电信号幅度一般在微伏量级，通常采集电极放置部位是颅骨外的头皮上，大部分的使用者头皮上都被覆着头发，不导电的头发在头皮和电极之间形成了电隔离。脑 - 机接口对电极的电信号提取能力、抗噪能力和佩戴便捷性等提出了很多要求，现有的几种脑电电极类型和技术特点如下：

（1）湿电极　皮肤表面是一层由凋亡细胞构成的含水量很少的角质层，电极直接接触皮肤形成的阻抗很高。为了降低接触阻抗，在皮肤表面安放电极时，先涂抹一层含有导电粒子的导电膏润湿皮肤，在皮肤上建立一个富含离子的低阻抗通道，然后再放置电极，达到降低电极接触阻抗、提高信噪比的目的。这种结合导电膏使用、电极与皮肤界面处在水润环境的电极称为“湿电极”。

目前 Ag/AgCl 湿电极是临床及实验室研究中脑电采集电极的金标准——其采集的脑电信号质量在所有的脑电电极中是信噪比最好的。湿电极通常由烧结的 Ag/AgCl 电极配合桶状或碗状的电极外壳和导电膏构成，如图 2-2 所示，利用导电膏渗透头发，形成 Ag/AgCl 电极和头皮之间的电连接。导电膏中含有大量水分和导电离子，水分可以充分润湿头皮，提高皮肤角质层的电导率，大量的 Cl^- 可以使 Ag/AgCl 电极与导电膏的界面快速形成稳定的双电层界面，减小电极在使用过程中的直流漂移。这种湿电极形成的电极 / 头皮之间的界面阻抗低、电势漂移小、波动小，在一般的电生理信号采集中，湿电极的阻抗要低于 10kΩ，以尽量保证信号质量。

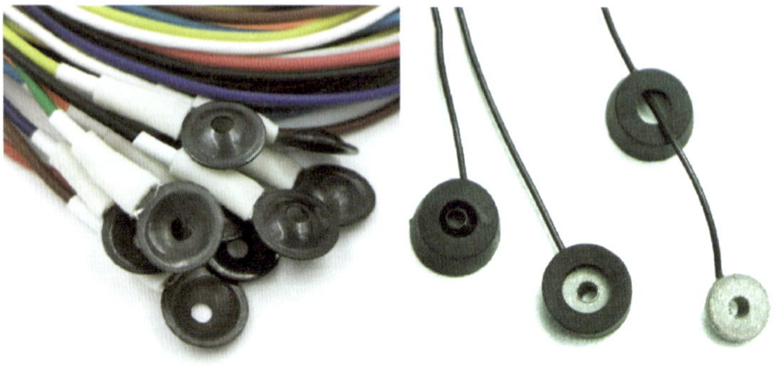

图 2-2　商用湿电极

尽管湿电极采集到的信号质量高，但复杂的佩戴和维护程序严重限制了其在脑 - 机接口中的应用。湿电极的使用需要专业技术人员操作，为每个电极导联注入导电膏以保证头皮与电极之间的低阻抗连接，烦琐耗时；每个电极的导电膏量既要足够以保证低阻抗接触，又需要控制以避免过量导致导联间的短路；实验完成后头发和电极、电极帽都需要及时清理，被试者的使用感不佳，尤其对易过敏人群容易引起皮肤问题。诸多的不便捷使得湿电极的应用局限于实验室和临床。因此，无需专业操作、可即戴即用的便捷式电极及电极帽的需求日趋迫切。随着对电极界面、材料和结构研究的深入，以及配套电路性能的改进和提高，一些方便佩戴、轻维护、免维护的脑电电极及电极帽在非侵入脑 - 机接口技术中被广泛研究。

（2）干电极　干电极传感技术的研究避免了前文所述的湿电极所带来的各种问题。因此，各式各样的干电极被相继提出，如近年来提出的皮肤电子器件在电生理信号的采集和传感方面的应用，利用微机械加工工艺制备的微针电极在脑电采集方面的应用，但这些器件只能用于无发区域的电生理信号采集。可用于有发区信号采集的脑电传感技术是脑 - 机接口技术从实验室走向应用需要突破的瓶颈技术之一。头颅部位无发的可用于脑电采集的区域仅有前额和耳后为数不多的区域，对主流的几种基于视听觉诱发电位及想象运动的脑 - 机接口范式，其脑电采集的部位主要分布在头皮有发区域。因此，脑 - 机接口用电极首先需要设计可以避开头发，直接接触头皮的结构；其次，电极与头皮接触的界面，必须是导电性能好、半电池电位稳定的材料，以减少电极本身噪声的引入。此外，干电极需要与之配套使用的电极帽将其稳定地贴附在头皮上，在提供稳定压力的同时，也要保证用户的舒适度，尤其在高密度的脑电采集中，电极帽更要保证每个电极都能稳定地采集到信号，这对电极帽的设计和制备也提出了挑战。

有发区域使用的干电极通常设计为爪式、柱式、梳式及刷式等结构，其单脚或单柱通常

较细，直径约 1 ～ 2mm，可以顺利穿过头发与发根间隙处与头皮直接接触。如铜制针脚干电极，银 / 氯化银、银镀覆硬质干电极，合金镀层硬质干电极，如图 2-3（a）所示。但硬质的针脚干电极在压力下长时间作用于头皮时会使被试者产生压迫感甚至疼痛感，因此，研究人员通过结构优化、材料更换来提高干电极的使用舒适度。一种方式是增加弹簧缓冲结构，如 E.W. Sellers 等设计的 QUASAR 电极，电极基座后端设计有弹簧结构安装于装载电极的壳中，如图 2-3（b）所示，这种弹簧结构设计，一方面可以维持稳定舒适的压力，另一方面减少了移动式脑电采集过程中的运动伪迹。另有研究组为了电极可以更好地贴合头皮曲面，在柱式电极的每个针脚设计有弹簧结构，图 2-3（c）所示为其中一种典型结构。弹簧结构的设计增加了电极制备的复杂度，且该种电极在长时间的脑电记录过程中依然会产生不适感。另一种方式是直接将电极替换为杨氏模量更低的材料以提高干电极使用的舒适度，如 Yun-Hsuan Chen 等利用三元乙丙橡胶添加不同组分的导电材料，制备出了导电性能和力学性能俱佳的干电极，如图 2-3（d）所示，在长达 60h 的佩戴后仍无不适和疼痛。P. Fiedler 等利用柔性可塑的聚氨酯材料作基底，镀覆银 / 氯化银导电材料，对材料的邵氏硬度、针脚长度、针脚数量及正压力进行了优化，认为利用邵氏硬度为 A90 的材料制备的针脚电极，在 2N 压力下可以兼顾低阻和佩戴舒适度的要求。王龙飞等同样利用具有一定柔弹性的聚二甲基硅氧烷，通过翻模技术制备了干电极基底，并溅射了金薄膜作为界面材料，得到了兼具舒适度和信号质量的柔、性干电极，但电极的重复使用率有待提升。另有一些研究团队直接将电极设计为爪式结构，将与基底垂直的电极针脚设计为与基底呈一定角度的针脚，整个结构具有一定弹性，免去了复杂的弹簧结构。如美国加州大学圣迭戈分校的 Y. M. Chi 等设计了一种尼龙材料镀覆金属导电层的爪式干电极，此电极将电极脚设计为与接触面呈一定倾角的双节结构，如图 2-3（e）所示，这种结构使得电极在被按压时引脚可产生一定的侧滑，从而更容易顺利穿过头发。在织物头带的配合使用下，电极可实现低阻低噪的脑电信号记录。

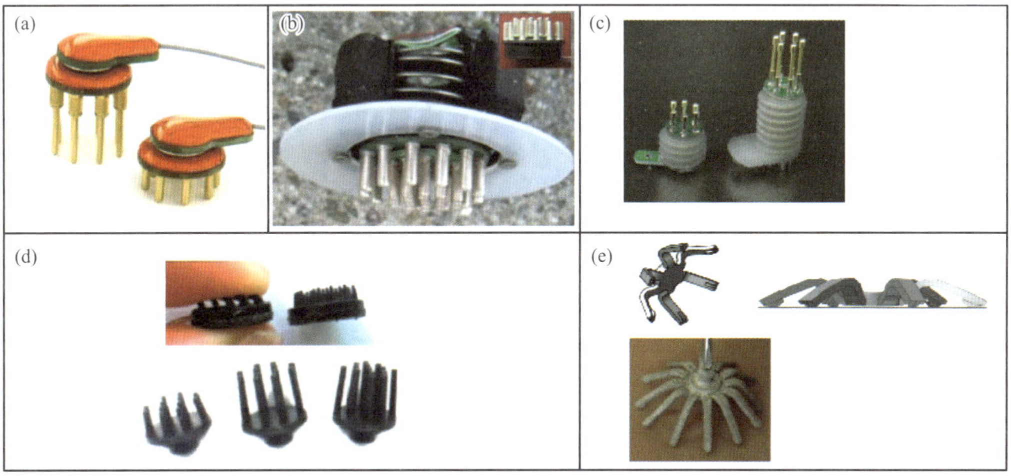

图 2-3　各类干电极

（a）g.tec 硬质干电极；（b）QUASAR 整体弹簧式干电极；（c）单个针脚弹簧式干电极；（d）柔性聚合物干电极；（e）爪式干电极

梳式和爪式是目前商业化及实验室研究最常见的两种电极结构形式。硬质的梳式电极，无论是否装有弹簧结构，由于针脚杨氏模量远大于头皮皮肤，在佩戴过程中尤其是长期佩戴容易产生疼痛感。柔弹性材质的干电极一定程度上解决了脑电电极整体佩戴舒适性的问题，但电极材料的硬度还是远大于头皮，在既要保证电极针脚能够穿过头发接触头皮保证低阻抗接触界面，又要保证舒适度的要求下，爪式电极要求材料的硬度最好与皮肤相当，但过于柔软的材料往往无法满足穿过头发的要求。新的电极材料还需进一步地找寻、调整和筛选。干电极的界面阻抗大小与所受到的压力有很大关系，施加较大压力可以获得相对较低的阻抗，但舒适度更青睐于小的按压强度，因此，界面阻抗和舒适度的平衡很关键，与电极配合的前放电路的协同设计是保证舒适度的同时提高信号质量的一种解决方式，文献中提到的干电极，为了减少噪声干扰，提高信噪比，均在电极后端设计了跟随电路，以降低电极等效输入阻抗。另有一些新颖的电极设计，如制备导电刷毛以增加电极与皮肤的接触面积、降低阻抗，同时柔软刷毛结构也提高了使用舒适度；创意型的电极设计，如反弧形干电极、自固定干电极，以及利用银纳米线制备的海绵电极，这些电极形态为干电极的开发应用提供了新的解决思路。尽管干电极研究如火如荼，也的确做到了电极的便捷式佩戴和免维护，但其所能提供的信号记录质量不高，应用的场合有限。

（3）半干电极 半干电极是针对干湿电极使用中各自存在的劣势提出的一种性能折中的电极形式。其原理是电极配合少量的导电液或水润湿电极 - 皮肤界面以降低阻抗。目前，半干电极大体有如下几种。第一种为储液腔式，结构如图 2-4（a）所示，电极含有一个空腔，内盛导电液，在压力的作用下释放导电液，当压力撤去，导电液被吸回，实现了几乎无残留的脑电采集。但这种电极需要准确控制压力来避免电极间的短路。第二种是储液材料式，与空腔相比，电解液吸附在多孔储液材料中，当多孔储液材料与皮肤接触时，通过毛细力缓慢地释放导电液，常见的储液材料有多孔陶瓷、聚合物芯、棉花、海绵等，图 2-4（b）所示为其中一种典型结构。第三种是高鲲鹏等人制备的刷状半干电极，如图 2-4（c）所示，这种电极是在原有的导电纤维刷毛上放置吸水海绵，由导电纤维的吸水特性将水分传送到皮肤，使其达到与湿电极相似的阻抗，并且得到了低于湿电极的噪声水平。另有以聚二甲基硅氧烷为分布基质、银纳米颗粒为导电材料的柔性导电聚合物制备的柱状电极，应用于有发区脑电采集，同样是利用吸收了导电液的导电海绵，通过柱脚将水分输送到皮肤界面以降低阻抗。上述半干电极不需要像湿电极一样涂覆导电膏，又具有较低的界面阻抗，一定程度上兼具了干

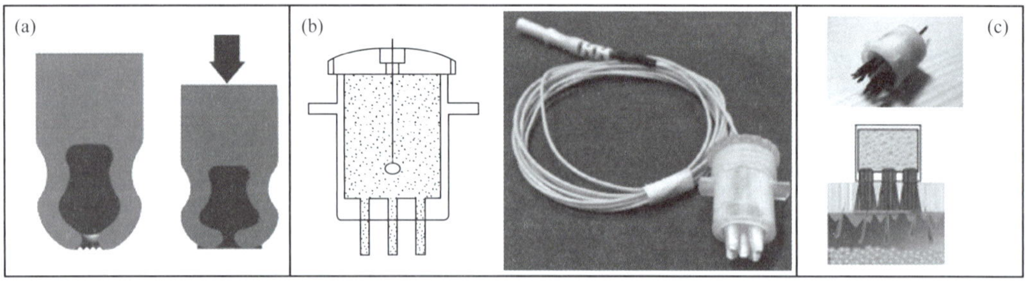

图 2-4 各类半干电极

（a）压控半干电极；（b）多孔陶瓷基半干电极；（c）导电刷式半干电极

湿两种电极的特点。但其复杂的电极结构增加了电极使用和维护的难度，也存在着电解液随时间挥发后需不断补充、压力不稳定容易造成电解液泄漏等问题。

（4）凝胶电极 凝胶电极是另外一种非常具有应用前景的半干电极形式。凝胶自身的交联结构可以锁住大量的水分且不易流失和泄漏。另外，凝胶本身特性可调，如导电性、杨氏模量、黏附性等，使其在脑-机接口的应用中，可以以较低的接触阻抗和较好的舒适度进行稳定的长时间的脑电信号记录，是一种极具应用前景的便捷式脑电电极的解决方案。如S.Toyama等在2012年便提出并制备了一种固态的非黏性凝胶直接安放于Ag/AgCl盘取代传统的湿电极的注胶操作，如图2-5（a）所示，该电极在使用舒适度、便捷性及应用范围方面相较于湿电极和金属干电极均具有一定优势。由于块状的固态凝胶与头皮之间有头发阻碍，因此在佩戴凝胶电极前必须把每个电极与头皮之间的头发拨开，以在短时间内得到稳定的阻抗值。P. Pedrosa等为了使凝胶充分与头皮接触而不残留于头发上，制备了一种黏稠的液态凝胶，该种凝胶注入电极槽内可以在短时间内固化，在完成脑电采集之后可以利用梳子轻易取下，如图2-5（b）所示；但在多导联采集时，注胶操作依然存在使用烦琐的问题。上海交通大学盛鑫军等设计并制备了一种基于离子凝胶的爪式电极，如图2-5（c）所示，利用硬质的外壳为柔性的凝胶提供支撑结构以拨开头发，离子凝胶作为导电材料接触头皮降低界面阻抗并改善舒适度。类似结构还有李广利等基于其研究组原有的多孔陶瓷半干电极结构，将储液结构更换为多孔凝胶，凝胶在储液腔内原位聚合并进行自动的溶胀和释放电极液的过程，实现了高质量的脑电信号采集。

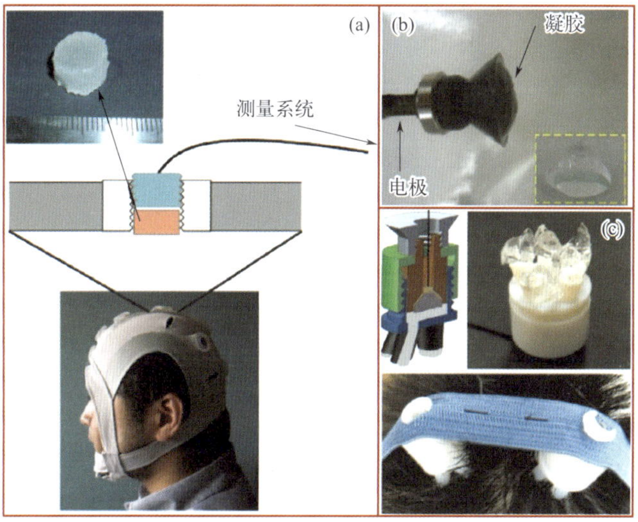

图 2-5　各类凝胶电极

（a）固态块状凝胶电极；（b）液态注入可迅速固化凝胶电极；（c）具有支撑结构的柔软离子凝胶电极

相对于湿电极，干电极不再需要使用导电膏的渗透和缓冲实现电极和头皮的连接通路，而是导电材料与头皮直接接触，即用即戴，无需冗杂的试前准备和试后清洗，更无需担心导电膏的流动带来的导联间短路问题，省时省力。然而干电极与头皮之间仅靠微量的汗液进行离子交换，交换速率大大下降，同时离子转移难度大大增加，使得界面阻抗远高于湿电极，这一缺点一方面使得干电极采集的噪声量增加，另一方面实验时通常通过加大压力降低阻抗，使得干电极的用户体验非常不好。半干电极很好地融合了干湿电极的优势，既实现了低界面阻抗，又避免了烦琐的操作。但储液式的半干电极由于结构复杂，不太适合长期监测。半干凝胶电极是电生理监测电极器件中升起的新星，在信号质量和用户体验方面均具有很好的效果。

2.3 电子信息新材料产业的国内发展现状

2.3.1 石墨烯材料

在石墨烯的制备方面：中国科学院化学所在液态 Ga 表面生长的石墨烯迁移率高达 $7000cm^2$/（V · s）以上。北京大学则重点研究 Cu-Ni 合金催化生长石墨烯，采用这种方法实现了 100μm 尺度的层数可控的石墨烯。中国科学院上海微系统与信息技术研究所在 750℃低温条件下采用 Cu-Ni 合金制备了 6in 无褶皱高质量石墨烯单晶晶圆。中国科学院半导体所采用无金属催化方式在 SiO_2 表面直接生长的石墨烯，光响应度达到 200mA/W 以上。

在石墨烯电子和光电子器件方面：中国电子科技集团公司第十三研究所率先制备 f_{max} 超过 100GHz 的 GFET，随后，中国电子科技集团公司第五十五研究所制备的 GFET f_{max} 超过 200GHz，再次刷新纪录。清华大学将多个 GFET 构建成双平衡混频器，实现了工作在 20GHz 频率的 IIP3 优于 20dBm 的超高线性度。中国科学院半导体所则将 GFET 和 Si 基集成电路单片集成，采用 Si 集成电路处理石墨烯光探测的信号，将光电转换增益提升了 2 个数量级。

在石墨烯异质结构方面：清华大学研究的石墨烯 / 硅异质结光电探测器在 850nm 波长的激光照射下具有 0.73A/W 的高响应度，同时明暗电流比可达到 10^7 数量级。北京大学制备的碘化铅 / 石墨烯二维异质结探测器具有 45A/W 的响应度、20μs 的响应时间和 1μm 的空间分辨率。中国科学院半导体所研究制备的金属 / 石墨烯 / 二硫化钼范德华结双极性光电晶体管，其光电流放大系数为 17.5，光响应度可达 10^4A/W 数量级。

2.3.2 钙钛矿材料

聚焦钙钛矿发光领域，我国已取得了一系列令人瞩目的研究成果，甚至已经走在了世界最前沿。2015 年，南京理工大学团队首次实现了全无机 $CsPbX_3$ 钙钛矿 LED 的 RGB 三基色多色电致发光，其后，该团队又多次刷新钙钛矿电致发光的效率纪录。南京工业大学团队则致力于有机 - 无机杂化钙钛矿 LED 的研制，先后取得了 11.7% 和 20.7% 的红光设备效率。华侨大学利用成分分布管理，在 $CsPbBr_3$ 里引入 MABr 成膜后形成类核壳结构，外壳可以钝化非辐射缺陷，将绿光钙钛矿 LED 的效率提升至 20.31%。苏州大学团队利用蛾眼纳米结构和半球透镜降低了出光损失，提高了光耦合效率，制造出效率为 28.2% 的钙钛矿 LED。国内也有许多其他的高校和实验室从事这一领域的研究工作，如中国科学院半导体所、浙江大学、中国科学院福建物构所、中国科学院大连化物所、北京理工大学等。

由于钙钛矿材料本身优异的光电性能，可以预料其将在更多的领域获得实质性的研究进展。目前，钙钛矿电致光电器件的稳定性欠佳，且含有重金属铅，蓝光器件效率仍需进一步提高，大面积的成膜工艺仍需开发。此外，钙钛矿发光器件的电 - 光转化理论、退化机制仍不完善，需要进一步深入、系统地研究。

2.3.3 忆阻器材料

国内在类脑器件领域的研究呈现蓬勃发展的态势，国内大学和研究机构在忆阻器材料方面的研究已有一定的基础。主要研究单位包括北京大学、清华大学、中国科学院微电子所、中国科学院半导体所、中国科学院微系统所、华中科技大学、南京大学等。其中，北京大学研究了基于过渡金属氧化物、SiO_xN_y、Ag_2S 及有机柔性材料的阻变存储器，提出了利用离子栅控机制模拟生物突触钙离子输运的方法，实现了具有短时程 / 长时程可塑性、超低能耗的人工突触，达到了与生物突触相当的能耗水平，提出了通过氧离子栅控模拟神经调质作用的方法，实现了异源性人工突触，能支撑联想学习等复杂行为。清华大学已经开展了 Ni、Ti、Al 等过渡金属的氧化物和碳基阻变存储器材料、器件工艺的研究，研制上千忆阻器集成阵列并用于人脸识别，在单个忆阻器上集成突触长期和短期可塑性功能，以及实现脉冲时序依赖可塑性共存。华中科技大学已经开展了 Cu、Ni、Ti、Zn 等过渡金属氧化物和 Ge2Sb2Te5、GeTe、AgInSbTe 等碲系化合物的阻变存储器材料、器件工艺集成技术和相关机理模型的研究，基于钙钛矿材料的二阶忆阻器实现了生物突触中的三相 STDP 规则，可以用于更加复杂的模式识别和轨迹追踪；利用材料的忆阻特性，在单个纳米器件中通过改变神经元电脉冲刺激的时序、频率、强度等参数调节突触权重，实现 STDP 等基本突触可塑性学习法则。南京大学课题组基于离子导电介质实现类树突多端器件，研究了 TiO_2、$BaTiO_3$ 氧化物薄膜的忆阻效应。中国科学院微电子所研究了 ZrO_2、HfO_x、Si_xN_y 材料中基于导电丝机理的忆阻特性及其三维集成技术。上海微系统所集成了相变存储器阵列并用于类脑计算研究。复旦大学利用光、电共同调控的模拟阻变器件实现突触功能。西南大学研究团队从新型多功能化忆阻器材料的研制、忆阻器制备工艺优化集成和类脑芯片模型算法等方面取得较好的研究进展。其他取得的成果还包括南京大学的高温高稳定性忆阻器等。

2.3.4 柔性电子材料

我国在柔性电子材料与器件的研究方面也进行了比较全面的布局，如国家重点研发计划、国家自然科学基金以及“973 计划”和“863 计划”等，针对有机电致发光、激光有机光导、有机光伏、有机场效应等领域进行了持续的研发资助，取得了很好的成果。激光有机光导材料与器件已经实现了产业应用，有机电致发光材料正在推动显示与照明产业的变革。

众多高校和科研院所针对我国未来在信息、能源和生命等相关领域产业变革中的重大需求，着力开展以柔性电子材料为基础的柔性电子前沿科学的研究，在有机发光与显示、太阳能电池、场效应、光电探测、传感等柔性电子领域的制备、表征、微图案加工等方面进行了颇有成效的研究，建立了若干专业的有机柔性电子材料与器件的研究平台，在有机太阳能电池、有机发光等领域的研究处于国际先进水平。但总体上，我国在柔性电子材料与器件的多数领域的研究仍然比较落后，例如在柔性有机传感、有机信息存储、有机光电探测、有机隐身等材料的战略前沿领域存在较大差距。

国内石墨烯透明导电薄膜的制备技术达到了国际领先水平，除了中国科学院金属研究所、清华大学、北京大学等科研单位，已有常州二维碳素科技有限公司、无锡格菲电子薄膜科技有限公司、辉锐集团和重庆墨希科技有限公司四家代表性公司从事石墨烯透明导电薄膜的制备与光电器件产品的研发与生产。其中，常州二维碳素科技有限公司率先发布世界首款石墨烯电容式触摸屏以及基于此类触摸屏的手机，确立了国内石墨烯薄膜的首个产业化应用方向，建成投产年产 3 万平方米石墨烯薄膜生产线。石墨烯在柔性 OLED 器件中的应用也获得了广泛的关注。2016 年，中国科学院金属研究所任文才研究组设计并制备出一种新型的、顶层是氧化石墨烯（GO）底层是石墨烯的 GO/G 叠层异质结构电极，以其为阳极制备出多种发光颜色的 OLED 原型器件，效率均优于 ITO 器件。同时，他们在国际上首次制备出发光面积为 4in 的石墨烯基柔性 OLED 原型器件，亮度高达 10000cd/m^2，远高于照明和显示的实用要求，为石墨烯在柔性显示领域中的应用奠定了基础。

我国在碳基柔性电子皮肤集成研究领域也取得了很好的进展，一些新碳基材料和新原型器件的研制相继获得成功。中国科学院半导体研究所沈国震课题组在低维半导体的设计、制备与集成等方面取得了一系列的成果。其中，成功研制了一种基于 P（VDF-TrEE）聚合物纳米纤维及银纳米线层的用于探测弯曲形变或扭曲应变的高度可拉伸纤维应变传感器。其传感器应变系数达到了 5.326，响应时间达到了 20ms，且能在 10000 次疲劳试验后仍表现出良好的稳定性。此传感器安装在手套上，可用于多种手势动作的识别。该课题组还开发了一种基于 PVDF 纳米纤维与还原氧化石墨烯复合材料的电子皮肤器件，该器件能用于振动传感和语音识别，具有较高的灵敏度和循环稳定性。南京大学潘力佳团队合成了聚吡咯空心微球结构的水凝胶，大大降低了材料的有效弹性模量，研制出了具有良好的循环稳定性及抗环境温度干扰能力的高敏感性柔性压力传感器阵列。中国科学院化学所狄重安等在器件结构的设计、集成和多物理量传感方面取得重要进展，所开发的基于悬浮栅有机薄膜晶体管的电子皮肤器件，实现了超高灵敏度的压力传感和较高分辨率的集成，其灵敏度高达 192/kPa，压力检测限达到 0.5Pa，而且响应速度快，该传感器阵列可以感应到其上小球的运动轨迹。该课题组还利用具有微孔结构的热电材料设计开发了一种可以同时感知压力和温度的柔性传感器，实现了低于 0.1K 的温度分辨率，高于 28.9/kPa 的压力灵敏度，并且实现了能量自供。由于材料廉价且易于大规模生产，其在未来电子皮肤或健康监控领域有很好的应用前景。

2.3.5 信息技术与生物技术融合材料

我国在信息技术与生物技术融合材料方面十分重视，在脑电极材料技术方面具有深厚的积累。研究发现，表皮干电极之所以很难达到传统湿电极优异的信号质量，主要原因是干电极与皮肤的接触阻抗较高、噪声干扰较大。造成这一问题的原因：一方面是电极界面材料选用不当，传统湿电极的界面材料多采用 Ag/AgCl，属于非极化材料，半电池电势稳定，同时借助于导电膏渗透过皮肤表层高阻的角质层，达到低接触阻抗的效果；另一方面是电极黏附性较差，传统湿电极不仅有导电膏在电极皮肤之间起到粘连作用，而且在电极周边有大范围的黏合泡棉，使得电极与皮肤紧密贴合，既大幅降低相对滑动产生的噪声，又防止了皮肤形变引入的基线漂移。而干电极无论在界面材料还是在电极黏附方面都有很大的改进空间。例如，优化电极表面结构，增大其与皮肤接触面积。改善界面材料，降低接触阻抗；降低电极厚度，提高电极柔性，使其达到自黏附与皮肤紧密贴合的效果等。通过这些改进措施提高采集信号的质量。

电极的柔性化是提高佩戴舒适度和提高信号质量的有效手段，因为更薄的厚度、更强的拉伸可以使电极与皮肤更加密切地接触，随着皮肤弯折从而降低接触阻抗。本章设计的柔性电子皮肤采用蛇形蜿蜒网状结构，使得传统导电材料——金有了更好的拉伸、扭转等力学特性，能够与皮肤紧密贴合，达到高信号质量、高舒适性的目标。

图 2-6 展示了柔性电极的制作流程：（a）首先以 4in 的硅片作为衬底，经过丙酮、乙醇和去离子水的清洗烘干后，在上面蒸发 1μm 的金；（b）然后在上面旋涂正胶 BP212；（c）光刻出蛇形蜿蜒图形；（d）以正胶为掩模，通过湿法腐蚀（I_2 ∶ KI ∶ H_2O=1 ∶ 4 ∶ 4），将下层的金腐蚀出图形；（e）用丙酮去掉上层的正胶；（f）最后用医用胶带压在金表面；（g）轻轻粘起得到柔性电极。

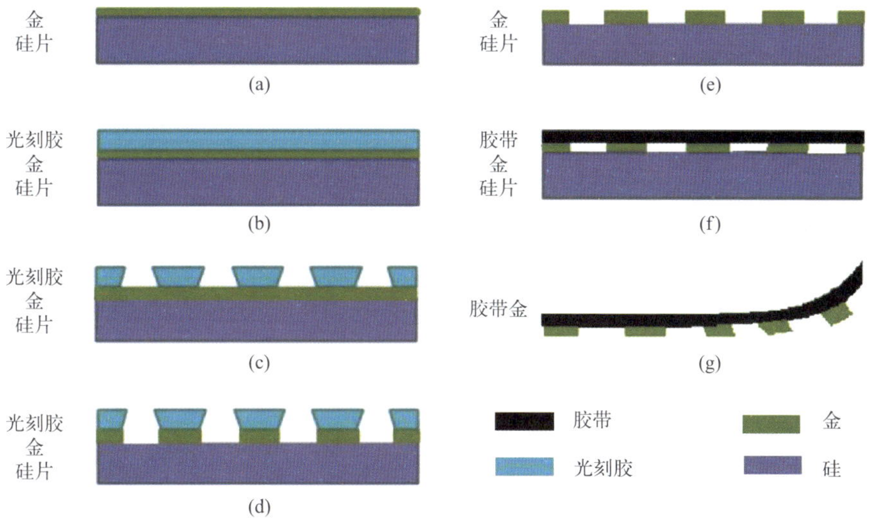

图 2-6　柔性电极的制作流程

皮肤是人体最大的器官，主要承担着保护身体、排汗、感知冷热和压力等功能，主要由表皮、真皮和皮下组织三部分组成。汗腺是位于真皮深层皮下组织的盘曲管状腺，有螺旋状的排出管，开口于皮肤表面称之为汗孔。汗液是由汗腺分泌的液体，它通过汗孔蒸发出体表，除了水之外，还包含氯化钠、碳酸钙等成分，尽管含量较少，但是通过合理的器件设计，可以将其收集存储作为皮肤与电极之间的电解质，这样干电极的阻抗可以通过皮肤自润湿的效应而下降，达到高质量采集信号的目的。图 2-7 所示为电极与皮肤交互影响示意图。

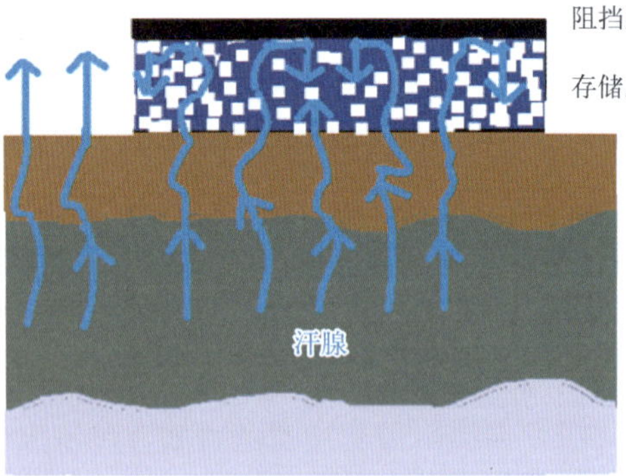

图 2-7　电极与皮肤的交互影响示意图

如图 2-8 所示，所制备的自润湿电极由阻挡层和存储层两部分组成：阻挡层是一层非常薄的聚对二甲苯（parylene），主要用于将皮肤蒸发的汗水阻挡回到存储层；存储层是一层浸涂了 PEDOT/PSS 的纤维纸，主要用于存储皮肤蒸发出的汗水，当汗液浸湿电极后，存储层的这种多孔纤维结构使皮肤与电极的接触面积大大增加，从而降低接触阻抗。

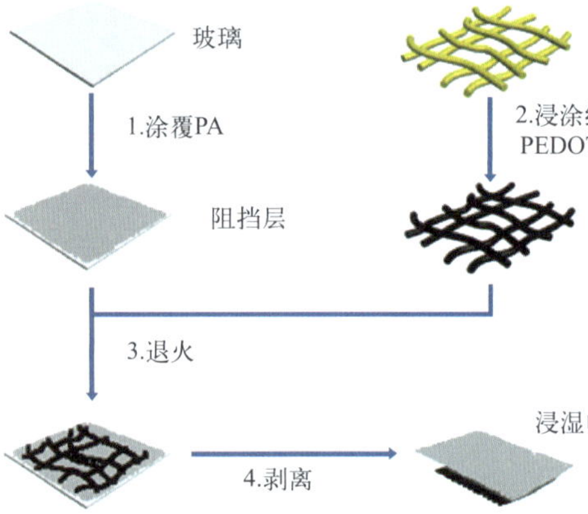

图 2-8　电极的制作流程图

相比之下，干电极虽然在外形上各不相同，但是均没有导电膏的参与，因此接触阻抗普遍高于湿电极，信号质量相对较差。另外，干电极采集点与头皮直接接触，人体稍有晃动，一方面会引起界面半电池电势的变化，出现基线漂移；另一方面工作电极与参考电极之间出现阻抗失衡，原本可以抑制的共模信号转换为差模噪声，因此，抗干扰能力也明显不足。这些问题使得干电极在科学研究和现实应用中均面临很大的挑战。

爪式干电极可以在结构尺寸、材料和固定方式等三个方面进行设计，改善电极的力学特性和电学特性，提高信号质量和佩戴舒适度，从而在一定程度上改善电极接触阻抗较高、信号质量较差、舒适性较差等问题。爪式干电极的结构形貌如图 2-9 所示。

脑电干电极在设计上有两个基本条件：能够穿过头发阻碍；接触稳定舒适。穿过头发采集头皮脑电信号是干电极设计的首要条件，由于头发不导电，且人体头部的发质、发型和疏密各异，电极必须能够穿过这些阻碍才能接触到头皮采集到信号。稳定且舒适的接触是干电极设计的必要条件，接触稳定才能降低干扰，提高信号质量，接触舒适才能给予使用者良好

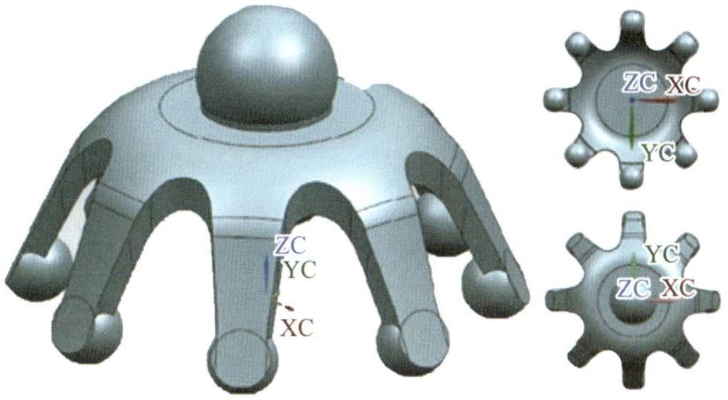

图 2-9 爪式干电极的结构形貌

的用户体验，真正得到推广使用。

电极的结构尺寸是实现穿过头发、稳定舒适接触的重要因素之一。选用爪式结构，下压到头皮时能够“蹬开”头发，可以防止电极的接触点压到头发，从而具有更加紧密的接触，此外这种自然“蹬开”头发的过程也使它大大缩短了调整头发和电极角度的时间，具有“即戴即用”的巨大潜力，更加适合穿戴式系统在实际应用场景中快速、便捷的需求。

电极的基底骨架材料是实现电极接触稳定、舒适的重要因素之一。爪式电极会在一定的外力下穿过头发压在头皮上，因此，第一，骨架需要有一定的机械强度，既不能太硬给用户头皮带来不适，也不能太软使得电极轻易被压断或压扁；第二，骨架必须要有合适的弹性，给按压提供一定的缓冲余地，起到“蹬开”头发的作用，弹性过大会出现电极大幅形变，难以稳定接触头皮、推开头发，弹性过小，电极在反复按压或者长时间按压后，难以快速恢复到初始形态甚至出现永久形变；第三，骨架材料的选取必须考虑生物相容性，不能出现毒害等副作用；此外，还需要考虑材料加工、表面修饰的难易度、价格成本等。

尼龙（polyamide）是聚酰胺的俗称，是分子主链上含有重复酰胺基团—[NHCO]—的热塑性树脂总称，属于塑料的一种。聚酰胺可由二元胺和二元酸制取，也可以用 ω- 氨基酸或环内酰胺来合成，根据二元胺和二元酸或氨基酸中含有碳原子数的不同，可制得多种不同熔点、弹性、强度和耐磨性的尼龙，如应用最为广泛的 PA6、PA66 和 PA610 等。因此，尼龙是爪式电极常用的骨架基底材料之一。

弹性体泛指在除去外力后可以恢复原状的材料，根据其是否可塑化分为热固性弹性体、热塑性弹性体两大类。其中，热塑性聚氨酯弹性体（thermoplastic polyurethane，TPU）是一种各项性能优异的新型有机高分子合成材料。在制鞋行业、医疗卫生、服装面料和国防用品等行业得到了广泛的应用。从结构上看，TPU 是典型的嵌段共聚物，其软链段是由长链二元醇（聚醋或聚醚）组成，硬链段则是由二异氰酸酯和短链二醇（如丁二醇）组成。这种软硬段相间的特殊结构使 TPU 既有弹性又有不错的力学性能，且可热塑加工，令 TPU 作为介于塑料和橡胶之间的一种新型高分子材料得到广泛应用，其耐磨性、回弹性都好过普通聚氨酯材料，耐老化性好过橡胶。而且，TPU 的硬度范围很广（shore A 60 ～ shore D 80 都具有高弹性），弹性模量相当宽（10～1000MPa），加工方式多样（注塑、挤出、压延），在 -40～120℃温度范围内都具有柔性，为我们所需的特殊要求提供了广阔的选择范围，因此，TPU 也是骨架基底材料之一。

电极的体导电材料和界面材料是实现电极的高信号质量的重要因素。第一，稳定的半电池电势可以有效地减少采集信号中的基线漂移，低的半电池电势可以使后续放大电路有更大的增益空间。第二，低的界面接触阻抗有助于降低电极接触点的几何尺寸，从而提高空间分辨率，此外还可以降低对后续采集电路输入阻抗的要求。第三，界面材料的生物相容性和稳定性，可以实现与人体直接接触，在干燥或潮湿环境中保持电学特性稳定。

银（silver，Ag）作为电生理信号采集中的常用材料，具有较低的电阻率，且极化电势相对较低（0.8V），具有较好的电学性能，是常用的电极导电材料，理化性质均较为稳定，富延展性。银 / 氯化银（silver chloride，Ag/AgCl）相比纯银具有更低的极化电势，约为 0.2V，重现性好，也是商用脑电极所常用的界面材料。

除了传统金属，近年来，导电聚合物作为电极界面材料引起了广泛的关注。导电聚合物可分为复合型导电聚合物和本征型导电聚合物两大类。复合型导电聚合物主要是指通过在非导电的聚合物中混合掺入高电导率的导电物而形成的导电聚合物，比如将金属颗粒掺入聚合物中形成的导电聚合物。而本征型导电聚合物是指由碳单键和碳双键交替组成的导电聚合物。因交替的单键和双键形成了大的共轭 π 体系，从而让 π 电子可以自由流动，由此产生本征型导电聚合物。其中，聚乙烯二氧噻吩［poly（3,4-ethylenedioxythiophene），PEDOT］是本征型导电聚合物之一。它具有多孔结构以及较大的电化学活性面积，因此具有低界面阻抗以及高电荷储存能力、高稳定性的特点。因此，爪式电极常用银、银 / 氯化银和 PEDOT 作为界面材料。

由于基底骨架材料具有柔性，在使用时会有较大的形变，因此界面材料与基底骨架材料的黏附性非常重要，在电极的长期按压和反复按压中，表面的导电层必须具备一定的厚度、较好的延展性和耐磨性，才能长时间稳定地采集高质量脑电信号。导电油墨是用导电材料分散在连接料中制成的糊状油墨，一般由导电性填料、黏合剂、溶剂及添加剂组成。导电性填料为导电性好的银粉和铜粉，有时也用金粉、石墨、炭黑等。用作黏合剂的合成树脂有环氧树脂、醇酸树脂、丙烯酸树脂、聚氨酯树脂、氯乙烯 - 醋酸乙烯共聚树脂等。溶剂是溶解这些树脂的溶液，在特定温度下受热蒸发使导电材料与黏合剂附着在所需的基材表面。另外，还可以根据需要加入分散剂、滑爽剂、偶联剂等添加剂，改善导电油墨的特殊性质。导电油墨固化后具有非常好的导电性、附着力和柔韧性，满足爪式电极的需要。

为降低电极使用过程中的基线漂移，需要采用具有低极化电压的材料作为皮肤与电极之间的界面材料。此外，对于干性接触电极来说，电极和皮肤之间属于“刚性接触”，由于运动带来的相对滑动会更加明显，更加需要极化电压稳定、噪声小的界面材料。而 Ag/AgCl 相比 Ag 具有更稳定和低的半电池电势（0.2V），物理和化学性能稳定，且广泛应用于脑电信号的采集中。生物电极表面改性导电油墨具有低半电池电势、延展性、高黏附性和可靠性，因此，可以用来对电极尖端的接触点进行修饰，改善电极的电化学性能，降低界面阻抗。

干电极器件使用便捷、免维护，但阻抗高，记录信号的信噪比有限。银 / 氯化银（Ag/AgCl）电极配合导电膏的湿电极是获取高质量脑电信号的常用电极形式。通常，电极的放置和导电膏的注射都需要专业的操作，且不导电的头发的存在使得脑电电极的放置和准备更加麻烦。对于湿电极，头皮和电极之间的连接依赖于导电膏的渗透，针头的方向和导电膏的量需要不断调整和控制，在连接头皮和电极的同时不会造成相邻电极之间的短路。因此，基于湿电极的系统过于复杂，难以推广。但精神类疾病的筛查、睡眠检测、高速脑机交互控制等一些要求有较高脑电信号质量的应用场景，需要一种既能保证一定的信号质量又要避免繁复的佩戴过程和维护操作的脑电电极系统。

半干电极是干电极和湿电极一种折中的方案。这种类型的电极使用毛细管或微孔结构将水或电解质输送到头皮以取代传统的导电膏，它解决了使用湿电极后残留导电膏的问题。一定量的水或电解质配合一个储液腔是这类电极的常见结构，为了避免形变挤出泄漏水或导电液，常见的电极与头皮接触的材料是刚性的。对于压控式半干电极，其储液材料非刚性，因此必须精确控制压力，以避免释放过量电解质引起短路。水凝胶是一种具有三维交联网络结构的聚合物柔性材料，能够在不引起导联间短路的情况下润湿头发和头皮，并提高电极器件的适用舒适度。一些研究人员利用导电水凝胶取代了传统的黏性导电膏，开发了一种用于无创脑 - 机接口的非黏性固体凝胶块，证明在实际的脑 - 机接口中能够很好地对卧床患者进行脑电监测。但是，由于水凝胶电极的块状结构，在安放固体凝胶块之前，必须把头发拨到一边，对于头发浓密时的被试 / 高密度脑电记录来说，这一操作非常烦琐复杂。液体水凝胶可以迅速转化为固体水凝胶，在脑电记录结束后可以用梳子轻轻取下，但该类水凝胶也有缺点，如准备时间较长，类似于导电膏，需要特殊设计的储存腔，以避免凝胶泄漏，需要烦琐的注胶操作。X. J. Sheng 等开发了爪式和平面片状离子水凝胶状电极，分别用于有发和无发区域的脑电记录，实现了与皮肤的良好接触，然而，柔软水凝胶必须依靠特殊设计的外壳来保持其原有形状。综上所述，传统的半干电极的阻抗比干电极低，但并不比干电极方便。基于水凝胶的新一代半干式电极在一定程度上实现了舒适度与阻抗的平衡。

为了提高脑 - 机接口系统的舒适度和便捷性，此处介绍一种由水凝胶锥和 Ag/AgCl 电极组成的脑电电极，即预置凝胶电极（pre-gelled, PreG）。PreG 电极是一种带有可更换水凝胶锥的半干电极。该电极器件结构简单，可批量生产，阻抗性能稳定，使用后无残留，无需清洗头皮和电极，可快速地应用于脑 – 机接口系统中。

预置凝胶电极主要由 Ag/AgCl 电极（part Ⅰ）、凝胶锥（part Ⅱ）、安装 Ag/AgCl 电极的盖帽及固定凝胶锥的碗状外壳组成，如图 2-10（a）所示。盖帽与碗状外壳可由 3D 打印

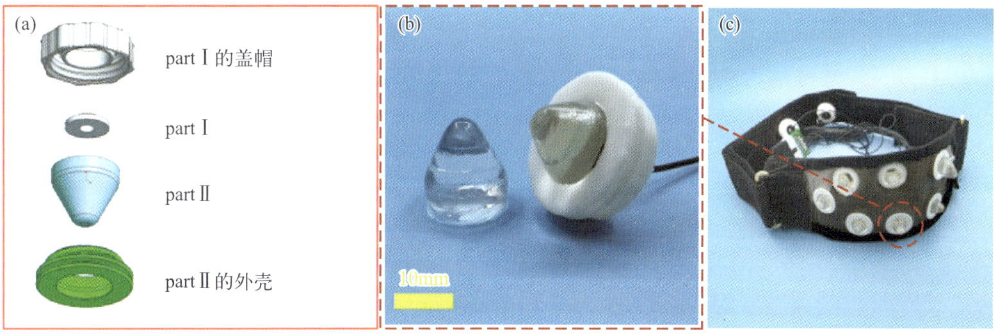

图 2-10　预置凝胶电极。（a）预置凝胶电极结构爆炸图；（b）所制备的凝胶锥实物图（左边），安装好的预置凝胶电极实物图（右边）；（c）预置凝胶电极安装于织物头带实物图。

制备，用于组合固定 Ag/AgCl 电极和凝胶锥。烧结的 Ag/AgCl 电极直径 8mm，用胶水紧紧粘于盖帽，凝胶块设计为锥状，底面直径与高度均为 13mm±0.5mm，置于碗状外壳中，锥形部分会突出壳外约 8mm，通过旋紧碗状外壳与盖帽上的丝扣结构，Ag/AgCl 电极可以和凝胶锥紧密接触。盖帽和碗状外壳可以反复拧开和旋紧，实现凝胶锥的更换。凝胶锥的设计使得电极更容易避开头发的干扰。制备的凝胶锥及安装好的预置凝胶电极实物图如图 2-10（b）所示。碗状外壳在壳体外部预留了环形槽，使其易于安装于脑电头带，安装好的实物图如 2-10（c）所示。

2.4 发展我国电子信息新材料产业的主要任务及存在的主要问题

2.4.1 石墨烯

碳基二维材料作为一种新型的电子材料，有着特殊的性质，特别是在高速电子器件光电子器件方面有着重要的应用潜力，而我国在传统的第二代半导体材料形成的高速电子 / 光电子器件方面落后美、日等先进国家较多，因此大力发展碳基二维材料有着弯道超车的意义。

以电子器件需求为牵引，形成从材料的生长，到器件的制备，再到电子系统原理颠覆性创新的研发体系。通过前瞻部署策略，科学把握新技术的原创点，瞄准国民经济和社会发展各主要领域的重大、核心和关键技术问题，实施材料重大工程和重点研发计划，从基础前沿、重大共性关键技术到应用示范进行全链条设计，一体化组织实施。

石墨烯作为最先发现的二维材料，展现了优良的特性，开展其他二维材料研究也具有重要意义。开展新型二维电子材料理论设计与光电特性的系统研究，发展二维半导体大尺寸、高质量的制备工艺。二维电子材料种类繁多，建议先期进行新型二维电子材料设计与光电特性的系统理论研究的高通量筛选。探索晶圆级二维半导体材料的可控制备，特别是介质衬底上高质量石墨烯、氮化硼等的制备技术，在高性能、高结晶度二维电子材料的制备工艺方面，需要与现有半导体的生长工艺相兼容。发展新的表征技术，对二维电子材料的层数、堆垛方式、层间相对取向和层间耦合进行快速、无损、精确的表征。

二维材料的有效掺杂或者合金化，属于能带调控工程的一部分，是拓展二维半导体功能的有效手段。研究掺杂对载流子输运性能、光电响应的影响，p 型、n 型半导体极性调控；实现窄带隙二维半导体材合金材料、带隙的可控调节，以满足红外、太赫兹响应截止波长的需求；在二维材料中引入其他特殊元素尤其是磁性原子，实现多功能的二维半导体，这在未来的存储器等方面有重要潜在应用。基于二维多铁半导体材料中的磁电耦合，使用微纳加工技术制备二维多铁半导体材料的晶体管器件及新型信息存储器件。

二维异质结是利用层间的范德华力将不同的二维材料堆垛到一起，从而实现独特的物理特性和器件应用。发展大面积二维异质结的制备技术，气相外延制备实现大尺寸二维半导体异质结的生长，是未来需要重点关注的方向之一。研究这些材料与异质结在相关的纳米电子学器件与光电子学器件中的应用，包括场效应晶体管、光电探测器、传感器以及太阳能电池等。研究二维电子材料输运特性并对其调控，可为探索新型低能耗、新物理原理电子元器件等领域的变革性应用提供新思路。发展引入强电场、应力场等外场的有效实验手段，实现单个器件中多重外场的耦合调控。

推动二维电子材料面向芯片应用的高效异质集成。针对二维电子材料应用于光、电器件所面临的功能协同与器件集成的困难，一是与现有传统半导体的异质集成，与目前的半导体芯片工艺兼容；二是全二维材料功能结构一体化新型电子器件，以二维金属材料、二维半导体材料和二维绝缘介质构建场效应晶体管器件，推动二维电子材料功能协同和器件集成。利用二维晶体制备的光电探测器响应波长可以覆盖近红外、可见、紫外波段，采用窄带隙和宽带隙二维晶体半导体材料制备从紫外到近红外的多色探测器，目标在于同时实现探测器对紫外和近红外波段的高响应度、快速响应，研制新型紫外到近红外多色探测一体化、易携带的有源和无源多色光电探测器。开展全二维材料功能结构一体化新型电子器件研究，以二维金属材料、二维半导体材料和二维绝缘介质构建场效应晶体管器件。

2.4.2 钙钛矿

钙钛矿材料及光电器件研究的主要任务包括高质量钙钛矿材料的设计和生长、钙钛矿材料维度效应、钙钛矿光电器件的表界面调控、钙钛矿光电器件的稳定性与蜕变机制几个方面。具体包括：

（1）高质量钙钛矿材料的设计和生长 对于多晶钙钛矿，虽然每个晶体内部缺陷密度低，但大量存在的晶界、表面缺陷对其光电性能有显著负面影响。已有研究表明，通过改善钙钛矿多晶薄膜制备工艺，提高结晶质量，可明显改善器件的光电转换效率。单晶钙钛矿无晶界、缺陷密度低、载流子迁移率高、扩散距离长，比多晶或者无定型薄膜有更优越的光电性能，在光伏电池、光探测器、传感器、激光及非线性光学等领域有良好的应用前景，因而受到关注。卤素钙钛矿单晶可通过水溶液降温结晶、反溶剂气相扩散和升温结晶等方法制备。钙钛矿单晶强度小，通过机械减薄等方法难以获取大面积高质量单晶薄膜，极大地阻碍了其在光电器件方面的应用。因此，如何制备厚度和面积可控、光谱吸收宽的有机 - 无机钙钛矿单晶或类单晶薄片是钙钛矿单晶光电器件的核心问题之一。此外，如何避免使用重金属元素铅也是重要的研究方向之一。铅元素对人体有害，钙钛矿中的铅极易溶解于水而产生污染。因此，无铅的实现是环境友好型高效率器件的最佳策略。

（2）钙钛矿材料维度效应的应用 通过调控制备工艺获得量子点、纳米线等不同形貌的钙钛矿纳米结构，实现钙钛矿薄膜晶体尺寸从几十纳米到几微米的调节，从而改变材料的带隙、载流子寿命、电学性能等。因此，不同维度构筑钙钛矿材料是获得高性能钙钛矿光电器件的基础。钙钛矿中 A:B:X 比例决定结构的维度。A 为阳离子［例如 $CH_3NH_3^+$，Cs^+、$HC(NH_2)_2^+$ 等］，B 为铅、铜或者锡阳离子，X 为卤素或类卤素阴离子。BX_6 八面体单元间的连接方式决定结构维度。三维（3D）卤素钙钛矿的组成通式是 ABX_3，BX_6 间靠卤素 X—X 点与点连接，载流子沿着 X—B—X 运动，不受限制。二维（2D）钙钛矿的组成通式是 A_2BX_4，3D 钙钛矿结构中插入长链有机胺离子层，形成 2D 层状结构，载流子的运动受限在 2D 平面中。一维（1D）钙钛矿通式为 A_6BX_5，BX_6 通过上下两端的卤素离子连接，形成 1D 链结构。零维（0D）钙钛矿通式为 A_4BX_6，BX_6 独立存在，有机阳离子分布在周围。1D 和 0D 钙钛矿中载流子在两个和三个维度上受限制。随着结构维度降低，钙钛矿激发态的能级提高，带隙增大。

通过分子设计构筑多维度功能基元，可实现钙钛矿的晶体结构、能带结构、化学性质及光电性质的调控。一般来说，三维钙钛矿晶体（ABX_3）的形成需满足容忍因子 T_F 在 0.89 ～ 1（立方相），为实现大的吸收系数及较小的激子结合能，B 通常是半径较大的 Pb^{2+} 或 Sn^{2+}，A 位离子为更大半径的 Cs^+、甲胺和甲脒离子等。不同半径的 A 位阳离子导致不同的容忍因子影响材料在常温下的相态。传统二维结构钙钛矿晶体基于更大离子半径的 A 位阳离子将 $[PbI_6]^{4-}$ 八面体限域在一个平面内。尺寸较大的长链铵离子和较小的铵离子协同与 $[PbI_6]^{4-}$ 作用，则可形成准二维层状结构，层内以库仑作用力键合，层间通过范德华力作用，构成长程有序结构。当钙钛矿材料维度降低时，很多光电物理性质将发生显著变化，即使在单元胞厚度下依然有极强的光 - 物质相互作用，随厚度变化也表现出强的量子限制效应。但难以大量制备高质量的二维钙钛矿材料。

（3）钙钛矿光电器件的表界面调控 钙钛矿材料通过纳米化可以获得很多优异的发光性能，而且尺寸纳米化也将带来显著的表面效应。表面钝化可以大大改善钙钛矿材料的发光性能和光学稳定性，但是过多过长的配体链也会引入明显的杂质分子，将很大程度上阻碍载流子传输，降低器件性能。目前解决这个难题主要是通过表面配体纯化和交换。钙钛矿的离子特性使其难以应用传统纳米晶中用到的纯化和配体交换方法，因此需要开发适用于钙钛矿这一新型光电材料的技术方案。国际上对于钙钛矿材料表面效应的研究尚处于初始阶段，如何通过表面调控来平衡“钙钛矿材料表面充分钝化”和“相关光电器件高效性能实现”，是一个亟待解决的关键科学问题。

除了表面效应，界面亦是影响钙钛矿光电器件性能的关键因素之一。在多晶钙钛矿薄膜中，小晶粒会形成相当数量的界面，从而导致高的晶界密度，这些晶界会俘获电荷，同时缺陷和非辐射复合中心也会降低器件的性能。相反，晶粒的粗化会形成孔洞，形成直接与正负电极接触的分路。对于 LED 来说，通过调节电荷传输层的功函数，可以保证电荷的有效注入及激子在发光层的高效辐射复合。

钙钛矿材料的种类、维度、粒径尺寸都对界面载流子的注入和传导产生重大影响。在钙钛矿太阳能电池器件结构中，电子与空穴在各层薄膜界面的输运过程尚不明晰，而各层薄膜界面的相互联系对于电池光电转换效率有着直接影响，这对于载流子的传输与收集、能带匹配有重要意义。相对于传统光电功能材料，钙钛矿尚处于初始阶段，其与传输层之间界面匹配、传输层与电极之间界面匹配、界面势垒、界面粗糙度影响、界面扩散等大量界面问题急需解决。

（4）钙钛矿光电器件的稳定性与蜕变机制 要实现钙钛矿发光和探测器件的商业化，必须解决器件的稳定性和大尺寸问题。器件的稳定性主要受制于钙钛矿材料的结构稳定性。在较高温度或湿度下，钙钛矿的晶格结构易被破坏而导致分解，用混合卤化物钙钛矿材料代替单一的钙钛矿材料可以有效解决这一问题。目前普遍认为二维铅卤化物钙钛矿具有比三维材料更好的环境稳定性和激子稳定性及更快的载流子复合速率，但其高的缺陷态密度、强的激子 - 激子与激子 - 声子耦合引起的载流子损耗是该类材料在光电子器件中应用的限制因素，而且对该体系缺乏深层次的理解和认识。因而研究不同维度钙钛矿材料中的激子 - 电荷、激子 - 激子及激子 - 声子的相互作用规律及载流子的传输和复合过程，阐明激子耦合与弛豫过程，加深对光物理的理解及建立载流子动力学模型，这些工作非常重要。尽管钙钛矿材料具有良好的应用前景，但是目前其研究和产业化仍面临诸多问题与挑战：钙钛矿材料的高质量生长、电子 / 空穴输运过程作用机制的阐明，钙钛矿材料的表界面调控，钙钛矿少铅非铅化，器件稳定性的提高，高效光电转换机理的深入探索等。

2.4.3 忆阻器

基于忆阻效应的新原理神经形态器件是构建类脑芯片的关键基础。在器件单元层面模拟生物突触与神经元的信息处理过程，并通过拟神经网络架构对器件进行集成和构建类脑计算芯片，有望从根本上解决传统计算机中逻辑与存储单元分离的架构瓶颈，克服由此导致的计算性能、功耗等突出问题，并在芯片智能水平、学习能力、面积、能效等方面取得突破，为计算机和人工智能产业储备关键技术。因此，神经形态器件受到了国际上多个国家的重点关注和项目支持，包括美国国防高级研究计划局（DARPA）启动的电子复兴计划等，是当前国际上的前沿交叉领域，这符合我国在人工智能与新一代信息技术领域的重大战略需求。神经形态器件是未来人工智能芯片的基础器件，有望应用于人工神经网络（ANN）、脉冲神经网络（SNN）等领域。SNN 基于突触器件的电物理特性与生物大脑的电生理特性的相似性，在物理层面构建模拟人工大脑，为仿脑计算的研究提供硬件基础，从而为人工通用智能的实现提供一条可能的路径; ANN 基于神经形态器件的存算一体特性，解决传统计算芯片的“冯•诺依曼瓶颈”，减少运行深度神经网络应用的功耗，并为深度神经网络的训练或推理过程进行加速，从而降低深度神经网络在边缘节点设备上应用部署的难度，为构建智能物联网提供底层计算芯片的支持。

针对大数据、人工智能、物联网等新兴领域的大规模应用，传统以 CPU 为核心存算分离的冯 • 诺依曼计算架构正在向以存储为核心的“存算一体化”方向转变，数据本身作为价值的直接载体，将成为新体系架构的重心。传统存储技术难以满足大数据时代对海量数据存储和处理的需求，因此，针对冯 • 诺依曼体系中计算与存储分离导致的芯片系统性能下降和功耗增加的问题，探索可“存算一体化”的新原理忆阻器，从忆阻器机理、材料、结构、工艺等方面入手，解决模拟型忆阻器在实现存算融合功能时面临的关键基础问题，包括电导调控的非线性、器件离散性和可靠性差等关键性能瓶颈，提出高性能“存算一体化”器件的设计方案，研制出具有实用功能的模拟型忆阻器阵列，实现我国在新型存算一体化器件方面的知识产权积累。

对于面向“存算一体化”的忆阻器而言，其器件特性是受材料体系、器件结构与操作方法等多因素影响的。从微观机理上看，忆阻器内部导电通道的形成与断裂决定了器件“存算一体化”的特性，忆阻器状态波动、参数离散、电流泄漏、功耗等器件特性以及“存算一体化”功能所需的阻值缓变可调、线性度等和忆阻器内导电通道是密切关联的。因此，本领域的指导思想是在理解忆阻器的工作机制的基础上，通过研究材料改性、器件设计以及操作优化实现器件内导电通道的可控生长与断裂，获得忆阻器“存算一体化”功能并进行性能调控。通过控制忆阻器内的导电通道的特性实现忆阻器状态波动、参数离散以及电流泄漏等性能的有效调控，从而研制面向“存算一体化”的高速、高可靠性以及均匀性优良的忆阻器。

主要研究目标和战略任务包括：

① 材料层面重点开展可大规模集成的忆阻器材料体系研究，深入理解模拟阻变特性的微观机理，澄清影响模拟计算性能的物理因素，提出精确调控器件电导值的方法，深入分析对比各种不同材料体系的忆阻器性能，研究分析各个材料体系的导电机理和优缺点，开发忆阻器材料的高通量计算和验证平台，建立忆阻器材料基因库，筛选出适用于存算一体的忆阻器材料体系，厘清材料物性与器件性能的内在关联。

② 器件层面重点解决目前忆阻器性能参数波动性大的问题，建立器件紧凑模型，提高忆阻阵列的单元良率，从而进一步实现高密度的器件集成，为高并行度的类脑计算系统提供器件基础。针对“存算一体化”芯片中高密度数据存储和低功耗数据处理对器件小型化的需求，理解限制模拟型阻变器件尺寸缩小和阵列集成规模的关键因素，研究纳米尺寸下新型存储器的设计与性能优化，分析比较不同尺寸的器件的性能差异，建立器件模型并提取模型参数。针对存算一体化应用的需求，优化忆阻器结构与操作方法，将器件的模拟型阻变区间窗口提高到 50 倍以上，并同时使非线性度小于 1，电导离散性小于 5%，耐擦写特性大于 10^{10} 次，脉冲宽度小于 10ns，能耗小于 0.01pJ。

③ 电路层面发展高精度、大规模的自动化写入电路，实现对忆阻阵列的并行快速写入，设计误差抑制读取电路、低功耗小面积数模 / 模数转换电路以及纠错电路等，实现对忆阻阵列的有效操作。将开发的模拟型阻变器件完成规模化的大阵列集成，在阵列上完成具有通用性的存算一体化功能的原型验证，实现高并行度的矩阵运算，计算速度和能效比传统“冯•诺依曼”系统提升 10 倍以上。

④ 架构层面基于存算一体器件和电路设计，发展存算融合的计算架构，拓展现有的乘加运算计算模型，实现通用、可扩展、可重构的存算一体计算架构，支持多样化应用。

⑤ 算法层面基于生命科学以及现有人工智能算法的研究进展，发展能够充分利用和发挥忆阻器物理特性的器件友好的类脑计算算法，进一步突出器件对类脑计算系统的支撑作用。

⑥ 最终构建基于忆阻器的类脑计算系统和相关产业链，构建类脑计算软硬件生态。

2.4.4 柔性电子材料

柔性电子材料是各类光电器件的有机活性组分。作为一类新型电子材料，与无机电子材料相比具有诸多特点，如柔性电子材料可通过分子剪裁或者分子间组装实现不同的功能需求，种类多样，器件制备成本低；有机材料具有柔性和可适应性，非常适合印刷工艺的大面积柔性器件制备；有机材料与生物体相容性高，可用于生物医疗等方面。

柔性电子材料在信息、能源、医疗、国防等领域具有广泛应用前景，其创新发展也必将以各学科包括物理、化学、材料及工程交叉融合为前提。围绕柔性电子材料的不同领域的功能性，重点发展以下 6 个方向：

（1）有机智能仿生材料与器件　智能化的物联网技术是推动人类社会走向智能化的核心技术。实现物物相连，设备须具有听、看、判断的能力，及时传递信息做出反馈，在健康医疗、物流运输、智能环境、汽车制造等领域已开始应用。传感技术是物联网感知层的前端，传感器是其核心部分，作为人类的助手将测得的信息传输给其他电子设备。从太空到海洋，从各种复杂的工程系统到人们日常生活的衣食住行，都离不开各种各样的传感器。

有机传感器是以有机材料作为敏感材料的传感器，此类传感器具有响应频率高、速度快、频带宽，不受辐射波长限制等优点。设计和制备基于各种目的的有机传感器是推动智能化时代的强大助力。例如，依据电子皮肤敏感机理不同，柔性触觉传感器可分为电阻式、压电式、光电式和电容式等几类。对于机器人电子皮肤触觉传感器而言，兼备高柔性、高弹性和高精度测量等特点是柔性触觉传感器设计所面临的主要难题。

（2）有机光伏材料与柔性太阳能电池　能源是关乎人类可持续发展的重大课题。据美国能源情报署预测，从 2012 年开始到 2040 年，全球对于能源的年消费量以每年 48% 的增速增长，因此，光伏等新能源行业将会得到蓬勃发展。但要想让太阳能电池更容易走进人们的日常生活，就需要柔韧性更好、更便携、制作工艺更简单的柔性有机太阳能电池。提高光电转化效率和寿命是有机太阳能电池研究的关键任务。目前，有机 / 高分子太阳能电池光电转化效率的最高纪录达到了 17.3%，其长运行寿命的研究成为实现实际应用的关键。

（3）有机信息存储材料与有机芯片　近年来，磁存储密度越来越大，光盘存储技术面密度也已接近光学衍射极限，国际上正在积极寻找下一代存储技术，其关键在于存储材料的研究和开发。超高密度信息存储材料和器件将为未来信息技术的发展奠定理论和技术基础。有机存储材料被认为是很有潜力的新型存储材料。有机存储器的信息存储依赖于有机活性层在外电场作用下导带与价带态之间的电学转变。有机存储材料具有多样化的分子结构，通过分子结构的设计，可以实现对有机存储器存储性能的调控。

有机存储材料的存储单元可微缩至纳米级，甚至可以以有机分子中碳—碳键长为单位进行信息存储，信息存储量可以极大提高，完全突破摩尔定律的限制。有机存储器已具有可实现电擦写读出的非易失性信息存储功能，能保持良好的电双稳特性。有机信息存储材料的研究还处于初级阶段，但其必将成为信息领域的革命性突破。

目前，超支化聚酰亚胺信息存储器的开关电压可达到 1.3 ～ 2.5V，开关电流比可达 10^7，存储性能稳定，但在读写循环次数、响应速度以及信息保留时间等方面还需要进一步提高。整体上有机存储材料仍处于研究阶段，开发综合性能优异以及结构稳定性好的有机存储器是目前信息存储领域的研究重点，同时新型有机存储材料的开发对未来电子科技的发展具有深远的意义。

（4）有机激光材料与器件　随着电子学与微波技术的快速发展，将无线电技术拓展到光波领域势在必行，可发射强相干光束的激光器的研发势在必行。有机半导体激光材料具有价格低、激光阈值低、制备工艺简单以及发射波长可调谐等优点。相较于传统的激光材料，有机激光材料阈值很低。有机激光材料的化学结构灵活性高，可以通过改变分子结构来调节光子波的发射范围，还可利用不对称的推拉电结构，改变分子内的电子传输特性。电泵浦有机激光器（有机激光二极管 ,OLED）可望成为新一代超轻便、廉价、可调谐、柔性激光器件的最重要技术途径。有机半导体材料的低载流子迁移率、三线态激子积聚和器件结构中不可避免的对光子的损耗因素成为关键科学和技术问题。新型高载流子迁移率有机发光材料、低阈值有机激光材料、光学增益优化技术是重点研究方向。

（5）有机隐身材料与应用 随着制导技术的不断发展及探测手段的日益多样，隐身的要求已经从单一的电磁波隐身向多功能、全方位隐身综合发展。“有机隐身材料”通过器件电路实现对外界信号的感知和处理，调节自身电磁波特性并对信号作出最佳的响应，达到隐身的目的。“有机隐身电子材料”与传统的隐身材料设计有着实质性的不同，既充分利用了柔性电子材料的设计以及氢键、化学键等超分子作用，又通过器件设计实现了智能材料的感知、回馈、控制、执行能力，使目标混杂于环境中难以分辨，从而实现在各种环境中隐身的目的，特别是在国防科技领域具有重要意义，是未来材料科学的重要发展方向之一。据报道，美国佛罗里达大学和空军研究机构已经开发出了能够实现飞机隐身的柔性电子材料，基本实现飞机和天空同化，但是对于陆军武器和装备的隐身同化还无法实现应用。

（6）柔性电子材料中的能量传递与输运机理研究 柔性电子材料中 sp^2 杂化轨道及其共轭成键是其产生半导体特性的根本原因，其电学特性主要与载流子产生效率及输运相关，有机分子中激子的产生、传递、分离为载流子，载流子的输运等基础理论尚未清楚。研究各种因素对材料内部物理过程的调控作用及理论机制，深入理解柔性电子材料的物理特性，为优化材料性能、提升各器件性能提供理论支撑和指导是十分必要的。

2.4.5 信息技术与生物技术融合材料

了解组成大脑的神经环路的活动方式、模拟脑的工作和运行机制是研究类脑器件和类脑智能的前提和基础。目前在了解神经元活动的手段方面，人类所能够利用的传感手段还十分有限。大脑和计算机非常相似的一点就是其也是基于电信号来处理和加工信息的。神经电或脑电信号的传感是目前时间分辨率最高、使用最为广泛、也最有可能成为了解脑和利用脑的终极工具。目前，无论是植入式神经电信号传感还是非植入式的脑电信号传感，都面临着灵敏度不足、高通量手段缺乏和材料生物相容性难以维持长时间工作等问题。对植入式电极材料 , 需要重点解决的材料有两方面：一是杨氏模量与生物神经组织接近的高性能绝缘材料；二是具有高灵敏离子 - 电子转换能力的电极界面材料。对非侵入式的脑电电极，主要需要解决的材料是具有良好柔弹性和界面阻抗的非极化干电极材料。

研究神经电极材料与脑 - 机接口。神经电极材料与脑 - 机接口在精神类疾病诊治、残障辅助、神经康复、人机交互、脑智融合方面具有巨大的需求。神经电极材料和器件承担着在生物神经系统和电子系统之间相互传递信息的任务，是神经科学研究的重要工具，是脑科学研究的关键材料，是神经工程技术进行临床应用转化的核心技术。我国目前实验用高端神经电极器件基本被国外垄断，关键的神经电极材料缺失，极有可能遭到禁运等技术封锁。神经接口是脑机交互的关键核心器件。脑 - 机接口技术已经显示出了其在了解脑、调控脑和利用脑方面的应用前景，无论是在未来我国青少年的成长教育、国民的精神健康，还是在类脑智能、人机交互技术的发展或者国防等方面都会产生巨大的影响。

在电极材料方面，电极基底材料的杨氏模量不断减小，柔性越来越接近神经组织。电极记录点的材料由单一材料向纳米材料、复合多功能材料方向发展。植入式神经电极的封装不仅需要成熟的材料技术，还要有配套的加工工艺和对应的加工设备支持。脑电电极由辅助佩戴向自主佩戴发展，需要兼顾佩戴舒适度和头皮接触刚性的复合电极体材料。由体式电极向轻薄的贴片式电极发展，需要发展具有良好电化学阻抗和弹性的干电极界面材料，可改变电极 / 皮肤界面电学耦合特性的自清洁、超薄皮肤涂层材料。

进行无创非侵入性的和精细的微创神经接口［包括传感器（信号读出）和刺激器（信号写入）］的开发，不同类型的信号（例如光、磁 / 电场、射频和神经递质 / 离子浓度）的记录，（包括计算和处理单元）来完成对神经信息的解码，以实现对外部设备的控制。DARPA 于 2018 年 3 月正式启动了下一代无外科手术的神经技术项目。

充分研究可与生物神经元长期连接并进行神经信号传出与传入的柔性神经电极网络，研究不依赖于外科手术的植入式可双向通信的神经接口器件与系统，借助忆阻器实现脑机融合；从电极材料的表面纳米修饰和纳米材料的生物效应两个方面入手，建立“纳米 - 神经界面”；解决电极与神经或体液间较大的接触阻抗会降低电信号质量的问题；解决人体免疫反应使长期植入的金属电极失效的问题；研究神经元在电极界面上的生长和功能保持。

2.5 推动我国电子信息新材料产业发展的对策和建议

完善支持电子信息新材料发展的重点政策、顶层设计，布局我国电子信息新材料领域科研和研发项目。参考国家集成电路产业投资基金，建立国家电子信息新材料产业投资基金，促进国内电子信息新材料产业成长。各级党委和政府要切实加强对科技工作的领导，对科技工作者政治上关怀、工作上支持、生活上关心，把弘扬科学家精神、加强作风和学风建设作为践行社会主义核心价值观的重要工作摆上议事日程。各有关部门要转变职能，创新工作模式和方法，加强沟通、密切配合、齐抓共管；细化政策措施，推动落实落地，切实落实好党中央关于为基层减负的部署。

根据我国目前电子信息新材料研发基础和产业现状，建议应对举措分为如下三个方面同步进行：

（1）把握好产业实际需求和全球技术发展趋势的关系 在电子信息新材料产业领域，我国与世界先进水平还处在同一水平线上，这就需要综合考虑长、短期发展目标：一方面在先进技术上适当进行超前布局，踏准科技进步节奏，突破国际专利壁垒和知识产权封锁；另一方面，要基于国内产业发展的实际需求，集合上下游力量开发共性技术，以推动产业链的整体发展，如建立国产电子信息新材料装备应用示范基地，通过设备和工艺的协同创新，为推进设备的大生产应用起到关键作用。

（2）把握好研发平台与企业、高校院所的关系 在一些重大技术领域，我国科研力量还相对薄弱，因此电子信息新材料研发平台必须集聚各方力量。在技术创新过程中，研发平台、企业内部研发机构、高校或科研院所这三者理论上有很明确的分工。但实际情况中，昂贵的研发设施往往需要巨大的投入，而相关人才却很稀缺，因此，研发平台的建设需要与高校特别是企业形成研发设备开放共享机制，研发平台重点配置企业等尚不具备的高端关键设备和必要的研发设施。在人才方面，三方也要建立相互间合理的流动机制，研发平台要对企业、高校及院所开放，吸引各路人才前来工作，并通过多方联合培养机制加快形成兼具国际化视野和产业经验的技术队伍。

（3）把握好培育创新能力和市场化运作的关系 以市场化的运作机制加快成果转化，并形成可持续发展能力。而培育创新能力，要求长期持续的投入，不断形成和产生有突出价值的创新成果，完善市场化机制，加快应用和转化的速度，在服务战略性新兴产业的同时，形成良性循环的可持续发展态势。促进形成高效的技术成果产业化和转移机制。打通基础研究、应用开发和产业化链条，实现创新成果的快速转化和产业化，促进科技与经济结合。

参考文献

作者简介

陈弘达，中国科学院半导体研究所研究员，博士生导师，中国科学院大学教授，国家新材料产业发展专家咨询委员会成员，“十一五”“十二五”国家“863 计划”新材料领域专家和电子材料与器件专家组成员，“十三五”国家重点研发计划“战略性先进电子材料”实施方案编写专家组和总体专家组组长，国家科技重大工程“重点新材料研发及应用”实施方案编写专家组成员。长期从事微电子与光电子学方面的科研工作，在国内外学术刊物和会议上发表论文 100 余篇。出版《甚短距离光传输技术》《微电子与光电子集成技术》《石墨烯微电子与光电子器件》等专著。申请发明专利 50 余项。

程传同，中国科学院半导体研究所副研究员，中国科学院青年创新促进会会员，曾获中国科学院院长特别奖。研究方向为先进半导体材料及应用开发。主持了国家自然科学基金青年项目、国家重点研发计划项目子课题、博士后特别资助项目、博士后面上资助项目。参与编写《石墨烯微电子与光电子器件》。在国内外重要期刊和会议上发表论文 40 余篇。申请 / 授权发明专利 30 余项。

毛旭瑞，中国科学院半导体研究所副研究员。在中国电子科技集团工作期间，作为负责人承担了国家某型号反舰导弹导引头射频前端的研制工作，目前该产品已成功量产和装备，并且在阅兵仪式上亮相。主要从事半导体光电子器件和光电射频微电子器件的研究。在中国科学院大学开设研究生课程“石墨烯光电子材料与器件”。

第3章

高纯硅原料

汪　雷　马向阳　严大洲　杨德仁

3.1 多晶硅原料产业发展的背景需求及战略意义

半导体硅材料是现代微电子产业和光伏产业的基础材料。目前，全球90%以上的半导体器件是以硅片为基础材料生产的。国际半导体产业协会（SEMI）数据显示，2021年，半导体硅片占整个半导体材料市场的34%左右，全球市场规模约为126亿美元，它支撑了市场规模超过5500亿美元的硅基集成电路（芯片）产业。不仅如此，全球95%以上的太阳能电池也是以硅片为基础材料的，中国光伏行业协会（CPIA）数据显示，2019年全球光伏硅片市场规模约500亿元人民币，支撑了市场规模超过5000亿元人民币的太阳能光伏产业。

据中国集成电路材料产业技术创新联盟（ICMtia）统计，至2020年，我国大陆地区8英寸半导体硅片的国产化率低于25%，12英寸半导体硅片国产化率不足5%，半导体硅片合计进口金额高达21亿美元，约占全球半导体硅片市场的15%。出口方面，我国大陆地区共出口半导体硅片5亿美元。其中，“开盒即用”的成品硅片以功率器件、分立器件用低端小尺寸抛光片和研磨片为主。此外，超过40%的出口硅片在国外进行再抛光或外延处理后再次进入国内市场。由此可见，半导体硅片依旧是发达国家对我国“卡脖子”的关键材料。实现半导体硅片供应的自主可控，对国民经济和国家安全意义重大。

在光伏硅片方面，全球近90%的太阳能电池以直拉单晶硅片为基础材料，据CPIA统计，2020年全球光伏硅材料市场已超500亿元人民币。经过近十年的快速发展，国内已经形成了相当完备的光伏产业链。其中，全球光伏硅片市场几乎完全由大陆地区的企业占据。2021年上半年，在政策引导及产业强势驱动下，国内光伏产业逆势而上，太阳能级多晶硅产量23.8万吨，同比增长16.1%；光伏硅片产能105GW，同比增长40%；光伏产品出口额约98.6亿美元，同比增长35.6%。我国在光伏硅片及光伏产业的领先地位和技术优势，将有力支撑我国“碳达峰”“碳中和”双碳目标的实现。

本章将分别就多晶硅原料，半导体用晶体硅及硅片，以及光伏用晶体硅及硅片等领域进行国内外产业现状和发展方向分析，并提出相关建议。

3.2 多晶硅原料产业的国际发展现状及趋势

多晶硅的初始原料为硅石或石英（SiO_2），通过与焦炭在高温电炉里进行炭热还原反应，形成纯度在98%左右的工业硅（也称金属硅），以工业硅（含硅98.5%）为原料，通过化学、物理方法除去其中约1.5%的杂质（硼、磷、碳、各种金属杂质等），使其纯度达到硅含量为99.99999%～99.9999999999%（通常称7N～13N）。多晶硅的纯度决定其用途，一般将纯度为7N～9N的用于太阳能光伏，9N～13N的用于电子器件和集成电路。近几年来，全球多晶硅产量中约3万～4万吨用于集成电路，采用直拉法（CZ）或区熔法（FZ）制备单晶硅棒，再将其制成硅片，用于集成电路和电子器件，目前约90%的各类芯片都是以多晶硅为基础材料生产的，支撑着信息产业发展。其他大部分高纯多晶硅原料均用来制备光伏硅片。

直接利用太阳能是人类的终极梦想，太阳能光伏发电具备清洁环保、易安装、免维护、可分布实施等优点，成为世界各国重点鼓励发展的战略性新兴产业，基于晶硅电池的高效率、长寿命和高工作稳定性，以及硅材料无毒且在地壳中储量丰富，再加上微电子工艺及设备的技术支持，业内持续研发及产业化竞争，使晶硅太阳电池转化率持续提升、成本大幅下降而成为当今太阳能发电的主流产品，也将成为未来人类能源结构调整、减少化石能源消耗、减少二氧化碳排放的主要依靠。

目前全球高纯多晶硅材料的生产主要有两条工艺路线，即三氯氢硅法（或称改良西门子法）和硅烷法，两种方法均可用化学气相沉积（CVD）反应器和流化床（FBR）反应器分别生产棒状和颗粒状高纯多晶硅，两种硅料在硅片制造的铸锭或拉晶过程中配合使用，有利于降低成本。2020年，全球在产多晶硅企业18家，其中三氯氢硅法的多晶硅产量占世界总产量的98%，是世界多晶硅生产的主流工艺。

早期的多晶硅公司多为综合性化学公司，一般有发电厂、氯碱、其他化工产品、单晶硅片等背景，产品以满足半导体集成电路用为主，早期晶硅太阳电池处在研究阶段，用多晶硅量少，一般将半导体用后的多晶硅头尾料、下脚料作为原料来源。具有代表性的部分公司的发展历史及产能产量情况如下：

（1）德国瓦克（Wacker）公司 创建于1904年，总部位于德国慕尼黑，是一家全球性化学产品制造公司，业务涉及发电，生产氯碱、多晶硅、聚合物以及淀粉葡萄糖等有机物合成，可以细分到几十类产品。Wacker在1954年就开始了多晶硅的研究与制造，采用三氯氢硅为原料生产，有CVD和流化床反应器，可以生产棒状和粒状多晶硅产品，满足集成电路和太阳电池领域用户需求，是区熔用多晶硅全球最大供应商。

2015年，Wacker完成博格豪森和农特里茨的生产线技改，使其在德国的多晶硅总产能达到6万吨以上，2016年其在美国田纳西州查尔斯顿年产2万吨工厂稳产，Wacker的总产能达到 8 万吨。2020 年 Wacker 产量约为 6.8 万吨，居世界第 4 位。因 2019 年、2020 年 Wacker 多晶硅板块亏损，所以公司决定在多晶硅领域不再注入更多投资。

（2）日本德山（Tokuyama）公司 始建于 1918 年，总部设在东京，工厂在山川县德山市，业务包括煤炭发电，水泥、氯碱、多晶硅和其他电子材料生产。1981 年开始从事多晶硅工艺研究，1984 年建成 200t/a 多晶硅试验工厂，1985 年扩建到 1000t/a，1991 年继续扩产到 1500t/a，1995 年第 3 次扩建总规模达到 2000t/a，1997 年第 4 次扩产总规模达到 3300t/a，2001 年第 5 次扩建总规模达到 4800t/a，成为当时世界第二大多晶硅生产厂。

2008 年后，由于全球太阳能光伏发电产业发展，靠电子级多晶硅的头尾料已不能满足太阳能发展的市场需求。2011 年该公司开始在马来西亚建设太阳能电池用多晶硅工厂，依靠廉价水电生产多晶硅，年产能 1.38 万吨，2014 年建成投产，受技术和设备等因素的影响，一直未能达产达标，历经坎坷坚持到 2016 年，该公司决定将其出售给韩国 OCI 公司，专注于日本国内多晶硅工厂生产。2020 年，日本德山公司多晶硅产量约 6200t。

（3）美国海姆罗克（Hemlock）公司 前身是道康宁公司。1957 年开始研究多晶硅技术。1960 年在密歇根建成多晶硅生产厂，随后几年根据市场需求，多晶硅产能持续提升。1979 年海姆罗克半导体公司成为了道康宁公司旗下的全资子公司。1984 年与信越半导体和三菱综合材料组建合资公司，道康宁、信越和三菱分别持有海姆罗克的 63.25%、24.5%、12.25% 股份。1995 年将多晶硅产能扩大到 4000t/a。2005 年投资 5 亿美元实施太阳能 1 计划，使多晶硅产能在 2008 年达到 1.45 万吨；2007 年投资 10 亿美元，实施太阳能 2 计划，于 2009 年建成投产，使多晶硅产能达到 2.75 万吨 / 年，期间经过技改提升，2010 年多晶硅产能达到 3.6 万吨，2012 年总产能已达到 4.4 万吨。由于全球太阳能光伏产业蓬勃发展，多晶硅供不应求，2010 年启动在田纳西州建设年产 2.1 万吨的多晶硅新工厂，总投资 12 亿美元，原计划 2013 年投产，但受美国光伏“双反”、市场需求变化及贸易纠纷影响，新工厂建设无限期搁置；同时，削减了密歇根工厂的产能，2018 年开始大幅缩减太阳能级多晶硅产量，转向电子级多晶硅的生产。2019 年、2020 年，海姆罗克的多晶硅产量均为约 1.6 万吨，产能维持在 1.8 万吨 / 年。

（4）韩国 OCI 公司 韩国大型综合化学公司，2006 年进入多晶硅市场，第一工厂产能于 2007 年达到 5000t，2008 年技改，使得第一工厂的产能达到 6500t。随着其产能为 10500t 的第二工厂达产，2009 年总产能达到 17000t，而在 2010 年，随着第三工厂的达产，其总产能达到 27000t，之后第三工厂的技改于 2011 年完成，新增 15000t 的产能，总产能达到 42000t。受市场价格低迷影响，OCI 在 2012 年暂停了建设产能为 20000t 的第四工厂和产能为 24000t 的第五工厂，但受益于中国对韩国的多晶硅双反裁决，2015 年重启了第三工厂的技改项目，新增产能 10000t，总产能达到 52000t。2017 年，完成对日本德山的马来西亚多晶硅工厂的收购，有效产能达到了 6.58 万吨。2018 年继续改造，使马来西亚多晶硅工厂的产能达到 1.7 万吨，韩国 OCI 的多晶硅有效产能达到了 6.9 万吨，居世界第四位。2019 年鉴于马来西亚水电价格优势，OCI 将马来西亚多晶硅工厂的年产能扩大 1 万吨，并于 2019 年第一季度完工，达到 2.7 万吨 / 年，至此 OCI 多晶硅 2019 年总产能达 7.9 万吨 / 年。由于多晶硅料价格大幅下降，再加上韩国 OCI 多晶硅用电成本增加，导致韩国 OCI 基础化学品（多晶硅）部门亏损，于 2020 年缩减太阳能多晶硅料的产能 5 万吨 / 年，仅保留马来西亚工厂和韩国工厂年产 5000t

电子级多晶硅料。根据OCI计划，2021年马来西亚工厂产能将提升到3万吨/年，总产能达到3.5万吨。

截止到2021年6月，中国以外的多晶硅公司能够大批量供应太阳能多晶硅的厂家为德国瓦克和韩国OCI，年供应量分别为6.5万吨和3万吨，国外公司暂无扩产计划。

电子级多晶硅料因纯度要求比光伏硅料更高（纯度约11N），技术难度更大，目前依然主要由国外企业生产。据SEMI统计，2020年全球电子级多晶硅料产量约3.46万吨，市场规模超12亿美元。电子级多晶硅料的产能主要集中于美国海姆罗克（Hemlock）、REC，德国瓦克（Wacker），日本德山（Tokuyama）、三菱（Mitsubishi）等少数企业。近年来，虽然全球芯片需求快速增长，但芯片工艺制程的不断缩小，单片芯片的平均耗硅量日益降低，市场对电子级多晶硅的需求相对趋缓，每年市场增长率保持在5%左右。

3.3 多晶硅原料产业的国内发展现状

我国光伏用多晶硅已占据全球绝大部分市场，但电子级多晶硅依然还有待突破。我国电子级多晶硅产业起步于20世纪50年代，时间上与欧美日接近。国内电子级多晶硅行业发展于70年代至80年代初期，但后期由于下游应用产业发展滞后、技术人才以及运营经验缺乏等诸多原因，发展逐渐落后。进入21世纪以后，在国家强基工程、集成电路产业投资基金和国家科技重大专项（02）的支持下，黄河水电、江苏华鑫、天宏瑞科等多晶硅企业在电子级多晶硅制备及量产技术上取得突破。上述三家企业具备约9300t电子级多晶硅的产能。但在多晶硅产品的纯度、产品批次稳定性等方面依然落后于国际先进水平，生产12英寸集成电路用硅片所需的电子级多晶硅严重依赖进口的状况仍未得到根本的扭转。

据资料显示，目前，国产电子级多晶硅已经进入国内市场，主要用于生产分立器件用硅片及部分8英寸集成电路用硅片。部分12英寸集成电路硅片已开始采用国产电子级多晶硅。国产电子级多晶硅在大陆市场的份额约为30%。国产多晶硅在杂质含量上与进口多晶硅有差异，其中施主杂质和受主杂质的稳定性相对较好，能和国外产品基本持平，已满足8～12英寸集成电路硅片的要求。但是，国产多晶硅在碳杂质、表面金属杂质、体金属杂质含量上仍比进口多晶硅的要高。其中，对碳杂质含量而言，国产多晶硅均值不超过20ng/g，而进口多晶硅能稳定在10ng/g及以下；对金属杂质含量而言，进口产品的检测报告值一般小于50pg/g，而国产产品的检测报告值一般在500pg/g以下。

随着国内大批8英寸、12英寸硅片产线的陆续建成和投产，2021年我国集成电路用电子级多晶硅需求量超过4200t，且以每年约2000t的增量持续增加，2023年国内需求量预计达到8000t左右。我国在8英寸和12英寸硅片所用电子级多晶硅的制造技术方面亟须突破。

3.3.1 三氯氢硅法（改良西门子法）技术发展

在激烈的竞争条件下，多晶硅主流生产工艺三氯氢硅法继续通过技术提升、技改去瓶颈等措施，持续提高产能，降低能耗、物耗，强化竞争力。中国多晶硅技术进步尤为明显，技术与装备的进步主要体现在以下几个方面：

① 还原炉（CVD）技术依靠精细化设计，综合利用热能，装置大型化，提升单炉产量，显著降低电耗。通过计算机模拟计算，优化进料口分布，设计各种进气喷嘴，满足还原炉内热场、流场、物料浓度分布均匀，在降低电耗、物耗的条件下，更有助于生长出硅棒表面平整、直径均匀、致密的优质多晶硅。目前多晶硅还原炉运行的主流设备为 36 对棒、40 对棒、48 对棒、少量 72 对棒等炉型，单炉产量 7 ～ 15t。多晶硅平均还原电耗从 2009 年的 120kW · h/kgSi 降低到 45 ～ 50kW · h/kgSi，先进技术的多晶硅还原电耗 40kW · h/kgSi，而且还原电耗以热的形式加以回收利用，行业的主要企业的多晶硅还原热利用率已达到 70% 以上，多晶硅生产全流程综合电耗从 2009 年的 200kW · h/kgSi 降低到 70kW · h/kgSi 以下，降低幅度 65%，扣去还原电耗 70% 转化为热（50kW · h/kgSi×70%=35kW · h/kgSi）而回收利用的部分，实际多晶硅综合电耗不足 40kW · h/kgSi，达到国际先进水平。

② 冷氢化普遍应用，高效回收副产物。国内在产多晶硅企业中几乎无一例外地实施了冷氢化技改，以此处理副产物四氯化硅。单套装置氢化生产三氯氢硅能力为每年 10 万吨、15 万吨、20 万吨、25 万吨、30 万吨等；氢化生产三氯氢硅电耗约 0.5kW · h/kgTCS，与热氢化电耗 2 ～ 3kW · h/kgTCS 比较，氢化环节节约能耗 70% 以上。冷氢化单套系统规模大，操作稳定，能耗低，有效促进了多晶硅综合能耗和成本的降低。

③ 副产物综合利用。三氯氢硅法工艺中副产物包括四氯化硅、二氯二氢硅和氯化氢等。四氯化硅主要采用氢化技术将其变成三氯氢硅原料，经提纯后返回系统使用；二氯二氢硅多数公司将其与四氯化硅在催化剂条件下，反歧化生产三氯氢硅，经提纯后返回系统使用；氯化氢送三氯氢硅合成或直接送冷氢化，与硅反应，参与多晶硅的原料制备，借此措施，大幅降低多晶硅原料消耗，按硅计算，硅耗已从 1.2kg/kgSi 多晶硅降低到 1.15kg/kgSi 以下。中硅高科将多晶硅副产物四氯化硅提纯后用于光纤预制棒原料（OVD、PCVD），将三氯氢硅、二氯二氢硅等提纯后用于硅片外延加工或集成电路生产，替代进口，扩大了产品范围。

④ 提纯系统优化与综合节能。借助吸附除杂、三氯氢硅高效筛板与填料组合的加压精馏提纯以及提纯耦合技术的开发与应用，在提升产品质量的同时，降低多晶硅能耗，典型企业的蒸汽消耗从 2009 年的 160t/tSi 降低到目前的 25t/tSi 以下，蒸汽消耗降低 80% 以上，加压耦合提纯技术还取消或减少塔顶循环水消耗，减少幅度为 45% ～ 70%。

⑤ 生产成本方面，受益于三氯氢硅法的规模大型化、技术优化和设备大型化等举措，投资成本大幅下降，每千吨多晶硅系统设备投资由 2009 年的 7 ～ 10 亿元降低到 2020 年的 1 亿元。

3.3.2 硅烷流化床颗粒硅扩产成热点，实际产量、成本与质量有待检验

由于硅烷分解温度低，便于流化床生产粒状多晶硅，可实现连续生产，因此硅烷流化床颗粒硅（颗粒状多晶硅）具备特殊竞争优势。2020 年全球多晶硅产量中颗粒状多晶硅占比 1.9%，占比份额较上年度再次下降。主要原因如下：2019 年挪威 REC 暂停了其美国工厂颗粒状多晶硅的生产运行，导致美国已无颗粒硅生产。REC 颗粒硅的生产依靠已在中国建立的合

资公司，天宏瑞科自 2016 年获得技术转移后，在中国陕西榆林市建设了年产能 1.8 万吨的颗粒硅工厂，2018 年初步实现稳定运行，2019 年产量 6016t，2020 年产量 5855t。

保利协鑫在徐州建成万吨级硅烷流化床法生产线，2020 年颗粒硅产量 4000t，颗粒硅后处理增加了脱氢、脱硅粉等措施，产品质量有明显提升。

据报道，硅烷流化床颗粒硅成本优势明显，有待生产运行检验。颗粒硅的质量方面，金属杂质、碳含量、氢含量等与国标电子级（GB/T 12963—2022）或太阳能级多晶硅（GB/T 25074—2017）的质量要求还有差距，在单晶硅太阳电池份额持续增加的情况下，质量仍面临较大的挑战。再加上硅烷极易燃烧爆炸，安全风险、措施和费用也是投资需要重点考虑的。从目前世界多晶硅生产的发展趋势看，未来硅烷流化床颗粒状多晶硅的市场份额可能会有所增加，但以三氯氢硅法（改良西门子法）为主的格局在相当长的时间内不会有大的变化，其他新工艺、新方法也需要市场的检验与认可，但最终能否生存与发展，将集中体现在安全、环保、质量、大规模化和成本等五大要素上。

3.4 硅片制备技术的国内外发展现状

高纯多晶硅原料经晶化过程（如直拉单晶）然后切成片状就形成半导体产业或者光伏产业使用的硅片。下面就不同硅片的制备技术进行概述。

3.4.1 半导体硅片分类

半导体硅片按照生长及加工工序可分为直拉硅抛光片、直拉硅外延片、直拉硅退火片（前三种统称为半导体直拉硅片）、区熔硅片以及绝缘体上硅片（SOI）。每种硅片都有其特定的细分应用领域，如表 3-1 所述。不同的制程与终端应用产品所使用的硅片类型如表 3-2 所述。

表 3-1　半导体硅片产品分类

硅片种类	基本情况与特性	应用领域
直拉硅抛光片	直拉法生长的单晶硅棒上经切片、研磨、抛光、清洗等工艺处理，形成可直接用于半导体器件生产的抛光片，是生产其他种类硅片的原产品	轻掺抛光片主要用于生产逻辑器件、存储器、通信器件等；重掺抛光片主要用于生产功率器件
直拉硅退火片	将抛光片在氢气或氩气气氛下高温退火，使硅片近表面氧含量大幅降低并使 COP 得到消除	主要用于生产存储器、显示驱动芯片、逻辑器件等
直拉硅外延片	通过化学气相沉积，在抛光片表面外延生长出单晶硅层，该外延层比硅衬底具有更好的晶体完整性且几乎不含氧杂质	主要用于生产功率器件、车规级芯片产品、微处理器、微控制器、图像传感器等
区熔硅片	区熔法生长的单晶硅棒经切片、研磨、抛光和清洗等工艺处理，形成可直接用于半导体器件生产的研磨片或抛光片	主要用于生产高压大功率器件
SOI	最下层是抛光片，中间层是掩埋氧化层（BOX），顶层（活性层）也是抛光片的“三明治结构”硅片。BOX 层的存在使得 SOI 拥有高电绝缘、更小的寄生电容和漏电流	主要用于生产高压功率器件、MEMS 传感器、射频器件和光电器件等

表 3-2 硅片类型：按制程 – 终端应用产品分类

制程	终端应用产品	硅片类型
3 ～ 5nm	高端智能手机处理器、高性能计算处理器	12 英寸外延片、12 英寸抛光测试片（dummy wafer）
10 ～ 7nm	高端智能手机处理器、高性能计算处理器	12 英寸外延片、12 英寸抛光测试片（dummy wafer）
16 ～ 14nm	高端显卡、智能手机处理器、服务器 / 个人电脑用处理器、FPGA 芯片、矿机芯片	12 英寸外延片、12 英寸抛光测试片（dummy wafer）
22 ～ 20nm	存储器（DRAM/NAND）、低端智能手机处理器、个人电脑用处理器、数字电视 / 机顶盒处理器、移动端图像处理器、FPGA 芯片、矿机芯片	12 英寸外延片、12 英寸抛光测试片（dummy wafer）
40 ～ 28nm	Wi-Fi 蓝牙芯片、音效处理芯片、存储器（DRAM/NAND）、FPAG 芯片、ASIC 芯片、数字电视 / 机顶盒处理器、物联网芯片	12 英寸外延片、12 英寸抛光测试片（dummy wafer）
65 ～ 45nm	移动端用数字信号处理器（DSP）、图像传感器（堆栈式 CIS）、移动端射频芯片（含 Wi-Fi、蓝牙、GPS、NFC、Zigbee 等）、非易失性存储器（MRAM 等）	12 英寸外延片、12 英寸抛光片、12 英寸抛光测试片（dummy wafer）
0.13μm ～ 90nm	物联网 / 汽车微控制芯片（MCU）、基站用射频芯片、基站用 DSP 和 FPGA 芯片	12/8 英寸轻掺抛光片、12/8 英寸轻掺抛光测试片（dummy wafer）
0.25 ～ 0.13μm	指纹识别芯片、微控制器（MCU）、电源管理芯片、液晶驱动 IC、嵌入式非易失存储器（银行卡、SIM 卡、身份证等）	8 英寸轻掺抛光片、8 英寸抛光测试片（dummy wafer）
	图像传感器（CIS）、传感器芯片	8 英寸重掺杂外延片
1.2 ～ 0.35μm	稳压（隧道击穿）二极管	4 ～ 8 英寸重掺抛光片
	MOSFET 功率器件、IGBT、双极型晶体管、模拟射频器件、MEMS、肖特基二极管、三极管	4 ～ 8 英寸重掺外延片

3.4.2 微电子直拉硅片

3.4.2.1 国际发展现状

2019 年以来，得益于逻辑芯片、存储器等终端市场需求的增长，全球半导体硅片出货量迎来较大增长。SEMI 在 2021 年 10 月发布的年度直拉硅片出货预测报告中指出，2021 年全球直拉硅片出货量预计同比增长 13.9%，创下近 28500 万片（以 8 英寸折算）的历史新高（见图 3-1）。预计全球 12 英寸抛光片需求量将从 2020 年 375 万片 / 月增加到 2025 年的 555 万片 / 月，外延片将从 230 万片 / 月增加到 270 万片 / 月。此外，2021 年 4 月，全球最大的半导体硅片供应商日本信越公司宣布，从 4 月起对所有硅产品提价 10% ～ 20%，半导体硅片行业由此迎来新一波涨价潮。

国际半导体行业调研机构 IC Insights 的《2020 年全球半导体硅片市场年度报告》指出，按 2020 年的市场占比，全球半导体直拉硅片前五家企业分别为日本信越（Shin-Estu）、日本胜高（SUMCO）、中国台湾环球晶圆（GlobalWafers）、德国 Siltronic 和韩国 SK Siltron，它

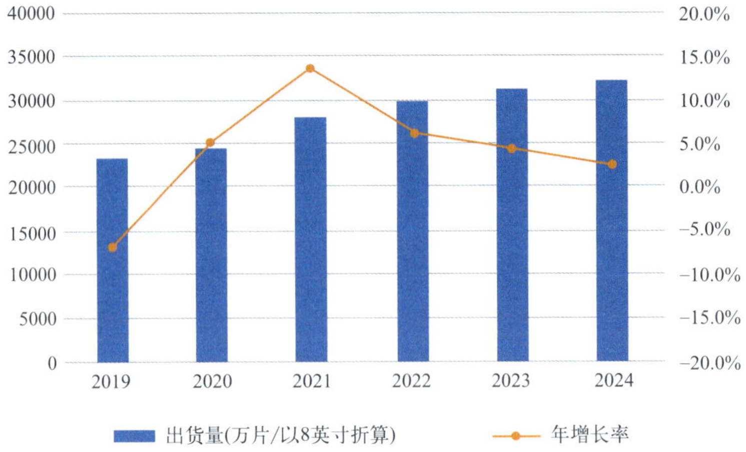

图 3-1　直拉硅片的全球市场变化趋势

们一共占据全球市场 87% 以上的份额。在 12 英寸直拉硅片市场，这五家企业产品的占比更是超过 90%。

众所周知，半导体硅片的大尺寸化是集成电路厂商降低生产成本、提高芯片产率的重要手段。以 12 英寸硅片为例，在同样的工艺条件下，12 英寸硅片的可使用面积是 8 英寸硅片的两倍以上，可使用率（单片可生产的芯片数量）是 8 英寸硅片的 2.5 倍左右，单片芯片的生产成本可降低 20% 左右。因此，从 20 世纪 70 年代起，硅片的尺寸由 4 英寸（100mm）阶段性地发展至今天主流的 12 英寸（300mm），下一代硅片尺寸有可能增大至 18 英寸（450mm）。目前，全球头部硅片供应商已经可以生产 3/5nm 工艺节点所用的 12 英寸直拉硅片。全球半导体硅片产能呈现进一步向 12 英寸硅片转移的趋势，SEMI 的统计数据表明，从出货片数来看，2021 年 12 英寸占比 47.7%，8 英寸占比 34.3%，小尺寸占比 18.0%；从出货面积来看，2021 年 12 英寸占比 70.9%，8 英寸占比 22.6%，小尺寸占比 6.5%。

国际第二大硅片厂商 SUMCO 2022 年 2 月预测，12 英寸半导体硅片的需求量将在远程办公、线上会议、自动驾驶、元宇宙等新需求的推动下增加，为了应对数据量的急剧增长，至 2025 年仅高性能计算和 DRAM 对 12 英寸半导体硅片需求量的复合增长率（CAGR）需达 14.7% 和 10%。SUMCO 已与客户签订从 2022 到 2026 年的 5 年长约，为了满足客户需求，SUMCO 计划投资 2287 亿日元（约 125 亿元人民币）在 Imari 和 Omura 新建厂房扩产，于 2022 年动工，2023 年下半年开始投产，并分别于 2025 年、2023 年年底满产，这是 SUMCO 自 2008 年以来首度投资建设新的工厂。国际第三大硅片厂商环球晶圆在收购国际第四大硅片厂商 Siltronic 失败后，也于 2022 年 2 月宣布了扩产计划，将于 2022—2024 年投入 1000 亿新台币（约 228 亿元人民币），用于扩充现有厂区以及兴建新厂，新产线预计 2023 年下半年开始投产。

在更大尺寸的 18 英寸（450mm）硅片方面，由于业界对集成电路制造能否进入 18 英寸硅片时代还没有形成共识，国际头部硅片厂商在开发 18 英寸硅片上的态度产生分化。德国 Siltronic 已明确宣布放弃 18 英寸硅片的开发，而日本信越和胜高开发的 18 英寸硅片已经在 Intel 等公司正在建设的 18 英寸工艺试验线上进行过验证。产生这种分化的主要原因在于生长

18 英寸硅晶体、加工 18 英寸硅片以及建设 18 英寸集成电路生产线，需要重新设计和制造相应设备，无论是硅片生产厂商、集成电路代工厂商还是设备开发厂商，都面临着巨大的资本开支和技术研发难题，产业链上的各方厂商均需慎重考虑从未来市场中能否获得足够的投资回报。

3.4.2.2 国内发展现状

我国的直拉硅单晶研发始于 20 世纪 50 年代末和 60 年代初，基本与国际同步。但是，由于我国微电子工业起步晚且在相当一段长时间内与国际不接轨，对硅材料（包括电子级多晶硅和硅片）的需求有限，驱使硅材料发展的动力不足，我国硅材料产业长期处于“小作坊”状态，技术的发展也不令人满意。改革开放后，受进口产品的冲击，相当一部分硅片生产企业被市场淘汰。20 世纪 90 年代后，国内顽强生存下来的硅片生产单位仅剩北京有色金属研究院、浙江大学半导体厂、洛阳单晶硅有限责任公司等。进入 21 世纪，我国的微电子产业进入快速发展阶段，产生了以“中芯国际”为代表的在国际上有相当地位的集成电路代工企业，由此营造了微电子产业生态链良性发展的氛围。在此背景下，我国的硅材料产业也得到了空前的发展，产生了一批符合现代企业制度的硅片制造商，如沪硅产业集团、浙江金瑞泓科技股份有限公司（由浙江大学硅材料国家重点实验室孵化）和中环领先半导体材料有限公司等，在实现硅片国产化方面不断取得进展。

经过本土企业的不断努力以及由于硅片产业自身的发展规律，我国在 150mm（6 英寸）硅片方面，已经实现完全国产化。在 200mm（8 英寸）硅片方面，在国家科技重大专项（02）的支持下，浙江金瑞泓、北京有研、上海新傲、南京国盛和河北普兴等公司在 8 英寸抛光和外延硅片的产业化上取得了突破。目前，国内 8 英寸硅片已实现规模化量产，但产品以功率半导体用重掺硅片衬底及其外延片为主，对于集成电路用轻掺杂抛光片而言，浙江金瑞泓、北京有研和重庆超硅能够批量供货，但市场占比还有待提高。总的来说，国内芯片厂商对国产 8 英寸硅片的接受程度在稳步提升。但是，国际头部硅片厂商在技术研发、质量管理、成本控制和市场开拓等方面都具有绝对的优势，在有利可图的情况下，它们不会轻易放弃市场，因此国产 8 英寸硅片在国际市场的开拓过程仍将十分艰难。对于 300mm（12 英寸）硅片，在国家科技重大专项和集成电路国家大基金的大力支持下，上海新昇于 2017 年正式量产 12 英寸半导体硅片，打破了当时 12 英寸半导体硅片国产化率几乎为零的局面。目前，上海新昇 12 英寸外延片已经实现 14nm 以上工艺节点全覆盖并批量供货，12 英寸抛光片覆盖 28nm 以上工艺节点，28nm 逻辑、3D-NAND 存储正片已通过客户的认证。据上海硅产业集团披露，2021 年第三季度上海新昇 12 英寸硅片出货量超 300 万片，其中器件正片销售比例超过 6 成。此外，金瑞泓微电子实现了 12 英寸重掺（超低阻）n 型硅抛光片及外延片的量产，部分产品出口海外；在集成电路用 12 英寸硅片方面，已经储备好 14nm 技术节点用的外延片、28nm 及以上技术节点用的抛光片的制备技术，部分产品已供给客户认证。中环领先、重庆超硅、西安奕斯伟 12 英寸硅片生产线已经试生产，并给用户送样评估；徐州鑫晶的中试线已经成功拉制 12 英寸半导体晶棒，并送检合格。半导体硅片技术水平对比如表 3-3 所示。在直拉硅片的制造技术和市场占有率方面，我国大陆要实现 8 和 12 英寸硅片的完全自主供应还需要较长时间的技术积累和试错过程。

表 3-3　半导体硅片技术水平对比

	主要供应商	技术水平	主要产品比例	市场占有率
国际	日本 Shin-Etsu 日本 SUMCO 中国台湾环球晶圆 德国 Siltronic 韩国 SK Siltron	12 英寸硅片突破 3/5nm 工艺节点的硅单晶生长与加工技术	12 英寸：68.0% 8 英寸：26.0% 6 英寸及以下：6.0%	约 87%
国内	沪硅产业 浙江金瑞泓 中环领先 杭州中欣 上海合晶 北京有研 洛阳麦克斯 重庆超硅 南京国盛 河北普兴 ……	12 英寸外延片突破 14nm、抛光片突破 28nm 以上工艺节点的硅单晶生长与加工技术	12 英寸：5% 8 英寸：25% 6 英寸：55% 5 英寸及以下：15%	<10%

根据中国电子材料行业协会统计，2021 年 6 月底国内已量产、投产和在建的 12 英寸晶圆制造线累计超 40 条，2020 年已量产的 12 英寸晶圆制造线平均月产能 131 万片。已量产、投产和在建的 8 英寸晶圆制造线累计超 30 条，已量产产线平均月产能 125.7 万片。国内目前仍有多条 12 英寸晶圆制造线和 8 英寸晶圆制造线在建，预计到 2025 年国内 12 英寸晶圆平均产能将达到 248 万片 / 月，8 英寸晶圆平均产能将达到 167 万片 / 月。新增晶圆制造线的投产将带动对半导体硅片的需求。近年来，在国家各层面的重视和庞大市场需求等因素的刺激下，我国大陆各地对大尺寸硅片项目显示出较高的投资热度。据亚化咨询和赛迪智库等机构不完全统计，截至 2020 年 3 月末，国内 12 英寸硅片生产线（含拟在建）达到 18 条，2025 年规划产能约 561 万片 / 月（见表 3-4）。可见，12 英寸硅片的规划产能已远远高于需求。还需注意的是，从芯片制造厂商角度看，其国外芯片设计（fabless）客户对国产硅片接受程度比较低，而对外资芯片厂商而言，国外 fabless 客户的占比更大，这就意味着即使国产 12 英寸硅片的各项技术指标均达到要求，其在国内外市场的开拓仍将遇到相当大的阻力。因此，在国产 12 英寸硅片无法被市场所完全接受的情况下，如果继续按照现有规划大规模地推进，势必会在不久的将来出现严重的产能过剩，这一点值得有关部门的高度关注，尽可能地减少各种资源不必要的浪费。

表 3-4　截至 2020 年 3 月国内 12 英寸硅片项目（含在建）

企业名称	地点	规划产能（万片 / 月）	企业名称	地点	规划产能（万片 / 月）
上海新昇	上海	60	上海晶盟	上海	12
金瑞泓（衢州）	衢州	15	郑州合金	郑州	27
金瑞泓微电子	衢州	30	西安奕斯伟	西安	50

续表

企业名称	地点	规划产能（万片/月）	企业名称	地点	规划产能（万片/月）
中环领先	宜兴	60	宁夏银河	银川	20
天津中环	天津	2	经略长丰	自贡	40
上海超硅	上海	30	有研德州	德州	30
重庆超硅	重庆	5	徐州鑫晶	徐州	30
杭州中欣	杭州	20	中晶嘉兴	嘉兴	100
安徽易芯	合肥	20	睿芯晶	常州	10

3.4.3 区熔硅片

（1）国际发展现状 据统计，在全球电力电子器件（功率半导体器件）和光电子器件需求大幅度上升的背景下，2021 年全球区熔硅片市场规模达 3.8 亿美元。在未来几年内，这一市场将保持两位数的增长。由此，区熔硅片被认为是未来半导体硅材料产业的核心增长点之一。

由于区熔硅单晶材料的市场规模远小于直拉硅单晶，且区熔硅单晶生长具有较高的技术门槛，因此全球的区熔硅片厂商数量远少于直拉硅片厂商。Yole 的调研数据表明，目前，全球领先的区熔硅片主要供应商有德国 Siltronic、日本信越和日本胜高，这三家厂商占据全球区熔硅片市场 70% 以上的份额，并完全垄断了高端电力电子器件用区熔硅片的市场。

（2）国内发展现状 近年来，国产区熔硅片凭借着价格和供货期灵活的优势，在低端消费类电子和光电子器件等应用领域逐渐打开了市场。SEMI 的统计数据表明，2021 年，国产区熔硅片厂商中环领先的区熔硅片出货量已经占到全球区熔硅片出货总量的 22%，产能水平与国际头部厂商不断拉近。但由于 6 英寸区熔硅片的质量和产品一致性等关键问题没有得到解决，因此，在高端电力电子器件应用领域，以中环领先为代表的中国大陆厂商仍只作为备选或第三供应商出现。

3.4.4 绝缘体上硅片

（1）国际发展现状 绝缘体上硅片（SOI）通过绝缘埋层实现全介质隔离，可大幅减少器件的寄生电容、漏电流、隔离面积，并消除闩锁效应。这些优势使得 SOI 成为制造高速、低功耗、高集成度和高可靠性超大规模集成电路的最有潜力的材料。目前，SOI 的制造方法主要有注氧隔离（SIMOX）技术、键合及背面减薄（BESOI）技术、智能剥离（Smart Cut）技术以及注氧键合（Simbond）技术（见表 3-5）。近年来，智能手机、汽车和物联网等产业的蓬勃发展带动了 SOI 的需求，据 Yole 统计，2020 年全球 SOI 的市场规模达 11.1 亿美元，出货量约 196 万片（以 8 英寸折算）。

表 3-5 SOI 硅片制备的典型技术

技术名称	技术特点
注氧隔离（SIMOX）	工艺简单，但注入剂量大、表面缺陷浓度高、退火温度高（1300℃）、时间长（>5h）、成本高
键合及背面减薄（BESOI）	表面 EPI 层难以做薄、粗糙度高、膜厚均匀性差
智能剥离（Smart-Cut）	注入剂量小、膜厚均匀性好且可控、表面缺陷浓度低、Si/SiO_2 界面质量高、硅片使用率高、成本低
注氧键合（Simbond）	结合了 SIMOX 和 BESOI 技术各自的优势，能够得到高质量的 SOI 晶圆

由于 SOI 的制造技术门槛高，全球范围内仅有少数企业具备 SOI 的量产能力。国际 SOI 主要厂商有法国 Soitec、中国台湾环球晶圆、中国上海新傲（沪硅产业的子公司）以及日本胜高与信越。其中，Soitec 占有全球 50% 以上的市场，日本信越和中国上海新傲的核心技术均授权自 Soitec。目前，Soitec、信越和环球晶圆均可供货 12 英寸 SOI 硅片。

（2）国内发展现状 上海沪硅产业集团通过收购芬兰 Okmetic，并参股法国 Soitec，其子公司上海新傲同时掌握了上述四种主流 SOI 生产技术，使我国在国际 SOI 晶圆行业拥有了一定竞争力。据沪硅产业集团披露，上海新傲的 8 英寸 SOI 已经向台积电批量供货，年产量约为 36 万片，主要面向 MEMS 传感器、射频前端芯片等高端细分市场，与法国 Soitec 等其他国际 SOI 厂商形成差异化竞争。不过，目前上海新傲仅能供应 8 英寸 SOI 硅片。

3.4.5 光伏硅片

光伏硅片主要分为单晶硅片和多晶硅片两种。下面分别做简要介绍。

3.4.5.1 光伏单晶硅片

光伏单晶硅片主要采用直拉法生产，大部分技术源于半导体直拉法生产硅片，在此基础上逐渐形成了光伏单晶硅片自己的技术特色，包括快速拉晶、多棒拉晶、多次装料拉晶（RCz）以及连续拉晶（CCz）等。此外还有铸造单晶硅片。

近年来，磁场直拉（MCz）方法、直拉区熔（CFZ）方法制备太阳电池用单晶硅也有所报道。其中，MCz 方法是在 Cz 拉晶设备上增加了磁场装置，抑制了熔体对流，使单晶硅中氧含量明显降低，但 MCz 方法运行成本相对较高，磁场设备投资也较大。而 CFZ 方法则是利用直拉技术拉制多晶硅原料棒，从而替代价格昂贵的高纯多晶硅原料沉积时制备的区熔硅原料棒，然后通过区熔技术制备低氧浓度的区熔单晶硅，但是区熔技术设备投资较大，工艺更为复杂，成本明显增加。因此，上述两种单晶硅制备工艺都没有得到大规模产业化推广应用。

多次装料拉晶（RCz）技术起始于 1980 年，通过二次加料工艺向坩埚内重新装料，进而拉制多根晶棒。由于该方法省去了多晶硅冷却和进、排气的时间，石英坩埚可以重复利用，从而大幅降低了生长成本。但是该方法受到分凝效应的限制，分凝系数小于 1 的杂质将大部分留在熔体中，所以 RCz 只能进行数次。国内先进厂商（如隆基股份和中环股份）通过大装料、高拉速、RCz 等工艺技术的突破与应用，大幅提高了投料量和单炉产量，显著降低了拉晶成本。在装料量的提升上，主流的坩埚尺寸在 28 英寸及 32 英寸，单炉多次投料量达到

1800～2000kg 甚至更高。晶体拉速达到 1.5～1.9mm/min，单位产出率达到 5.0～6kg/h 圆棒。目前，RCz 仍是光伏行业中提高单炉投料量最具性价比的技术方案。

连续拉晶（CCz）技术包括双坩埚法以及连续固 / 液态送料法。它是在晶体生长过程中连续地送入多晶硅原料。这种方法可以节约生长时间和坩埚，但是跟 RCz 一样也存在分凝效应的影响，且单晶炉的结构较复杂。2018 年以来，多家公司在连续拉晶（CCz）技术上有所进展。RCz 技术由于每次拉晶过程中坩埚内的硅料会不断减少，掺杂剂的分凝会带来硅棒头尾部电阻率的差异，进而降低电池片品质的一致性。CCz 技术通过辅助化料进料可使拉晶过程中主坩埚内硅液面保持不变，更为重要的是，通过调节补充硅料内的掺杂剂含量可实现单晶棒头尾电阻率的一致，这尤其适用于掺杂剂（如镓）分凝系数较低的情况下晶体电阻率均匀性的控制。基于 CCz 单晶硅片制备的电池片较常规方法生产的单晶硅片表现出了更高的转换效率。不过，虽然 CCz 技术与 RCz 技术相比在品质控制方面具有一定优势，但在成本方面优势尚不明显。目前，业界普遍将该项技术作为储备技术进行开发，产业化应用与市场环境尚有欠缺。RCz 技术已进入大规模推广应用阶段，CCz 技术也向小试阶段过渡。这两项技术的推广应用，将缩小单晶与多晶在装料量方面的差距。

单晶炉作为直拉硅单晶生长的核心设备，对拉晶的产能及晶体品质有着决定性影响。先进单晶生产企业通过对单晶炉的优化改造，拓展了设备生产能力，例如国内 8 英寸直拉单晶硅棒的长度已经突破 4300mm。同时，国内单晶炉制造企业通过对单晶炉设备的优化开发，不但在关键部件上实现自主研发生产，而且通过控制系统的优化实现了工艺的完善和发展，设备自动化程度、控制精度和系统安全得到大幅提升，拉晶成本持续降低。单晶炉主炉筒的内径已从几年前的 1100mm、1200mm、1300mm、1400mm 增加到最新的 1600mm，并且配置了优化升级的强制冷却装置，大幅提升晶体生长速度，支持 1 炉 2～8 根晶体生长工艺。值得一提的是，越来越多的单晶生产企业和单晶炉制造企业进行连续直拉（CCz）单晶硅设备研制或存量单晶炉的 CCz 改造，通过自主开发或消化吸收再创新，基于 CCz 技术的设备研制或改造取得长足发展。国内单晶硅企业通过对单晶炉设备的优化开发，不但在关键部件上实现自主研发生产，而且还通过系统的优化实现工艺的完善和发展，拉晶成本持续降低。目前，以大连连城、晶盛机电、京运通等为代表的国产设备厂商生产的单晶炉具有以下几点优势：实现真空—检漏—压力控制—熔料—稳定—引晶—放肩—转肩—等径生长—收尾—停炉—氧化的单晶硅生长全过程自动化控制；采用水冷技术提高纵向温度梯度，实现晶体快速生长，降低了能耗；设计了单晶炉内 / 外部多次投料装置，可在不停炉的情况下多次内 / 外部加料，提高了生产效率，降低了能耗；满足长时间拉晶工艺需求的设计；2020 年，多个企业推出了适合生长直径 300mm 光伏单晶硅的炉型。另外，在拉晶炉硬件不断迭代的同时，各主要生产厂商也愈来愈重视单晶炉的智能化及自动化开发，以提升生产效率及安全性。

直拉单晶硅生产中，石英坩埚的一次性消耗和拆装炉的耗时，在成本费用中占很大比例。国内企业开发了长寿命石英坩埚，连续拉晶时间可以达到 450h 以上。通过优化多次加料的拉晶工艺，设计新型加料器，配合长寿命石英坩埚，可以最大程度实现石英坩埚利用率，大幅度提高生产效率并摊低辅材成本。

单晶炉的优化包括全自动控制技术、纯化热屏、坩埚涂层等技术进步都有助于提高晶体生长效率和质量。直拉单晶炉可装载的原料越来越多，可生长的晶体直径越来越大，长度越来越长，拉晶速度越来越快。从 20 世纪 70 年代开始到现在，直拉单晶炉坩埚尺寸从 100mm 增加到了 450mm，装载量也从 30kg 增加到了 400kg。另外，为了提高晶体利用率开发的方形 Cz 生长，以及西门子公司提出的可以提高拉速和机械强度的三晶晶体生长方法等也相继出现。

3.4.5.2 光伏多晶硅片

类似单晶硅片，多晶硅片的制备也包括多晶硅锭的生产和切片两个环节。多晶硅锭制备技术可以追溯到 20 世纪 70 年代末、80 年代初，主要有 Wacker 公司发明的浇铸法、美国 Solarex 公司的结晶法、美国晶体系统公司的热交换法、日本电气公司和大阪钛公司的模具释放铸锭法、日本 Sumitomo 公司的电磁感应冷坩埚法。

上海有色金属研究所于 20 世纪 80 年代中期制备出晶粒尺寸 0.5 ～ 4mm、转换效率 9% ～ 10% 的多晶电池。北京有色金属研究总院制备出平均晶粒尺寸 2mm 的多晶硅锭，对其形貌和晶体缺陷等进行研究并开展了相关的模拟研究。2003 年 10 月，保定英利公司使用 GT 公司的 MX225 型 HEM 炉制备出国内首个 240kg 多晶硅锭，标志着国产多晶硅铸锭技术产业化的开始。

定向凝固法制备铸造多晶硅主要包括装料、加热、化料、晶体生长、原位退火、冷却等步骤。首先，将完成装料的坩埚放置在铸锭炉的定向凝固块上，关闭炉体后抽真空，然后充氩气、氦气等惰性气体。采用石墨加热器加热，升温至硅材料熔点以上，直至硅料全部熔化。待硅料全部熔化后，降低加热功率，打开隔热笼，使热量从底部散失，晶体硅开始在底部形核，并呈柱状向上生长，直至所有液体硅全部结晶。然后，关闭隔热笼进行原位退火后打开隔热笼冷却。

多晶硅晶体生长过程是从形核开始的，控制晶体初始形核的大小和晶粒方向是实现提高硅锭质量的重要前提和基础。传统的多晶硅铸锭制备方法中，初始形核是随机的、自由的，并不是优化的晶粒和晶向，而且晶粒尺寸不一，局部缺陷密度高，成为铸造多晶硅太阳电池效率比直拉硅单晶低的重要原因之一。近年来，国内外产业界已经普遍采用“籽晶诱导”的小晶粒高效多晶铸锭技术进行铸锭生产，即通过提供硅颗粒、SO_2 颗粒等异质核心，实现初始形核时形成均匀的小晶粒，从而降低初始形核位错密度，增加特定晶界密度，抑制位错繁殖。

目前，“籽晶诱导”小晶粒铸造多晶硅的制备技术可分为半熔法和全熔法两种工艺。所谓半熔法，即在坩埚底部铺设籽晶，在硅料熔化后期，调整工艺保持籽晶部分熔化，通过诱导形核，使晶体从籽晶向上生长，得到小晶粒的铸造多晶硅锭。籽晶材料一般为碎硅片、多晶硅颗粒料等。全熔法通过在坩埚底部处理，提供 SiO_2、Si_3N_4、硅颗粒等突起物，实现异质形核，不需另外在石英坩埚底部铺设硅材料作为籽晶，底部也不需专门的冷却处理装置。相比较而言，全熔法因不需要底部硅料籽晶，晶锭底部低少子寿命区（红区）更窄，因此晶体收率更高一些。但是，半熔法更容易控制形核质量和密度，能更有效地控制铸锭的质量，多晶硅电池片转换效率要稍高于全熔硅片，因此为大部分企业所采用。

铸造单晶硅（又称类单晶硅或者准单晶硅）则是利用低成本铸造法生长高质量单晶硅片的一种方法，多年来在行业内获得了广泛关注。2012 年前后，铸造单晶硅产品曾经短暂在市场应用过，一度占有 10% ～ 20% 的市场份额。但是，该产品很快被市场放弃，其主要原因是铸造单晶硅组件的晶花外观问题和电池效率拖尾问题。晶花外观问题是因为铸造单晶硅锭的边缘区域受到多晶侵入的影响，单晶率不够高，这些边缘部分的非 <100> 晶向的多晶晶粒在利用传统单晶硅电池的碱制绒工艺后，表现出和 <100> 晶向单晶硅不同的色差。而效率拖尾问题主要因为受铸造单晶硅锭生长过程中位错沿晶体生长方向快速增殖的影响，晶锭上部和下部的位错密度相差几乎两个数量级。

2017 年，该技术得到了重新关注，国内主要企业和浙江大学持续进行重点研发。主要通过扩大坩埚尺寸、设计新的热场等技术，提高了单晶的比例。然而，仍然存在单晶比例不稳定、位错增殖不易控制、成本较高等问题，没有大规模生产。2019 年初，保利协鑫和浙江大学合作，第三代铸造单晶硅技术取得突破，产品开始进入量产，并以多晶的低成本、单晶的高效率，再次受到业界广泛关注。第三代产品较之传统铸造单晶硅产品，消除了以往铸锭生产中容易产生的二类片及曾占成品高比例的三类片，无论是外观还是内在的位错密度，都接近直拉单晶硅片。2019 年 11 月，保利协鑫在无锡新能源展上推出了新一代 G4 鑫单晶硅片，效率增加 0.15%，与单晶效率差在 0.2% 以内，电池效率分布更加集中，166mm 尺寸 72 片版型 MBB 半片铸造单晶组件平均功率可达 430 ～ 435W 以上，可以与直拉单晶硅组件产品相媲美。源自铸造单晶硅片体内相对直拉单晶硅片低的硼氧复合体浓度，使铸造单晶硅光伏组件拥有较直拉单晶硅组件更优异的抗光致衰减表现，依据 IEC 标准对铸造单晶和直拉单晶硅电池进行光致衰减测试，铸造单晶显示了优异的光致衰减性能，相同剂量的辐照实验后，组件功率衰减为 0.96%，低于直拉单晶硅产品的 1.44%，也低于 IEC 指导标准的 2.0%。铸造单晶硅在多家电池制造商大批量应用的结果显示，使用目前主流的 PERC 电池工艺，铸造单晶硅与直拉单晶硅电池的转换效率绝对值差值不到 0.3%。2020 年，保利协鑫开发出籽晶重复回用技术，解决了成本较高的 Cz 籽晶只能使用一次的问题。采用该种重复回用技术生产的硅锭晶体缺陷增殖得到有效控制，籽晶成本下降 60% 以上。

3.4.5.3 硅片切割技术

对于光伏硅片来说，成本至关重要，因此光伏产业发展了低成本高效率的金刚石线切割技术。金刚石线切割主要有电镀金刚石线和树脂金刚石线两种技术路线。目前，电镀金刚石线又以其线耗低、强度高、成本低的优势占据了绝大部分市场份额。

传统的砂浆钢线切割过程中，游离态的碳化硅颗粒在磨刻硅棒的同时也在磨刻钢线，造成钢线极大磨损，因而细线化非常困难。金刚石线切割由于金刚石颗粒固结在钢线表面，切割过程中金刚石运动速度与钢线一致，金刚石颗粒不会对钢线造成伤害，其切割能力也相比传统游离切割有大幅提升，这给细线化提供了可能。数据测算显示，金刚石线线径每下降 10μm，单片硅成本下降约 0.15 元，产能提升约 4%，可见降成本空间巨大。从 2014 年金刚石线在光伏行业推广应用到 2019 年期间，金刚石线基本以每年 10 ～ 15μm 的速度在细线化，之后细线化速度逐步趋缓。2019 年，国内先进企业已实现母线 55μm 金刚石线多晶硅切片量产，单晶硅已实现母线 50μm 量产，加之单晶硅片厚度更薄，两者硅片产出量差异约 4.8%，促进了单晶硅片市场份额的提高。2020 年，国内先进企业实现了母线 50μm 金刚石线多晶硅切片量产和母线 45μm 单晶硅切片量产，并继续向更细线径应用探索。2021 年，主流金刚石线尺寸降低到 35 ~ 40μm。总体来看，近年来，国产电镀金刚石线各项技术指标均已达到甚至超过日本同类产品，完全实现国产化。2020 年，美畅股份金刚石线出货量市场份额占比 44%，位居全球第一，其次是高测股份、三超新材、岱勒新材、恒星科技与东尼电子。

3.5 当前存在的问题、面临的挑战与未来发展对策

3.5.1 微电子硅材料

在技术方面存在以下的问题：

① 国内电子级多晶硅企业的生产工艺和技术多为国外引进，但不是成套的，国内企业在消化吸收过程中只是对原有的技术进行改进，与国外经过几十年发展而成的严密技术体系相比仍有较大的差距。

② 集成电路用 8 英寸和 12 英寸硅片的产品类型涵盖不全，产品质量及其一致性有待改善，性价比有待提高。

③ 大直径（8 英寸）区熔硅单晶质量稳定性差。

④ SOI 先进制造技术的研发集中在国外企业，国内研发动力不足。

在产业方面存在以下的问题：

① 国内市场未有效拉动微电子级硅材料产业发展，尚未形成“研发—销售—反馈—升级”的良性循环。

② 8 英寸硅片未充分满足国内需求，12 英寸硅片成为主流产品尚待时日。

③ 硅片行业投资过热。

④ 配套产业发展迟缓，供应链存在风险。

⑤ 人才匮乏。

⑥ 支撑产业化技术创新发展的材料应用工艺开发与验证平台缺失。

3.5.2 光伏硅材料

在技术方面存在的问题主要是拉晶能耗过高。目前光伏单晶硅生产基本采用 RCz 法，多次拉晶需要长时间保持炉内高温，造成巨大的能量消耗。所以降低单晶炉能耗对节能减排以及降低光伏发电成本都有重要意义。虽然在单晶炉中用石墨毡等保温材料围成保温层可有效减小热量损耗，但最终仍然有大量热量被冷却水带走，造成能源浪费。

在产业方面存在以下的问题：

① 高纯石英砂资源短缺。光伏坩埚作为拉晶环节重要的辅料，其制备原材料为石英砂。

制备光伏坩埚要求石英砂具备高纯度、低杂质、少气泡等条件。目前，因缺少合适的石英矿场，国内高端石英砂均来自美国北卡砂矿，中低端石英砂 90% 来自印度。虽然在未来 3 年内国内市场的外壁用石英砂供给无问题，但是内壁材料所需高端石英砂的供给存在风险。

② 产能过剩，同质化竞争严重。近年来，我国政府多个部委密集发文支持光伏产业的发展，从中央到地方释放多重利好，发展光伏产业也被写入 20 多个省市的“十四五”发展规划。与此同时，国内光伏行业也面临同质化竞争、上游硅料、中游硅片环节产能过剩等问题。

3.5.3 未来发展对策

应对当前问题的对策主要有以下几点。

① 改变研发模式，增强产业上下游联动，促进研发与应用深度结合。支持多晶硅生产、硅片生产、芯片设计、芯片制造等厂商以降低芯片成本，提高芯片成品率，实现硅片自主规模供应为目的，开展联合研发。

② 推动业内联合攻关，加速配套产业发展。为解决单个厂商各自为战的局面，建议效法日本，设立联合攻关专项，由行业主管部门牵头，联合产业链上下游厂商对硅片上游的设备、原材料进行集中攻关，并将技术成果向成员单位开放共享。联合攻关会降低研发成本，分散研发风险，有利于硅片配套产业的快速发展以及核心技术的快速突破。

③ 加强硅材料产业的顶层设计布局。应充分发挥“窗口指导”作用，合理规划高纯多晶硅、微电子和光伏用硅片的产能分布。鼓励中西部地区发挥电价优势，在承接高纯多晶硅和光伏用硅片制造业的同时，避免同质化竞争和产能过剩。对拟建或在建的大硅片项目，地方政府应定期开展评估工作，根据产业发展形势及时动态调整项目的建设规模和进度，避免低水平硅片项目的重复建设。

④“扶强培优”，培育具有国际竞争力的企业。建议国家产业主管部门、科技主管部门与行业组织等相配合，选择发展基础好、创新能力强和盈利水平高的企业，将科技攻关和产业扶持资金定向投给这些企业，促进它们逐渐壮大成为国际上有影响的企业。

⑤ 以市场优势带动完善国内产业生态。我国产业生态最大的优势在于应用市场蓬勃。例如，在 5G、IoT、汽车电子、数据中心等硅片需求爆发的领域，中国几乎都是最大市场。为打造自主可控的完整产业链，我国仍需继续努力，由应用端驱动，带动产业中上游发展，壮大夯实材料、设计、代工、封测、应用等各个环节的产业基础与核心技术能力。

⑥ 构建光伏绿色产业链，走低碳发展道路，助力实现“双碳”目标。将绿色制造、产品生命周期管理和生产者责任延伸理念融入光伏制造厂商供应链管理体系，识别产品及其生命周期各个阶段的绿色属性，协同供应链上供应商、制造商、物流商、销售商、用户、回收商等实体，对产品的绿色属性进行有效管理，减少其制造、运输、物流、存储以及使用等过程中的能源、资源消耗和污染物排放，持续提升供应链的绿色化水平。同时鼓励光伏厂商科研创新，开发并推进落实新工艺、新方法，对高能耗环节进行工艺方法优化，在节能的同时提升产品竞争力。

⑦ 加强各层次人才培养。一是大力育才、引才、用才，形成一批国际视野的企业家，掌

握国际前沿技术的科学家、工程师，具有专业化学知识及跨学科复合型高层人才。二是在高校的微电子、电子材料、化学和化工等专业中充实有关硅材料方面的课程，以形成较为完善的人才培养体系。三是大力发展职业教育，在集成电路产业发达地区建立专业技术学校，设置对口专业，造就一批以一线实践能力为导向、掌握先进制造业工艺、具有高水平质量意识的应用型人才和产业工人。

参考文献

作者简介

汪雷，浙江大学硅材料国家重点实验室（材料学院）副研究员。主要从事半导体材料和光伏领域的研究工作。目前已发表 SCI 论文 50 余篇。获发明专利授权 10 余项，其中部分已在企业产业化应用。近年来重点开展的研究方向主要包括晶体硅材料的结构与缺陷，硅片表面陷光结构，太阳电池组件表面功能涂层和锂离子电池硅基负极材料等。

杨德仁，中国科学院院士，浙江大学硅材料国家重点实验室（材料学院）教授，现任浙江大学宁波理工学院校长，杭州国际科创中心首席科学家。长期从事半导体硅材料研究，包括超大规模集成电路用硅单晶材料、太阳能光伏硅材料、硅基光电子材料及器件、纳米硅及纳米半导体材料。以第一获奖人获得国家自然科学奖二等奖 2 项，国家技术发明奖二等奖 1 项，何梁何利科学技术进步奖，中国青年科技奖，国际光伏科学和技术杰出贡献奖（PVSEC Award）等。

第4章

聚烯烃产业

吴长江　郭子芳　夏先知　宋文波等

我国聚烯烃产业具有世界上规模最大、工艺最全、原料多元化等优势，也存在整体大而不强、结构性矛盾凸显等问题。为改善这种产业现状，在技术创新方面，建议加强高分子物理与化学合成等基础性研究，从聚烯烃产业链中的原料和关键单体、高性能催化剂、先进聚合和工程技术、高端产品技术、创新性加工应用技术、产品应用和废旧聚烯烃资源化利用等各环节突破技术难点，强化中试研究平台和工程装备技术平台，实现聚烯烃产业的技术领先；在机制创新方面，建议深化“产学研用”一体化攻关模式，围绕先进催化剂、反应工程、过程强化、产品加工应用等科学技术问题，开展联合攻关；制定中试装置的规范和标准，加快中试装置建设，贯通实验室到工业化转化的桥梁。通过产业链贯通式创新，开发具有原创性的聚烯烃成套技术，实现聚烯烃产品向高性能化、绿色化、功能化和智能化发展，推动我国聚烯烃产业的高质量发展。

4.1 聚烯烃产业发展的背景需求及战略意义

聚烯烃由宇宙中蕴藏量最丰富的元素氢和地球上含量第二的元素碳组成，是合成高分子材料的最大品种。自20世纪30年代诞生，特别是50年代Ziegler-Natta催化剂发明以来，其制备技术持续创新，从催化剂设计、聚合方法探索、聚合反应器和工艺开发、材料加工改性，到制品成型与服役行为等诸方面，引领了高分子材料研究开发的新范式，推动了“高分子化学与物理”的蓬勃发展，成为石油化工、煤化工和天然气化工等领域下游的支柱产品，为人类经济社会发展做出了重要贡献。

聚烯烃材料由乙烯、丙烯、丁烯或其他α-烯烃等聚合而成，既包括量大面广的聚乙烯（PE）、聚丙烯（PP）、乙烯-醋酸乙烯共聚物（EVA）、聚1-丁烯（PB-1）、聚烯烃弹性体（POE）等材料，也包括环烯烃均聚物/共聚物（COP/COC）、聚4-甲基-1-戊烯（PMP）、乙烯-丙烯酸共聚物（EAA）及其钠/锌盐等高端应用的特种聚烯烃材料。作为使用量最大的高分子材料，聚烯烃材料已成为现代社会发展的重要标志。经过 80 多年的发展，聚烯烃已经形成原料—聚合物—专用料—制品—回收的全产业链，产业技术涉及原料、催化剂、聚合工艺与装备、加工成型、产品应用和资源化利用等各环节，广泛应用于包装、医疗卫生、农业、交通、电子电器、建筑家居、节能环保、新能源等领域（图 4-1）。

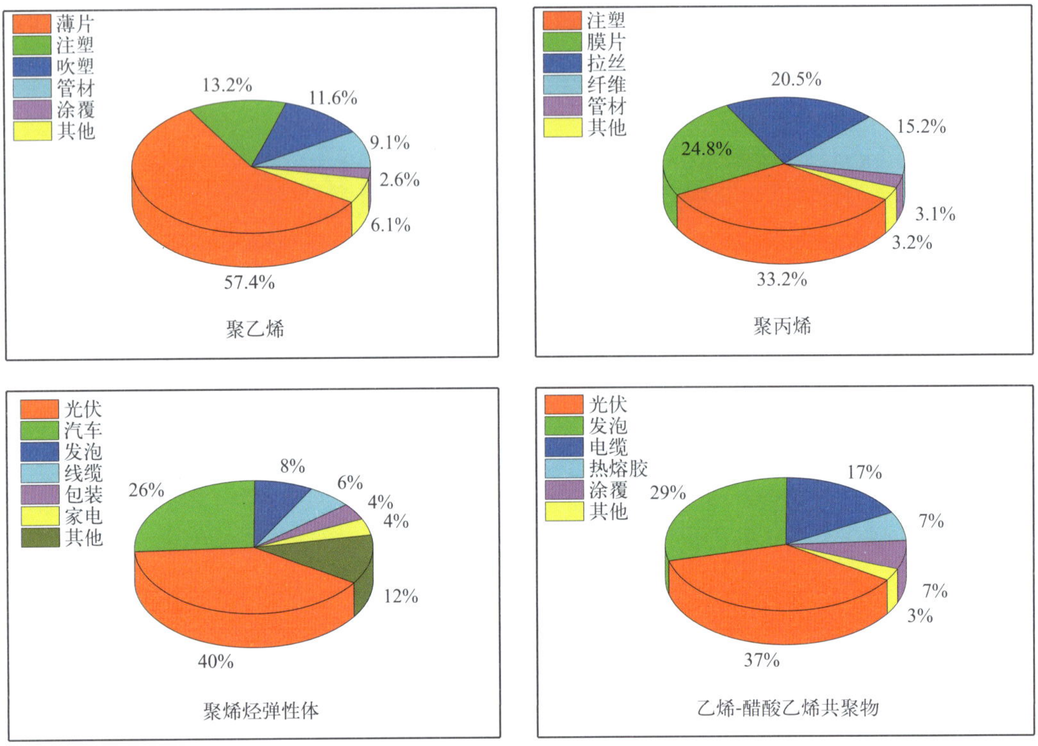

图 4-1　主要聚烯烃品种及其用途

近年来，随着基础研究水平的提高和关键核心技术不断突破，我国聚烯烃产业发展迅速，呈现出供需两旺的局面。我国是全球聚烯烃生产和消费的第一大国，2021 年总产能已达到 0.58 亿吨 / 年，总消费量已经超过 0.67 亿吨 / 年。这些材料在包装、交通、电器、家居、市政、建材、环保、农业等领域大量使用，是资源开采 - 材料制备 - 加工应用 - 衣食住行等民生产业链的重要环节，是我国产业链维持和发展必不可少的关键基础材料，更是保障国家能源安全、人民生命健康等方面的关键材料。未来几年，我国新建的大型炼油和乙烯项目的下游多数将配套聚烯烃装置，煤制烯烃及外购甲醇制烯烃、外购丙烷脱氢制丙烯等项目的下游也大多选择发展聚烯烃，因此聚烯烃的生产能力将不断增长。随着新型工业化、信息化、城镇化和农业现代化的深入推进和居民消费结构的不断升级，我国聚烯烃市场迎来巨大的发展空间。

产能和需求的快速增长使我国聚烯烃产业存在的结构性矛盾越发突出。长期以来，我国聚烯烃原料的生产成本偏高，产品集中于中低端通用料，新增产能仍以通用料为主，国际竞争力较弱，产品附加值较低，自主开发的聚烯烃成套工艺较少，中试平台不足，亟待开发原创技术。高性能聚烯烃严重依赖国外，进口依存度超过 70%。大量市场急需的高性能材料，如茂金属聚烯烃弹性体、软质聚丙烯、热塑性弹性体和各种特殊用途的专用料，主要依赖进口。

随着汽车、家电以及房地产等下游领域需求的不断攀升以及应用领域的不断扩展，高端聚烯烃的刚性需求还将继续增大。同时，医用口罩、防护服、输液管和输液袋、防弹制品等医卫防护用品的原材料主要是高性能聚烯烃树脂，新时期我国经济社会发展、人民美好生活需求和各类风险防控（如突发重大传染性疾病和反恐维稳等）对上述材料需求旺盛，这为我国聚烯烃新材料创新发展提供了良好机遇，也提出了巨大挑战。

由此可见，聚烯烃材料是我国民生安全、医疗卫生、新能源、国防军工等领域必不可少的关键材料，是实现我国制造业高质量发展的重要一环。聚烯烃材料的发展影响着我国汽车、建筑、包装、家电、服装、玩具等产业链的整体竞争力，对促进国民经济发展、推动关键技术进步、提升产业链供应链韧性和安全水平、增强科技创新国际竞争力、实现高水平科技自立自强具有重要意义。

4.2 聚烯烃产业的国际发展现状及趋势

近年来，全球新一轮产业变革为聚烯烃产业结构调整提供了重要的机会窗口，聚烯烃产业迎来了一轮较快的发展期。聚烯烃材料相关催化剂、聚合技术、工艺装备、加工应用等面临新突破，基础性、创新性和产业化技术成为各国竞争的热点。目前，全球聚烯烃总产量超过 2.2 亿吨 / 年，是世界上规模最大的合成高分子材料（图 4-2）。

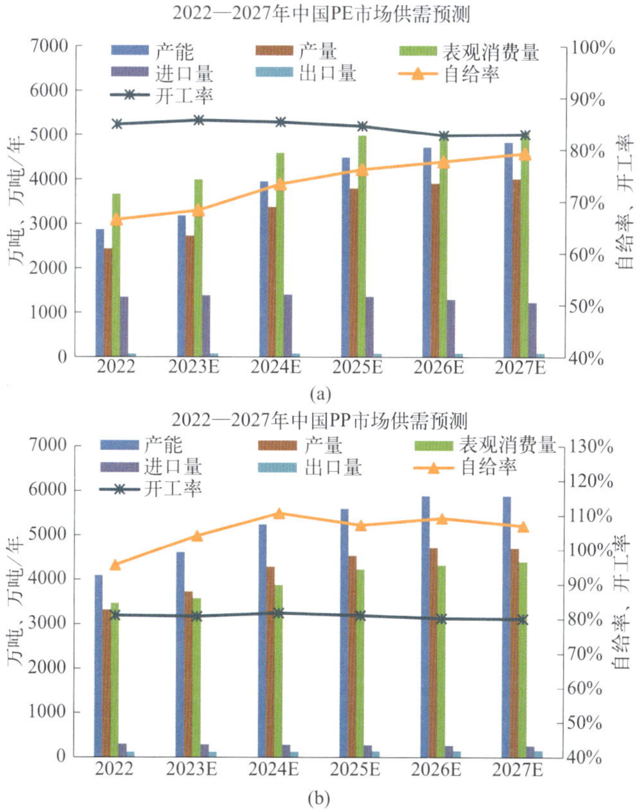

图 4-2　2022—2027 年全球 PE 和 PP 供需及预测

全球高端聚烯烃材料以欧美等西方国家为主导，这些国家在原创技术方面整体保持国际领先。高端聚烯烃材料的龙头企业主要集中在美国、西欧国家和日本，如埃克森美孚、陶氏化学、杜邦、利安德巴赛尔、北欧化工、英力士、塞拉尼斯、三井化学等公司，仅美国、德国和日本这三个国家，就拥有全球聚烯烃材料领域的绝大部分先进生产技术、高端牌号产品和利润。如陶氏化学公司领先的 Dowlex 溶液法工艺可生产聚烯烃弹性体（POE）和聚烯烃塑性体（POP）等高端聚烯烃产品；埃克森美孚和陶氏化学公司是全球产能最大的两家茂金属聚乙烯（mPE）生产商，2021 年两家公司合计 mPE 产能在全球产能占比超过 40%，并拥有全系列产品牌号；利安德巴赛尔、埃克森美孚、道达尔、日本聚丙烯、三井化学等企业是全球范围内领先茂金属聚丙烯（mPP）生产商。

在单体方面，烯烃生产亟须减碳、降本，原油直接裂解制烯烃、丙烷脱氢制丙烯（PDH）、合成气直接转化制烯烃等技术至关重要。目前，仅埃克森美孚公司实现了轻质原油蒸汽裂解技术的工业化应用；环球油品公司的移动床工艺和美国 ABB 鲁玛斯公司的固定床工艺垄断了 PDH 工业生产，凯洛格 • 布朗 • 路特（KBR）集团公司、陶氏化学公司已成功开发了流化床脱氢技术；萨索尔公司、鲁尔化学公司和巴斯夫公司在开展合成气直接转化制烯烃相关研究，仍处于实验室催化剂开发阶段，尚无工业化应用报道。

在催化剂方面，自 20 世纪 90 年代以来，美国、日本和西欧等主要聚烯烃生产商的研究工作集中于齐格勒 – 纳塔（Ziegler-Natta）催化剂体系改进、单活性中心催化剂开发及工业化。其中，Ziegler-Natta 催化剂改进主要是对内外给电子体、载体及催化剂制备相关技术进行优化，如利安德巴赛尔工业公司开发了以二醚作为给电子体的第五代新型 Ziegler-Natta 催化剂，催化活性高达 90kg/g；埃克森美孚、三井化学、陶氏化学等公司是申请茂金属催化剂技术专利最多的公司，用茂金属催化剂可以生产一些 Ziegler-Natta 催化剂难以合成的共聚物，如乙烯 - 苯乙烯的无规和聚烯烃嵌段共聚物，乙烯与长链烯烃、环烯烃及二烯烃的共聚物等。

在聚合工艺方面，国外聚烯烃生产技术经过多年的迭代和发展，已经进入到稳定发展阶段。其中，聚乙烯领先生产技术主要有利安德巴赛尔公司 Lupotech T 高压管式法和 Lupotech A 高压釜式法工艺、埃克森美孚公司高压管式法和高压釜式法工艺、利安德巴赛尔公司 Spherilene 气相法工艺和 Hostalen 釜式淤浆法工艺、雪佛龙菲利普斯化工公司 MarTECH 环管淤浆法工艺、北欧化工公司 Borstar 环管淤浆法工艺、陶氏化学公司 Dowlex 溶液法工艺等。聚丙烯领先生产技术主要有利安德巴赛尔公司 Spheripol 工艺和 Spherizone 工艺、英力士公司 Innovene 聚丙烯工艺、日本聚丙烯公司 Horizone 工艺、北欧化工公司 Borstar 聚丙烯工艺、三井化学公司 Hypol-Ⅱ工艺等。烯烃溶液聚合技术及高压聚合工艺主要掌握在国外公司手中。

在新产品开发方面，国际聚烯烃产品发展速度较快，主要集中在具有高技术含量（高技术门槛）、高应用性能（牌号多，快速的技术服务导向）、高市场价值（价格高、盈利多、波动小）的高端聚烯烃材料，包括 mPE、mPP、POE、环烯烃共聚物（COC）、超高分子量聚乙烯（UHMWPE）、聚 1- 丁烯（PB-1）以及乙烯 - 醋酸乙烯共聚物（EVA）等。其中，POE 主要供应商是陶氏化学、埃克森美孚、三井化学等美、日企业，COC 只有日本三井化学和宝理公司可以供应商业化产品，医用 UHMWPE 核心生产商有利安德巴赛尔公司、塞拉尼斯公司等。

在废旧聚烯烃资源化利用方面，全世界各个国家的企业都在积极开展相关技术研究，主要研究方向包括分类回收、制取单体原料、生产燃料油和直接燃烧用于发电等。目前，埃克森美孚公司开发了可以将塑料废弃物转化为原料的专有化学回收技术和工艺，并且已经商业化生产经认证的循环聚合物；巴斯夫公司推出了全新 PuriCycle 催化剂和吸附剂产品组合，助力实现塑料回收；英国 Mura 技术公司开发出水热回收工艺，该工艺以过热蒸汽形式，用水来分解塑料，生产出最初制造塑料时有价值的化学品和油品，基于该技术建造的回收废塑料工厂将于 2023 年初投产。

美国、西欧和日本的聚烯烃材料生产企业，通过提升生产工艺和产品性能，依靠自身优势垄断市场，并且限制相关技术对中国进行技术许可和技术转让，如茂金属催化剂制备技术、溶液聚合技术、高压聚合技术等，导致国内高性能产品的进口依赖程度高，存在着“卡脖子”风险，相关生产技术和产品性能亟须提升。同时，全球聚烯烃材料正向着绿色化生产、产品快速迭代的方向发展，材料与物理、化学、信息、生物等多学科交叉融合加剧，各大石化公司、材料公司更加重视创新，例如陶氏化学、杜邦、北欧化工等公司，正在加大投资当前或者未来的重点创新领域，追求技术附加值，创造新的技术方案，通过原创性技术，推动聚烯烃材料在资源和能源的可持续发展中发挥越来越重要的作用。

4.3 聚烯烃产业的国内发展现状及趋势

我国是全球第一大聚烯烃生产国和消费国，拥有世界上规模最大、工艺最全、原料来源多元化程度最高的聚烯烃产业，随着我国聚烯烃的需求量不断增长，产能也随之高速扩张。2021 年，我国聚烯烃产能已达到 0.58 亿吨 / 年，较 20 年前产能增加了约 7 倍，年均增长 12%，在世界占比由 6% 增加至 24%，消费量超过 0.67 亿吨 / 年，年均消费增长 10%，由世界占比的 13% 增加至 35%，是名副其实的全球聚烯烃第一大生产国和消费国。而同期世界聚烯烃产能仅增加了 1 倍，年均产能和消费增长率均约为 4%。目前，我国已经形成多元化烯烃单体技术（图 4-3），石脑油、煤 / 甲醇、丙烷、炼厂干气、轻质原油等都已经成为重要的原料资源，同时生物质、天然气等制烯烃原料也有相关的前瞻性探索。聚烯烃工艺技术方面也呈现多样化，全世界绝大多数聚烯烃工艺在我国均有引进建设，各个工艺产能及占比情况如图 4-4 所示。

目前我国的聚烯烃产业已经形成了三方面的优势：一是已经建成世界上规模最大、工艺最全、原料来源最多的聚烯烃产业；二是已经基本形成原料—聚合物—制品—回收的产业链和创新链；三是已经建成运行良好的“产学研用”协同创新平台，并且，不断强化从原料到制品的产业链和创新链融合，形成了一系列原始创新或填补国内空白的新技术和新产品。

在原料技术方面，近年来，除石脑油裂解制烯烃、原油直接裂解制烯烃外，以乙烷裂解和丙烷脱氢为代表的乙烯、丙烯制备新技术的出现，使聚烯烃的原料来源更为丰富。中国科

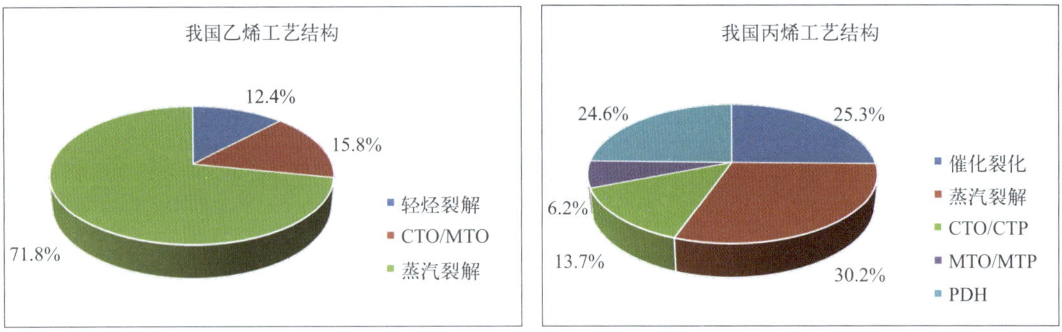

图 4-3　2022 年中国乙烯和丙烯工艺结构

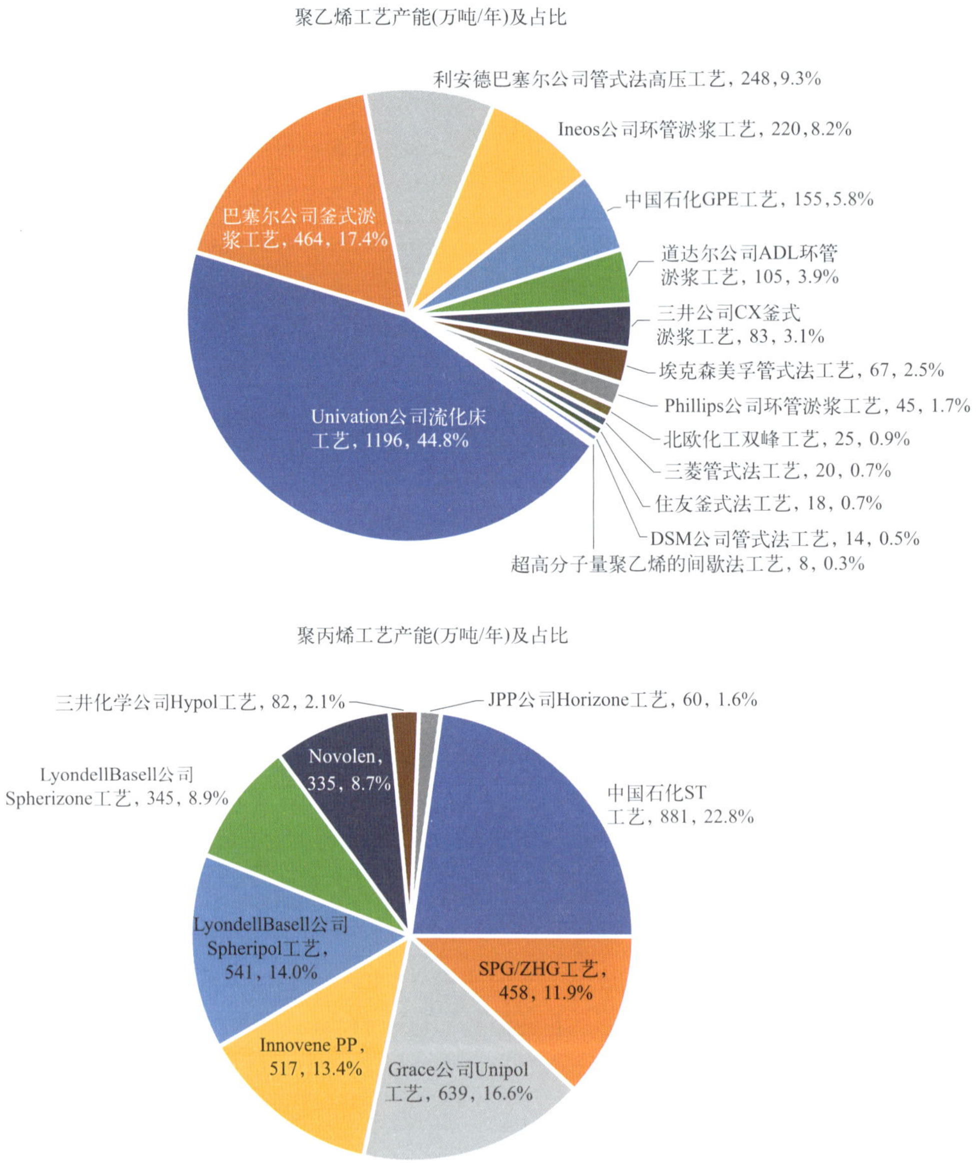

图 4-4　2022 年中国聚乙烯和聚丙烯主要生产工艺及产能

学院大连化学物理研究所和中国石油化工集团有限公司（简称中国石化）发展了甲醇制烯烃（methanol to olefins, MTO）工艺，为从煤制烯烃打开了“中国道路”。近年来，我国的长链 α-烯烃技术也取得了长足的进步，中国石化、中国石油天然气集团有限公司（简称中国石油）等开发了乙烯选择性齐聚联产 1- 己烯、1- 辛烯技术。中国石化等企业也正在开展聚 4- 甲基 -1-戊烯（PMP）用 4- 甲基 -1- 戊烯等重要原料的开发。

在催化剂方面，历经几十年的技术研发，我国已形成具有自主知识产权的系列聚烯烃 Ziegler-Natta 催化剂技术，逐步打破进口垄断，实现聚烯烃催化剂国产化。中国石化开发了以 N 系列、DQ 系列、H 系列催化剂为代表的聚丙烯催化剂和以 BCE 系列、BCL 系列、BSG 系列催化剂为代表的聚乙烯催化剂，达到国际先进水平。其中，采用超高活性 HA-R 聚丙烯催化剂技术，可实现本体聚合一步法制备灰分低于 20μg/g 的聚丙烯树脂，应用于电容器薄膜、锂电池隔膜等领域。淤浆聚乙烯 BCL 系列催化剂可实现共聚单体分布更均匀，应用于高端聚乙烯管材（PE100+、PE100-RC）等，达到了世界领先水平。为应对聚烯烃产品高端化、差异化发展需求，未来研发力量将集中在迭代优化不断提高现有系列催化剂性能、开发具有不可替代的特殊性能新型催化剂和聚烯烃产品上。

在聚合工艺技术方面，在进口工艺技术装置基础上，创新开发了系列烯烃聚合技术。第三代及三代 + 环管聚丙烯技术在国内多家企业应用；气液法聚乙烯工艺可生产特殊牌号产品。中国石化采用自主开发烯烃溶液聚合成套技术建设的 1000t/ 年 PDE 中试装置一次开车成功，填补了国内空白，基于该技术的 5 万吨 / 年工业化装置正在建设。在产品技术方面，开发了丙丁共聚聚丙烯大幅降低了树脂中可溶出物含量；直接聚合法高熔体强度聚丙烯在发泡制品上得到大量应用；超软聚丙烯应用于防水卷材等方面。固相拉伸、微分静电纺丝技术等前端加工技术也正在加速攻关中，将推进塑木材料、医用特种透气膜等材料绿色化的产业化制备。

在结构性能研究方面，以中国科学院化学研究所、中国科学院长春应用化学研究所和中国石化等为代表的单位，应用现代高分子分析手段对聚烯烃材料的分子结构和凝聚态结构以及构效关系的研究达到了世界先进水平。为加快聚烯烃技术的产业化创新，中国石化正在建设天津科学试验基地，打造国际领先的聚烯烃催化剂及聚合技术的中试技术研发平台，加快高端聚烯烃新产品的产业化和迭代发展。由于高性能产品的进口依存度大，不断增长的产能也使产业面临产能过剩的风险，亟待通过科技创新实现聚烯烃产业的高质量可持续发展。

4.4 我国聚烯烃产业面临的主要挑战

4.4.1 全产业链的基础研究及应用基础研究不足

尽管我国是世界上聚烯烃产业发展最快的国家，但是我国的聚烯烃产业是从 20 世纪 80 年代大量引进一系列装置才开始规模化发展的，相当长的一段时间内，都是以消化吸收为主。随着产业基础的不断扩大，技术认识的不断深入，基础研究及应用基础研究的力量才逐渐加强。但总体上，我国距离发达国家还存在差距，主要表现在两个方面：一方面是从论文和专利数量等方面分析，当前聚烯烃仍是各国重点关注的材料之一，催化剂、聚合方法、材料结构与性能、加工应用等是主要研究热点，各国发表论文仍保持高位水平，中国的论文产出已经占据全球聚烯烃领域前 10 位国家 / 地区的第 2 位，仅落后于美国（表 4-1）。我国的浙江大学、中国科学院化学研究所、中国科学院长春应用化学研究所和四川大学的论文数量进入了全球聚烯烃领域前 10 位研究机构名单，在国际舞台上占据重要的地位（表 4-2）。但是，1981—2020 年的 40 年期间，我国论文篇均被引频次仅排在全球第 9 位，表明我国在基础研究方面的论文的影响力与欧美国家还存在差距。

在专利方面，我国的差距更大。在全球范围内，高端聚烯烃专利技术前 10 位专利权人中，国内只有中国石化一家，位列第 8 名（图 4-5）。在工艺技术方面，随着国际形势的演变，国外很多技术已经不对我国许可，如溶液聚合技术。我国的自有工艺技术还较少，难以满足行业发展的需求，这也暴露了在整个产业链条中，围绕聚合工艺、反应器、装备等工程开发技术方面的薄弱之处。此外，在催化剂设计、核心表征分析测试仪器、关键加工装置以及标准研究制定等基础研究及应用基础研究方面，我国还有很大的进步空间。

表 4-1　全球聚烯烃领域前 10 位国家 / 地区论文发表情况（1981—2020 年）[①]

序号	国家 / 地区	发文数量 / 篇	总被引频次	总被引频次排序	篇均被引频次	篇均被引频次排序
1	美国	2530	131179	1	51.85	2
2	中国	2225	40294	3	18.11	9
3	德国	1028	41069	2	39.95	3
4	日本	970	30260	4	31.2	7
5	加拿大	718	28041	6	39.05	4
6	韩国	694	17366	7	25.02	8
7	意大利	507	16665	8	32.87	6
8	英国	482	28836	5	59.83	1
9	法国	424	14648	9	34.55	5
10	印度	360	5130	10	14.25	10
	前 10 位总计	9938	353488		35.57	

① 数据来源 :2021 年高端聚烯烃行业研发技术情报调研。

表 4-2　全球聚烯烃领域论文发表主要机构

序号	机构	发文数量 / 篇	总被引频次	总被引频次排序	篇均被引频次	篇均被引频次排序
1	陶氏	317	13362	1	42.15	3
2	北欧化工	240	5208	6	21.7	6
3	浙江大学	229	3408	9	14.88	9
4	中国科学院化学所	222	3811	8	17.17	8
5	长春应化所	213	4170	7	19.58	7

续表

序号	机构	发文数量 / 篇	总被引频次	总被引频次排序	篇均被引频次	篇均被引频次排序
6	麻省大学	189	9655	2	51.08	2
7	埃克森美孚	158	5293	5	33.5	5
8	三井化学	156	8754	3	56.12	1
9	滑铁卢大学	150	5360	4	35.73	4
10	四川大学	147	2185	10	14.86	10

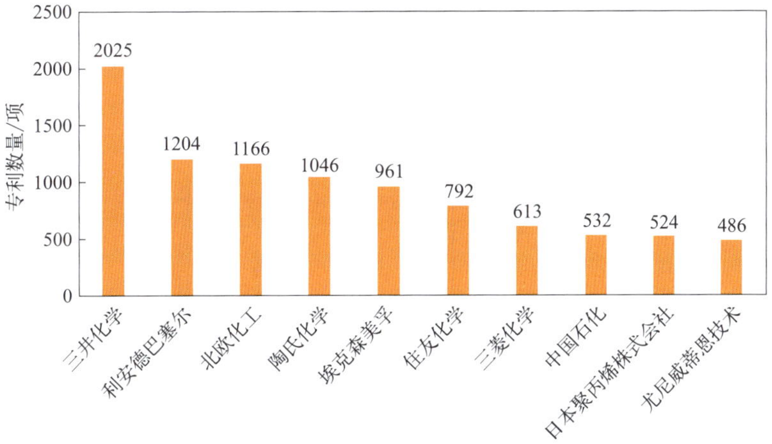

图 4-5　全球高端聚烯烃专利 TOP10 专利权人分析（1981—2020 年）
（数据来源：2021 年高端聚烯烃行业研发技术情报调研）

4.4.2　结构性过剩问题已经显现

目前结构性过剩已经成为我国聚烯烃产业发展的突出问题。一方面，通用产品同质化严重，竞争激烈，产能过剩；另一方面，高端产品偏少，具备国际竞争力的产品不多，部分产品依赖进口或者有些产品完全依赖进口。结构性过剩的主要原因来自 3 个方面：一是高端化原创能力不足，高端产品少；二是原料成本相对偏高，中低端产品竞争力不强；三是生产控制水平偏低，原料等生产条件多变，产品质量稳定性与国际巨头存在差距。近年虽然新增了不少产能，但仍以生产大宗产品为主，仍然无法解决高端牌号匮乏的问题，使得结构性过剩问题更加严重。

预计 2025 年，我国 PE 进口量约为 1359 万吨，进口依存度为 24%，PP 进口量约为 272 万吨，基本能够自给自足（图 4-6）。这其中有相当一部分为低成本产品，冲击我国中低端市场。同时埃克森美孚在我国独资建厂，有可能将在高端产品领域进一步挤压国产产品的市场空间，结构性过剩问题将更加突出。高端聚烯烃主要具有高技术含量（高技术门槛）、高应用性能（牌号多，快速的技术服务导向）、高市场价值（价格高、盈利强、波动小），包括由茂金属催化剂制备的 POE、极性聚烯烃等，进口依赖严重，其中 POE、COC/COP、PMP、EVA（高醋酸乙烯含量）、EVOH 等几乎完全依赖进口，迫切需要实现自主可控。

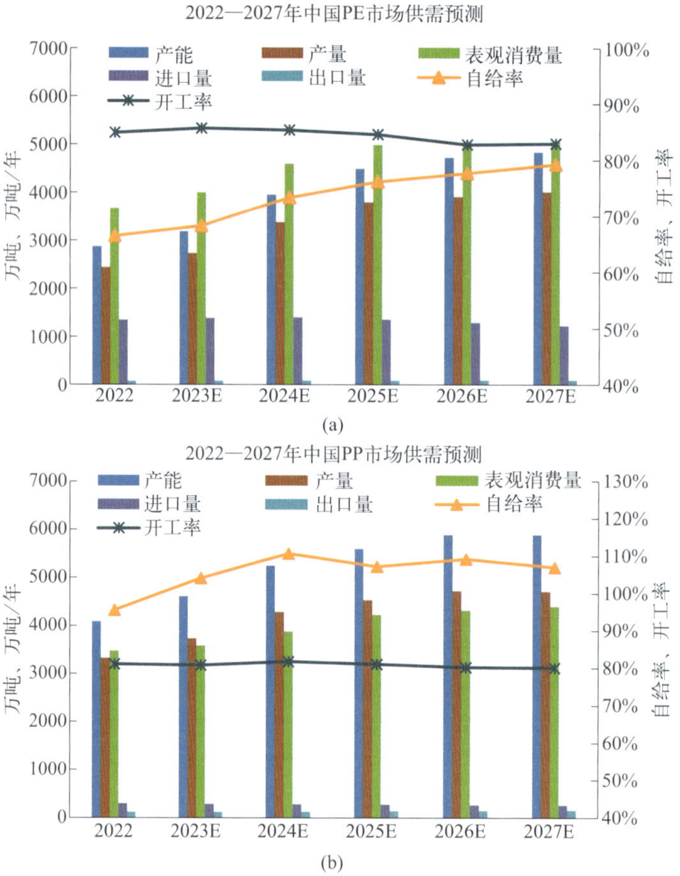

图 4-6　中国聚乙烯和聚丙烯市场供需预测

4.4.3 产业技术发展面临重大挑战

尽管国内聚烯烃领域开展了多年的研究工作，但是在基础研究、中试放大、过程装备等方面，仍与国际领先水平存在较大差距，具体体现如下：

① 基础研究能力不足，原创性技术亟待突破。原创性技术是实现材料高端化的核心，但由于基础和应用基础研究不足，我国大部分企业的创新主要是引进消化吸收再创新，尽管在产业链中有部分环节我们有不少原创性技术，但未能形成从单体、催化剂、聚合工艺、结构设计、工程化技术、加工应用和标准等在内的全产业链原创性基础研究体系，尤其是缺乏自主可控的成套技术，因此不能有效支撑我国聚烯烃产业的高质量发展。

② 基于中试平台的工艺技术和产品开发需要加强。中试平台是连接基础研究和应用基础研究与工业化生产的桥梁，是原创技术、关键技术实现工业转化无法逾越的重要途径，是实现连续化、规模化应用的基本条件。目前我国部分企业有一些中试装置，但整体上存在数量少、装备水平低的问题，特别是原创性技术的中试平台建设和运行缺乏有力的政策支持和保障。“十四五”期间如果能建成世界级的中试研究平台，一系列关键核心材料才可能摆脱进口

依赖。在科研攻关过程中，针对中试试验仍需在规模化放大装置上进行新工艺、新产品开发的特点，制定聚合领域中试装置设计建设标准规范和审批验收流程，将有效解决目前执行生产装置规范设计建设导致投资审批进程慢、验收程序复杂等问题。加快聚合中试平台的审批和建设，将使科研创新加速向工业化成果转化。

③ 高压聚合装备需要突破。工艺装备是聚合装置的关键因素之一，与催化剂、原料等一起，决定着产品的稳定生产和性能调控。特别是在高压聚合方面，相关的压缩机、反应器、超高压管道、阀门等均需国外设计、加工。聚合物深度脱挥装备等也主要依靠国外技术。

④ 聚合用特种单体技术需要加快完善并产业化。原料成本是聚烯烃产业国际竞争力的基本条件，但我国原油进口依赖度超过 70%，基于石油路线的烯烃原料成本无法与中东国家及美国等竞争，因此如何最大限度地降低原料成本是我国聚烯烃产业面临的重大挑战。尽管我国也有一些非石油单体制备路线，例如 PDH、MTO 等，但 PDH 技术被国外垄断，未来发展受限，MTO 技术存在综合成本偏高的问题。

4.5 推动我国聚烯烃产业发展的建议

目前我国聚烯烃的技术总体上处于世界先进水平，依托聚烯烃国家工程研究中心等国家平台，广大科技工作者已经进行了一系列创新技术开发，部分技术达到世界领先，例如在聚烯烃催化剂、产品技术开发方面等，但在工艺、核心装备等方面仍存在不足，还未能在“基础研究—应用基础研究—中试技术—工业化技术—应用及标准”全创新链实现重大突破。根据我国聚烯烃产业技术的现状，建议重点围绕以下 9 个方面进行攻关。

4.5.1 加强基础研究和应用基础研究

聚烯烃是基于高分子物理和高分子化学两个学科发展起来的材料，相关的催化剂和聚合工艺等是材料生产绿色、高效、安全的决定性因素。聚烯烃的分子链结构、凝聚态结构等是影响最终制品性能和功能的关键因素，尽管聚烯烃分子结构相对比较简单，但是通过分子量及其分布、共聚单体种类 / 含量及其在分子链内及分子链间的分布、支化等拓扑结构、分子链取向排列等调控措施，聚烯烃既可以做类似橡胶的柔软材料，也可以做类似金属的高强度材料，可以从超疏水材料调控到超亲水材料，用于各个领域。聚焦当前和未来需求，加快推进基础研究和应用基础研究，解析产业链各环节的科学问题，对产业高质量发展至关重要。

一是反应机理的深入研究，开展有机金属化合物的化学结构和空间结构对配位聚合分子链结构的影响、高温电催化烷烃分子断裂和脱氢机理、烯烃齐聚（包括二聚、三聚等）双键位置控制机理、催化体系调控共聚单体竞聚率的关键因素、聚烯烃分子链可控断裂的作用机理等一系列化学问题的深入研究。二是开展结构和性能关系的构建，解决支化拓扑结构、嵌段结构、端基、缠结网络等定量表征难题，系统研究分子链结构、凝聚态结构、制品结构以及功能助剂等协同作用对材料力学性能、光学性能、电学性能、耐热性能、阻隔性能、生物相容性的影响，实现材料的高性能化和功能化的物理问题的剖析。三是聚焦应用需求的基因工程构建，加快推进“原料—催化剂—聚合工艺—聚合物结构—聚合物性能—测试—标准”为一体的数据库建设，基于数据库开展软物质的多层级模拟计算，加快高端聚烯烃全产业链的智能化“开发—生产—应用”研究。

4.5.2 加快低成本和关键单体技术的开发

原料是聚烯烃产业竞争力的关键因素之一，目前我国已经形成多元化烯烃单体技术，但主要的乙烯和丙烯原料制备技术仍然为蒸汽裂解。原油蒸汽裂解技术，可以直接将原油转化为乙烯、丙烯等化工品，大大缩短生产流程、降低生产成本，同时大幅降低能耗和碳排放，与石脑油裂解路线相比具有显著的优势，目前国际上仅有埃克森美孚实现了工业化。中国石化相关技术化学品收率已达到50%，达到国际先进水平。天然气经甲烷氧化偶联（oxidative coupling of methane，OCM）技术是指甲烷在催化剂作用下，制备碳二及以上烯烃的技术，需要重点攻关中低温下有良好活性和碳二选择性的催化剂，降低反应的起始温度，同时解决工程化问题，既保证反应的正常进行，又能高效撤热。目前，中国石化在微反装置上实现了碳二烯烃收率为29.6%的技术突破。COC和PMP等高端聚烯烃的关键单体，如4-甲基-1-戊烯等均为亟须产业化的单体，国内相关单位已经完成小试技术研究，需要加快开发相关的工程化技术。

4.5.3 加快高性能催化剂技术的开发

催化剂是聚烯烃的核心，是实现聚烯烃高性能低成本规模化生产的关键。目前工业用催化剂主要为Ziegler-Natta催化剂，茂金属催化剂的地位越来越重要，非茂单活性中心催化剂目前市场占比较小。2020年全球主要聚烯烃催化剂公司所占市场份额显示，世界排名前5的公司中，利安德巴赛尔占28%，格雷斯占27%，中国石化占9%，东邦钛占6%，三井化学占5%。总体上，在以聚烯烃国家工程研究中心为主的国内创新团队的支撑下，我国的Ziegler-Natta催化剂部分技术达到国际领先。我国在聚烯烃茂金属催化剂方面与国际领先水平相比还存在差距。在Ziegler-Natta催化剂方面，建议深入研究催化剂反应过程及粒形调控机理，持续进行新的内、外给电子体的开发及应用，加快催化剂绿色制备工艺技术的开发。在茂金属催化剂方面，建议从化合物结构设计、有机合成、活性组分负载、催化剂的产业化、特种装备、茂金属聚烯烃结构数据库、聚合工艺以及相关的标准等全链条创新，突破瓶颈，实现快速发展。在非茂单活性中心催化剂方面，建议以特色聚合物产品为目标，重点提升催化剂的高温稳定性、极性基团耐受性，探索大位阻取代基、刚性骨架、多核金属催化剂等。同时，强化高通量技术平台的应用，加快我国催化剂研发的速度。

4.5.4 加快先进聚合及工程技术的开发

工艺和工程技术是我国聚烯烃技术的短板，需要集催化剂、工艺、产品为一体，并进一步结合工程装备、标准规范工程设计进行攻关，加快集成装备、工艺等技术在内的中试平台建设。一方面我国已实现淤浆法、气相法、本体法、气相 - 本体法等国产化，有些有特色的原创性技术，如气液法聚乙烯技术，可以生产特色线性低密度的聚乙烯产品。另一方面，目前亟须解决溶液法和高压法这两个技术瓶颈。在溶液聚合技术方面，重点是完成先进催化、反应工程、过程强化、产品开发等科学技术问题攻关，形成自主可控的溶液聚合技术研发平台，并推出一系列高端聚烯烃产品。在高压聚合工艺方面，亟须跨专业、跨领域的相关团队从材料、装备、标准出发，重视小试和中试研究，基于实验研究，定位于高性能产品，开发自主可控、指标先进的高压聚合技术和相关装备技术。建议制定中试专项支撑计划，支持解决关键技术问题的科研、中试及其配套项目。在合适的地域建立石化领域中试科技园，或支持大型石化企业建立领域型中试园区，给予不同层级科技成果及其转化等价经济效益等相关政策支撑。

4.5.5 加快高端化产品的开发

在高端聚烯烃产品方面，建议围绕严重依赖进口的几类产品进行联合攻关。在超高压电缆绝缘材料方面，主要采用高度洁净的低密度聚乙烯（LDPE），国内生产此类材料的高压聚乙烯装置全部采用引进技术。建议开展高压聚合工艺研究，通过中试平台，全面掌握关键技术，在此基础上推进国内新一代超高压聚乙烯电缆料的开发。在 POE 材料方面，需要加快解决单活性中心催化剂的高温活性、高共聚性能等问题，以及完善溶液聚合工艺技术，建成工业化生产装置。在极性聚烯烃及离聚物方面，需要在全面掌握材料的结构表征技术的前提下，探明相关材料的构效关系。开发丙烯酸酯及丙烯酸类单体与乙烯的共聚合技术，研究酸性单体共聚物的金属盐化技术，及相应的装备技术，开发自主知识产权的成套工业技术。在 COC 材料方面，重点是解决聚合工艺（溶液聚合）、单体（降冰片烯）、催化剂（茂金属）3 个方面的问题，以满足在医疗包装材料、光学材料方面等高端应用的需求。在 EVOH 材料方面，中国石化生产的乙烯含量 32% 和 38% 的 EVOH 产品基本性能已达到国外同类产品水平，建议加快开发万吨级成套技术并实现商业化生产。

4.5.6 加快创新性加工技术的开发

相较金属材料、无机非金属材料等传统材料，聚烯烃材料可以通过不同的加工技术实现制品性能的进一步拓展。聚烯烃材料的性能不仅依赖其本身的大分子结构，而且高度依赖于加工技术所形成的形态结构。在加工过程中，聚烯烃不仅会发生物理变化，也会发生化学变化。制品中聚烯烃的分子链取向、凝聚态结构、内应力、多组分的分散程度、交联、气泡等内在因素均受加工过程影响。塑料加工技术包括双向拉伸成膜、挤出成型、吹塑成型、注塑成型、发泡成型、共混、流延、微分静电纺丝、熔喷、纺粘等。我国的加工应用技术可基本满足产业需求，但在高端加工技术方面存在差距，先进加工设备进口依赖度高，特种设备改造困难。预计未来在 3D 打印等方面可能出现颠覆性的技术。建议进一步研究加工过程中多尺度、多相聚合物的流变学，外场对制品的形态、结构和性能的影响规律，重点攻关微纳层叠共挤出、电磁塑化挤出、气体辅助注射、多层复合、固相拉伸、共挤吹塑、复合吹塑、微注塑成型等加工技术，同时加强数控自动化技术和激光在加工过程中的应用，提高加工精度和生产效率，降低过程能耗。

4.5.7 加快高端化应用的开发

聚烯烃材料是应用最为广泛的合成材料，随着新能源、通信电子、医疗卫生、新能源汽车、节能环保、食品包装等产业的飞速发展，聚烯烃材料因其优异的性能价格比和易加工特性，获得了越来越广泛和高端的应用。比如，2020 年，对太阳能电池组件起到封装和保护作用的封装胶膜市场需求量约 16.4 亿米[2]，同比增长 9.3%，其中我国封装胶膜的需求量达到 12.5 亿米[2]，目前市场上封装胶膜用树脂主要为 EVA 和 POE。2019 年，我国电力电缆总产量整体规模达到 5141 万千米，同比增长 13.44%，2020 年由于疫情影响，增速放缓，整体规模达到 5243 万千米，同比增长 1.98%，应用最为广泛的高压绝缘材料为交联聚乙烯（XLPE）。2021 年全球锂离子电池隔膜出货量 108 亿平方米，同比增长 72%，其中我国隔膜出货量占 72%，较 2020 年提升 12 个百分点，目前商业化锂电池隔膜主要为 PE 隔膜、PP 隔膜以及 PE 和 PP 复合多层微孔膜。再比如，光学膜用 PVA，高阻隔膜用 EVOH，医用包装和光学镜头用 COC，体外膜式氧合器用 PMP 等，都是聚烯烃材料较为高端的应用场景。不过，我们也应该认识到，国内聚烯烃现有的高端应用场景大多还是跟踪模仿国外公司的开发成果。建议立足国内产业发展实际，加快开发聚烯烃在新能源材料、交通工具轻量化材料、建筑防水保温阻燃材料、医用卫生材料、电力电子材料、国防军工材料等方面的高端化应用，提高聚烯烃产品的附加值，提升我国聚烯烃产业的整体发展质量。

4.5.8 加快废旧聚烯烃资源化利用技术的开发

废旧聚烯烃资源化利用技术是决定聚烯烃产业未来的关键性技术。在国家“碳达峰”“碳中和”目标大背景下，面对日益严重的塑料污染，未来可能会推行“谁生产，谁回收”的政策。届时，如仍无科学有效的资源化利用技术，聚烯烃产业将无法实现可持续发展。目前，熔融再加工的物理法回收技术是最常见且唯一被广泛采用的资源化利用技术。由于不同材料的相容性有很大差异，物理法回收技术需重点研究能实现混合塑料相容的高效相容剂技术。然而，物理法回收技术有其局限性，温度敏感塑料、复合材料和升温不熔融流动的塑料（如热固性塑料）都无法进行物理回收；并且物理回收通常会使材料性能下降，因而只能进行有限次的循环利用。通过化学法回收技术，实现单体—聚合物—再生单体—聚合物的循环过程可生产全新的高分子材料，是发展的必然趋势。聚烯烃的化学法回收技术主要为热裂解和催化裂解法。热裂解方面，中国石化自主研发了新型碳材料微波裂解技术，可将废旧聚烯烃直接转化为主要由乙烯、丙烯等组成的小分子气体，并开发了废旧塑料制油 + 低成本加氢 + 蒸汽裂解技术，已经完成小试研究，正在进行全面评价。催化裂解方面，中国石化开发以固态废旧聚烯烃塑料为原料直接催化裂解回收的新工艺，产品中低碳烯烃的总产率可达 35% 以上。微波裂解、蒸汽裂解、催化裂解等技术均需重点关注过程能耗问题。

在加快废旧聚烯烃资源化利用技术开发的同时，延长聚烯烃服役期的长效应用技术开发同样不容忽视。通过提高聚烯烃的抗老化、抗蠕变等性能，推迟材料失效时间，延长材料使用周期，对于聚烯烃产业健康发展具有重要意义。

4.5.9 进一步强化聚烯烃产业战略研究，加强研发平台建设

在推进科技创新的同时，我国聚烯烃产业的发展需要加强机制创新及相关的战略研究和平台建设。建议强化企业创新主体作用，以聚烯烃国家工程研究中心等国家级平台为基础，进一步强化基础研究和应用基础研究，加快聚烯烃材料基因组工程中心、中试技术开发平台和废旧高分子材料绿色资源化利用创新中心等新的国家级平台的建设，并尽快完成系列关键装备的技术攻关，统筹整合全产业链的聚烯烃国家实验室，解决创新资源同质化、碎片化，影响产业高质量发展和国际竞争的基础研究能力薄弱、产业重大关键技术创新效率低等问题。

部署聚烯烃材料与工程的重大科学问题研究，加大政府资金支持力度，稳定从事高水平基础研究和应用基础研究的人才团队，研发原始创新成果。通过国家项目进一步融合“产销研”和“产学研”联合创新模式，从原料、催化剂、聚合工艺、加工、产品应用和资源化利用等各环节突破技术难点。通过原料的利用价值最大化，最大限度地实现“降本节能”；通过催化剂、聚合工艺和加工应用技术，全方位地实现产品的“提质增效”，切实解决我国聚烯烃材料的结构性过剩问题。

集聚科研、生产、规划研究、行业管理等专业人才，建立一支结构合理、稳定的高水平产业发展战略研究队伍，针对聚烯烃材料产业发展中的科技创新、产业链和产业集群、产业转移与国际竞争等问题，开展持续、深入的系统研究，跟踪、评估发展状况和规划实施情况，及时调整完善规划，为我国宏观决策以及生产企业、科学研究机构等决策提供指导。

参考文献

作者简介

吴长江，中国石化集团公司首席科学家，中国石油化工股份有限公司北京化工研究院院长，正高级工程师，博士生导师，国家新材料产业发展专家咨询委员会委员，中国石化集团公司科学技术委员会委员，聚烯烃国家工程研究中心管理委员会副主任，中国化工学会会士。获得侯德榜化工科技成就奖。主要研究方向包括高分子化学与物理、聚烯烃催化剂和高分子材料。

第5章

纸基功能材料

姚献平　姚向荣　吴盛恩

5.1 纸基功能材料产业发展的背景需求及战略意义

5.1.1 纸基功能材料的定义

纸基功能材料是指以植物纤维为主要原料，通过添加各种功能性材料［如生物基功能材料、无机矿物纤维及高性能纤维（如芳纶纤维、碳纤维及聚酰亚胺纤维）等］，采用现代造纸工艺技术制造成型的，具有三维网络状结构、特定性能和用途、高附加值的功能性新材料。作为一种新型复合材料，纸基功能材料是特种纸和纸板制造的关键材料。特种纸和纸板的功能特性主要取决于所添加的各种功能性材料，这些材料的开发及造纸成型技术是纸基功能材料的关键核心技术。

在纸基功能材料中，纸是基材，最重要的是在纸基上负载的各种功能性材料。这些功能性材料主要为生物基功能材料，如纤维、淀粉等天然高分子改性材料，合成有机高分子材料及无机矿物材料。多年来造纸化学品一直作为功能性新材料列入我国重点鼓励发展的产业、产品和技术目录以及优先发展的高技术产业化重点领域指南。造纸化学品主要有以下两类重要应用。

一类主要应用于普通纸和纸板。功能性材料主要有高性能淀粉衍生物、水溶性高分子及近年发展起来的纳米纤维素类等，需求量大面广。如提高纸张的强度，包括干强度、湿强度、湿纸页强度、表面强度等；提高纸张的留着，减少细小纤维和填料的流失，减轻废水污染等；提高纸张功能特性，包括白度、平滑度、印刷适性、柔软度、挺度、撕裂度、抗水性、透气度等。

另一类主要应用于特种纸和纸板，包括特种长纤维类、疏水/疏油/亲水/亲油类、过滤分离类、阻燃/隔热/耐火类、导电/绝缘类、发光/催化类、高阻隔类、检测/分离类、建筑家装类、果蔬保鲜类、电磁屏蔽类、防尘/防静电类、防腐/防锈类、抗菌/防虫类等，品种繁多，功能独特。

5.1.2 纸基功能材料的发展需求

纵观全球，发达国家如美国、德国等由于研究起步早，已逐渐从单一造纸产品制造向功能化、多样化和高端化纸基功能材料产品制造转型，纷纷推出制造业国家战略，试图抢占技术制高点，其纸基功能材料制备技术和核心竞争力居国际领先地位。国家发改委于2015年发布了《中国制造2025》，浙江省发布了《浙江省全面改造提升传统制造业行动计划（2017—2020年）》，积极推进制造业转型升级，其中纸基功能材料是我国造纸产业转型升级的重要方向。突破“卡脖子”关键技术，打破国外技术垄断，实现纸基功能材料产业的快速发展，不仅与我国传统造纸产业相关行业的生存和发展息息相关，而且对于高附加值纸基功能材料相关产品的产业化推广意义重大。

随着科技的飞跃发展，纸基功能材料已经成为新材料领域的重要组成部分，对国家经济建设、社会文明发展等方面具有极为重要的意义。它涉及生物工程、新能源、纳米科技、环保科技、空间科技、计算机科技、海洋工程科技等当代高新科技及相关产业，不仅对高新技术的推进起着重要的作用，还使得我国相关传统技术得到提升，对实现跨时代发展有重大推进作用。

5.1.3 纸基功能材料的战略意义

在新一轮技术革命的浪潮中，对先进功能材料的需求越来越大，然而大部分传统功能材料存在耗费大、制作工艺复杂等缺点，满足不了越来越大的应用市场需求。

纸基功能材料是以天然植物纤维为主要原料，制造过程多采用各种功能性材料提升植物纤维基材特性，其结构和性能完全不同于传统纸张，具有灵活可设计的结构和力、光、电、磁、热、声性能，拥有功能特性强、应用面广、制作便捷、成本低、可生物降解及可再生利用等优点，克服了单一天然植物纤维材料无法适应的高冲击、高温、高湿、高腐蚀等恶劣工况条件，可广泛应用于工业、农业、航空航天、电子信息、医疗卫生、食品安全、交通运输等重要领域及国防军工、高速列车等国家重大工程，相比传统方法制备的功能材料，在我国国民经济发展中具有举足轻重的作用，是未来科技发展的一个优先选择，是战略性物资之一，属于当前急需突破的关键技术领域。

5.2 纸基功能材料产业的国际发展现状及趋势

发达国家在纸基功能材料的制备和应用上处于领先水平，主要发展趋势体现在新产品和新技术两个方面。以下将对两个方面的发展进行简要介绍。

5.2.1 新产品的开发

发达国家在纸基功能材料研发方面走在全球前例，如：

① 由日本阿波制纸开发的碳纤维增强热塑性树脂成型件（纸基热塑性树脂复合材料），将纤维长度为 3 ～ 6mm 的碳纤维和热塑性树脂纤维［聚丙烯（PP）、聚乙烯（PE）等］等多种纤维分散在水中，然后经抄纸、层合、热压等工序制作成连续纤维增强热塑性复合材料（CFRTP）成型品。CFRTP 的强度约为 PP、PE 等通用树脂的 5 倍。尤其是使用尼龙纤维的 CFRTP，在体积比相同的情况下，可实现与铝合金“A5052”相同的拉伸强度，而质量仅为其 1/3 ～ 1/2。

② 由瑞典研究人员开发出的能够存储电能的纸张，由纳米纤维素和导电聚合物组成。用这种材料制成的直径 15cm、厚度为十分之几毫米的片材，可以储存高达 1F 的电能，与目前市场上的超级电容相近。这种材料可以充放电几百次，并且每次充电只需几秒钟。储电纸可以储存电能，作为用电峰值时的备用能源，也可用作电动汽车充电站的超级电容。

③ 由芬兰 Walki 公司研发出的新型可降解纸地膜，以牛皮纸为基材，并在其表面涂覆可降解型涂层。产品具有良好的覆盖性，能减少杂草，且不影响农作物产量。

④ 德国科学家尝试采用造纸法制备多孔钛电极用于电解水。其主要工艺是在抄纸过程中添加大量的钛金属粉末，成纸中钛金属粉末的含量在 75% 以上，再将此以钛金属粉末为主的纸经过高温烧结，去除其中的有机成分，同时将金属粉末烧结成多孔的电极材料。其厚度和孔隙结构等性能参数可以通过改变造纸工艺参数进行调整。该电极材料将为 PEM（polymer electrolyte membrane，聚合物电解质膜）电解槽提供具有最优性能的低成本的气 / 液扩散层，可以保证水的均一分布和气体扩散顺畅。

⑤ 海外专家采用聚苯乙烯纳米复合涂料改善包装纸抗菌性能。以聚苯乙烯、二氧化钛纳米颗粒以及银纳米颗粒等为原料制备聚苯乙烯纳米复合涂料，用 5% 或 10% 的聚苯乙烯纳米复合涂料对稻草浆制备的包装纸进行涂布，涂布纸的透气度、抗张强度、吸水性以及阻隔性能均得到改善，且对绿脓杆菌、金黄色葡萄球菌、念珠菌等细菌有很好的抑制效果。

⑥ 北美一家公司开发出包含突破性技术的具有 Sharklet 微观结构的铸涂离型纸，这种铸涂离型纸的创新性体现在纸张表面无须使用有毒添加剂或化学品就可抑制细菌生长。

⑦ 日本成功研制了一种由 PE/ 纸 /PE/Al/PET/PE 六层结构复合而成的盒装食用油的复合纸盒，突破的主要技术难题就是解决防渗透问题。由于其复合层含有铝箔，相比于塑料瓶和玻璃瓶，这种复合纸盒包装材料安全、轻巧、方便且易于精美印刷，提高了商品的附加值。

5.2.2 新技术的开发

近年来纸基成型技术方面也有长足进步，如：

（1）泡沫成型技术 泡沫成型是一种 20 世纪 70 年代开发的造纸技术，该技术可在纸机上生产出匀度好、松厚度高和孔隙率高的非织造型新材料。与当前的慢速气流成网或湿法非织造布生产平台相比，将泡沫成型技术成功地应用于商业化生产，能够使纸机以较低的成本生产无纺布替代品。原有的生产工艺在经过一系列现代化技术改进之后，新的泡沫成型系统已经应用于特种纸的商业化生产。

（2）可伸缩纸技术 可伸缩纸技术由芬兰 VTT 公司开发，主要依赖于机械处理，使纸张在纵向上和横向上分别获得 20% 和 16% 的伸长率。可拉伸的纸张是一种新的概念，旨在用天然纸取代塑料，使其具有可持续性，特别是一次性包装。该纸可以卷筒供应，也可以在以前用于聚合物的传统加工线上进行印刷、涂层和其他加工。最终可以应用的产品包括托盘式包装、医疗包装、纸杯和其他液体容器、家具装饰等。

（3）纸机高精度控制技术 最先进的纸机高精度控制技术将逐步在特种纸机上得到广泛应用。维美德、福伊特、美卓和安德里茨等全球知名特种纸机设备生产商为特种纸机的生产提供了多种优势技术。这些技术有诸多优点，可以减少产品质量波动，使生产工艺控制更加严格，并减少了由产品转换、不合格品或者设计保守等原因而带来的浪费，因为在以往的生产中，需使用过量的纤维来弥补生产过程中稳定性和再现性差的问题。

在实践中，这意味着来自高精度纸机的低定量纸张可以与来自低精度纸机的高定量纸张相竞争。同时，优秀的涂布机设计有助于涂布配方之间用更短的时间和更少的材料快速转变。产品质量的提升和成本的下降将会加速特种纸机功能材料在新的应用和市场中的渗透。

（4）工业 4.0 技术 为了实现与高精度的一致性，造纸行业对其系统也进行了调整以实现更好的自动化和数据转换，在所有的制造业中这被称作工业 4.0。

尽管在 20 世纪 60 年代，电脑就已经被应用于纸机中，但新体系使自动化协调系统中的技术流程质量体系和供应链管理一体化，从而降低了成本，并使大型的生产线像之前小而灵活的生产线那样运行。结合新型在线传感器，新体系可以实时监测产品属性，向生产、研发人员传递多种特种纸基功能材料生产和研发所需的高精度参数。

5.3 纸基功能材料产业的国内发展现状

5.3.1 国内发展现状及应用前景

面对国外纸基功能材料的快速发展，我国纸基功能材料也正处于高速发展阶段，产业生产体系基本完整，产业规模不断壮大，自 2009 年开始，中国纸和纸板产量超越美国成为世界第一，中国的纸基功能材料产业进入了新的发展阶段。重点围绕纸基功能材料的制备技术、分散技术、成型技术和加强技术等关键技术进行突破，同时推进传统造纸行业转型升级，促进我国新材料领域快速发展。

2015 年以后，我国纸基功能材料生产量和消费量进入了低速增长阶段，行业竞争加剧、盈利空间不断压缩，随着产业集中度持续提高，产业结构进一步优化调整，但禁塑限塑形势为我国纸基功能材料产业带来了新的机遇与挑战。

在当前我国常规行业盈利空间持续收窄、传统行业整体低迷之际，我国纸基功能材料产业逆势上扬，品牌价值实现新的增长，创造了业界奇迹。在年产量及消费量方面，以特种纸基功能材料为例，2020年生产量405万吨，消费量330万吨，2011—2020年生产量年均增长率为7.57%，消费年均增长率为7.03%。2021特种纸基功能材料生产量395万吨，消费量312万吨。

2021年年底，《2021中国上市公司品牌价值蓝皮书》正式出版发行，书中明确指出纸基功能材料行业品牌价值集中度较高，作为国民经济的重要基础行业，高质量发展也时刻贴合我国绿色环保以及节能降碳要求。在2021年中国上市公司品牌价值总榜的3000家企业中，纸基功能材料行业的企业共计14家，比2020年增加了2家；品牌价值总计为276.49亿元，比2020年增长了15.6%。纸基功能材料行业上市公司品牌价值的榜单前三分别为晨鸣纸业、太阳纸业和山鹰国际，三者的品牌价值之和占据整个行业整体品牌价值的57%。随着高质量发展路径的确定，双碳目标的提出，绿色造纸理念也逐渐成型，甚至催生了GPP“绿色造纸”国际峰会论坛。如玖龙纸业的福伊特BluelineOCC浆线降低纤维流失0.5%以上，有效降低能耗15%～20%。如太阳纸业的创新溶解浆连续蒸煮技术、水解液中提取出木糖、“无添加”系列生活用纸等工艺，其“制浆造纸清洁生产与水污染全过程控制关键技术及产业化”项目曾荣获2019年度国家科技进步奖一等奖。只有坚持环保优先，推动绿色发展，中国纸基功能材料公司才能更好地守住品牌价值增长态势。

在技术研究领域，围绕纸基功能材料的制备与应用，我国高等院校、科研院所开展了一系列的技术研究。

杭州市化工研究院（以下简称“杭化院”）是我国专业从事造纸化学品、生物基新材料、高分子功能性材料等领域研发和成果转化的著名科研院所，是国家造纸化学品工程技术研究中心、全国造纸化学品信息站、浙江省生物基全降解及纳米材料创新中心的依托单位。

杭化院国家造纸化学品工程中心主任姚献平研发团队致力于造纸化学品、纸基功能材料领域的研发和成果产业化，在淀粉基功能材料、纳米纤维素、水溶性高分子纸基功能材料等领域取得了一系列成果。在“十三五”期间，该团队承担了包括国家、省、市多个科研项目，取得“微纳纤维素关键制备技术及中试示范”、电磁屏蔽、空气净化、果蔬保鲜、转移印花、纳米乳霜保湿等纸基功能材料的多项科技成果。

其中以淀粉为主要原料发明的多元变性技术开发的系列新产品已在我国造纸行业普及推广，应用证明，可提高纸张强度15%～25%，节约木浆10%～35%，降低能耗5%～15%，细小纤维与填料留着率10%～40%，白水浓度下降20%～30%。

此外，该团队在全生物可降解材料微纳米纤维素（MFC）对纸页增强和降低纸页克重方面取得了重要突破：在传统漂白木浆造纸工艺中添加5%～10%MFC，可明显提升纸页干抗张强度50%～70%，提升湿抗张强度40%～50%，由此可实现纸页的轻量化，即在保持原有纸页强度不变的情况下，纸页克重可由原来的80g/m^{2}降低至60～70g/m^2。一吨木浆约需4～5m^{3}木材，目前我国年产纸和纸板约1.2亿吨，由此带来的经济社会效益将十分巨大。

杭化院相继在浙江、山东、广东、吉林等地创办了16个成果产业化基地，成果产品应用于上亿吨纸和纸板，部分产品通过全球招标进入全球排名前十的数家国际大型现代化造纸企业；水溶性高分子纸基功能材料产业化规模 10 万吨 / 年，主要供应于国内造纸企业玖龙、理文等。在纸基功能材料产业化领域，积极推动造纸企业升级转型。杭化院下属的杭州纸友科技有限公司专业从事变性淀粉的研发和成果转化，产品包括纸张增强剂、表面施胶淀粉、涂布淀粉、喷雾淀粉等，已形成年产 40 万吨的产业化能力。其中，造纸用变性淀粉在 UPM、StoraEnso、APP、华泰和龙丰纸业等国际和国内大型造纸厂长期应用。

① 由杭州市化工研究院牵头组建的“浙江省生物基全降解及纳米材料创新中心”，研发团队由浙江省首批特级专家姚献平院长领衔，联合 4 位院士及专家团队，依托于 6 个国家级创新平台，集聚浙江大学、华南理工大学、浙江工业大学、南京工业大学等国内外知名高校，共聚行业内 25 家产学研单位。生物基全降解材料和“以纸代塑”是解决白色污染最重要的途径。研发团队在生物基可降解和高值化功能性材料领域取得重大突破，已参与制定行业标准、团体标准 4 项，形成八大系列生物基全降解产品，产品覆盖全降解淋膜餐盒、纸杯、液体包装盒、食品包装纸等，广泛应用于纸塑复合、食品防油、包装阻隔等领域，产品获 DIN CERTCO 国际权威认证。

② 陕西科技大学承担的“高性能纤维纸基功能材料制备共性关键技术制备与应用”项目于 2017 年获国家科技进步奖二等奖；其主持了 2017 年度国家重点研发计划项目“高性能纤维纸基复合材料共性关键技术研究及产业化”。

③ 陕西科技大学围绕国家汽车自动变速器及湿式摩擦装置国产化需要，以碳纤维增强高性能纸基摩擦材料制造的关键共性技术、生产装备等的研发和产业化为主导，通过高水平的技术创新、研发验证和建设产业化示范基地，填补了我国高性能纸基摩擦材料产品的空白。

④ 大连工业大学承担了国家重点研发计划项目“食品新型包装材料及智能包装关键装备研发”等，其中“废纸纤维改性增强及清洁生产关键技术及产业化应用”项目获辽宁省 2019 年度科技进步奖二等奖。

⑤ 浙江理工大学承担 2020 年浙江省重点研发计划项目“高性能绿色抗菌环保果袋关键技术研发及应用”; 浙江科技学院承担浙江省重点研发项目“多功能新型艺术纸工艺技术开发与示范”，其中“低定量移印纸基功能材料”项目于 2017 年获浙江省科技进步奖三等奖。

⑥ 杭州新华集团有限公司承担的国家新产品“汽车工业滤纸”获得浙江省科技进步奖二等奖。

⑦ 浙江凯恩特种材料股份有限公司从事“纸基微流控芯片用于低成本快速血型检测”的研究，曾获英国化学工程师协会优秀科技创新奖，以及澳大利亚国家级科技创新奖项尤里卡科技创新奖。

⑧ 中国制浆造纸研究院研发的在“神舟”系列飞船使用的导水纸，目前已经在模拟实验装置中处理了近 50 个月，进行了 20 余次的取样测试工作，所测样品外观完好、性能稳定，未出现异常状况。

⑨ 中国制浆造纸研究院研发团队在“十三五”国家重点研发计划的支持下，建设完成一条年产百吨级的超级电容器纸示范生产线，产品经风能发电、航空航天、轨道交通等多家配

套超级电容生产企业批量使用验证，性能媲美进口同类材料，标志着“中国造”超级电容器纸已经完全具备为中国超级电容器产业批量保供的能力。

5.3.2 纸基功能材料的主要原料与加工技术

纸基上添加的各种功能材料以原材料分主要为天然高分子材料、无机材料和有机高分子材料（见表 5-1）。

表 5-1 纸基添加（或复合）功能材料的主要原材料构成

功能材料分类	原料类别	功能产品	主要原料来源
天然高分子材料	淀粉	淀粉衍生物	玉米、木薯、马铃薯等
	植物纤维	纳米纤维素、纤维素衍生物	木材、毛竹、秸秆、棉花等
		特种长纤维	韧皮类纤维（麻、桑皮、构皮、三桠皮纤维）、棉纤维等
无机材料	无机物	导电、磁性、阻燃耐火、增强、保温、耐磨、绝缘、空气净化、阻隔等功能材料	无机矿物、碳基材料、磁性材料、稀土材料、金属材料等
有机高分子材料	有机高分子	高分子功能材料，如增强、助留、助滤、施胶、消泡、防腐、防油、防水、柔软、分散、脱墨等	石油化工原料
		高性能合成纤维	芳纶纤维、聚酰亚胺纤维、密胺纤维、维纶、聚酯、黏胶纤维等

（1）天然高分子类纸基功能材料 主要原料类别为淀粉和植物纤维等。它们是自然界中分布最广、存量最丰富的天然可再生资源。它们的分子结构都是葡萄糖单元，与造纸纤维亲和力强，都可以完全生物降解。

淀粉基功能材料由包括玉米、马铃薯、木薯等天然农作物淀粉改性制得。天然淀粉经物理、化学或生物等方法进行改性，使其具有各种功能特性，通常称为变性淀粉。造纸工业用变性淀粉主要有酶转化淀粉、阴离子淀粉（氧化淀粉、磷酸酯淀粉、羧甲基淀粉等）、阳离子淀粉、两性及多元变性淀粉、交联淀粉、羟烷基淀粉、复合变性淀粉、接枝淀粉等，经改性处理后的淀粉具有糊化温度低、糊液透明度和稳定性好、与纤维亲和力强、成膜性好、耐酸碱等许多优良特性。变性淀粉几乎适用于所有的纸和纸板，用量约 1%，起增强、助留、助滤、表面施胶、涂布黏合、层间结合等功能作用，是造纸工业不可或缺的功能产品，被称为“造纸工业味精”。

纳米纤维素功能材料由包括木材、毛竹、秸秆、芦苇等天然植物纤维制得，原料资源十分丰富。纳米纤维素是具有一维尺寸小于 100nm 的微细纤维的纤维素，不仅具有纤维素的性质——可降解、生物可再生、无毒，还具有纳米材料的性质，如小尺寸效应、量子效应、表面效应和宏观量子隧道效应等特点，其物理、化学特性将显著地与宏观物体不同。其未来有望取代金属和塑料，被视为“后碳纤维时代”的新材料（见表 5-2）。

表 5-2 纳米纤维素物理性能指标对比

材料	密度 / (g/cm^3)	拉伸强度 /GPa	模量 /GPa	比模量 / ($GPa \cdot g^{-1} \cdot m^3$)
铝	2.7	0.1	70	26
不锈钢	7.8	0.5	200	26
玻璃	2.5	1 ~ 3	70	28
Kevlar-49	1.44	3.5	125	87
CNT（碳纳米管）	1.35	20	300	222
CF（碳纤维）	1.75	3.5	200	114
CNF（纳米纤维素）	1.5	7.5	150	100

纳米纤维素通过化学、物理和生物技术制得，目前全球尚处于开发和产业化起步阶段。纳米纤维素及其改性产品在造纸上具有高增强、防油、抗水、阻隔等特殊功能，有望成为造纸工业最具潜力的生物质基功能材料。纤维素衍生物，如羧甲基纤维素、羟丙基纤维素等在造纸涂布中也有重要应用。

（2）造纸无机类功能材料 主要原料类别为无机矿物、碳基材料、磁性材料、稀土材料、金属材料等。常用的无机矿物材料有滑石粉、高岭土、膨润土等，用来提高纸张的白度、平滑度、助留、助滤等，用量居造纸原材料的第二位，可以提高纸张质量、降低造纸成本等，用途广泛。纸基无机功能材料与其原材料功能密切相关，如无机隔热材料有矿棉、膨胀珍珠岩、气凝胶毡、泡沫玻璃等；金属隔热材料一般为金属材料或金属与有机或无机材料的复合材料；阻燃无机功能材料主要有无机磷系、硼系、金属氢氧化物、金属氧化物和碱金属盐、氨盐等。常见的电磁屏蔽纸基材料的基本原料有金属类（镍、铜、银等）、碳素类（碳纳米管、石墨烯、石墨等），通常与导电高分子类（聚苯胺、聚吡咯等）等配伍应用，通过与植物基纤维混配抄造制得。近年来无机纤维材料发展快速，高性能无机纤维的典型代表有碳纤维、玄武岩纤维、玻璃纤维等。其中阻燃耐火类纸基功能材料的主要原料是羟基磷灰石纳米线。羟基磷灰石［HAP，$Ca_{10}(PO_4)_6(OH)_2$］是磷酸钙家族中重要的成员，2014 年，中国科学院上海硅酸盐研究所以油酸钙作为前驱体成功合成出 HAP 超长纳米线，进而研制出新型耐火纸。新型耐火纸具有高柔韧性，白色，耐高温，不燃烧，可用于书写和彩色打印，有望应用于书籍和重要文件（如档案、证书）的长久安全保存，在多个领域具有良好的应用前景。

（3）有机高分子类纸基功能材料 主要来源于石油化工原料，品种繁多。如具有耐久性的超疏油、疏水纸基功能材料是将全氟烷和端部含有官能团的嵌段共聚物（氟单体）通过涂布等方式与纸体结合制得，既疏油又疏水的超双疏材料广泛应用于自清洁、防腐蚀、油运输、防生物黏附器件、集油、防污、微液滴转移和油水分离等领域；有机隔热材料常见的有发泡聚苯乙烯、聚氨酯海绵、软木、酚醛泡沫、纤维素等，通常以纤维为主要原料，通过造纸成型技术制得，结构和性能完全不同于传统纸基材料，多用于航空航天等高温领域及各种保温隔热材料的外层防护；阻燃功能材料有机类主要有卤系、磷系和氮系等，也有利用难燃或者不燃纤维为原料利用造纸工艺制得，广泛应用于建筑、包装、室内装饰、汽车过滤、电缆包缠等领域。

（4）高性能有机纤维纸基功能材料 典型代表有芳香族聚酰胺纤维（芳纶 1414，聚对苯二甲酰对苯二胺纤维，又称对位芳纶纤维）、超高分子量聚乙烯纤维、聚酰亚胺纤维等。高性能纤维纸基功能材料以天然植物纤维为原料，根据需要与特种纤维（包括无机纤维和合成纤维）等混配，经分散、成型和增强等技术加工而成，可进行产品性能的设计，进而制备结构和功能兼备的纸基功能材料系列产品。高性能纤维纸基功能材料广泛用于个体防护、防弹装甲、橡胶制品、石棉替代品、车用摩擦材料、高级绝缘纸、纸基蜂窝结构材料等，是航空航天、国防军工、电子通信、石油化工、海洋开发等高端领域的重要材料。

5.3.3 纸基功能材料的特性与用途

纸基功能材料的结构和性能完全不同于传统纸张，主要具有力学特性、热特性、电气电子和磁特性、光学特性、黏合特性、分离和过滤特性、水特性、油特性、气体吸附特性等、化学特性、生物化学特性等，克服了单一天然植物纤维材料无法适应的高冲击、高温、高湿、高腐蚀等恶劣工况条件。一些主要的纸基功能材料品种、特性及应用领域见表 5-3。

表 5-3 纸基功能材料品种、特性（功能）及应用领域

品种	功能与特性	主要应用领域
淀粉基功能材料	提高纸张功能质量，节能降耗，增产降本，减轻污染，可完全降解	主要用来提高纸和纸板强度；减轻细小纤维和填料流失，减轻废水污染；提高纸张功能特性，如白度、平滑度、印刷适性、柔软度、挺度、撕裂度、抗水性、透气度等；可用作全降解纸基包装材料
纳米纤维素功能材料	具有高强度、高比表面积、高聚合度和结晶度、较低的线性热膨胀系数等优良特性，与其他纳米材料相比，纳米纤维素具有生物相容性好、可生物降解、可再生、薄型化等优点	造纸工业绿色阻隔包装材料、树脂复合材料、高强度轻质材料、耐酸碱盐材料、涂料、柔性电子器件、抗菌除臭纸、成人纸尿裤等
高性能纤维纸基功能材料	良好的介电性能、低热膨胀系数、高耐热性、柔性轻量化	卫星通信线路、轻量化高密度元件以及高速传递回路、电工绝缘、轨道交通、航空航天、海洋船舶、石油化工、风力发电等
特种长纤维纸基过滤材料	抗张强度高，透气度大，过滤精度高，柔韧性强，耐折度、撕裂度、湿强度高及耐高温、耐酸、耐碱等	高透气烟纸、滤嘴棒成型纸、茶叶过滤和肉肠衣纸、电解电容器、证券纸、工业过滤、浸渍基材、手工纸、屋顶及墙布基材等
疏水 / 疏油 / 亲水 / 亲油性纸基功能材料	疏水、疏油、亲水、亲油性或超双疏、超双亲等特殊浸润性	自清洁、防腐蚀、油运输、防生物黏附器件、集油、防污、微液滴转移和油水分离等特种纸
装饰纸功能材料及包装材料等	净化空气，负氧离子，发光发声	负氧离子装饰用纸，室内空气质量保障用纸，加热、阻燃、发光、发声功能壁纸，防火耐燃纸等
热敏纸基功能材料	热敏性	传真、医疗、商业票券用纸等
电磁屏蔽纸基功能材料	电磁屏蔽，对抗电磁辐射污染	通信设备、计算机、手机终端、汽车电子、家用电器、国防军工用特种纸

续表

品种	功能与特性	主要应用领域
光催化纸基功能材料	降解有机污染物和杀灭病原菌	室内空气污染治理，杀菌抗菌
乳霜纸基功能材料	与普通纸巾相比具有柔软、平滑和保湿等特性	高端生活用纸
高性能阻隔纸基功能材料	高平滑、高阻隔性（阻隔水蒸气、油脂、矿物油、溶剂等）	食品、医药尤其是液体包装，标签，不干胶，电子材料，数码印刷，装饰材料
果蔬保鲜纸基功能材料	果蔬保鲜，降低果蔬损耗率	果蔬贮藏保鲜
羟基磷灰石阻燃耐火类纸基功能材料	生物相容性好，具有高柔韧性，可以任意卷曲，耐高温，不燃烧，即使在1000℃高温下仍然可以保持其完整性	书籍和重要文件（如档案、证书）的长久安全保存材料
纸基热塑性树脂复合材料（长纤维增强粒料、连续纤维增强预浸带和玻璃纤维毡增强型热塑性复合材料）	刚性大、热变形温度高、收缩率低、挠曲性低、尺寸稳定以及密度低、价格低	车用配件，轨道交通，航空航天
纸基检测芯片	成本低，制备简单，无需复杂外围设备就能够进行价格低廉、效果好的分析试验	分离和快速检测技术的支撑材料
纸基载体陶瓷	改善强度、提高韧性	用于航天、军工
纸基柔性电子电路	重量轻、能生物降解、形成的电路易折叠	对柔性印刷电子元件的开发具有重要意义
纸基发光发热材料	用于发光发热，比如荧光纸、电光纸	可以代替电灯提高光亮，大大节约各种能源的消耗，方便人们的日常生活
纸基摩擦材料	静、动摩擦系数比值较小，运转缓慢、噪声小和环保成本非常低廉	用于制作各种车辆和工程机械、机床、船舶、矿山机械等的湿式离合器和制动器，典型的有作为湿式离合器的摩擦材料

淀粉基功能材料是造纸工业用量最大、应用面最广、功能作用最全面的生物质基产品，我国已普及应用，造纸工业年用量百万余吨，为造纸工业提高纸张质量和性能、节能减排、节约木材资源、保护生态环境等发挥了不可替代的作用。

高性能纤维纸基功能材料具有密度低、比强度高、比刚度大、耐高温等优异性能，是轨道交通、航空航天、国防科技等领域具有战略意义的功能材料，其制备技术是国际公认的难题，我国一直受到发达国家严密封锁。而我国同类材料在纤维制备与分散、流送与成型、热压与增强关键环节存在诸多科学问题与技术瓶颈，严重制约了我国高速列车、飞机制造所需国产先进绝缘、结构减重等功能材料的发展。

纳米纤维素植物纤维原料资源十分丰富，且可再生，绿色低碳，具有生物降解、轻质高强、高阻隔、应用面广等特点，被称为最具潜力的新材料之一，近年来成为全球的研究热点。

其他有机高分子功能材料、无机材料、金属材料与造纸的紧密结合已经为我国的特种纸领域技术进步做出了巨大贡献，发展空间和潜力巨大。例如通过添加具有疏水、疏油、亲水、亲油特性的特种化学品，以物理化学法、化学法、表面涂布和纳米粒子沉积等方法对纸张或纤维进行改性，从而加工成疏水 / 疏油 / 亲水 / 亲油性纸基功能材料；通过阻燃处理，如在造纸过程加入阻燃剂，使制备的阻燃类纸基功能材料具有难燃和耐高温特点，主要在建筑、包装、室内装饰、汽车过滤、电缆包缠等领域广泛应用，也可用于书籍和重要文件（如档案、证书）的长久安全保存；隔热类纸基功能材料以纤维为主要原料，具有绝热、质轻、疏松、多孔、热导率小的特点；还有一些典型的纸基功能材料如纸基检测芯片、纸基载体陶瓷、纸基柔性电子电路、纸基发光发热材料和纸基摩擦材料等，在国民经济多个领域都具有非常广阔的应用前景。

5.3.4 “以纸代塑”生物基全降解材料的开发与应用

据有关数据统计，全球每年塑料总消费量为 4 亿吨，中国消费超 6000 万吨，目前全球只有 14% 的塑料包装得到回收，而最终被有效回收的只有 10%，每年约有 800 万吨塑料垃圾进入海洋，塑料占海面积接近 160 万平方千米，减少一次性塑料的使用势在必行。

解决白色污染的最重要的途径为推广使用全降解塑料和“以纸代塑”。随着我国以及各个省份限塑令和禁塑令的出台，以纸代塑为行业带来了新的机遇。但由于纸与塑料的特性差别较大，以纸代塑也存在很大的技术挑战，包括光学性能（透明性）、强度性能、低定量下各种性能、耐久性、延展性、可热封性、阻隔性（水、汽、氧）以及成本等。

随着越来越多的消费者愿意减少塑料使用以实现新的气候和“绿色”目标，国际社会正在全球范围内开展立法工作，其中欧盟是最先做出反应的政治团体之一，欧盟曾明确自 2021 年开征“塑料包装税”。限塑政策对制造商和消费者都提出了许多新的要求，也推动了纸基功能材料的不断创新，为纸基功能材料行业带来新的机遇。随着快递行业近几年的迅猛发展，世界各地纸和纸板包装材料占各种包装材料的比例超过 1/3，远远超过了塑料、金属和玻璃的比例，纸和纸板包装产值占全部包装材料总产值的 36%，占总产量的 35.6%。纸基包装材料在食品包装领域和物流运输领域正逐渐取代塑料等，符合绿色包装发展的新趋势。

食品和饮料领域一直处于禁塑、限塑和以纸代塑的最前沿，尤其是在那些禁止使用塑料餐具并用木材或纸制品代替塑料餐具的地区。雀巢、Aldi、Dunkin 和 Absolut 等食品和饮料领域的跨国公司已经制订了计划，在可行的情况下逐步淘汰一次性塑料餐具。随着这一趋势的发展以及纸基功能材料性能的不断优化，会有更多食品饮料公司效仿并要求使用纸类替代品。纸盒板、包装纸和特种纸是最有可能在食品应用（食品包装、容器等）中替代塑料而获得增长机会的纸基功能材料。

2019 年，在全球的食品和饮品行业包装中，纸和纸板所占市场份额最高，其中亚太地区是全球纸和纸板包装市场的主要贡献者。预计到 2026 年，全球纸和纸板包装市场将达到 4130 亿美元。我国的纸基功能材料包装产品产量居世界之首，已基本满足了多于 60000 亿元国内社会消费品零售总额和 6000 亿美元出口商品的包装配套需求。目前，我国纸基功能材料及其制品占整个包装材料市场的 40% 以上，而发达国家甚至达到 50% 以上。

杭化院姚献平团队利用纳米纤维素改性纸基功能材料制成的食品防油纸，具有良好的防水防油性能、优良的透气性，且不含 PFOA（全氟辛酸）、PFOS（全氟辛烷磺酰基化合物）和矿物油等有害人体健康的物质，对环境污染负荷低，更安全环保。

浙江省生物基全降解及纳米材料创新中心研发团队开发的全降解淋膜类产品，在传统纸基功能材料的表面淋膜一层全生物降解材料，使得纸基功能材料具有防水防油性能，可以在液体包装、食品包装行业广泛应用。

随着当前人们生活水平的不断提高以及环保意识的强化，功能型纸基包装材料正逐渐成为一种被广为认可的绿色环保材料，同时也对纸基包装材料提出了新的要求，在此背景下，功能型纸基包装材料的发展趋势呈现出材料复合多元化、优质轻量化、化学助剂环保安全化及食品包装专用纸功能多样化等。传统单一的纸包装材料远远不能满足目前软包装材料的多元化发展要求，比如牛奶、饼干、瓜子、槟榔、糖果等食品或饮品的包装材料，都需要具有特定功能的纸基复合材料来进行包装。而随着互联网的发展，快递运输行业也随之迅速发展，全球的快递包裹包装用纸量也越来越庞大。为了尽可能降低运输过程中费用，充分利用自然资源，生产低定量的、轻量化的包装用纸、瓦楞原纸和箱纸板是不可阻挡的发展趋势。

5.3.5 纸基功能材料的经济社会价值

纸基功能材料是一种先进材料新领域，既充分拓展了功能材料的应用领域，又对造纸领域技术进步发挥了越来越重要的作用，经济社会价值巨大，意义深远。主要体现在特种纸和造纸化学品两方面。

一方面，造纸化学品能赋予纸张各种特殊的优越性能，明显提高纸张质量，提高纸机运行效能，促进开发更多更有价值的纸张新品种，有效地节约宝贵的造纸资源（包括木材资源、水资源、能源等），大幅度减少造纸环境污染，同时关联性强，对新闻、出版、印刷、包装、电子、汽车、食品、卷烟等诸多下游产业的发展具有很强的促进作用。随着我国国民经济的发展，造纸工业正在向纸机大型化和高速化、抄造中性化、白水封闭循环等方向发展，但是面临着严重的资源、环境、技术等瓶颈制约。造纸化学品是破解造纸行业这些瓶颈的关键材料，对造纸工业提高质量、转型升级、节能减排、节约资源以及高档纸和特种纸的开发与应用等发挥越来越重要的作用，经济、社会价值意义重大。

另一方面，特种纸的结构和性能不同于传统纸和纸板，具有可灵活设计的线构和光、电、磁、热、声等特性，不仅广泛应用于文化产业、工业、农业、医疗卫生等与人民群众息息相关的众多领域，还在国防军工、航空航天、轨道交通等国家重大工程中有着重要应用，是国家重要战略物资之一。其重要性和价值不言而喻。就经济价值而言，特种纸具有节能环保、利润高、发展快等特点，尽管以单一产品而论需求量不大，但品种多，经济价值很高。例如，应用特种纤维提升纸基功能材料性能的关键技术而开发的纳米定量滤纸、纳米汽车滤纸、阻燃纸、防水绝缘钢纸等高性能纸基功能材料系列产品，短短几年时间产量和销量达 3.5 万吨，实现产值 7 亿元、利税 7000 万元。

以造纸用植物纤维为主要原料制备的纳米纤维素是一种生物质前沿新材料，不仅具有纳米材料的性能，还具有轻质高强、可降解、生物相容性好、热稳定性高、亲水性强等特点，发达国家纷纷组织人才团队投入研发。但目前产业化尚处于起步阶段，且制备成本高，市场吨价在百万元以上。由于性价比过低，遇到不少困难，产业化进展不快。

2017 年，杭化院与华南理工大学、杭州机电设计研究院等共同承担国家“十三五”重点研发计划项目，目前已建成我国首条 210kg/d（绝干）纳米纤维素绿色制备中试示范线，突破了生产制备端的技术瓶颈。该示范线具有绿色（无废水排放，主要原材料取自木材、秸秆等生物质资源）、低成本（产品价格可以做到 10 万元 / 吨左右）、连续化（采用自动控制系统，可大幅提高生产效率，保证了产品品质批次的稳定性）、系列化（包括不同改性、复配、固含量系列产品，可大幅降低运输和存储成本，同时拓展了纳米纤维素的应用范围）等特点，并进行了一系列高值化应用研究，使其在纸基功能材料中的应用成为可能。如热转印纸涂层开发已实现商业应用，开发出“快干型”“微孔型”以及“低成本”三款热转印涂层，相比传统 CMC 为主的涂层，纳米纤维素基热转印用胶黏剂涂布量降低 40%，每平方米涂层成本从原来的 0.05 元降低至 0.024 元，综合成本下降 52%。又如通过添加增强型纳米纤维素，在将木浆纸定量从 $80g/m^2$ 降低到 $70g/m^2$ 的同时，各项指标仍明显提升：灰分含量从 20.22% 提高到 25.27%、抗张指数提高 34.8%、撕裂强度指数提高 7.6%、耐破指数提高 34%、耐折度提高 3 倍，一旦推广开来，可为我国造纸行业节约大量木浆纤维。再如新开发的纳米纤维素无氟防油剂，已经制备出防油等级达到 kit 12 级的防油纸。目前常用的含氟防油剂售价为 15 万元 / 吨左右，达到防油等级为 12 级时，所需要的防油剂价格为 2500 元 / 吨纸。而使用纳米纤维素基防油剂，达到相同防油等级时，纳米纤维素的实际涂布量仅为 $1g/m^2$，吨纸成本低于含氟防油产品。且含氟防油产品因为其安全性低，即将被禁止销售，纳米纤维素是最安全可靠的替代产品。防油纸全球年生产量为 50 万吨，则需要纳米纤维素万吨以上，至今全球用纳米纤维素作为防油材料，工业上尚未有突破的报道。上述应用实例证明，纳米纤维素一旦在造纸领域推广开来，前景广阔，经济社会效益十分显著。我们的研究证明：纳米纤维素在纸基功能材料应用中具有与造纸纤维相容性好、高强度、高亲水性、高结晶度、高阻隔等特性；纳米纤维素可替代或部分替代造纸助剂，进一步提高纸张强度、降低打浆能耗、提高细小纤维及填料留着，具有高阻隔性、防油性等，不仅拓展终端应用领域，而且使造纸体系更加清洁环保；纳米纤维素是极具发展前景的纸基功能新材料，将有力推动纸基功能材料领域的技术进步和行业发展。

2022 年，杭化院与华南理工大学陈克复院士团队、浙江大学任其龙院士团队等共同承担浙江省“尖兵”计划研发项目“高性能纳米纤维素的产业化关键技术及其应用”。项目目标是瞄准国内领先，国际先进水平，创建高长径比、高含固量的 1000kg/d（绝干）纳米纤维素绿色制备中试示范生产线。研发团队正在加速推进项目产业化应用。

根据美国农业部（USDA）林业局预测，纳米纤维素全球市场潜力为 3500 万吨，可广泛应用于普通纸、特种纸、全降解生物质材料、生命健康等领域，还可利用其轻质高强的特性应用于航空航天、轨道交通等重大工程领域。API 预计：纳米纤维素发展趋势与塑料类似，2045 年能实现 USDA 的预期目标，见图 5-1。

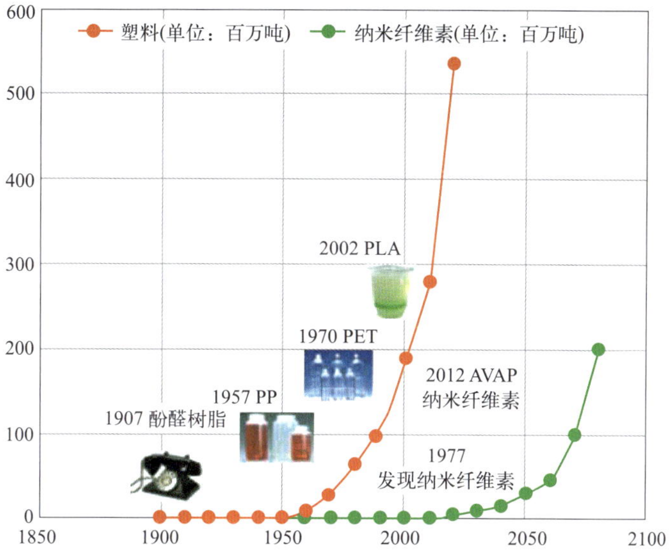

图 5-1　API 预计纳米纤维素发展趋势

5.4 发展我国纸基功能材料产业的主要任务及存在的主要问题

我国纸基功能材料产业得益于国家政策支持，部分省份较早致力于纸基功能材料产业发展，产业基础良好。但面对“双碳”及节能减排大背景，我国机遇与压力并存，产业发展的主要任务及存在的主要问题有：

（1）高端纸基功能材料不足　近年来，随着我国经济的爆发式增长，对纸基功能材料研发和装备制造的原创性、基础性、支撑性缺乏足够的重视，导致涉及航空航天、国防军工等关键领域的特种纸基功能材料产业创新基础薄弱，成为“短板”中的重灾区，对产业安全和重点领域构成重大风险。

从纸基复合材料的产量来讲，中国一直是第一生产大国。但从高端纸基功能材料品类上来讲，据不完全统计，全球共 1000 多个品种，目前我国能生产 600 多个。与之对应，我们的技术还有很大的进步空间，主要体现在材料性能难以保证、装备不够精良、成型工艺成本高昂且发展速度缓慢、创新能力以及产品设计能力薄弱；国内企业以跟踪替代应用为主，自主设计应用能力较弱；国外企业形成的价格打压和专利壁垒，使国内市场难以形成具有竞争力和可持续健康发展的产业。

国家各部委相继出台《新材料产业发展指南》《中国制造 2025》《“十三五”国家战略性新兴产业发展规划》等相关政策，强调了新能源、新材料相关产业的国家战略地位，为推动复合材料产业领域发展提供了重要的发展机遇。诸如“神舟”系列飞船使用的导水纸、风能发电机组使用的超级电容器纸、高端动力设备使用的纸基摩擦材料等，这些高端纸基功能材料在航空航天领域、常规兵器行业、风电和汽车复合材料行业有着广泛的应用。高端纸基功能材料的生产技术需要更大地提升，应用范围一定会更加广泛。

（2）高端装备制造和核心装备技术落后　国家对纸基功能新材料研究缺乏长期稳定的支持，尤其在高端装备制造和核心装备技术上，存在科技项目中财政资金投入的集中度较低、覆盖面不广等现象。此外，纸基功能新材料配套企业自主研发投入不足，大多企业重视眼前利益从而忽视了原始创新。

目前我国纸基功能材料的高端装备制造和核心装备技术落后于美国、日本等发达国家。国内造纸企业存在对国产设备不认同、过分依赖进口设备的问题，尤其在高速纸机、核心自动化设备、特种纸机配套设备等方面，使得国内有实力的装备制造厂家难以扩大销路。

（3）研发和应用人才结构不合理　首先，虽然开设纸基功能材料相关专业的高校数量与日俱增，但培养的方向多以研发类人才为主，缺少研发和应用复合型人才的培养模式。其次，研究主体以高校与科研院所为主，与企业开展复合材料的应用研究相对脱节。研究单位分散，低水平、同质化竞争严重，高端纸机功能材料的发展仍存在顶层设计欠缺、资源整合能力不够、重要领域空缺、跨学科综合设计能力不足、技术共享不充分和低水平重复等问题，相对应显现出来的是尚未形成专业化、系列化、标准化的人才培养体系。

（4）产业链和创新链对接不通畅　纸基功能材料的研发与应用端结合不够紧密，工程应用研究不足，数据积累严重缺乏，不仅导致面向纸基功能材料实际应用环境有针对性的研究缺失，还导致纸基功能材料的质量工艺不稳定、性能数据不完备、技术标准不配套、考核验证不充分，从而造成大量的新材料难以从研发跨越到应用，从创新链到产业链对接不通畅，有材不能用、有材不会用问题十分突出。

（5）标准及政策支撑体系不健全　纸基功能新材料评价标准缺失，认证质量保障服务不全，尚未建立完善的标准及政策保障体系。材料检验检测等基础能力差，检验检测资源优化配置不足，检测能力不足，检测市场机制不完善，检验检测服务能力无法满足产业全面需求，检验检测技术水平和服务能力无法满足国际化需求。新闻纸、涂布纸、生活用纸和包装用纸等大宗纸基功能材料出口量虽然大于进口量，但政策体系和知识产权法律制度尚待进一步健全。

5.5 推动我国纸基功能材料产业发展的对策和建议

（1）加大支持“卡脖子”技术联合攻关　建议加快构建纸基功能材料领域“政 - 产 - 学 - 研 - 用”协同创新体系。一方面，要加大支持国家和省级创新平台（如国家造纸化学品工程技术研究中心、浙江省生物基全降解及纳米材料创新中心）等对卡脖子技术组织攻关，取得成效，辐射全国。另一方面，推动纸基功能材料研发机构和领军企业融合，鼓励纸基功能材料生产企业承担原料改性、产品研发、装备制造等领域技术攻关，拓宽成果转化应用范围，畅通产品销售渠道。首先，支持硬核技术攻关催生新场景，通过组建创新应用实验室，支持企业开展以场景为导向的硬核技术和接口标准市场化应用攻关。其次，汇聚关键数据赋能新场景。通过支持企业获取基础数据类资质，鼓励企业围绕“共建共享共用”开展场景创新，帮助企业提升行业级数据的整合归集和应用能力，发掘数据应用价值，提高数据核心竞争力。最后，支持高端纸基功能材料的应用场景市场验证，使得创新链和产业链紧密结合。

（2）加速领军型企业建设 建议推动纸基功能材料领军企业高质量发展，遴选掌握纸基功能材料产业政策、技术和管理等领域的专家，开展领军企业申报、创新管理、知识产权等政策培训。组织各省市县科技部门和专业化科技服务机构，建立网格化服务体系，按照领军企业标准，帮扶参训企业成立研发机构、引进创新人才、掌握核心技术、获取知识产权。强化高新技术企业税收优惠政策落实，建议各省财政科技资金对认定的领军企业给予奖励性补助，调动企业创建高纸基功能材料新型技术企业的积极性。

建议针对纸基功能材料领域成熟、先进的产品和技术应用领域，聚力推动孵化培育体系，系统解决行业资源、能源与环境的约束问题，提高生产制造水平和效能，增强企业项目产业化落地能力，力争取得一批在国际上有重要学术影响或重大应用价值的自主创新成果，形成一系列具有自主知识产权、国际领先的过程工业技术及其装备以及新产品、新材料，并推动这些技术向大规模、成套化、系列化发展，建设纸基功能材料新兴产业示范园区，实现生产运营的低碳高效与安全环保的智能掌控。

（3）建立健全人才保障制度 坚持人才引领创新发展，加大高层次人才引进力度，推动人才链、创新链、产业链的深度融合、集聚裂变。建议加大对科研的资金投入，扩大人才培养规模并加强跨专业复合型人才培养，鼓励研究机构在企业设立联合实验室，做好分配制度改革，建立合理有序的人才流动机制，实现“企业搭台，科研唱戏”的格局，为我国纸基功能产业持续健康发展提供自主创新源动力。

建立健全人才激励及保障制度，持续引进培育高端专业研发和应用复合型创新人才，培育打造创新团队，初步形成高端人才与技术团队集聚发展态势，切实提升产业的创新支撑能力。

（4）健全创新成果保障体系 健全法律法规及政策体系，立足国家发展战略和国民经济发展重大需求，制定和完善“十四五”期间特种纸基功能材料拟着力研究的领域和方向，从政策制度上保障纸基功能材料产业的健康发展，重点发展纳米纤维及纤维素改性与应用、生物基全降解材料“以纸代塑”关键共性技术、过滤与分离材料、高性能纤维复合材料、特种膜材料、储氢储能材料等方向。建议组织专家认真梳理纸基功能材料领域体系，以需求为牵引，着眼中长期发展规划，分阶段制定清晰明确的产业发展路线。

在充分梳理纸基功能材料领域现状的前提下，建议制定全国纸基功能材料新兴产业发展规划，快速形成并释放纸基功能材料新兴产业的生产能力，保障全国各行各业的实际需求，并以此为契机，大力发展产业，推动形成新的经济增长点。首先，以满足需求为导向，积极引进成熟的纸基功能材料领域的先进企业落地，鼓励支持本地传统的造纸生产企业转型升级，快速形成区域化的品牌优势；其次，服务周边，辐射“一带一路”，做大产业规模，力争将纸基功能材料产业打造成为新的经济增长点；同时，发挥地缘和自贸试验区（港）优势，瞄准全球技术前沿，培育产业服务新形态，打造国内领先的产业协同创新中心、先进技术推广中心、检测中心和交易中心等，努力建成全球具有影响力的纸基功能材料产业示范基地。

（5）打造国际领先的产业标准体系 依托现有检验检测机构，加强纸基功能材料检测工作，开展性能检测、质量评估、模拟验证和检测认证等公共服务，结合财力按现有资金保障体制对检测、认证等平台建设予以合理保障。积极引导第三方机构开展特种纸基功能材料认证业务，协助开展检测和认证能力建设，推动国际互认机制建立，形成具有区域影响力的检测与认证中心。加快构建纸基功能材料产业标准体系。围绕产业发展和产业绿色低碳化改造，建议结合“双碳”制定修订标准，并以此为基础，打造国际领先纸基功能材料产业标准体系，提高多层面深化合作。

参考文献

作者简介

姚献平，正高级工程师。长期从事特种纸基功能材料、淀粉衍生物、生物质基功能材料的研发和成果转化。中国化工学会会士；浙江省特级专家，俄罗斯自然科学院院士，杭州市化工研究院院长，国家造纸化学品工程技术研究中心主任。获国家“十一五”科技计划突出贡献奖、侯德榜化工科学技术奖、“庆祝中华人民共和国成立 70 周年”纪念章、全国石油与化学工业先进工作者、科学中国人年度人物。主持开发新产品 80 多个，其中国家重点新产品 10 个。获国家科技进步奖二等奖等国家、省部奖项 20 余项 / 次。

姚向荣，正高级工程师。长期从事特种纸基功能性材料、生物基全降解材料等的研发与成果产业化。杭实科技发展（杭州）有限公司（“浙江省生物基全降解及纳米材料创新中心”实体运营单位）总经理，杭州市有突出贡献优秀科技工作者，科技部国家科技进步奖评审专家，国家“863 计划”支撑项目评审专家。特种长纤维纸基功能性材料，过滤与分离技术研究与开发方向——汽车工业滤纸项目获浙江省科技进步奖二等奖、杭州市科技进步奖一等奖，特种合成革无纺布材料，卫生基材的设计与制造技术方向——湿法无纺布成型及加工技术获杭州市科技进步奖二等奖，获第三届杭州青年科技奖。

第 6 章

铁基超导材料

马衍伟　张现平　姚　超

超导技术是 21 世纪具有重大经济和战略意义的高新技术。近年来，我国基础科学的前沿发展、国家能源的战略布局、高端医疗装备制造的不断推进，对高场超导技术及相关材料的发展提出了迫切的需求。铁基超导材料是 2008 年发现的新型实用化超导材料，具有临界磁场高、各向异性较小、材料成本低等优点，在高能粒子加速器、高场核磁共振成像、可控核聚变、高场核磁共振谱仪等高场领域具有较高的应用价值，包括中国、美国、欧洲、日本在内的多个国家和地区均设立了支持铁基超导研究的重要项目或科技计划。

为了满足铁基超导材料在高场强电领域应用的要求，研究人员在高性能铁基超导线材研制方面开展了大量工作。针对影响铁基超导线材载流性能的前驱粉质量、包套材料、晶粒连接性、晶粒取向等多个关键因素，人们先后从超导相合成、微观结构调控、线材加工与热处理等几个维度开展了研究。在线材制备方法方面，可采用粉末装管法和涂层导体工艺；在材料体系选择方面，主要集中在 122 和 11 体系。在线材载流性能提高方面，采用粉末装管法制备的 122 型铁基超导线材已超过 10×10^4A/cm^2 的实用化水平，目前最高性能在 4.2K、10T 下已经达到 22×10^4A/cm^2。在长线制备及应用方面，目前已实现百米量级铁基超导线材制备技术的突破，有力推动了铁基超导材料的实用化进程，高性能长线已经成功应用于高场内插线圈和大尺寸跑道型线圈等，为高性能、低成本高场超导磁体研制开辟了新途径。

为了加速推进铁基超导材料的产业化，未来需要从铁基超导材料性能提高的新机制、新方法，面向高场应用的使役性能研究，高性能铁基超导多芯长线的技术成熟度，以及材料与应用之间的相互促进和合作研究等几个方面取得突破性进展，最终获得具有商业价值的铁基超导线材，为我国超导产业的发展贡献力量。

6.1 铁基超导材料产业发展的背景需求及战略意义

6.1.1 实用化超导材料的发展历程

超导体具有零电阻、完全抗磁性和量子隧道效应等奇特的物理性质，这些性质使其拥有输电损耗小，制成器件体积小、重量轻、效率高等优点，在能源、交通、医疗、重大科学工程等方面具有重要的应用价值，将对人类社会的发展产生深远影响。自从 1911 年超导电性发现以来，实现超导技术的实际应用成为科技人员的共同追求。经过 50 多年的探索和研究，人们在 20 世纪 60 年代制备出具有实用化价值的 NbTi 和 Nb3Sn 超导线，超导技术才首次得到了实际应用。但是由于 Nb 系超导材料的临界温度较低，基于 Nb 系材料的超导装置只能在液氦温区（4.2K 附近）运行。获得液氦的装备比较复杂，制冷效率低，氦源稀少等问题，严重制约了超导技术的应用范围，也影响了它与常规技术的竞争能力。20 世纪 80 年代，科学家们发现了铜氧化物超导体，该类超导体的临界温度达到 90K 以上。这使得基于铜氧化物超导体的超导装置可以工作在液氮温区（77K 附近），让人们看到了超导技术广泛应用的曙光。高温超导体和低温超导体相比，能够运行在液氮温区，避免了昂贵液氦的使用，制冷成本显著降低。此外，铜氧化物高温超导体在 4.2K 下的上临界场大于 100T，明显优于低温超导体。但由于铜氧化物高温超导体的弱连接性和陶瓷性，高质量的铜氧化物超导长线的制备十分困难，而且存在制备成本高等问题，阻碍了铜氧化物高温超导体的广泛应用。21 世纪初，二硼化镁超导体的发现引起了人们的关注，这种超导材料具有晶格结构简单、原材料价格便宜、比较容易制备成线材等特点。与 NbTi 和 Nb3Sn 相比，二硼化镁的有效工作温区较宽，为 4.2 ～ 25K，其在中温区、低场核磁共振超导磁体领域具有重要的应用前景。

6.1.2 铁基超导材料的发现

随着科技的发展，各类大型超导装置如高能粒子加速器、可控核聚变装置、高场核磁共振谱仪等对磁场强度的要求不断提高，已逐渐突破了传统低温超导材料的极限，发展具有优异高场特性、较低制备成本的新型超导材料成为人们关注的焦点。新型铁基超导材料就是在这种背景下被发现的。2006 年日本东京工业大学 Hosono 研究组在 LaFePO 中发现了超导电性，并于 2008 年 2 月通过氟（F）对磷（P）的替代，将 $LaFeAsO_{1-x}F_x$ 的临界转变温度（T_c）提高到了 26K。这类新型铁基超导体的发现激发了国际超导界的强烈关注，同时也掀起了第二次高温超导的研究热潮，其中中国科学家在新型铁基超导研究方面做出了突出成绩。2008 年 3 月，中国科学院物理所王楠林研究组成功合成了 $CeFeAsO_{1-x}F_x$ 超导体。中国科学技术大学陈仙辉研究组通过稀土元素置换得到了 $SmFeAsO_{1-x}F_x$ 超导体，将其临界转变温度提高至 43K。中国科学院物理所闻海虎小组成功合成出第一种空穴掺杂型铁基超导材料 $La_{1-x}Sr_xFeAsO$。2008 年 4 月，中国科学院物理所任治安等又利用高压合成技术将含有氧空位的 $SmFeAsO_{1-x}F_x$ 超导体的临界转变温度提高至 55K，这是目前在铁基超导体材料块材中获得的最高数值。

2012 年，清华大学薛其坤研究组在 $SrTiO_3$ 单晶上制备的单层 FeSe 薄膜的临界转变温度已超过 65K，随后人们在单层 FeSe/$SrTiO_3$ 体系中还观察到高达 100K 以上的高温界面超导现象。国际超导界认为铁基超导体是继 1986 年的铜氧化物超导体、2001 年的二硼化镁超导体之后的又一类重要的超导体系，被美国《科学》杂志誉为目前最有发展前景的新型高温超导体之一。

随着对铁基超导体研究的不断深入，科学家们发现与低温及铜氧化物超导体相比，铁基超导体具有许多明显的优势：①上临界场极高（100 ～ 250T），远高于二硼化镁（40T）和传统低温超导体 NbTi（11T）与 Nb3Sn（23T），在 20K 下其上临界场仍高达 70T；②各向异性较低（$1 < \gamma_H < 2$，122 体系），远小于铜氧化物超导体的各向异性（$5 < \gamma_H < 20$）；③本征磁通钉扎能力强，明显优于铜氧化物高温超导体，其高场下临界电流密度（J_c）仍能保持较高水平。这些优点使铁基超导体成为具有重要应用价值的新一代高温超导材料，在高场强电领域具有独特的应用优势。

对于超导材料而言，要进行大规模强电应用，如超导电缆、超导磁体、核磁共振成像以及核聚变装置等，就必须先制备出成百上千米长的线材，这也是一种超导材料走向实际应用的基础。由于铁基超导材料硬度高且具有脆性，难以塑性变形加工，因此不能采用制备 NbTi 和 Nb3Sn 超导线时使用的金属塑性变形工艺。对于陶瓷性超导材料，其超导线材通常有两种制备方法：

（1）粉末装管法 该方法是为加工塑性差的超导材料而设计的，通过将脆性粉末装入金属管，然后经过机械加工成为线材。该方法由于工艺简单、成本低廉，已成功应用于铋系铜氧化物超导线材（Bi2223，Bi2212）和二硼化镁超导线材的商业化制备。铁基超导材料与 Bi2223 超导材料的晶粒均为片状，加工特性基本相似，另外铁基超导体的超导电流在通过大角度晶界时受到的衰减相对较小，因此粉末装管工艺非常适合铁基超导线材的制备研究。从未来实际应用来看，由于材料成本低而且机械加工工艺简单，容易实现规模化生产，采用粉末装管法制备铁基超导线材非常有吸引力。这也是目前制备铁基超导线材最主要的方法，中国科学院电工研究所、日本国立材料研究所、东京大学、美国佛罗里达州立大学、俄亥俄大学、意大利热那亚大学等均采用这种工艺成功制备了铁基超导线材。

（2）涂层导体制备技术 该技术是针对钇系铜氧化物（YBCO）超导材料对晶粒取向要求较高、难以用传统的粉末装管工艺实现而发展起来的方法。该方法采用薄膜外延生长技术在金属基带上连续沉积薄膜的方式获得超导带材。与粉末装管法制备的铁基线带材相比，铁基超导涂层导体的性价比较低，这主要是由于涂层导体薄膜技术工艺复杂、制造成本高造成的。当前包括中国科学院电工所、上海交通大学、美国布鲁克海文国家实验室、德国莱布尼兹固体和材料研究所、日本东京工业大学等单位开展了基于金属基带的铁基超导薄膜制备研究，但尚未有长线研制方面的报道。

6.1.3 铁基超导材料产业发展的战略意义

高场超导磁体技术是未来核聚变堆、高能量粒子加速器及核磁共振成像设备等领域不可或缺的关键技术，磁场强度的高低直接决定着这些装置系统的综合性能。高温超导材料是实现更高性能的高场超导磁体的必然选择。然而目前已有的高温超导材料在大规模高场超导应用上还存在诸多有待解决的问题，如铋系超导线材昂贵的金属包套、较差的力学性能，YBCO 涂层导体工艺复杂、层间剥离导致性能退化等。因此，目前超导材料产业发展的主要问题是要提高材料的性价比，即不断提高超导材料的电磁、力学综合性能，使其满足未来相关技术和应用的需求，同时要大幅降低材料的制备成本。铁基超导材料具有高临界磁场、高载流能力、小各向异性及制作工艺简单、制备成本较低等独特优势，在下一代高场磁体应用中极具潜力，有望在高能粒子加速器、可控核聚变、高场核磁成像等领域发挥重要作用。

先进高能量加速器不仅可以应用于基础粒子物理的研究，同时还可以为其他基础科学研究提供功能强大的实验装置，如散列中子源、同步辐射光源等，具有重要的科学价值。在民用领域，加速器技术在医疗（重离子癌症治疗）、工业辐照等领域均有广泛的需求，具有广泛的社会及经济效益。目前国际上能量最大的大型强子对撞机（LHC）加速器对撞能量为 14TeV，进一步提高能量则必须依赖于更高场强的加速器磁体。国际上设立了多个与高磁场强度加速器有关的项目，如专为粒子加速器的研究和发展设立的增强欧洲协作专项（EuCARD-2）有 40 个参与合作机构，囊括了高温超导材料和高场磁体技术领域的诸多项目。此外，欧洲核子研究中心（CERN）还开展了建设未来环形对撞机（FCC）项目。美国能源部 2017 年设立“磁体研发计划”（MDP），联合费米国家实验室、劳伦斯 - 伯克利国家实验室、佛罗里达强磁场国家实验室，共同研制下一代粒子加速器所需的高场加速器磁体。由中国科学家提出的下一代大型粒子对撞机 CEPC-SPPC 计划，在国际上首先提出了先电子对撞再过渡到质子对撞这一大型环形对撞机的方案。目前中国大型粒子对撞机项目把铁基超导材料作为加速器超导磁体制备的首选材料，欧洲也把铁基超导材料作为重要候选材料。这些项目已成为高场加速器磁体领域国际研究的风向标。

核聚变能是未来最有前途的清洁能源。科学家们认为，不同于核裂变产生能量的裂变发电，核聚变能更安全环保，不会有反应失控或使聚变电厂崩溃的危险。同时，其所需的燃料氘、氚在地球上储量丰富，氘可以从海水中提取，氚则是用常见元素金属锂提取。因此核聚变能非常有希望成为一种未来的可循环利用能源。我国自 1991 年起开展了超导托卡马克发展计划（ASIPP），于 1994 年建成并运行了世界上同类装置中第二大的“合肥超环”HT-7 装置，使中国成为世界上继俄、法、日之后第四个拥有超导托卡马克的国家。2006 年，我国成功建成世界上第一个全超导托卡马克“东方超环（EAST）”。同时，于 2006 年启动的“国际热核聚变实验堆（ITER）计划”集成国际上受控磁约束核聚变的主要科学和技术成果，首次建造可实现大规模聚变反应的聚变实验堆。中国在参与建设 ITER 的同时，也在策划建造自己的聚变工程实验堆——“中国聚变工程实验堆（CFETR）”。可控核聚变的功率与场强的四次方成正比，未来核聚变示范堆将需要更高场强的磁体，铁基超导材料的发展可为聚变能的应用起到推动作用。

核磁共振分析技术可通过核磁共振谱线特征参数的测定来分析物质的分子结构与性质。它不破坏被测样品的内部结构，是一种完全无损的检测方法。同时，它具有非常高的分辨率和精确度，是一种先进的测量方法。因此，核磁共振技术在物理、化学、医疗、石油化工、考古等方面获得了广泛的应用。其中在人体内部结构成像方面的应用，极大地推动了医学、神经生理学和认知神经科学的迅速发展，高端医学成像设备已成为医学临床乃至生物医学科学研究的关键工具，能够显著增强我国重大疾病防治和健康产业发展的科技支撑能力。核磁共振成像（MRI）的信号强度与磁场强度的平方成正比，目前主流的 MRI 系统磁场强度在 1 ～ 3T，但国外机构已经开始使用 9.4T MRI 进行脑科学研究，而法国和德国的 Iseult/INUMAC 联合项目已成功研制出 11.7T/ϕ90cm 全身 MRI 系统，未来国际上在这一领域的下一个目标是 14T 全身 MRI 系统。目前，我国医用核磁共振成像产业处于快速增长阶段，2025 年对超导线材的市场需求可达 500 亿元人民币，2035 年预计达到千亿元级市场容量。因此，适合高场应用的铁基超导线材的产业化，有望推动我国在高场 MRI 领域的快速发展。

总之，铁基超导材料的产业化发展，可促进高能粒子加速器、可控核聚变装置以及高场核磁共振成像设备等高温超导应用领域关键技术的飞跃与发展。铁基超导材料有望应用在目前国际上设立的高能粒子加速器及磁控核聚变项目中（见表 6-1）。我国在铁基超导材料基础及应用研究方面均处于世界领先地位。因此，铁基超导材料的产业化，无论对于铁基超导材料的实际应用，还是进一步加强我国在铁基超导材料研究领域的地位均具有重要意义，从而为我国下一代重大基础设施的建设、科技创新与产业升级、国民经济可持续发展和国防建设做出贡献。

表 6-1　国际上重要的超导磁体应用项目布局情况

序号	单位	目标领域	参数要求	应用目标
1	欧洲核子研究中心（CERN）	超导加速器磁体	11T@1.9K 双孔径超导二极磁体、14.8T@1.9K 单孔径超导二极磁体	为大型强子对撞机 LHC 升级项目提供十余套 11T 双孔径超导二极磁体
2			下一代高能加速器 16T 超导二极磁体	应用于未来高能量粒子加速器（FCC）
3	美国劳伦斯 - 伯克利国家实验室	超导加速器磁体	＞ 10T 的双孔径超导二极及四极磁体	为大型强子对撞机 LHC 升级项目研制高场四极磁体
4	中国科学院高能物理所	超导加速器磁体	下一代高能加速器 16 ～ 24T 超导二极磁体	应用于未来高能量粒子加速器（CEPC-SPPC）
5	中国科学院等离子体物理研究所	超导聚变磁体	ITER 部分超导磁体；CFETR 超导磁体（最高约 15T，10m 孔径）	应用于未来可控核聚变装置
6	美国麻省理工学院（MIT）	超导聚变磁体	最高磁场＞ 20T	应用于未来紧凑型聚变装置（ARC）
7	中国、美国、荷兰多家单位	磁共振成像磁体	磁场强度 14T	应用于 14T 极高场人体核磁共振成像系统

6.2 铁基超导材料产业的国际发展现状及趋势

铁基超导材料超导电性发现以后，国际上在铁基超导材料的基础研究和应用研究方面展开了激烈的角逐。为了推进铁基超导体的实用化进程，国内外众多知名研究机构陆续开展了铁基超导线材的制备研究工作，不断提高超导线材在强磁场下的临界电流密度，促进其实用化进程。2009年日本JST（科技振兴会）紧急拨款支持该项研究，高强度支持20多个研究组，并设立FIRST“Super+α”重大项目。美国能源部也将铁基超导体列为重点支持方向，进行高强度研究资助。欧洲和日本联合设立了重大国际合作项目，重点支持双方科学家在铁基超导材料的实用化方面的密切合作研究。意大利则开展了面向下一代加速器的铁基超导材料研究。目前，国外从事铁基超导线材研究的主要单位包括日本国立材料研究所、日本东京大学、日本产业技术综合研究所、美国佛罗里达强磁场国家实验室、美国橡树岭国家实验室、意大利热那亚大学、澳大利亚伍伦贡大学等。

在目前发现的数百种铁基超导体中，实用化研究较多的主要有以下三个体系：1111体系（如SmOFeAsF、NdOFeAsF等），122体系（如BaKFeAs、SrKFeAs等），以及11体系（如FeSe和FeSeTe）。1111体系是研究人员最早发现的铁基超导体系，目前最高临界转变温度T_c达到了55K。该体系是一类母体材料原子组成比为1∶1∶1∶1的铁基超导体，化学通式为LnOFeAs，其中Ln代表稀土金属元素，用氟元素对氧位进行掺杂。典型的1111系铁基超导体有$SmO_{1-x}F_xFeAs$、$PrO_{1-x}F_xFeAs$以及以$La_{1-x}Sr_xOFeAs$为代表的空穴掺杂型铁基超导体。1111系铁基超导体具有较强的二维特性，也是目前已知所有铁基超导体系中唯一一类块材临界温度超过50K的超导材料。122体系的母体材料原子组成比为1∶2∶2，具有$ThCr_2Si_2$型四方晶系结构。该体系目前已包括$AeFe_2As_2$、$AeFe_2P_2$和$A_{1-x}Fe_{1-y}Se$等，Ae位点除了碱土金属外，也可以被一些碱金属或镧系金属取代，A表示碱金属K、Ca、Sr等。典型的122铁基超导化合物有$Sr_{1-x}K_xFe_2As_2$和$Ba_{1-x}K_xFe_2As_2$等。122体系的最高临界转变温度达到38K，20K的上临界场达70T，而各向异性较小（$\gamma_H < 2$），并且载流能力在磁场下衰减缓慢。11体系母体材料原子组成比为1∶1，结构简单，为α-PbO型晶体结构，包括FeSe、$FeSe_{0.5}Te_{0.5}$、$FeTe_{1-x}S_x$等，其中FeSe的转变温度为8K，$FeSe_{0.5}Te_{0.5}$中最高可达15K左右。

目前，粉末装管法是最常用的铁基超导线材制备方法。粉末装管法分为原位粉末装管法和先位粉末装管法两种。前者将反应原料直接填装入金属管内，通过冷加工制成线材，然后进行热处理，包套内的原料在高温下发生反应形成超导相。该方法相对简单，但是超导相纯度和均匀性较差，对包套材料的化学稳定性要求很高。后者需要先制备高质量的超导块体，然后将块体研磨成粉体装入金属管内，通过机械冷加工制成线材，再进行最后的热处理。先位粉末装管法工艺相对复杂，但超导相纯度较高，均匀性较好。2008年，中国科学院电工所利用原位粉末装管法制备了$LaFeAsO_{0.9}F_{0.1}$线材，随后又制备了T_c为52K的$SmFeAsO_{0.7}F_{0.3}$超导线材。这是国际上首次将铁基超导材料制备成线材的工作，开启了铁基超导线材的研究热潮。2010年，他们采用先位粉末装管法制备了$Sr_{1-x}K_xFe_2As_2$（Sr122）线材，其临界电流密度J_c在4.2K、0T下达到3750A/cm^2。2011年，日本Fujioka等人通过先烧结Sm-1111先驱粉而后补充氟的方式制备超导线材，超导线材的J_c可以达到4000A/cm^2。然而，1111体系的铁基超导材料很难获得相纯度较高的前驱粉末，此外，材料中的氟元素在热处理时极容易损失，使得样品中存在大量的杂相，阻碍了线材电流传输性能的提高。日本国立物质材料研究所（NIMS）采用银作为包套材料和添加剂制备了Ba122线材，该线材在850℃下热处理30h，在4.2K下的传输临界电流J_c在自场中约为10^4A/cm^2，在10T磁场下为1.1×10^3A/cm^2。随后，东京大学团队也使用粉末装管法获得了 J_c 大于 $10^4 A/cm^2$（4.2K，0T）的 Ba122 线材。

在引入织构方面，中国科学院电工所在平辊轧制的铁基超导线材中发现了轧制诱导的 c 轴织构。日本 NIMS 采取了冷压的工艺路线，并于 2013 年通过轧制 - 冷压相结合的方式，将银包套 Ba122 线材的 J_c 提高至 $2\times10^4 A/cm^2$（4.2K，10T）。2014 年，他们优化了轧制工艺参数，进一步将传输电流密度提高至 $8.6\times10^4 A/cm^2$（4.2K，10T）。随后，中国科学院电工所和日本 NIMS 先后分别采用热压和冷压工艺制备出高致密、高织构化的 122 体系铁基超导线材，使其载流性能突破了 $10^5 A/cm^2$（4.2K，10T）的实用化水平。中国科学院电工所采用挤压 - 轧制复合工艺，将 122 体系铁基超导线材的 J_c 提高至 $2.2\times10^5 A/cm^2$（4.2K，10T），这是目前铁基超导线材载流性能的最高值。另一方面，美国佛罗里达州立大学将热等静压技术应用于铁基超导线材的制备，有效提高了线材中超导芯的致密度，制备的铜银复合包套线材的传输 J_c 在 4.2K、10T 下接近 $10^4 A/cm^2$。随后，日本东京大学又采用孔型轧与拉拔工艺相结合的方式在超导芯中引入织构，将热等静压线材的 J_c 进一步提升至 $4.4\times10^4 A/cm^2$（4.2K，10T）。

2009 年，日本 NIMS 制备了临界转变温度为 11K 的铁包套 Fe（Se,Te）超导线材，但早期线材样品的性能较低。2012 年，他们采用原位法结合退火扩散的方法制备的 Fe（Se,Te）线材 J_c 在 4.2K、0T 下为 $12.4A/cm^2$。2014 年，他们采用粉末装管法制备的铁包套 $FeTe_{0.4}Se_{0.6}$ 线材，通过在 525℃烧结处理实现了非超导相向超导相的转变，使得 J_c 达到 $30A/cm^2$（4.2K，0T）。此后他们优化了热处理工艺，将扩散温度提升至 800℃，所制备的单芯和 7 芯 11 体系超导线材的 J_c 进一步提高至 $350A/cm^2$ 和 $1027A/cm^2$（4.2K，0T）。然而，上述铁扩散粉末装管法制备的 11 型铁基超导线材依然存在着严重的晶界弱连接和杂相问题，而且由于扩散过程的不可控，超导层中 Se 和 Te 的分布也不均匀。日本 NIMS 团队探索了先位粉末装管法制备 $FeTe_{0.5}Se_{0.5}$ 线材。他们通过固态反应法（两次 650℃烧结 15h）合成了 $FeTe_{0.5}Se_{0.5}$ 多晶样品，接着粉碎后装入铁管并孔型轧和拉拔成线材，最后在 200℃氩气中加热两小时，最终样品 J_c 为 $64A/cm^2$（4.2K、0T）。2015 年，意大利热那亚大学利用熔化法获得高质量 $FeTe_{0.5}Se_{0.5}$ 超导多晶体，在此基础上采用先位粉末装管法制备了多种包套的 Fe（Se,Te）线材。美国布鲁克海文国家实验室在多种缓冲层的 RABiTS 基带上成功制备出了 Fe（Se，Te）薄膜，该薄膜几乎各向同性，在 4.2K、0T 下临界电流超过 $1MA/cm^2$，在 30T 背景磁场下仍然高达 $10^5 A/cm^2$。与此同时，该薄膜 T_c^{onset} 达到了 20K，高于块材及单晶基底上的外延薄膜。德国莱布尼兹固体和材料研究所采用分子束外延工艺在 IBAD-MgO-Y_2O_3 基带上制备了 NdFeAs（O,F）薄膜，该薄膜有良好的 c 轴织构，但面内织构较差，5K 自场中磁化 J_c 大约 $7104A/cm^2$。

从总体上看，和 11、1111 等体系相比，122 体系铁基超导线材载流性能的提高更加显著，制备工艺发展更加迅速。国际上 122 体系铁基超导线材的临界电流密度已经超过 $10^5 A/cm^2$（4.2K，10T）的实用化门槛，但与其理论上高达 $10^8 A/cm^2$ 的拆对电流密度相比，仍然存在很大的提升空间。目前，通过改善晶粒织构度、减小晶界弱连接效应，引入更多的有效钉扎中心，进一步提高铁基超导线材磁场下的磁通钉扎能力和临界电流密度是这一领域的前沿性课题。从应用角度来说，铁基超导材料研究已经在载流性能显著提高的基础上进入了实用化制备的快速发展阶段，人们正在努力推动铁基超导线材向低成本、高强度和规模化方向发展。中国已率先制备出百米量级的铁基超导长线，并开展了超导接头、超导线圈、超导电缆等应用技术研究。日本东京大学研制了9m长的线材，并绕制了小型线圈。美国国家强磁场实验室系统分析了铁基超导材料的性能与成本，详细论述了铁基超导材料的高场应用潜力，发布了铁基超导线材研究计划白皮书，而美国费米国家实验室发布的加速器磁体技术白皮书已将铁基超导体列为未来高场应用的重要导体材料。意大利热那亚大学在铁基超导线材和涂层导体方面均取得重要进展，已把铁基超导材料列为制备欧洲下一代加速器磁体的重要候选材料。

6.3 铁基超导材料产业的国内发展现状

国内铁基超导线材主要研究单位包括中国科学院电工研究所（简称电工所）、西北有色金属研究院、东南大学、西南交通大学、上海交通大学等。我国在高性能铁基超导线材的研制中一直走在世界前列，目前在线材性能和长线制备方面处于世界领先地位，并率先开展了铁基超导接头、铁基超导线圈等实用化方面的研究。

6.3.1 1111型铁基超导线材

1111体系铁基超导材料所含元素种类多，同时合成超导相所需温度较高，并含有易烧损的氟元素，成相较为复杂，容易生成杂相。非超导相的存在严重制约了1111体系线材临界电流的提高。因此，与122体系线材相比，1111体系线材发展较为缓慢。2010年2月，中国科学院电工研究所通过降低烧结温度，采用原位法成功制备了J_c约为1300A/cm^2（4.2K，0T）的Sm-1111线材。这也是国际上首次在1111体系的线材中获得传输电流。2014年，中国科学院电工研究所采用低温合成法制备了1111铁基超导线材，将J_c进一步提高到3.45×10^4A/cm^2（4.2K，0T）。

1111型铁基超导体比122铁基超导体具有更高的超导转变温度和上临界场，但由于1111型铁基超导体的合成温度较高，均匀性和相纯度不易控制，因此线材的制备难度也比122线材大。利用锡在超导线材烧结过程中的助熔剂作用，在锡熔点以上的较低温度区间对Sm-1111线材进行热处理，有利于避免超导线材中氟元素在高温下快速损失的问题。电工所通过对Sn添加的Sm-1111线材进行300℃低温热处理后，发现SmAs和FeAs等杂相的含量明显减少，得到成分较为均匀的超导芯，样品质量较之以前有显著提高，并将1111系超导线材的临界电流密度进一步提高至2.9×10^4A/cm^2（4.2K，10T）。

6.3.2 122型铁基超导线材

122型铁基超导体是由德国的Johrent小组首先发现的。相对于其他体系，122型铁基超导线材的制备工艺发展非常迅速，是目前铁基超导体中线材制备最为成功的一种体系。2009年年底，中国科学院电工研究所采用银作为包套材料，解决了超导芯与包套反应导致的非超导反应层问题，首次在Sr122线材上测得传输电流。2010年，他们研究了Sr122多晶样品的热处理条件，发现未掺杂的多晶样品在 850 ～ 900℃条件下烧结 35h，杂相少且具有最高的临界电流密度，从而确定了 122 体系常用的烧结温度。同时，这也表明 122 体系的热处理窗口较宽，易于制备。他们还研究了过量钾掺杂对多晶 $Ba_{0.6}K_{0.4}Fe_2As_2$ 性能的影响，发现当 x=0.1 时，多晶样品的临界电流密度是 x=0 时的三倍。2011 年 8 月，他们采用轧制织构法和高温快烧工艺相结合的方法，将 Sr122 线材的 J_c 提高到 $2.5\times10^4A/cm^2$。2014 年，电工所采用热压法制备出高致密度银包套 Sr122 超导线材，J_c 在 4.2K、10T 下超过 $10^5A/cm^2$，首次达到实用化水平。2018 年，电工所又将铁基超导线材短样的 J_c 提高至 $1.5\times10^5A/cm^2$（4.2K，10T），同时在高达 30T 磁场下仍然具有较弱的磁场依赖性（如图 6-1 所示），展示出 122 型铁基超导体在高场领域的良好应用前景。

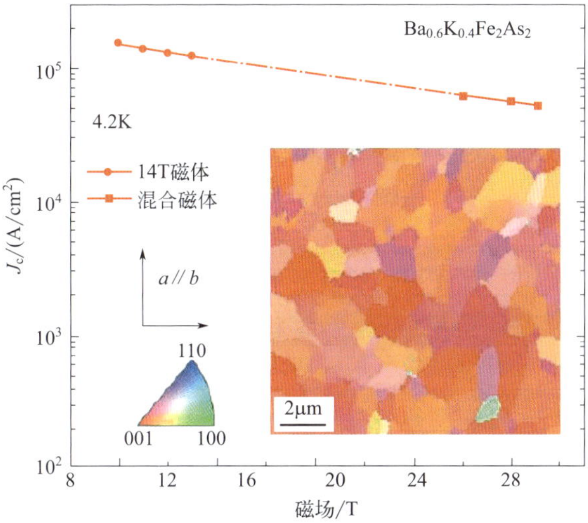

图 6-1　电工所制备的高性能 Ba122 线材在 10 ～ 30T 高磁场下的传输性能及超导芯电子背散射衍射（EBSD）织构分析

金属铜价格低廉，易于加工，同时具有良好的导电性和导热性，是一种非常理想的外包套金属材料。电工所发展了铜 - 银复合包套工艺，成功制备出高性能铜银包套 122 线材。他们制备了铜 - 银复合包套 Ba122 线材并在常压下烧结，传输 J_c 在 4.2K、10T 下达到 $3.6\times10^4A/cm^2$。在后续研究中，他们进一步采用预烧结的方式，将传输 J_c 提升至 $4.9\times10^4A/cm^2$，相应热压线材的 J_c 则达到 $6.5\times10^4A/cm^2$。此外，他们通过将轧制变形工艺和热等静压烧结工艺结合，在 740℃、1h 加压烧结下制备的铜 - 银复合包套线材在 4.2K、10T 下最高临界电流密度 J_c 达到 $1.1\times10^5A/cm^2$，该性能已经超过了公认的实用化门槛（$10^5A/cm^2$）。另一方面，他们还发展了纯铜包套工艺，在充分研究不同热处理条件下铜包套 Sr122 线材物相和性能变化的基础上，通过热压工艺制备了 J_c 为 $3.1\times10^4A/cm^2$（4.2K，10T）的铜包套 Sr122 线材。在进一步优化热处理工艺和选择合适铜管规格的基础上，他们将载流性能提升至 $3.5\times10^4A/cm^2$（4.2K，10T），且工程临界电流密度 J_e 超过 $10^4A/cm^2$（4.2K，10T），对铁基超导材料的低成本制备具有重要意义。

6.3.3 11 型铁基超导线材

11 型化合物是目前发现的铁基超导家族中结构最为简单的一个体系，由台湾吴茂昆研究小组率先发现。虽然 11 体系铁基超导材料的转变温度较低（$FeSe_{1-x}Te_x$ 的转变温度最高达 15.2K），但是其结构简单，因此仍然有很多相关研究报道。如东南大学采用原位粉末装管法制备 $FeSe_{0.5}Te_{0.5}$ 线材，制备出转变温度为 15.7K、临界电流密度高达 10^4A/cm^2（5K，0T）的线材。随后，他们采用熔化法合成的前驱体，并结合先位粉末装管法制备出铌包套 $FeSe_{0.5}Te_{0.5}$ 线材。在制备过程中，他们将先驱原料进行了长时间高温熔融处理，并对退火线材进行了淬火处理。2016 年，该团队在前驱粉末中加入了 10%（质量分数）的 Ag 粉末，同时延长了热处理时间，进一步提高了 $FeSe_{0.5}Te_{0.5}$ 线材的传输性能，在 4.2K、0.5T 下，J_c 达到 1.6×10^4A/cm^2，但当磁场强度升至 0.75T 时，J_c 急剧衰减至 1500A/cm^2，这表明样品还存在着较强的弱连接效应。西北有色金属研究院使用高能球磨辅助粉末装管法制备 FeSe 超导带材。对 Fe 和 Se 的混合粉末进行高能球磨不仅可以有效缩短 Fe 和 Se 原子间的扩散距离，还可以避免 δ-FeSe 相生成而提高 β-FeSe 相间的晶界连接性，制备出的带材 J_c 在 4.2K、0T 下达 3400A/cm^2。随后在实验过程中，他们采用了富铁的原料成分，并优化了热处理后的冷却速率，使得包套中铁原子扩散进 FeSe 中获得 β-FeSe，最终获得了 β-FeSe 相的含量为 100%、T_c 为 8.3K 的 FeSe 超导线材。

从 2008 年至 2022 年这十余年间，经过各国研究人员的不懈努力，铁基超导线材的传输性能取得了长足的进步，制备工艺也向着多种手段相结合、多方面优化的方向发展。图 6-2 总结了国内外研究机构基于粉末装管法制备的 1111，122，11 体系铁基超导线材性能进展情况。可以看出，122 体系铁基超导线材的临界电流密度明显高于其他两种体系线材，尤其在高场区域，电流随磁场增加衰减缓慢，体现了较强的本征磁通钉扎特性。下一步可在如何改善低场区域电流大幅衰减问题开展深入研究。与之相比，1111 和 11 体系线材的临界电流随

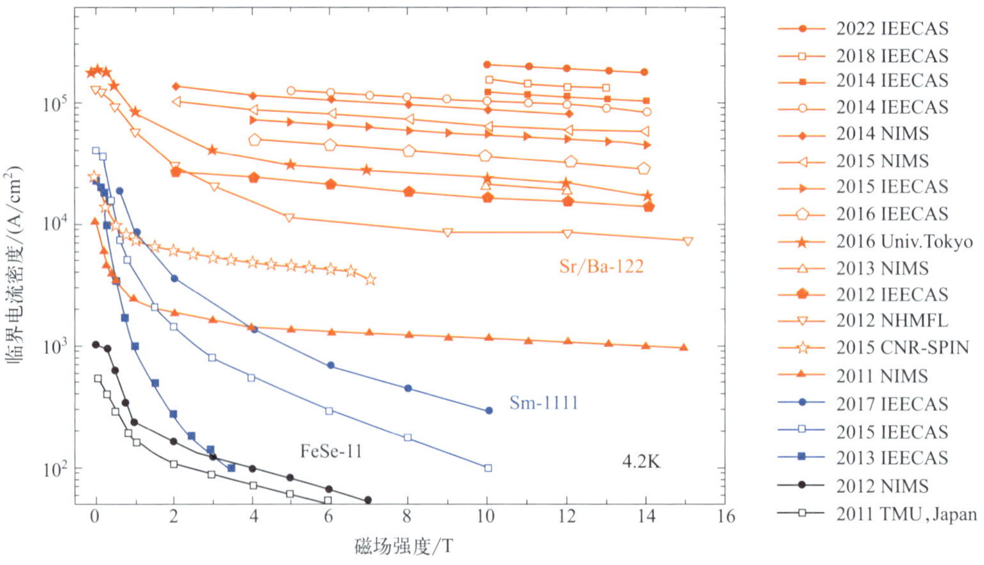

图 6-2 国内外研究机构基于粉末装管法制备的 1111，122，11 体系铁基超导线材载流性能进展

磁场增加迅速衰减，主要原因在于这两种线材中存在大量杂相，杂相的存在严重制约了超导电流在超导晶粒之间的传输。如何改善这两种体系线材超导芯中晶粒间的耦合是提高其临界电流密度的关键。

6.3.4 铁基超导线材实用化研究

（1）高性能超导长线 长线是实现铁基超导材料实用化的基础，百米级长线可以满足大部分实验装置的验证需求，是任何一种超导材料走向大规模应用的必经阶段。在长线制备过程中，需要解决两个方面的问题：前驱粉的批量化稳定制备，以及高脆性超导粉末与金属包套之间的协同变形问题。2016 年，中国科学院电工所在短样研究的基础上，通过对超导长线的结构设计和加工技术的试验优化，成功解决了铁基超导长线规模化制备中的均匀性和重复性等技术难点，最终制备出了长度达到 115m 的铁基超导长线，经测试其载流性能表现出良好的均匀性和较弱的磁场衰减特性，在 4.2K、10T 下的临界电流密度超过 $1.2\times10^4A/cm^2$。这一重大突破性成果表明我国已率先掌握了具有自主知识产权的铁基超导长线制备技术，为其在强电领域的实用化和产业化奠定了坚实基础。

在国际首根百米级铁基超导长线研究的基础上，电工所又继续在元素掺杂、线材成材、热处理工艺、微观结构等方面开展研究，对超导长线的结构设计和加工技术进一步试验优化，采用银合金包套制备出了 100m 量级的铁基超导长线，在 4.2K、10T 下最小临界电流密度超过了 $5\times10^4A/cm^2$，均匀性高于 90%（如图 6-3 所示）。

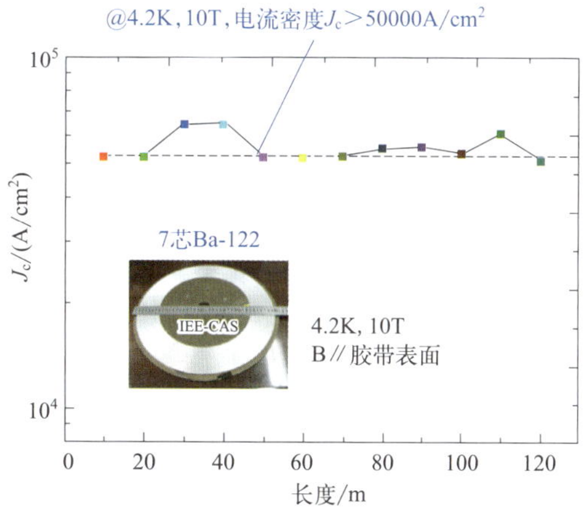

图 6-3 铁基超导百米长线及其临界电流密度在线长方向上的分布

（2）高强度超导线带材 对于铁基超导材料具有较大潜力的高场强电应用，在其使用过程中需要经受较强的由电磁场和温度变化产生的应力，这就要求铁基超导线材需要具有较强的力学性能。由于常用的银包套的机械强度较低，中国科学院电工所选用强度较高、导热导电性能良好的 Monel 合金作为外层包套，与银包套 Sr122 单芯线进行复合，制备了 Sr122/Ag/Monel 复合包套超导线材。采用 U-spring 装置对厚度为 0.75mm 的轧制 Sr122/Ag/Monel 七芯超导线材的电流 - 应变特性进行测试发现，当施加于线材上的压缩应变达到 0.6% 时，其临界电流密度几乎没有发生衰减，同时线材的 n 值保持在 26 ～ 31 之间，表明在应变状态下线材各超导芯仍然有较好的均匀性。这表明 Monel/Ag 复合包套对于制备面向高场应用的高强度高传输性能铁基超导线有重要的意义。

包套材料机械强度不但影响线材的机械特性，而且直接影响超导芯的致密度。电工所通过实验证实，采用不锈钢作为包套材料，仅通过普通轧制工艺，即可将线材的临界电流密度提高至 $8\times10^4A/cm^2$（4.2K，10T），而在 20K、10T 下该线材的 J_c 仍然达到 $1.4\times10^4A/cm^2$，表明其在液氦和液氢温区都有较好的应用前景。与此同时，对 1m 长线材进行测试还发现，采用高强度包套材料制备的铁基超导线材具有较好的电流均匀性和高场载流能力，其在 4.2K、10T 下的最高临界电流密度达到了 $7.3\times10^4A/cm^2$，如图 6-4 所示。中国科学院电工所采用孔型轧制工艺制备了 7 芯铁基超导圆线，其 4.2K、10T 下的临界电流密度为 $3.02\times10^4A/cm^2$。研究表明常压烧结的不锈钢 - 银复合包套线材超导芯的维化硬度可以达到 200HV 以上，与热等静压处理的线材相当，是普通纯银包套线材的 2 倍。不锈钢包套热处理后的机械强度达到 300MPa 以上，硬度高达 297HV，远高于银 40 ～ 50HV、铁约 100HV，能够保护超导芯不易受损，提高性能的一致性和均匀性。因此，高硬度包套材料在提高铁基超导线材机械强度和临界电流密度方面均具有重要作用。

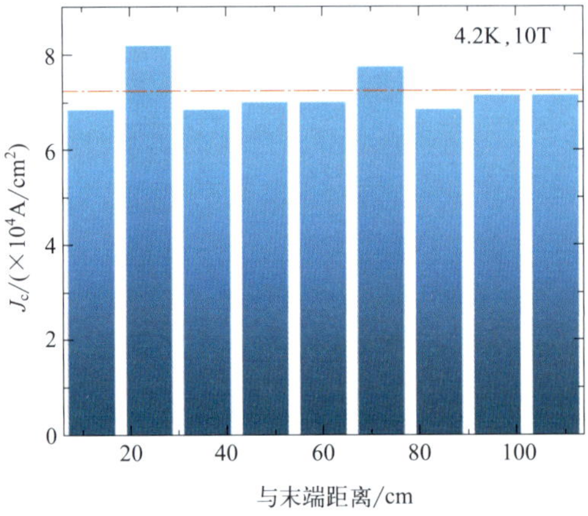

图 6-4　1m 长不锈钢 - 银包套 Ba122 铁基超导线材 4.2K、10T 下的临界电流密度分布

（3）超导多芯丝线材　在实际应用中，超导线材除了需要具备足够高的电流传输性能，还需具有多芯丝结构以防止磁通跳跃、减少交流损耗，从而确保超导磁体安全稳定运行。2013 年，中国科学院电工所对二次复合套管多芯成材工艺进行了系统研究，先后成功制备出 7 芯、19 芯、114 芯等不同芯丝数量的多芯铁基超导线材（如图 6-5 所示）。随着芯丝数量的增加，芯丝直径不断减小，显著降低了线材的交流损耗。与此同时，和单芯丝铁基超导线材相比，多芯丝线材的临界电流随磁场增加衰减的速度更为缓慢，体现了更好的高场特性，多芯丝线材中传输临界电流密度随着超导芯丝微观硬度的提高而增大，7 芯、19 芯和 114 芯 Sr122 铁基超导带材的临界电流密度最高分别达到了 $1.4\times10^4A/cm^2$、$8.4\times10^3A/cm^2$ 以及 $6.3\times10^3A/cm^2$。在直径为 2mm 的 114 芯超导圆线中，超导芯丝的直径已达到 50μm 以下，并且超导芯丝与金属包套的界面出现了一定的起伏。而通过扫描显微镜观察超导芯丝的微观形貌，可以看到随着芯丝数增加，芯丝尺寸减小，超导相出现了晶粒细化。超导芯丝界面的不均匀和晶粒细化是电流随着芯丝数增加而衰减的原因，

需要今后通过改进线材加工和热处理工艺进行改善和优化。最近，中国科学院电工所首次通过热等静压法制备了铜 - 银复合包套 7 芯 Ba122 线材，传输 J_c 在 4.2K、10T 下达到 $4.7\times10^4A/cm^2$，n 值在 27 ～ 29 之间，表现出较好的均匀性。高性能多芯丝铁基超导线材的成功研制，为未来制备满足高场应用需求的高磁热稳定性、低交流损耗线材奠定了坚实基础。

图 6-5　不同芯丝数量（7 芯、19 芯、114 芯）的铁基超导线材

（4）超导接头　随着新型铁基超导线材应用研究的逐步推进，线材的超导连接问题越来越凸显出来。即使百米量级铁基超导线材研发成功，仍然不能够满足某些超导装置使用长度的要求；而且，随着线材制备长度的增加，制备成本和工艺难度均大大提高，线材的质量也将受到影响。此外，在一些磁场均匀度要求很高的磁体（核磁共振成像仪等）中，超导磁体是闭环运行且与超导开关并联，它们需要采用超导接头进行连接。因此，成熟的超导连接技术是铁基超导线材广泛应用的重要前提之一。一般要求超导接头电阻越小越好，接头传输效率越高越好，这样可以提高装置运行的稳定性，使超导装置在冷媒中运行时发热较少，降低冷媒的挥发，提高超导装置的整体性能。铁基超导材料与铜氧化物超导体类似，具有类陶瓷性的超导芯，因此不能通过直接熔融焊接的方式对超导线材进行无阻连接。2018 年，电工所通过采用剥离包套材料对超导芯进行连接的方式制备了铁基超导接头，在 4.2K、10T 条件下接头临界电流可以达到 40A，传输效率达到 35.3%。在随后的研究过程中，他们通过改变烧结温度、时间、压力等参数，进一步提高了超导接头的性能，在 4.2K、10T 条件下接头电流传输效率达到 95%，接头电阻小于 $2.7\times10^{-13}\Omega$，如图 6-6 所示，这是目前国际上铁基超导接头的最高水平。接头部分的扫描电镜和电子探针元素扫描证实，在高性能接头样品中，超导

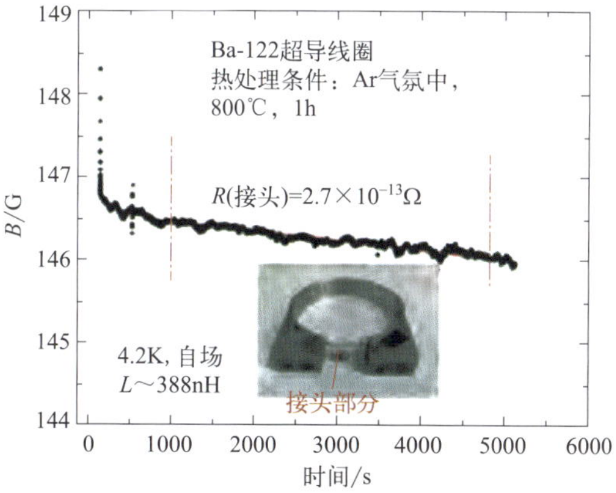

图 6-6　铁基超导接头闭环线圈测试的电阻衰减曲线

相元素比例可以得到很好的保持，这是接头超导性能得到提高的最主要的原因，也是下一步铁基超导接头超导性能进一步提高的研究方向。

（5）超导线圈 高场超导磁体是铁基超导材料的重要应用方向，采用铁基超导线材进行高场内插线圈绕制是一项全新工作，是对铁基超导材料高场性能的实际检测，对于验证其高场载流特性十分关键。在根据有限元模型对内插线圈的结构进行优化设计的基础上，2019年，中国科学院电工所和高能所合作，采用自己制备的铁基超导线材，依据线材的弯曲半径、最大拉伸应力等线圈绕制的控制参数，研制了世界首个基于铁基超导材料的高场内插线圈（如图 6-7 所示）。在高达 24T 的背景磁场下，线圈的临界电流仍然达到 26A，并展现了较弱的磁场依赖性。

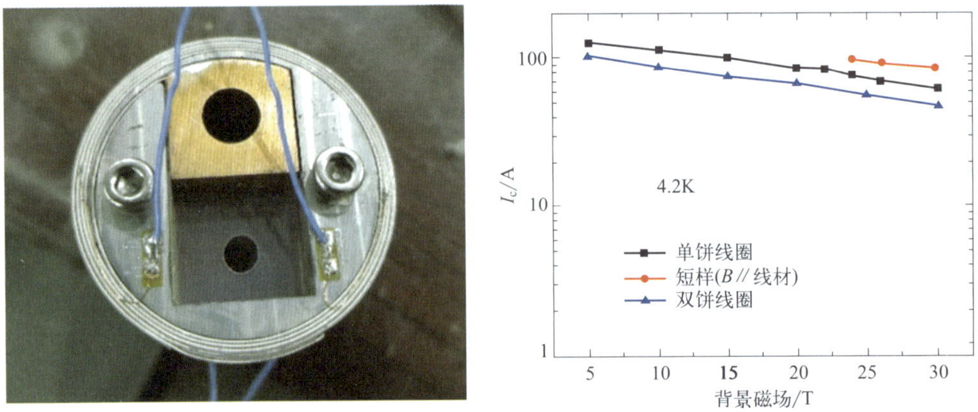

图 6-7 铁基超导高场内插线圈及传输临界电流的磁场特性

2020 年中国科学院电工所制备了更高性能的百米级 7 芯 Ba122/Ag 铁基超导线材，其在 4.2K 和 10T 的 I_c 值可达 180A。中国科学院高能所采用该线材制备了多个铁基双饼螺线管线圈，并内插于中心场强为 30T 的 WM5 水冷磁体中进行了 4.2K 低温性能测试。其中单个 D20 双饼铁基超导线圈在 20T 下的失超电流 I_c 达到 83A，在 30T 下的失超电流 I_c 值仍高达 67A，为目前国际最高水平。高场内插线圈方面的实验验证了铁基超导材料应用于高场磁体领域的可行性，及其载流性能对背景场强相对不敏感的高场应用优越性。

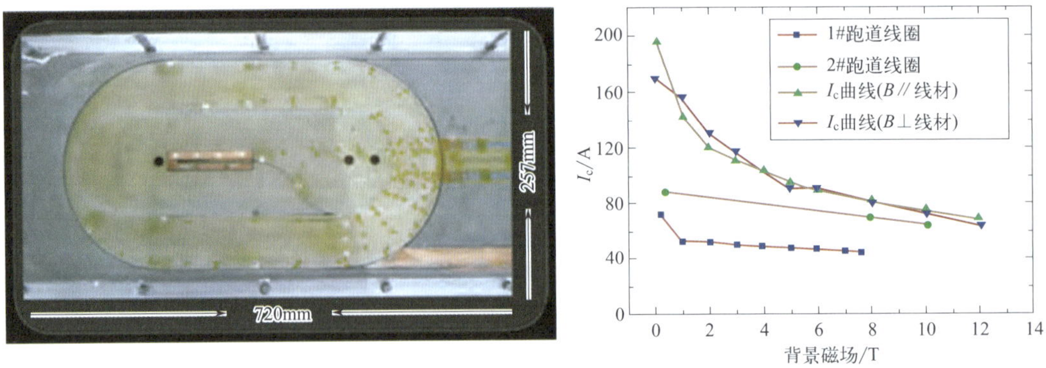

图 6-8 基于百米铁基超导线材的大尺寸跑道线圈及其载流性能与背景场的关系

2021 年，中国科学院高能所还采用电工所制备的百米级 7 芯 Ba122/Ag 超导线材，通过先绕制后热处理的方法在国际上首次制备了 2 个铁基超导跑道线圈（如图 6-8 所示）。该线圈通过铁基超导线材与不锈钢带并绕而成，绕制匝数为 96，线圈热处理后进行焊接及环氧固化。在 10T 背景场下进行临界电流（I_c）性能测试发现，第一个铁基超导跑道线圈在 4.2K、7.5T 下的 I_c 值是线材短样 64%，第二个铁基超导跑道线圈在 4.2K、10T 下的 I_c 值为线材短样 I_c 的 86.7%。测试结果表明，相比其他超导线圈，铁基超导线圈 I_c 性能的磁场依赖性更小，验证了铁基百米级跑道线圈应用于加速器用超导二极磁体的可行性，为实现更高场强的加速器磁体的研制开辟了新的途径。

6.4 发展我国铁基超导材料产业的主要任务及存在的主要问题

6.4.1 发展我国铁基超导材料产业的主要任务

对于超导材料而言，为了获得大规模强电应用，如制造超导电缆、绕制超导磁体等，就必须研制出高性能的线材，这也是铁基超导材料走向强电应用的基础。目前铁基高温超导线材的综合性能离实际应用的要求尚有差距，同时铁基高温超导材料的线材特性与其他实用超导材料显著不同，需要系统研究与其材料高场应用特性相关的物理基础以及高场超导线和超导磁体制备中的关键技术。基于铁基超导材料的高场超导磁体的前沿科学与关键技术的突破，将有望给能源、医疗、大科学装置等方面带来巨大的甚至是革命性的影响。因此，未来需要围绕制约高场超导磁体技术发展的瓶颈，对限制铁基超导材料性能的关键物理机制，高性能的铁基超导多芯长线制备技术，超导线材在高场、低温、应力等复杂条件下的载流、电磁、机械特性等关键科学问题与关键技术开展研究，最终制备世界领先水平的高性能铁基超导线材，并发展基于铁基超导材料的新型高场磁体关键技术，实现新型超导磁体技术的重大突破，抢占高温超导应用的国际制高点，为我国的未来重大基础设施建设、科技创新和产业升级、国民经济可持续发展和国防建设做出贡献。

6.4.2 存在的主要问题

（1）线材性能潜力有待进一步挖掘 虽然铁基超导线材的性能不断提高，已超过 10^5A/cm^2 的实用化门槛，但与其理论上高达 10^8A/cm^2 的拆对电流密度相比，仍然存在很大的提升空间。在目前制备的铁基超导材料中，仍存在类似于铜氧化物超导体的大角晶界弱连接性。虽然通过轧制、冷压、热压等塑性变形工艺能够引入晶粒织构，但目前织构化铁基超导线材中的小角晶界（晶界夹角小于 10°）的占比仅有 40% ～ 50%，因此还可以继续提高超导芯中的织构度，提高小角晶界的比例，从而进一步改善晶间电流的衰减问题。此外，增强铁基超导线材中的磁通钉扎能力，也是提高其高场载流性能的有效手段。目前铁基超导线材载流性能的提高工作主要集中在提高晶粒连接性，改善晶界弱连接两个方面，基于磁通钉扎的性能提高工作还不多，因此未来还需在掌握铁基超导线材磁通钉扎机制的基础上，开发引入人工钉扎中心、调控磁通钉扎行为等增强线材磁通钉扎的新思路和新方法。在此基础上，通过系统的理论演绎和计算模拟，构建晶界调控 - 磁通钉扎协同优化的性能提高理论模型，实现铁基超导线材载流性能的多维度协同调控与提高。

（2）线材的使役性能还需系统研究 铁基超导材料的优势应用范围为高场领域。为了实现铁基超导材料的实际应用，除了提高线材的高场载流能力，还需要从线材导体结构、机械特性、电磁特性、热学特性等多方面进行设计和优化，解决导体结构设计、组织结构控制、各向异性控制、降低交流损耗等一系列问题，从而满足高场实际应用需求。在导体结构设计方面，一方面需要满足工程临界电流密度大的要求，同时需要考虑芯丝直径及芯丝数量对交流损耗的影响，以及包套材料对线材导热性能的影响等。在机械、电磁特性方面，由于线材在高场下会承受到较大的电磁应力，因而需要考虑线材的应力、应变特性等问题。与此同时，针对超导线圈和超导电缆等应用关键部件的研制，还需对铁基超导线材的弯曲特性、扭绞特性等进行系统研究；针对超导磁体的运行安全，还需要详细研究不同导体结构的铁基超导线材的失超传播特性等。

（3）产业技术成熟度不足 铁基超导材料产业是一个生产工艺与装备高度耦合的长流程精细产业，针对特定应用场合和应用需求，还需对线材的导体结构设计及综合性能进行研究，加强和完善材料与应用之间的相互促进和合作研究机制。在此基础上，进一步丰富铁基超导线材的产品类型，实现线材产品的系列化，建立产品性能参数数据库，掌握定制化、精细化生产能力。此外，铁基超导材料尚无统一的国际、国家或行业技术标准，需要加强对产品标准、测试标准等的研究与制定，从而规范和指导产业化发展。

铁基超导长线制备技术是铁基超导材料产业化的关键基础技术。目前我国已率先实现百米量级长线制备技术的突破，但长线的生产效率还需进一步提高，产业规模等还需进一步扩大，相关的生产、测试装备的设计与制造能力尚需加强。目前，我国在铁基超导材料的实用化研究领域处于国际引领地位，因此，需要不断提升自主创新能力，提高技术成熟度，从而持续促进铁基超导材料的产业化发展。

6.5 推动我国铁基超导材料产业发展的对策和建议

超导线材是超导强电装备的基础，线材特性直接决定电气装备的极限电磁参数。研制高性能的超导线材能够助力超导电气装备挑战更高的电磁参数极限，进一步促进电气装备的发展。新型实用化高温超导材料的发展需要电气、化学、机械、材料、物理、电子信息等多学科交叉融合，其研发过程涉及电气装备应用需求牵引、电子器件设计要求、材料物性调控等多个层面。因此建议国家从政策层面进行统筹，建立材料、器件、装备与服役应用的顶层设计与规划，促进我国实用化高温超导材料产业的创新发展。

（1）发挥重大科学任务牵引作用 超导材料在医疗、能源、交通、大科学工程等领域具有重要的应用价值，并与经济社会发展需求、国家安全需求、可持续发展紧密相关。实用化超导材料研究及产业化涉及众多学科领域，需依据国家科技创新战略部署和顶层设计，进一步发挥国家重大需求和产业升级的牵引作用，引领超导技术和产业的全面深入发展；统筹优势科研队伍、国家科研基地平台和重大科技基础设施，强化部署目标导向，重点突破超导材料实用化关键工艺和核心技术，形成从原材料到工艺设计到产品的整个价值链的项目规划，突破我国实用化高温超导材料领域的“卡脖子”难题。

（2）加强研发经费支持力度 面向实际应用的实用化高温超导材料产业化过程一般经历基础材料、器件开发及电气装备三个阶段。铁基超导材料要形成完整的研究链条，需开发新技术、新方法，构建科研平台，最终通过集成多个基础项目的研究成果，开发新型超导电工装备。因此，对于铁基超导材料产业化发展的规划和布局应具有全局性、战略性和前瞻性。建议国家对可能支撑国家重大工程的实用化高温超导材料的基础科学研究通过重大项目、重点基金等予以资助，保障铁基超导材料研究及产业化项目从材料、器件到装备的全过程投入，同时吸引社会各界和国际机构的资助，形成全社会共同参与和支持的资助体系，多方面培育和支持铁基超导材料产业化的快速发展。

（3）持续推进新型高温超导材料领域“产学研”合作 目前我国在高温超导材料领域尚存在产学研用结合不紧密、创新链和产业链不完整等问题，制约着超导材料的规模化应用和产业发展。近年来，由王贻芳、赵忠贤、李建刚等专家倡导建立的“实用化高温超导材料产学研合作组”吸引了国内高温超导材料及产业化方面众多科研院所和企业的广泛参与。该合作组及时追踪产业界、学术界和用户侧的动态需求，促进科研院所和企业之间的反馈与交流，调配各单位研发力量开展高效合作，共同攻克行业发展中面临的重大问题。该合作组为实现我国实用化高温超导材料和超导装备的可持续发展做出了重要贡献，形成了超导材料机理与探索、材料实用化研究、测试技术平台三者紧密衔接的高效创新研发体系。建议国家相关部门对合作组的工作给予指导和支持，有效发挥实用化高温超导材料产学研合作组对我国超导产业发展的促进作用。

（4）促进铁基超导材料产业化队伍建设 随着超导材料在科技装备中应用的不断推进，超导材料科学方面科技人员流失的现象已经有所改善，但与我国经济、科技的快速发展局面，以及对超导装备需求不断提升的现实情况仍不相适应，不利于实用化高温超导材料领域 / 行业的进步。建议各主管部门完善人才引进和保障机制，支持高水平研究团队建设，采取各种措施提高团队水平；制定相关政策，支持相关企业加强材料、物理、化学、电气等多学科交叉知识体系的建立和人才的培养，促进我国高温超导材料研究和产业化的高层次发展。

参考文献

作者简介

马衍伟，中国科学院电工研究所研究员，博士生导师。长期从事实用超导材料、高比能超级电容器及关键材料研究。国家杰出青年科学基金获得者（2010），国家“万人计划”领军人才，国家重点研发计划项目首席科学家，科技部重点领域创新团队负责人，中国超级电容产业联盟副理事长。担任 *Supercond. Sci. and Technol.*、*Physica C*、*Rare Metals*、《物理》等期刊编委以及美国应用超导大会、国际低温材料大会、欧洲应用超导大会程序委员会委员。在国际会议上作大会 / 特邀报告 80 多次。发表 SCI 论文 380 多篇。获得国家发明专利授权 90 多项。由于在新型铁基超导材料实用化研究领域的开创性工作，荣获欧洲应用超导学会“2019 年国际应用超导杰出贡献奖”（系我国首次获奖）。获 2019 中国科学年度十大新闻人物、中国科学院先进工作者、中国科学院优秀教师奖等荣誉。

张现平，中国科学院电工研究所研究员，博士生导师，中国科学院大学岗位教授。主要从事新型超导电工材料及其电磁性能研究，在二硼化镁掺杂、YBCO 薄膜磁场处理、铁基超导线材性能提高等方面取得突出成果。至今已在 *Supercond. Sci. and Technol.*、*Physica C*、*IEEE Trans. Appl. supercond*. 等超导专业期刊上发表论文 167 篇，被引用 2000 次以上。主持完成国家重点研发计划项目、国家基金委联合基金重点项目等 10 多项科研任务。担任美国应用超导大会程序委员会委员，中国电工技术学会超导应用技术专业委员会委员等。入选北京市科技新星计划，中国科学院青年创新促进会会员。先后荣获北京市自然科学奖和中国电工技术学会发明奖，并作为核心成员入选科技部“重点领域创新团队”。

姚超，中国科学院电工研究所副研究员，硕士生导师。主要研究方向为铁基超导材料的制备与性能研究，包括铁基超导多芯线材制备技术，线材热等静压烧结技术、线材微观结构与超导性能表征等。主持国家基金委面上项目、青年科学基金项目各 1 项，中国科学院先导专项子课题 1 项。以第一作者 / 通讯作者在 *Appl. Phys. Lett.*、*J. Appl. Phys.*、*J. Mater. Chem. C*、*Sci. China Mater.*、*iScience* 等国际知名期刊发表 SCI 论文 13 篇，其中包括超导领域权威期刊 *Supercond. Sci. and Technol*. 特邀长篇综述 1 篇，多次作国际学术会议邀请报告。担任 *Sci. Rep.*、*Mater. Today Phys.*、*JMCC* 等国际知名期刊审稿专家，国家基金委超导与电工材料领域“十四五”规划专家组成员。博士论文入选中国科学院优秀博士论文，为中国科学院青年创新促进会会员。

第 7 章

高纯度阵列碳纳米管

朱振兴　张　强　骞伟中　魏　飞

7.1 高纯度阵列碳纳米管的背景需求及战略意义

以碳—碳 sp^2 杂化的石墨烯、碳纳米管及部分石墨炔等，由于其 π—π 强电子关联体系，使得其电子的能量 - 动量散射关系是线性的，根据爱因斯坦质能方程，其电子、空穴的有效质量为零，电子与空穴的运动速度符合 Maxwell 方程中在 sp^2 介质下的光速，即真空光速的 1/300。这样，电子和空穴的运动方程不能用薛定谔方程来描述，而是用狄拉克方程来描述，其迁移率可以同时达到惊人的 $100000cm^2/(V \cdot s)$。因其有宏观量子现象，故也叫做狄拉克碳材料或量子材料。此类材料有微米级的电子与声子自由程，比常规材料高三个数量级，会带来化学、力学、电学、声学以及光学等多方面的优异性能。在过去的三十年中，零维的富勒烯、一维的碳纳米管、二维的石墨烯和石墨炔材料是纳米科技研究中的热点。其中一维的碳纳米管由于其超大的长径比及表面无悬键的 sp^2 杂化的狄拉克材料特点，带来了优异的力学、电学性质，因而引起了极度关注和研究兴趣。实际上，从中国传统的蚕丝到 DNA 等均为超长一维材料，其制造与使用不仅在分子级可控，还使其具有微米级宏观上的折叠结构；这样形成的一维带功能的晶体结构的组装就像绣花一样可编织成绚丽的图案，带来了许多新奇功能。

碳纳米管可以看作是由二维石墨烯沿一定方向卷曲而成，不同层数的石墨烯旋转会得到不同壁数的碳纳米管，不同的旋转轴方向使得形成的碳纳米管具有不同旋光性和手性参数。碳纳米管的手性结构决定其电子结构，对于一根结构完美的手性碳纳米管，手性指数（n,m）可唯一确定其结构，并决定其光学、电学、化学和磁学性质。按照导电特性分类，当 $n-m=3k$（k 为整数且不等于 0）时，碳纳米管为准金属性碳纳米管，又称小带隙半导体性碳纳米管，其带隙的产生源于碳纳米管的曲率诱导，大小与碳纳米管半径的平方成反比。当 $n-m \neq 3k$（k 为整数）时，为半导体碳纳米管，其带隙与碳纳米管的半径成反比。不过，金属碳纳米管的判定条件 $n-m=3k$（k 为整数且不等于 0）已经为人们所接受。这就说明，当 n、m 随机分布时，三分之一的碳纳米管为金属碳纳米管，而三分之二为半导体碳纳米管。

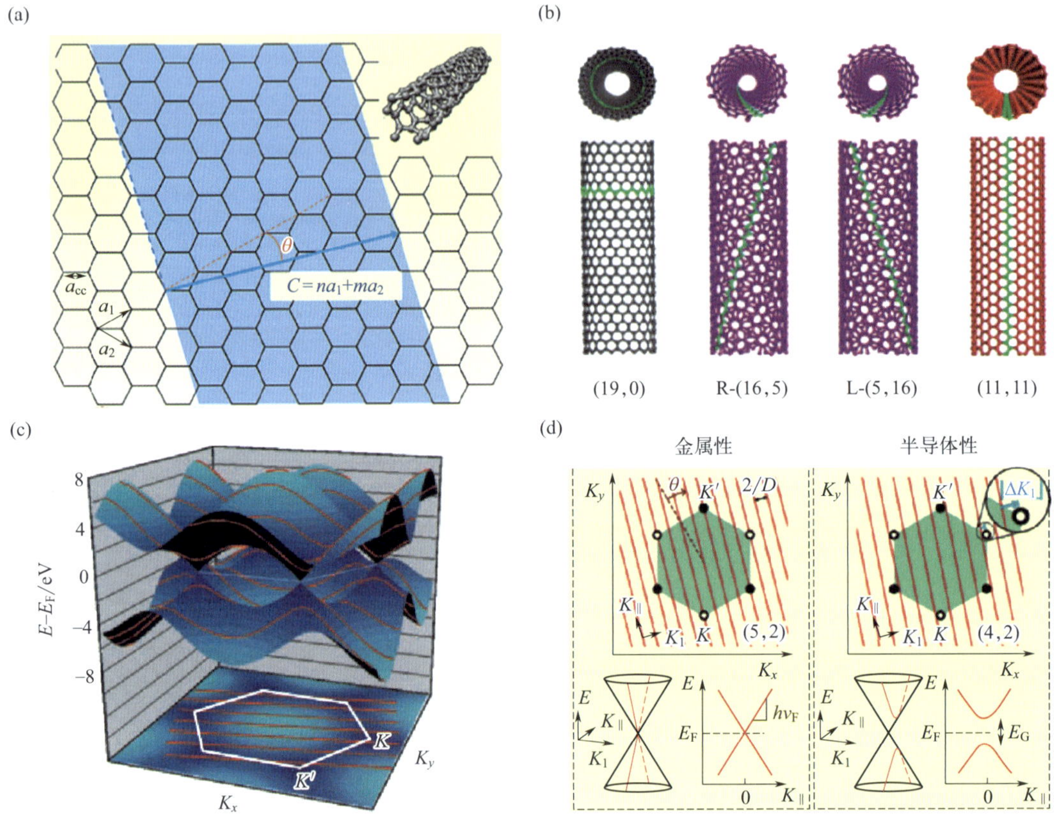

图 7-1 （a）石墨烯和单壁碳纳米管的手性结构示意图；（b）不同手性碳纳米管；
（c）石墨烯的能带结构（上）和碳纳米管的布里渊带（下）；（d）具有不同导电性的碳纳米管

石墨烯是碳纳米管的母体，其 π 轨道比 σ 轨道更加靠近费米能级，因此电子的 $\pi—\pi^*$ 跃迁最为重要。如果不考虑 σ—π 杂化，利用最临近紧束缚方法可以计算得到石墨烯的 π 电子能量等能面。其中 π 和 π^* 轨道在 K 点相交，因而石墨烯是一种半金属。石墨烯和碳纳米管物性的特殊性正是由 K 点附近近乎线性的能量色散关系决定的。图 7-1（c）中的粗实线是碳纳米管的“分割线”。碳纳米管的手性指数将决定这些分割线的长度、方向和间距，并且它们对石墨烯的能量进行了特定的量子化。如果将这些分割线沿着交点折叠并且投影，便可以得到碳纳米管的电子能带结构以及电子态密度［图 7-1（d）］。［图 7-1（c）、（d）］中很多尖锐的峰被称为范霍夫奇点，是源自一维材料的电子限阈效应，而在费米能级附近的几个奇点均是源于最接近 K 点的分割线。碳纳米管所具有的导电属性，即金属性或半导体性，在电子结构图中取决于是否有分割线穿过 K 点。如果有分割线穿过 K 点，则在费米能级位置会有允许的态密度，表现出金属性，从手性指数上表现为（$2n+m$）可以被 3 整除。如果（$2n+m$）不能被 3 整除，则没有分割线穿过 K 点，表现为半导体性。一般还通过

MOD（$2n+m$,3）的数值分为 MOD1 和 MOD2 型的半导体管，两类碳纳米管在光电特性上有不同的表现。

碳纳米管所具有的独特狄拉克双锥电子结构使其费米面附近的电子态主要为扩展 π 态。由于没有表面悬挂键，表面和纳米碳结构的缺陷对扩展 π 态的散射几乎不太影响电子在这些材料中的传输，室温下电子和空穴在碳纳米管中电子迁移率高达 100000cm^2/（V · s），比目前最好的硅基晶体管迁移率高出 2 个数量级。在小偏压情况下，电子能量不足以激发碳纳米管中的光学声子，但与碳纳米管中的声学声子相互作用又很弱，其平均自由程可长达数微米，使得载流子在典型的几百纳米长的碳纳米管器件中呈现完美的弹道输运性质。此外，由于纳米碳结构没有金属中那种可以导致原子运动的低能位错或缺陷，因而可以承受超过 10^9A/cm^2 的电流密度，远远超过集成电路中铜线所能承受的 10^6A/cm^2 的上限。同时半导体碳纳米管属于直接带隙半导体，所有能带间跃迁不需要声子辅助，是很好的红外发光材料。理论分析表明，基于碳纳米结构的电子器件可以有非常好的高频响应。对于弹道输运的晶体管其工作频率有望超过太赫级，性能优于所有已知的半导体材料。

此外，理论计算及实验结果表明，碳纳米管还具有优异的力学、热学和光学性能。例如，在力学性能方面，碳纳米管杨氏模量达到 1TPa，拉伸强度高达 100GPa，超过目前 T1000 碳纤维拉伸强度的 10 倍以上；在热学性能方面，单壁碳纳米管热导率高达 6600W/（m · K），比目前室温下最好的导热材料金刚石高出 3 倍以上，在硅基芯片散热和热管理方面展现出极大优势。结合其优异的光学性能，基于单壁碳纳米管做成的柔性薄膜晶体管的导电性和透明度与传统的氧化铟锡（ITO）相当，但在红外波段具有更高的透明度，有望替代 ITO 在显示、触摸屏、LED 领域实现规模应用。进一步地，结合其一维量子特性和场致电子发射性能，由碳纳米管构筑的冷阴极 X 射线管具有功耗低、光子效率高、易于集成等优点，微焦及分布式成像设备已实现商业化，将开启 X 射线成像低辐射、高精度、快速成像新时代。

碳纳米管的完美结构与极致性能受到很多关注，人们对于碳纳米管的关注点逐步从基础研究向大规模应用过渡（图 7-2）。比如，目前已取得规模化进展的当属新能源和复合材料领域，利用碳纳米管材料高长径比的结构特点，以极小的添加比例［如 0.01%（质量分数）］即可在材料中形成渗流网络，现已广泛应用于汽车部件、电磁屏蔽、运动器械、锂离子电池、超级电容器中。若想进一步开发碳纳米管的高端应用，除了对碳纳米管的形貌、结构有很高要求之外，对碳纳米管的质量也提出更多的要求。如现代电子学应用，要求碳纳米管的半导体纯度达到 99.9999% 的基本水平，而电池中的应用一般对于过渡金属的要求也在 ppm 级（10^{-6}）。碳纳米管的生长通常是以金属作为催化剂，这就不可避免地在产品中带有金属杂质，这对碳纳米管产品的性能有很大的影响。比如，作为锂离子电池导电添加剂，过量的金属杂质可能阻碍锂离子的可逆迁移，并形成枝晶导致电池短路；在橡胶复合材料中，碳纳米管中的金属会引起橡胶轮胎老化，使其强度变差。此外，在碳纳米管生长过程中，还伴随着少量的无定型碳和颗粒状的结晶碳的形成，降低了碳纳米管的质量。在电子信息等应用中，人们希望获得特定手性和结构的碳纳米管，同样需要对碳纳米管进行提纯和品质提升。因此，获得高纯度高质量碳纳米管产品成为充分发挥纳米管本征的优异性能，突破制约其更深度应用的关键瓶颈的重要手段。

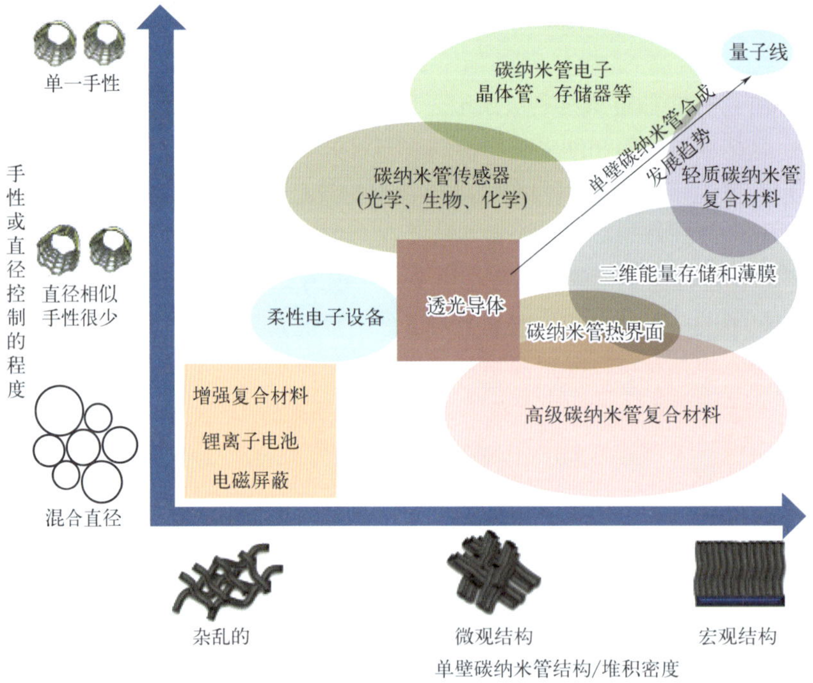

图 7-2　碳纳米管结构与应用

由于碳是地球上最为丰富并清洁的元素之一，解决碳原子的自组装，实现这类材料的宏量制备与应用已成为近 30 年来国际纳米界最热点的研究前沿之一。我们有理由相信，在未来的岁月里，人们对待碳纳米管也会像碳纤维一样，将其作为未来科技与产业的基石。通过近 30 年的发展，碳纳米管作为导电浆料已经广泛应用于动力锂离子电池中，其作为填料应用于高强度、高导电性、抗静电屏蔽材料并形成了万吨级的产能及数千亿级的实际应用市场，这必定会对未来超强材料、功能复合材料及未来芯片与光电子材料等产生深远的影响。

7.2 高纯度阵列碳纳米管的国际发展现状及趋势

7.2.1 碳纳米管的选择性催化生长机理

制备碳纳米管的方法主要包括电弧放电法、激光烧蚀法和化学气相沉积法。其中化学气相沉积法具有反应条件温和、参数容易控制、利于大规模生产的优势，目前在碳纳米管的结构调控及宏量制备方面都具有广泛的应用。根据反应过程中催化剂的相态，用化学气相沉积法制备碳纳米管的生长机理可分为“气 - 固 - 固”和“气 - 液 - 固”模式（图 7-3）。按照“气 - 液 - 固”生长机理，金属催化剂颗粒在高温下呈现熔融状态，碳源气体分子在高温下分解后产生的单个碳原子在金属表面溶解，进入金属颗粒内部，当碳原子达到过饱和状态后便析出并自组装成碳纳米管。对于液相催化剂，当碳纳米管边缘在高流动性催化剂界面形成一对碳原子位错时，不会产生额外的能量消耗。因此，液相催化剂几乎不会对任何手性碳纳米管种子产

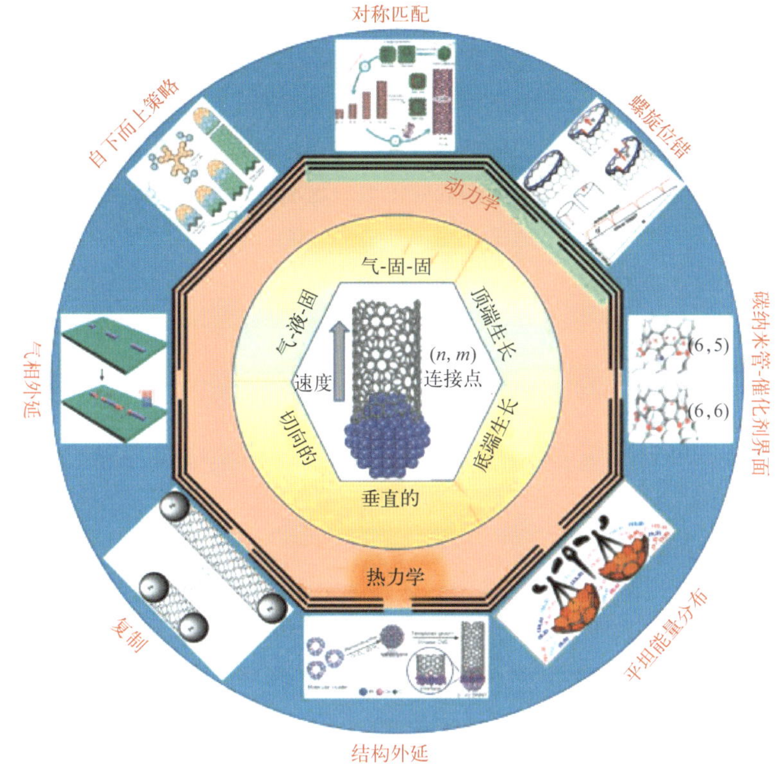

图 7-3　碳纳米管生长机理及手性控制合成方法

生热力学倾向性。尽管如此，液相催化剂在反应过程中由于奥斯特瓦尔德熟化作用而不断发生碰撞和聚并，加速了催化剂颗粒间的竞争，使得较多催化剂丧失活性，从而筛选出具有高催化活性的催化剂并被充分利用，这使得动力学控制过程成为决定碳纳米管结构选择性的关键因素，有利于生长宏观长度、结构完美的碳纳米管。

另一方面，和气 - 液 - 固模式类似，气 - 固 - 固模式也包含碳源的吸附、扩散和沉淀析出这些基本步骤，差别在于碳源的吸附只限制在固体催化剂表面。在相对较低的反应温度下，大部分过渡金属纳米颗粒均处于固态。所生长的碳纳米管具有与催化剂颗粒直径相当的管径，精细的电子显微镜表征发现，碳纳米管在催化剂表面存在两种成核模式：一种是切向生长，即碳纳米管管径与催化剂颗粒直径接近；另一种是垂直生长，即碳纳米管管径显著小于催化剂颗粒直径。两种生长模式在以甲烷为碳源的催化化学气相沉积过程中均有被发现。原子模拟分析表明，垂直模式具有更高的碳纳米管 - 催化剂界面能垒，常存在于由动力学控制的碳纳米管伸长生长过程。比较而言，切向模式更容易存在于碳纳米管的生长达到平衡的状态。因此，在反应时间较短的情况下，碳纳米管的生长倾向于垂直模式，而当反应时间较长时，碳纳米管倾向于切向模式生长。此外，最新的原位环境透射电子显微镜研究进一步证明，碳纳米管的成核包含碳帽和环状带两个阶段，碳纳米管的管径、带隙及手性由催化剂颗粒与环状带之间的界面原子结构决定。尽管催化剂纳米颗粒被发现经常具有结构振荡，但仍然保持着基本的晶格形态，这种结构的振荡反映出在碳纳米管管壁的作用下，金属原子在固态催化剂表面的蠕动以及较弱的界面结合力，这类生长模式常存在于金属氧化物、金属碳化物、高熔点金属或合金等为主要成分的催化剂，对精准控制碳纳米管的手性结构起到关键作用。

尽管两种生长机理中的催化剂相态不同，但都会经历共同的基本反应过程：碳前驱体气相分子在催化剂颗粒表面分解，分解后的碳原子在催化剂颗粒表面凝聚成核，形成以 sp^2 杂化的石墨碳层。这一石墨碳层在达到一定尺寸后，可能从颗粒表面立起来生长成为管状结构，也可能贴附在金属表面继续生长直至将催化剂颗粒包覆。这取决于碳纳米管生长过程中多种能量因素之间的平衡，包括：石墨碳层与金属颗粒表面的黏附能，碳纳米管的曲率能以及碳纳米管与金属催化剂颗粒接触界面的形成能，其中界面形成能与其界面接触角度有关。当因接触角度增大而降低的界面形成能大于石墨碳层离开金属表面需要克服的黏附能时，石墨碳层将会在此驱动下从催化剂颗粒上立起并生长为碳纳米管。否则，石墨碳层将会一直贴附在催化剂颗粒表面生长，最终导致催化剂被石墨碳层包覆，形成碳包铁形式的杂质，抑制碳纳米管的生长。由于碳包铁结构的外层石墨在后续的纯化处理中会阻碍活性分子与杂质内部纳米铁颗粒的直接接触，使得这一部分的非碳杂质在纯化后依然被留在碳纳米管产品中，从而降低了最终产品的纯度。

除了按催化剂相态外，根据基底、催化剂和碳纳米管的相对位置，可将碳纳米管生长分为顶端生长模式和底端生长模式。顶端生长模式是指在碳纳米管的生长过程中，其催化剂颗粒一直保持在碳纳米管的顶端，在气流的引导下带动新生产的碳纳米管不断向前生长，这种生长模式多适用于制备超长水平阵列碳纳米管；底端生长模式则认为在碳纳米管的生长过程中催化剂颗粒保持在基底上不动，新生成的碳纳米管位于整个碳纳米管的底端，这种生长模式多适用于制备垂直阵列碳纳米管和高密度水平阵列碳纳米管。此外，碳纳米管在基底上以何种模式生长，与基底的种类和实际采用的生长条件有很大关系。研究发现，在石英和蓝宝石等带有晶格导向作用的基底上碳纳米管容易按照底端模式生长，而在硅片基底上则一般容易按顶端模式生长。与底端生长模式相比，顶端生长模式的催化剂在反应气流中自由漂浮，因此与基底的结合作用更弱，更容易实现宏观长度和原子级完美结构（图 7-4）。

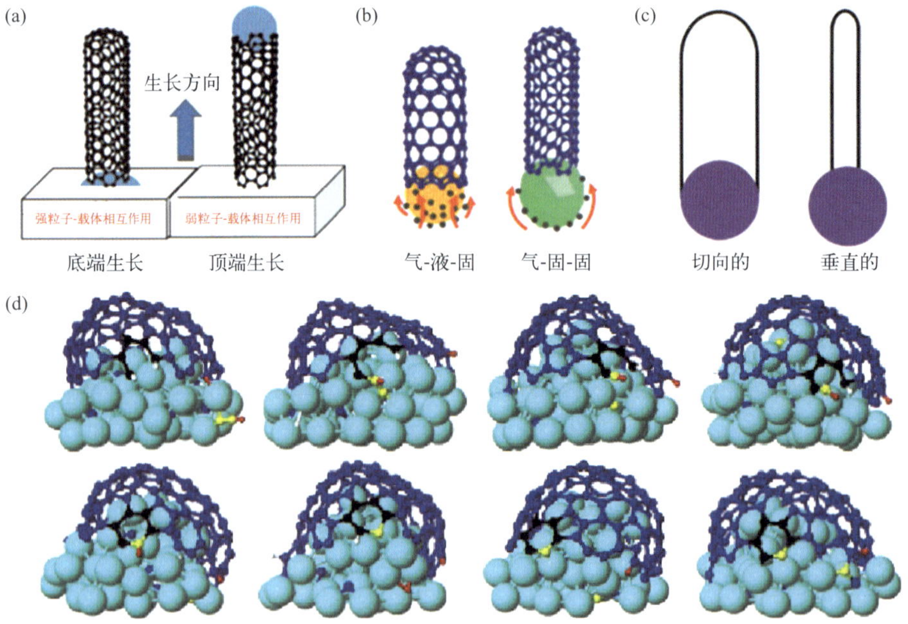

(e)

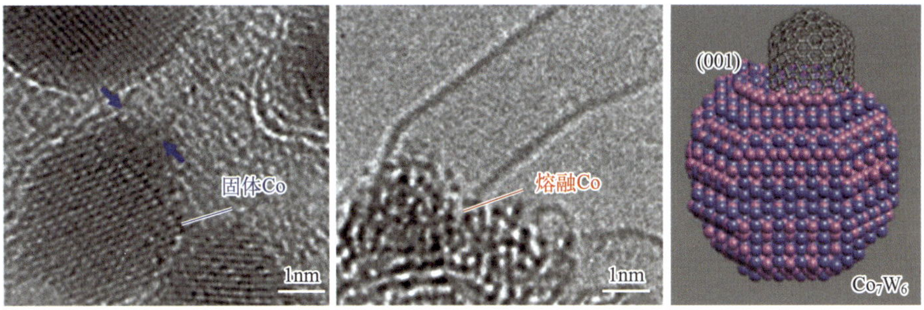

图 7-4 （a）顶端与底端生长模式；（b）“气 - 液 - 固”和“气 - 固 - 固”生长模式；（c）切向与垂直模式；（d）碳扩散渗入机制与碳纳米管的生长；（e）固态和熔融钴催化剂生长碳纳米管的环境扫描透射电镜图与金属催化剂成核示意图。

7.2.2 高纯度水平阵列超长碳纳米管

7.2.2.1 选择性生长与结构调控

水平阵列超长碳纳米管是指管与管之间距离较大、平行排列于平整基板表面、长度可以达到毫米甚至厘米以上的一种碳纳米管类型。其具有较小的管径和较少的管壁数，遵循自由生长的机理，可以摆脱相互之间的干扰，容易达到毫米甚至厘米以上长度，并且具有相对完美的结构，更容易体现出碳纳米管理论上优异的电学性能，在碳纳米管晶体管、环式振荡器等领域具有重要应用前景。超长碳纳米管的生长符合顶端生长模式的“风筝机理”，即在反应过程中，由于气流和基底之间存在一定温度差，从而在垂直于基底方向上产生热浮力，使得碳纳米管在生长过程中处于漂浮状态，而催化剂则停留在碳纳米管顶端。一般认为，超长碳纳米管的生长遵循气 - 液 - 固模式，这个过程中的质量、热量和动量传递均达到了很高的状态，对温度、催化剂颗粒的种类和尺寸等有着极高的要求。任何细微条件变化，都极可能使碳纳米管的生长过程受到干扰，从而产生结构缺陷，或是生长出较多的金属碳纳米管，难以发挥超长碳纳米管在新一代芯片电子领域的极致性能优势。

获得结构和性能一致的高纯度半导体碳纳米管的方法主要有原位制备法和后处理分离法。后处理分离法可分为两类：一是依据金属和半导体碳纳米管表面性质的差异，使其在特定表面活性剂中有不同的溶解度和表面吸附性；二是依据金属和半导体碳纳米管电流传输能力的差异，使金属碳纳米管在强电流下率先被烧蚀。目前，后处理分离法可以获得高纯度金属、半导体甚至单手性碳纳米管，但容易改变碳纳米管的表面性质或电子带隙结构，降低碳纳米管的迁移率并影响跨导、亚阈值斜率等器件性能。因此，研究者们一直致力于探索原位制备高纯度半导体碳纳米管的方法。这些方法可分为四类：

①“氧化刻蚀法”，即在生长过程中加入甲醇、水蒸气等刻蚀性气体，其热解产生的—OH自由基会选择性刻蚀电离能较低的金属碳纳米管；

②“催化剂模板法”，即设计结构稳定的催化剂分子作为模板，如带有氧空位的金属氧化物、具有碳帽结构的有机前驱体、部分碳包覆的金属颗粒、高熔点合金、金属碳化物等，通

过界面匹配原理降低半导体碳纳米管的生长能耗；

③“外场诱导法”，即在生长过程中同步加入紫外光、反转电场等，抑制金属碳纳米管在催化剂表面成核；

④“动力学调控法”，即通过调控碳纳米管制备过程的催化剂组分、生长温度、时间等，提高半导体碳纳米管的生长速率（图 7-5）。

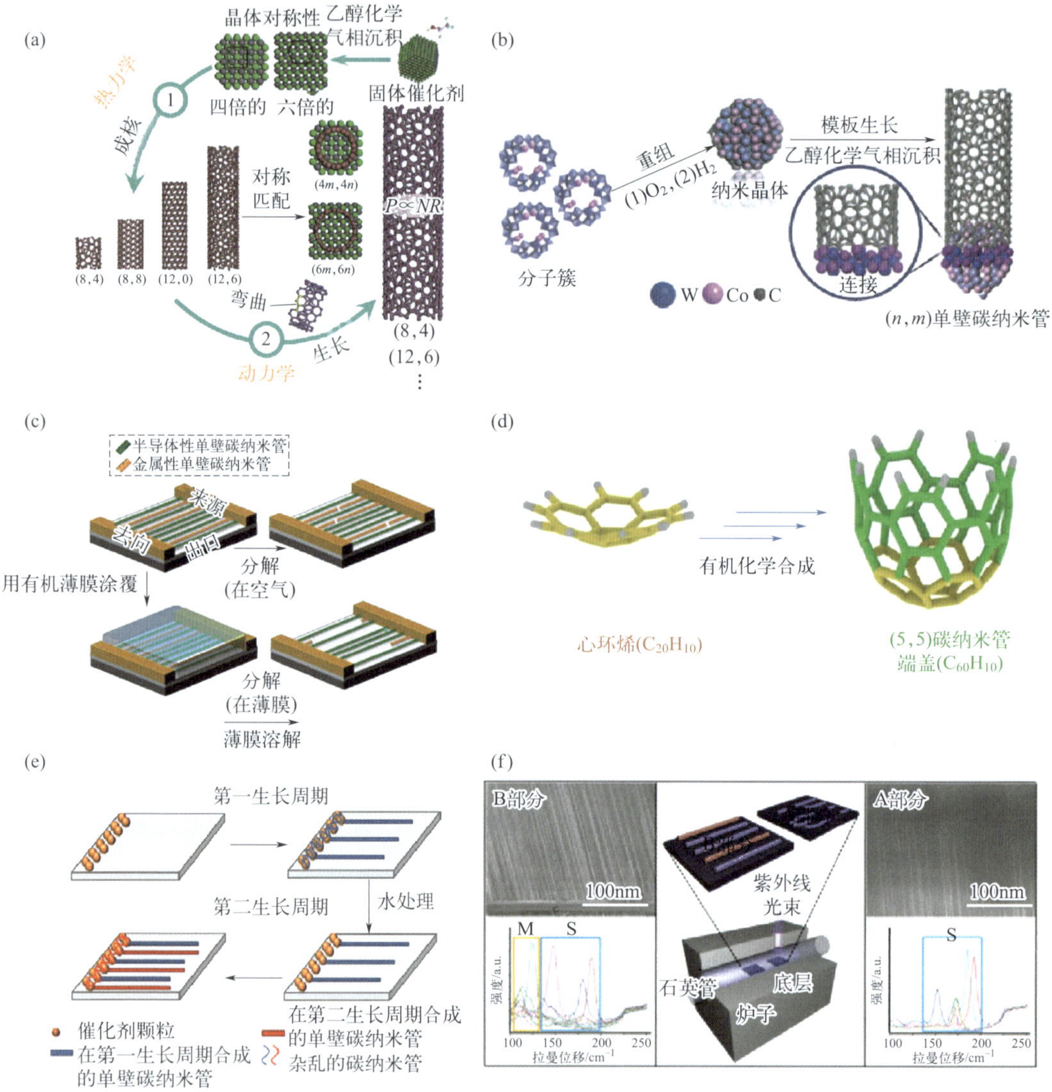

图 7-5 获得高纯度半导体碳纳米管的方法

（a）基于对称性匹配理论制备特定手性碳纳米管的示意图；（b）以钨基合金纳米晶为催化剂生长单一手性的单壁碳纳米管；（c）强电流烧蚀金属碳纳米管；（d）利用具有碳帽结构的有机前驱体制备高纯度半导体碳纳米管；（e）水蒸气氧化刻蚀金属管；（f）引入紫外光抑制金属碳纳米管成核

比较而言，通过原位制备获得结构完美、高半导体选择性的超长碳纳米管阵列是一种更为理想的原子结构调控方法。其中，催化剂对高纯度超长碳纳米管阵列的生长发挥关键作用，具体包括以下三方面：

①“相近的形成能”，与固相催化剂不同，液相催化生长的超长碳纳米管的手性需在碳帽和环状带形成阶段才能被确定，且具有不同数量位错点的边缘在高流动性界面上具有相近的形成能，因而很难控制实现高纯度半导体碳纳米管；

②“混合的生长模式”，催化剂对碳纳米管的生长具有模板作用，当碳纳米管管径与催化剂颗粒直径相当时为切线生长，当碳纳米管管径小于催化剂颗粒直径时为垂直生长，与切线模式相比，垂直模式更有利于高长径比碳纳米管的生长，但两种生长模式在液相催化体系中随机产生；

③“高温的稳定性”，超长碳纳米管的生长通常在 1000K 以上的高温下进行，具有高表面能的液相催化剂纳米颗粒由于奥斯特瓦尔德熟化作用而不断发生碰撞、聚并和失活，影响超长碳纳米管的阵列密度和管径分布。

针对液相催化剂在选择性生长半导体性超长碳纳米管过程中面临的挑战，清华大学团队提出“分子进化组装”新制备机制。该机制指出，碳纳米管的生长过程是以管口的碳原子序列为模板进行的自催化螺旋组装，即生成的碳纳米管同时也会作为催化剂，进一步催化后续碳纳米管的生长。在这一过程中，碳纳米管的管口发挥着自催化剂与形成手性的模板的作用，对稳定的碳纳米管螺旋生长起到了重要作用。Wen 等人用透射电子显微镜对三壁超长碳纳米管进行手性表征，进一步证明了这些多壁超长碳纳米管在厘米乃至分米尺度依然满足“分子进化组装”机制，各管层的手性结构始终与碳纳米管种子和环状带保持一致。Zhang 等人开发“移动恒温区”方法突破了管式炉恒温区长度对碳纳米管长度的限制，通过优化控制动力学条件将催化剂活性概率提高到 99% 以上，制备了长度达 550mm 的结构完美的超长碳纳米管并证明了优异的力学性能。这意味着碳原子对以管口为模板进行了百亿次连续稳定的螺旋式迭代组装，其所形成的宏观体展现了超强超韧的功能特性，接近完美碳纳米管晶体所能达到的理论极限水平。Zhu 等人进一步发现，不同管径的碳纳米管种子具有不同的手性和电子带隙结构，将对模板的活性产生不同程度的修饰和调控作用，从而使得模板在实现碳纳米管伸长生长过程中带有不同的动力学生长速率。从液相催化剂生长出的水平阵列超长碳纳米管具有随机的带隙及手性分布，在碳原子迭代组装百万次以上后出现手性、结构选择性、分子共进化等一系列分子进化的特征。类似于达尔文自然选择机制，最终获得的水平阵列超长碳纳米管会表现出集群效应，在原子组装数十亿代后可得到纯度高达 99.9999% 的、650mm 长、结构完美的半导体性双壁碳纳米管阵列。这种双壁碳纳米管有一层管壁的边缘结构接近扶手椅形，在碳原子对沿管口边缘组装时具有较低的热力学形成能，另一层管壁的边缘具有最高的位错排布密度，在高速伸长生长过程中具有显著动力学优势。两层管壁在原子迭代组装过程中互相影响，使得双方的优势手性结构得以共同演化、协同生长。这种非生命体的分子进化生长机制不仅可以自下而上地实现完美结构、特定功能材料的结构精准调控，也为未来新型手性材料的设计与合成提供了全新的方法（图 7-6）。

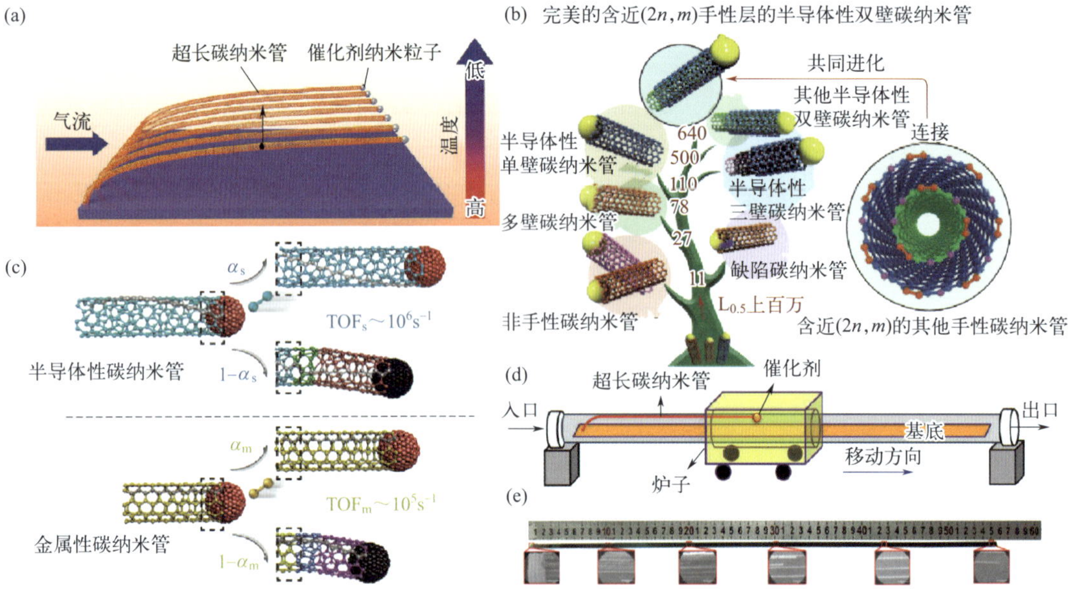

图 7-6 （a）超长碳纳米管的风筝生长机理示意图；（b）碳纳米管分子进化生长示意图；（c）半导体和金属碳纳米管生长速率差异诱导高纯度碳纳米管选择性制备示意图；（d）移动恒温区法制备超长碳纳米管示意图；（e）55cm 长碳纳米管的扫描电镜图

7.2.2.2 晶圆级大批量制备

“自上而下”是当前水平阵列超长碳纳米管制备的主要研究方法，即利用化学气相沉积法，在管式炉内的圆管形反应器中通入碳源，使其在高温下裂解，并在基底表面重新自组装成碳纳米管。然而，超长碳纳米管的生长过程受到原料气纯度及配比、反应温度、反应压力、停留时间、水蒸气含量、气流均匀性、催化剂设计、反应基底等多种因素影响，对温度场和气流场的稳定性和均匀性有很高要求。传统反应系统中，管式炉恒温区长度仅为炉膛实际长度的 60%，并且两端敞口的结构，使其容易受到外界环境温度的干扰，破坏内部温度场的均匀性。此外，平整的生长基底处于图管形反应器割线位置，对气流产生切割作用，使上下表面均有气流通过，破坏气流场的均匀性。更重要的是，碳纳米管的产量会受到基底尺寸和圆管形反应器直径的限制，难以大面积制备，从而制约其在超大规模集成电路中的应用。尽管 Patil 等人通过扩大圆管形反应器的直径，成功实现了碳纳米管在大面积石英表面的制备，但是，扩大反应器直径并不能从根本上解决反应器内流场不均匀的问题，且其分布稳定性问题会随着反应器直径增加变得越发突出。此外，石英基底在煅烧过程中必须经历缓慢的热爬升过程以实现 α 到 β 的相转变，对温度场均匀性要求更高，且较短的碳纳米管长度以及转移过程中引入的杂质和缺陷都会严重影响碳纳米管在器件中的电子传输性能。

为此，清华大学团队开发了两段式双层化学气相沉积反应器。其中，反应器下层空间为预热区，可延长原料气的加热和恒温时间，提高温度场稳定性。同时，在预热区增设孔板式分布器构件以实现气体均匀分布，强化了气流场均匀性。上层空间为大面积平整生长区，用以沉积催化剂颗粒并承载大面积生长基底。整个反应器具有较小的当量直径和截面高度，生长区的气流边界层厚度远远大于反应器截面高度，可以保证在较低的反应气速下原料气处于平稳层流状态。预热区形成的层流边界层直接在流道中心汇合，由分布器出口到生长区超长的流经路程使得流动有足够的时间充分发展，最终形成稳定的层流，更加有利于水平阵列超长碳纳米管的稳定生长。利用该反应器，在原位调控原料气含水量、氢烷比、气速、基底位置及管壁积碳量等关键参数后，成功实现了在20余片、(30×20) mm^2 的硅基底以及7片连续4英寸硅晶圆表面制备水平阵列超长碳纳米管，每一片均可保持品质较高的形貌特征（图7-7）。

碳纳米管具有纳米级尺寸，远小于可见光波长。受限于光学分辨率和腔体容积，一般的光学及电子显微镜都难以清晰地表征4英寸及以上尺寸的晶圆级碳纳米管。考虑到碳源裂解生成碳纳米管的同时，也会产生较多无定形碳和官能团杂质吸附在碳纳米管表面，这使得采用水蒸气辅助冷凝可视化方法表征碳纳米管成为可能。碳纳米管表面的杂质为水蒸气提供了大量的成核位点，水蒸气首先会在这些位点形成纳米尺寸的水滴，然后水滴会逐渐变大并散射更多的光线，从而使得碳纳米管的轮廓逐渐清晰。还可以在基底下方放置液氮以降低晶圆基底表面的温度，延长水蒸气在碳纳米管表面的停留时间［图7-7（a）、（b）］。此外，碳纳米管表面的杂质也可以在氢气氛围下退火去除。经过氩等离子处理后，硅晶圆表面会呈现亲水性特征，将水蒸气喷熏到基底表面会形成水滴，随着水蒸气浓度升高，水滴逐渐变大并相互聚集形成液膜。由于碳纳米管本身具有疏水性特征，在水薄膜覆盖的基底表面同样会显现出清晰的轮廓。这类蒸汽辅助冷凝可视化的方法可以实现在大气环境下直接用肉眼识别碳纳米管的表面形貌，并且可以和其他光谱表征手段联用，方便对碳纳米管的结构进行精细表征。例如，将晶圆置于瑞利散射光谱下，在超连续激光的激发下，碳纳米管会呈现出与其手性结构相关的颜色，从而证明了单根超长碳纳米管可以保持分米级长度范围内手性结构一致，但是不同手性的超长碳纳米管仍然具有不同的颜色［图7-7（d）］。共聚焦拉曼光谱也证明了同一根超长碳纳米管不同长度位置处具有相同的RBM峰形和峰位，说明超长碳纳米管的手性结构一致性。同时，由于少壁碳纳米管的各管层具有量子相干特性，在某一管层被激发的情况下，拉曼光谱RBM峰的数量也可以反映出碳纳米管的壁数。这种长程手性一致性也体现了碳原子对沿碳帽和环状带边缘组装的定向性和完美结构。

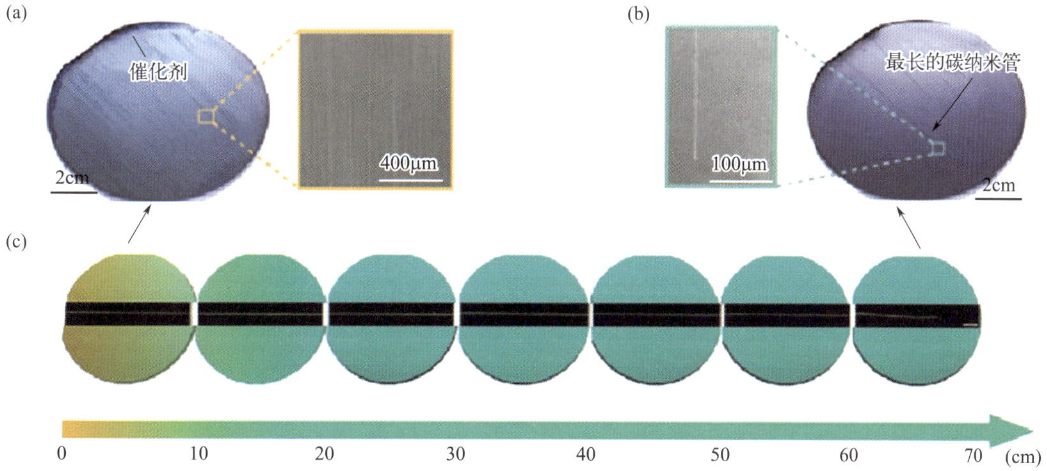

图7-7

(d)

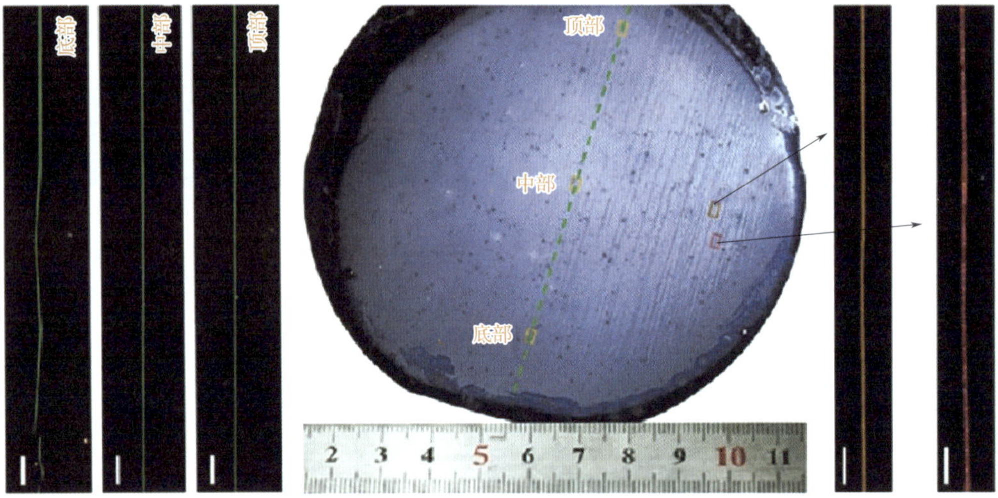

图 7-7　晶圆级碳纳米管制备与表征

（a）、（b）生长在 Si/SiO_2 晶片上的超长碳纳米管的光学及扫描电镜图，通过蒸汽冷凝实现光学可视化；（c）依次放置的 4 英寸硅片及最长达 65cm 的超长碳纳米管；（d）利用瑞利散射光谱证明晶圆级超长碳纳米管的手性一致性

7.2.3 高纯度垂直阵列碳纳米管

7.2.3.1 生长机制与结构调控

在垂直阵列碳纳米管中，碳纳米管之间以垂直于基板的方向近似相互平行排列，碳纳米管长度与阵列高度相当，长径比高且纠缠程度较低。这种具有定向结构的碳纳米管宏观体同时体现出碳纳米管 *c* 轴的优异性能及其定向排列所带来的有序结构的优势，具有广阔的应用前景。垂直阵列碳纳米管的制备方法包括模板辅助化学气相沉积法、热化学气相沉积法和浮游化学气相沉积法。其中，在浮游化学气相沉积法制备碳纳米管的过程中，催化剂前体（有机金属化合物、金属盐等）裂解，原位形成催化剂颗粒并实现碳纳米管阵列的生长［图 7-8（a）］。该方法避免了复杂的催化剂预制备过程，简化了碳纳米管阵列的制备流程，在降低了制备成本的同时，该过程对基板、催化剂、碳源有较大选择范围，也更有利于实现碳纳米管的宏量可控制备，并极大程度上丰富了碳纳米管阵列的结构调变空间。例如通过对气相产物进行收集可获得碳纳米管膜，在浮游化学气相沉积过程中添加噻吩等添加剂可获得单壁碳纳米管管束，利用碳纳米管在气相生成的特点，采用二氯苯为碳源可获得碳纳米管海绵等众多结构。

碳纳米管的多级组装结构的形貌与催化其生长的催化剂纳米颗粒的颗粒密度和直径密切相关，可以由图 7-8（c）所示的相图来表明。一般而言，对于粒径为 8nm 左右的催化剂纳米颗粒，当其密度在 $10^{14}m^{-2}$ 量级及以下时，往往只能获得碳纳米管网状交织结构；当催化剂纳米颗粒的密度在 $10^{14}\sim10^{15}m^{-2}$ 量级之间时，生长的碳纳米管可以通过自组装的形式形成碳纳米管阵列的组装结构；当催化剂纳米颗粒的密度高于 $10^{15}m^{-2}$ 时，生长的碳纳米管阵列可以通过进一级的自组装形成碳纳米管双螺旋的组装结构。当催化剂纳米颗粒的粒径降至 5nm 以下时，则可以获得单壁或者双壁碳纳米管的多级组装结构，不过不同组装结构之间的分界点会往较高颗粒密度的方向偏移；相反地，催化剂纳米颗粒粒径的增大则会导致该分界点往较低颗粒密度的方向偏移。可见，与水平阵列超长碳纳米管不同的是，垂直阵列碳纳米管及其衍生结构均以组装体形式存在。由于在该过程中，催化剂颗粒的形成与碳纳米管的生长过程耦合在一起，原位精细调控碳纳米管阵列结构具有一定的技术挑战。

对此，清华大学团队深入分析了垂直阵列超长碳纳米管的生长机制，证明了碳纳米管之间的自发组装过程满足协同生长模型［图 7-8（b）］。催化剂颗粒在平整基板上形成，碳源在催化剂颗粒表面裂解，形成碳纳米管。生长获得的碳纳米管仍然停留在催化剂表面，如同森林中的树木一样，其生长点在根部。在生长初期，碳纳米管可以沿各个方向生长。无序的碳纳米管相互缠绕生长，在平整的基板上形成拓扑的网络结构。随着反应的进行，虽然新的碳纳米管仍然在基板的表面生长，但是生长方向受到先前生长的碳纳米管的空间位阻——其在水平方向遇到的阻力显著大于垂直方向受到的阻力，这样后续生长的碳纳米管顶着初始生长的碳纳米管，在其缝隙中取向生长。由于其受到初始管的压力，后续生长的碳纳米管不与顶部相连，呈现弯曲的形态；而初始生长的碳纳米管受到弯曲碳纳米管的推力，产生平直的碳纳米管。这种笔直碳纳米管和弯曲碳纳米管之间的相互作用，使得碳纳米管之间实现了协同生长，两种类型碳纳米管的持续协同与共同演化形成了规整有序的阵列结构。

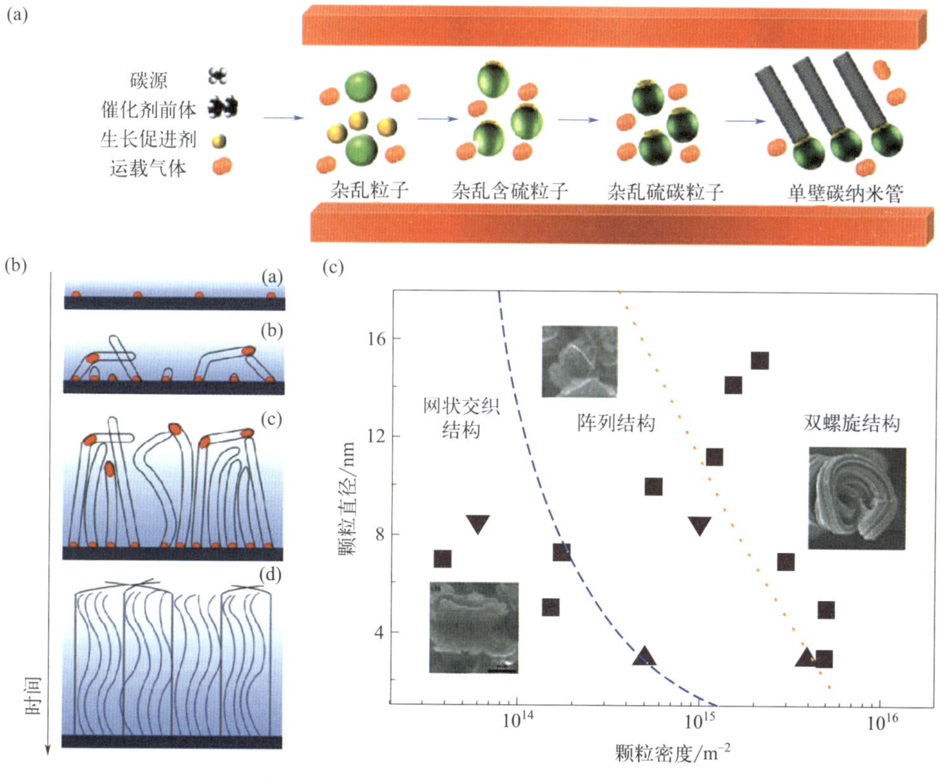

图 7-8 （a）浮游化学气相沉积制备碳纳米管阵列示意图；（b）垂直阵列碳纳米管的协同生长机制；（c）碳纳米管组装结构的形貌与催化其生长的催化剂纳米颗粒的颗粒密度和颗粒直径相互关系的相图

上述无序 - 有序的转变可以使用描述液晶结构形成的 Onsager virial 理论进一步解释。碳纳米管可以近似看作棒状结构，这种棒状的结构存在两个显著的相区——无序结构和有序组装，主要由棒状材料所张成的空间角决定。这种转变可通过 $d/(vL)$ 所表达的空间角数值来判断，其中 d 为直径，v 为体积分数，L 为长度。当 $d/(vL)<3.3$ 时，无序的结构更为稳定；$d/(vL)>4.8$ 时，有序的组装是稳定相；处于二者之间则为分相结构。当碳纳米管处于生长初期，碳纳米管比较短，$d/(vL)$ 数值较小，所以无序的堆积更为稳定。随着 L 的增长，根据 Onsager virial 理论预测，这种转变在碳纳米管长度大于 10μm 后应该显现，而实验观测值约为 160μm。这种差别主要体现在碳纳米管长度过长后并不与 Onsager virial 理论的假设一致。如果这种转变没有实现，则其仍保持缠绕的结构，形成无规缠绕的聚团状碳纳米管结构；如果只是小区域内（如基板诱导的几个微米的小区域）的转变，则容易形成小的碳纳米管绳；只有大区域内实现这种转变，才能诱导整个阵列的协同生长。这种热力学诱导的熵驱动效应导致了多种碳纳米管团聚结构的形成。

7.2.3.2 宏量制备工程

碳纳米管宏量制备中存在着催化过程与反应热、质量传递的强耦合，故单纯地了解碳纳米管合成的化学过程无法实现碳纳米管阵列宏量制备过程的设计。从形态上看，碳纳米管产品不能被认为是一类均匀的物质，它们的动量、热量、质量传递特性与普通的流体和粉末有显著的区别。碳纳米管的宏量制备是一个包含了宏观流动、反应、热量传递及质量传递的连续过程。对碳纳米管的宏量制备而言，碳纳米管生长不仅从原子角度考虑要作为一个宏观连续过程，还需要考虑介观纳米结构和碳纳米管架构调控，这些无论在原子还是宏观的级别上都是相互关联的。为解决此问题，应从催化剂的设计、碳纳米管聚团结构的形成以及与之相适应的反应器形式三个方面入手实现垂直阵列碳纳米管的工程化（图 7-9）。

为此，清华大学团队提出了一套基于蛭石催化剂的宏量制备垂直阵列碳纳米管的工艺，以蛭石这种可大量获得的天然矿石作为催化剂载体，利用液相浸渍的离子交换过程向蛭石层间负载铁 / 钼活性组分，从而实现了催化剂的批量制备，避免了电子束蒸镀等复杂且不易进行批量放大的物理催化剂制备方式。其次，在碳纳米管生长以及聚团结构形成的过程中，蛭石中的平面片层结构为碳纳米管之间组装形成碳纳米管阵列提供了良好的基板，碳纳米管可在蛭石催化剂的平面片层之间插层生长，形成无机片层、碳纳米管阵列交叠的结构，从而实现了碳纳米管阵列的制备。再次，针对固定床反应器在碳纳米管及碳纳米管阵列制备过程中空间利用率低、过程不可连续的困难，该课题组利用流化床反应体系，采用粒度合适的催化剂颗粒，使其在整个生长过程中保持良好的流化行为。利用流化床反应器中高传质、高传热的特点，实现了垂直阵列碳纳米管在蛭石催化剂上的批量制备。

在碳纳米管聚团结构的形成方面，本属于 Geldart-C 类的纳米颗粒应当具有典型的细颗粒流化特征，即容易产生沟流、黏附于壁面、节涌等现象。但是实践证明，某些种类的纳米颗粒能够形成链枝状结构的、直径为数十微米的二级或多级聚团，颗粒间作用力与聚团堆积密度显著降低，转变为 Geldart-A 类颗粒聚团。与普通颗粒流化不同，这类复合聚团是在流化过程中形成的，在流化之前，其固定床可以看作是由简单聚团堆积而成，流化聚团的形成过程可以看作是气流从粉体堆积相对松散、聚团间黏性力相对较弱处切割分离出复合聚团的过程。

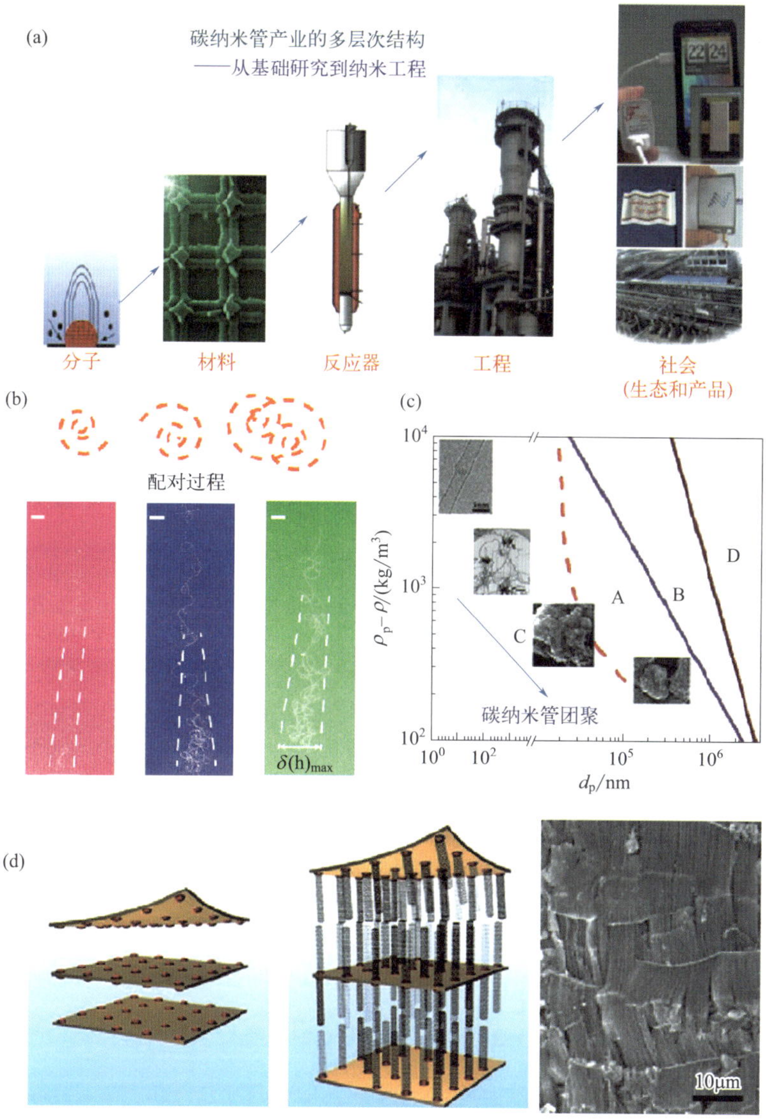

图 7-9 （a）碳纳米管宏量制备工程；（b）碳纳米管团聚结构形成过程的配对过程示意图与扫描电镜图；（c）Geldart 颗粒分类图；（d）基于蛭石催化剂的蛭石－碳纳米管阵列插层结构示意图

对于包括纳米颗粒在内的 Geldart-C 类颗粒，以聚团流化单元进入流化状态是唯一的可能，将这种由于聚团尺寸增大导致粉体以聚团形式进行流化的效应称为尺寸效应。另一方面，颗粒或聚团间的作用力对流化行为具有决定性影响，当气速达到颗粒终端速度时，如果颗粒体受到的曳力大于颗粒所受重力、浮力以及单个颗粒的平均抗拉力三者的合力，则表明在气速达到颗粒终端速度以前，已经可以实现床层的破碎，颗粒可以单分散地进入气相。从定量分析来看，当颗粒或聚团间黏性力（以范德华力为主）不超过自身重力的 11 倍时，有利于实现颗粒床层由固定床状态到流化床状态的转变。

在垂直阵列碳纳米管宏量制备过程方面，碳源在催化剂表面裂解生成碳纳米管时，高温下催化剂易积碳或烧结失活。低温下催化剂活性低导致碳源转化率低。催化剂表面碳纳米管的生长倍率高（是催化剂质量的 70 ～ 120 倍）但密度低（50 ～ 200kg/m^3），导致反应器内固相体积增大上千倍，使气体原料与催化剂的接触状态变差，转化不充分。对此，该团队开发了两段变温流化床技术，催化剂在上段（高温区）高效裂解碳源，接近失活时靠重力作用回落到下段（低温区）。级间温度差使碳析出形成碳纳米管，催化剂活性得到恢复。通过控制催化剂在上下段（高低温区）间循环运动，将其在 850℃下的寿命由数秒提高至几十小时，解决了低温下碳源转化率低而高温下催化剂易失活的矛盾。同时，团队首次发明了多段逆流流化床技术，在碳纳米管体积急剧增大的情况下，使残留气体始终与新鲜、高活性的催化剂接触，提高了气体转化率。工程上可将多个单独的变温多段流化床连接，既实现一个反应器中不同段内变温控制催化剂活性，又在总体上实现多个反应器之间气固两相的多段逆流接触操作，显著提高了催化剂的利用率与碳纳米管的纯度。

7.2.4 超长碳纳米管的分散与应用

高长径比的碳纳米管具有优异的力学和电学性能。研究表明，碳纳米管的机械强度和电导率与其长径比均呈指数关系，强度∝（长径比）$^{0.9}$，电导率∝（长径比）$^{0.8}$。然而，随着碳纳米管逐渐变长，制备出的碳纳米管之间存在比较强的范德华力，很容易缠绕在一起或者团聚成束，在实际应用过程中，团聚形态往往会破坏单根碳纳米管所表现出的优异力学、电学特性，限制了深入研究碳纳米管的性能与应用。碳纳米管易于团聚的原因在于，碳纳米管高长径比的轴回几何形状为碳纳米管的团聚提供了大面积的接触，其石墨烯层的 π 电子高极化率造成碳纳米管间强大的范德华吸引力，每微米碳纳米管间范德华结合能高达 500eV，使得碳纳米管易于团聚纠缠在一起。特别是对于超长碳纳米管，无论是原位生长抑或是后期分散过程，当碳纳米管的长度超过百微米时都会产生自发的团聚现象，引起系统的熵剧烈增大。同时，单壁碳纳米管相比于多壁碳纳米管团聚现象更为严重。一方面，单壁碳纳米管倾向于聚集成由数百根单壁碳纳米管组成的碳纳米管管束；另一方面，单壁碳纳米管管径更小，更容易彼此缠绕，因此更加难以分离。此外，通过一些物理或化学手段将碳纳米管分散后，由于碳纳米管间易于团聚的特点，在分散后碳纳米管仍会重新团聚在一起。目前，多种分散方法综合协同使用是常采用的碳纳米管分散工艺，如强酸氧化加超声波处理、超声波处理的同时添加表面活性剂、砂磨的同时添加表面活性剂等。多种方法综合使用一方面提高了分散效率，另一方面提高了分散程度和稳定性。目前，单分散碳纳米管已在众多领域展现了广阔的应用前景（图 7-10）。

（1）导电浆料 碳纳米管能够成功进入商业化，正是借助导电浆料的发展。随着 3C 消费电子产品的需求增加和电动汽车的普及，现有的正极材料如层状钴酸锂、锰酸锂、镍钴锰酸锂等本身的导电性差，已经不能满足市场需求。碳纳米管凭借良好的导电性及独特的管状结构，通过与正极材料形成线性连接可大幅改善正极材料电导率。此外，碳纳米管的加入，还可以提高锂电池极片的黏结强度、减少黏结剂的使用量、提高锂电池的循环寿命、提高电池极片散热能力等。目前，千吨级碳纳米管宏量制备及万吨级碳纳米管导电浆料技术已由清华大学团队转让给江苏天奈科技有限公司。

不仅如此，国内多家机构经调研和测算，一致认为在未来五年，全球碳纳米管导电浆料需求

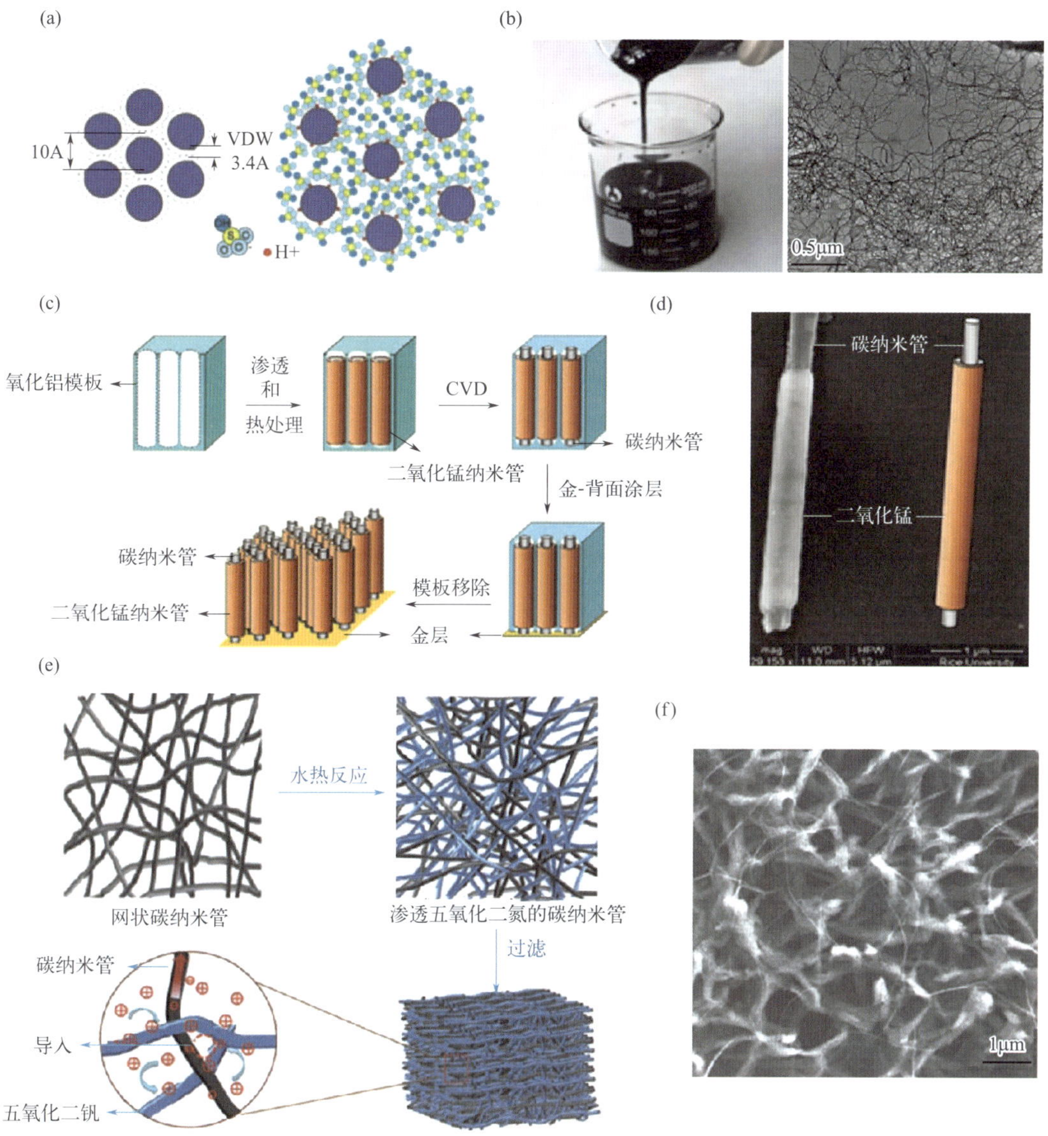

图 7-10 （a）强酸分散碳纳米管示意图；（b）由碳纳米管分散液制成的导电浆料与分散形态；（c）在阳极氧化铝模板内制备 MnO_2/CNT 混合同轴纳米管阵列的示意图；（d）同轴 MnO_2/CNT 示意图与扫描电镜图；（e）V_2O_5/CNT 网状结构合成示意图；（f）V_2O_5/CNT 网状结构扫描电镜图

量将保持 40.8% 的年复合增长率。在动力锂电领域，预计到 2025 年碳纳米管导电浆料渗透率将达到 80%。而推动碳纳米管导电浆料在该领域快速渗透的关键技术可能在于固态电池和硅基负极的发展。由于固态电池内部比液态电池导电性更差，因而需要添加更多的碳纳米管导电浆料来提高其内部的导电性。以后，固态电池的产业化会导致隔膜和电解液的取消，但是会利好碳纳米管导电浆料产业。另一方面，未来随着高容量硅基负极的逐步产业化导入，碳纳米管在负极领域的应用有望进一步获得突破。硅基负极的导电性能比天然石墨和人造石墨等石墨类负极更差，需要添加高性能导电浆料来提升其导电性。目前碳纳米管在硅基负极领域体现出了良好性能，随着未来硅碳负极的进一步产业化推广，将成为碳纳米管在锂电领域的进一步增长点：

① 提高硅基负极的结构稳定性，外力情况下结构不易破坏，进而抑制负极充放电过程中膨胀 / 收缩对材料的损伤。

② 优异的导电性，弥补硅基负极导电性差的不足。

③ 极大的比表面积，可缓解硅基负极在锂离子脱嵌过程中硅材料结构的坍塌。随着锂电池高镍正极、硅基负极和固态电池等新技术应用规模扩大，碳纳米管的使用量会进一步大量增长。总体来看，根据以上技术迭代趋势推算，预计至 2025 年全球动力锂电领域碳纳米管需求量将达到约 14156 吨，近五年复合年均增长率将达到 54%。

（2）冷阴极 X 射线管　X 射线是一种高能射线，其穿透性极强，但物质对其吸收程度却各不相同，凭借这一特性，X 射线被广泛应用在癌症治疗、医疗影像、安检、工业无损检测等领域。X 射线源通常以热阴极技术为主，但热阴极 X 射线源存在启动慢、功耗大、无效辐射剂量多等问题。碳纳米管是一种典型的一维量子材料，与传统金属、高分子材料相比，碳纳米管的电、热、力学性能优异，已逐渐成为场发射电子源中最常用的纳米材料。碳纳米管 X 射线源创新点在于碳纳米管场发射冷阴极取代热阴极，这赋予了碳纳米管 X 射线源低功耗、光子效率高、可控发射、易于集成等诸多优势。

碳纳米管优异的场致电子发射性能在开发冷阴极 X 射线管方面展现出显著优势。研究表明，通过控制电子发射方式和提高碳纳米管阴极发射电流的密度和稳定性可显著提升 X 射线源的时空分辨能力，且能大幅降低射线管的尺寸和功耗，在高端生物医疗、无损检测和科学研究等领域具有巨大潜在应用价值。伴随着各行业对 X 射线成像技术需求的提升，预期碳纳米管冷阴极 X 射线管将在以下三个方向迎来发展机遇：

① 微米或亚微米分辨能力分辨成像。碳纳米管纳米结构决定其可被看作理想的点状电子源，且结合场致电子发射高亮度特性和方向集中的优势，有望采用相对简单的聚焦结构实现更佳分辨能力，同时显著降低 X 射线管的成本和体积。

② 高速脉冲 X 射线管。现有的实验结果表明，场致电子发射的响应时间可以达到飞秒量级，但由于电子束打靶时间宽度被展宽，对应 X 射线发射时间有望控制在纳秒量级。这为超快 X 射线的产生提供了一种新思路，可对生命体内的生理过程实现动态成像和针对超快物化反应过程进行分析等。

③ 分布式 X 射线管。目前静态 CT 被认为是第六代系统的主流技术方向，而分布式 X 射线管作为重要的光源部件，对响应速度和集成度都提出新的要求。

碳纳米管 X 射线源属于新型高端 X 射线源，其有望为低剂量 CT 设备、X 影像设备等带来技术和结构上的突破，其特点是纳米级点光源，可以很快的速度进行开关，是十分理想的快速 X 光 CT 的光源。我国碳纳米管 X 射线源被国外企业长期垄断格局已被打破，清华大学、电子科技大学、中国科学院深圳先进院、同方威视、新鸿电子、昊志影像等机构和企业做出了重要贡献。广州昊志影像源于电子科技大学，致力于碳纳米管冷阴极 X 射线成像技术研发及应用。2022 年 3 月，广州昊志影像举办新品发布会，展示 5 款工作电压分别为 90kV、110kV、130kV、150kV 和 165kV 的碳纳米管冷阴极微焦点 X 射线源，标志着我国成功实现了在该领域的完全自主可控。新鸿电子是一家源于清华大学和同方威视的 X 射线成像技术应用高科技企业，2021 年该公司“基于碳纳米管冷阴极的多焦点分布式 X 射线源关键技术研究及产品化”通过专家技术认证，整体达到“国际领先”水平。2022年，该公司的“碳纳米管冷阴极分布式X射线源”项目斩获世界顶级发明展日内瓦国际发明展金奖。目前，采用新鸿电子分布式X射线源的静态CT智能安检系统已通过中国民航和欧盟ECAC最高标准认证，并在海关查验现场投入使用。通过团队的持续努力和技术攻关，新鸿电子实现了世界上第一款分布式X射线管从研发、试制、小批量生产到量产，业已成为世界领先的碳纳米冷阴极分布式X射线源生产商，也是目前世界上唯一一家能够大规模生产这类X射线管的企业。随着研究深入、技术进步，碳纳米管X射线源应用有望向医疗、工业等领域扩展，X射线成像也逐步进入低辐射、高精度新时代（图7-11）。

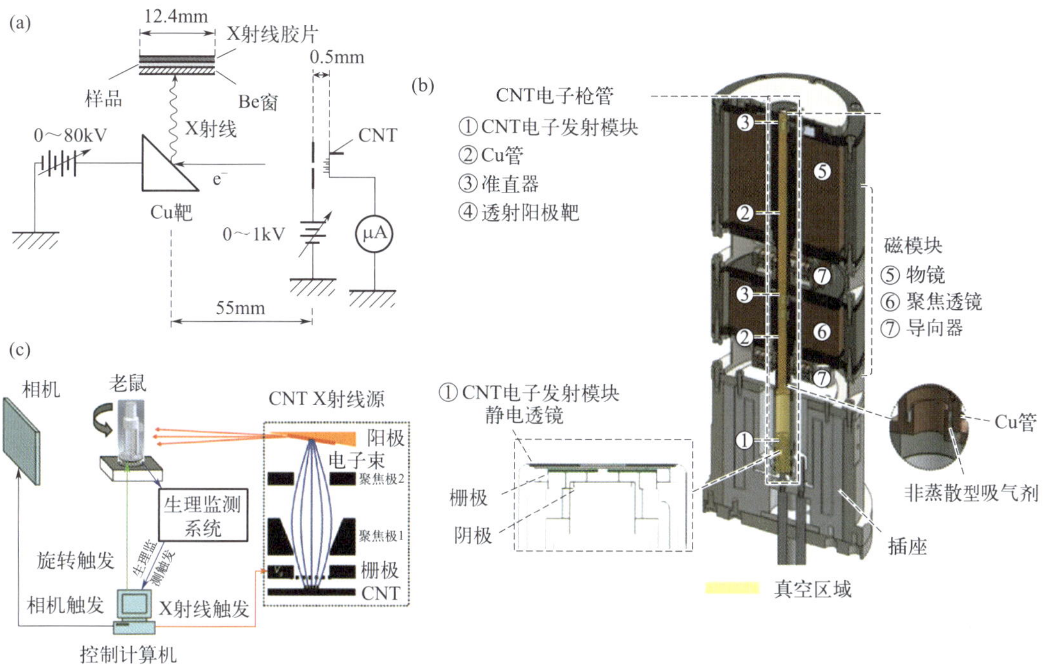

图7-11　碳纳米管冷阴极X射线

（a）碳纳米管冷阴极X射线原理；（b）碳纳米管冷阴极电子枪结构图；（c）小型动态CT结构和成像控制原理图

7.3 高纯度阵列碳纳米管的国内发展现状

中国在纳米碳材料的研究中有雄厚的基础和独特的优势，在碳纳米管的精细结构控制、性能调控以及宏量制备方面做出了一系列原创性和引领性工作，处于国际领先地位，已经开发出了多种高效的碳纳米管生长技术、纯化技术、排布组装技术等，实现了多种单一手性碳纳米管可控制备，以及晶圆阵列超长碳纳米管及薄膜的可控组装，制备出了世界最优性能的碳纳米管电子器件，并建成了世界上最大的碳纳米管生产线，实现了全球首个碳纳米管触摸屏的产业化。在产业化及应用研究方面，我国是碳纳米管的生产与研究大国，在碳纳米管的宏量生产与新能源、电子信息等应用领域均有代表性产品走在世界前列，每年发表的学术论文及专利也在世界的前两位。碳纳米管产业在国内和国外是同一时期起步的，不存在国外先发优势，提前积累几十年到上百年。国内碳纳米管产业，历经了从 20 多年前的只能实验室合成，价格 50 ～ 200 美元 / 克，到目前可以百吨级生产，一吨的价格为十万元到几十万元人民币，其成本下降了近四个数量级，成功进入工业品市场，是不多的具有自主知识产权的新材料产业。

7.3.1 碳纳米管研发

下面介绍几个在碳纳米管可控生长、纯化、组装与器件研究等方面有代表性的团队及相关研究成果。

① 中国科学院物理研究所解思深院士团队在先进材料与结构分析研究部下的纳米材料与介观物理研究组在碳纳米管等低维纳米材料的制备、结构和物理性质研究中取得了一系列突出进展，发明了可控制备多壁碳纳米管的定向生长方法，先后制备出超长碳纳米管阵列、最细碳纳米管和双壁碳纳米管，揭示了碳纳米管的生长机制，并系统研究了碳纳米管的力学、热学、光学和输运性能。

在碳纳米管可控制备方面，基于介孔二氧化硅中嵌入的铁纳米颗粒催化化学气相沉积方法，实现了大面积 [（3×3）mm^2]、高密度、高纯度、管径一致（约为 20nm）且离散分布（管间距为 100nm）的碳纳米管近垂直阵列的高效制备；通过乙炔在铁 / 二氧化硅基底上的热解制备了长度约 2mm 的非多壁碳纳米管；改进了电弧放电的工艺，实现了碳纳米管的图斑生长模式，首次制备出世界上最细的碳纳米管，内径为 0.5nm，与理论极限值仅差 0.1nm。

在碳纳米管生长机理及性质方面，首次对多壁碳纳米管的拉伸特性进行研究，研究了单个多壁碳纳米管径向的压缩性质及高温、高压下多壁碳纳米管的相变规律；首次观察到碳纳米管的三阶拉曼光谱、三阶光学非线性效应；首次用连续介质弹性理论得到了碳纳米管的弹性自由能表达式和碳纳米管的平衡形状方程及可能的形状。

在碳纳米管结构分离与性能强化方面，利用 NaOH 调控表面活性剂分子在碳纳米管表面的吸附，扩大了不同结构大直径碳纳米管与多糖凝胶之间的作用力差异，实现了大直径碳纳米管（直径＞ 1.2nm）的结构分离，分离制备的半导体碳纳米管手性纯度近 40%，半导体纯度可高于 99%；基于大批量生产的粗制碳纳米管宏观纤维原材料，发展了基于超强酸的双拉强化技术，强化后的纤维同步实现比强度 3.30N/tex、比模量 134N/tex、断裂能 70J/g 和热导率 354W/（m · K），实现了赶超标杆商业合成纤维的优异综合性能。

在碳纳米管功能材料与器件方面，实现了透明单壁碳纳米管薄膜的直接合成，与基于溶液工艺制备的薄膜相比，具有优异的电学和力学性能，电导率超过 2000S/cm，强度可达 360MPa；设计了一种基于碳纳米管的新型多功能电容式应变传感器，即使在数千次循环后，也可以检测高达 300% 的应变，并且具有出色的耐用性和动态传感能力，在亚秒级尺度上具有超快响应；基于连续直接生长的透明导电碳纳米管网络设计并制备出一种新型连续网络复合薄膜 PEDOT:PSS-CNT/Si 太阳能电池，能量转换效率可达 10.2%，提供了一种高效、高重复性、易大面积制备的基于有机物和碳纳米管网络复合薄膜的光伏器件；以具有优异导电性能和高塞贝克系数的碳纳米管连续网络为基质材料，以聚醚酰亚胺溶液滴涂于乙醇中的方法快速制得 n 型柔性薄膜，用连续制备的碳纳米管薄膜和局部掺杂技术研发了一种紧凑式柔性热电模块，这种轻便、性能优异的热电模块在未来便携式柔性热电模块和传感领域有巨大的应用潜力，同时为柔性热电模块的工业化生产创造了可能性。

② 清华大学范守善院士团队长期从事纳米材料和低维物理的研究，主要研究方向为碳纳米管的生长机制、可控制备与应用探索。在深入揭示和理解碳纳米管生长机理的基础上，实现了超顺排碳纳米管阵列、薄膜和线材的可控与规模化制备，研究并发现了碳纳米管材料独特的物理化学性质，基于这些性质发展出了碳纳米管发光和显示器件、透明柔性碳纳米管薄膜扬声器、碳纳米管薄膜触摸屏等多种纳米产品。

在低维无机纳米材料制备方面，通过与挥发性氧化物和 / 或卤化物的反应，将纳米管转化为碳化物棒，以高产率制备了 TiC、NbC、Fe_3C、SiC、BC_x 的固体碳化物纳米棒，长度和直径分别达到了 20μm 和 2 ～ 30nm，且具有磁性和超导性；通过碳纳米管约束反应制备了氮化镓纳米棒，在碳纳米管存在下，Ga_2O 蒸气与氨气反应，形成纤锌矿氮化镓纳米棒，纳米棒的直径为 4 ～ 50nm，长度可达 25μm；通过利用基底的晶格取向，精准控制了单晶硅纳米线阵列的定向生长，并系统研究了不同激发波长的 SiC 纳米棒的拉曼光谱。

在碳纳米管结构控制制备与机理研究方面，在多孔硅表面利用电子束蒸镀获得了 5nm 厚度铁催化剂薄膜，经过空气环境中退火形成催化剂颗粒，而后在 700K 的生长温度下以乙烯为碳源直接制备了多壁碳纳米管阵列，同时利用催化剂层制备过程中的掩模技术，实现了催化剂层的图案化并获得了图案化的多壁碳纳米管阵列；从超顺排碳纳米管阵列中拉出自组装成长达 30cm 的纱线，并在高温下加热纱线实现其强度和导电性增强，该发现有助于将碳纳米管显著的力学、电学和热学特性转化为宏观尺度性能；随后更是在原有方法上依靠乙醇表面处理和电机带动，在 4 英寸基底上的超顺排碳纳米管阵列中连续纺丝，得到性能优异的碳纳米管致密纤维纱线；开发 ^{13}C 同位素标记方法并结合显微拉曼光谱，揭示了化学气相沉积法制备的多壁碳纳米管的生长机制；采用改进化学气相沉积法实现超长单壁碳纳米管阵列的可控生长，实现超过 18.5cm 长的超长碳纳米管生长，生长速率超过 40μm/s。

在碳纳米管功能器件方面，基于 4 英寸硅片基底上的超顺排碳纳米管阵列实现宽达 10cm、长 60m 的连续碳纳米管薄膜制备，并将其制备成约 500 个 10cm×10cm 的扬声器，具有透明、灵活、可拉伸等多种优点；基于衬底法在 8 英寸硅片上制备超顺排碳纳米管阵列，并开发了一种简单的卷对卷工艺抽取出连续的碳纳米管透明导电薄膜，其在柔韧性和耐磨性方面均优于氧化铟锡（ITO）薄膜，经进一步激光修整和镍 / 金沉积后，薄层电阻和透光率与 ITO 薄膜相当，是碳纳米管在透明导电薄膜中的工业规模应用的重要一步。

③ 清华大学机械工程系吴德海教授团队在碳纳米管及先进功能材料方面取得了多项先进成果。在碳纳米管可控制备及应用方面，研究了浮游催化法半连续制备碳纳米管的过程，综合透射电镜表征论述了裂解温度、催化剂浓度、噻吩浓度等工艺参数对产物形态、产率及管径分布的影响，给出了正己烷为碳源时的最佳制备工艺参数；通过对立式催化裂解设备进行改进并精确控制工艺参数，首次直接合成了 20cm 超长单壁碳纳米管束，管束中的单壁碳纳米管取向性良好，纯度高达 85%，且生长连续，是一种高效低成本的批量连续制备方法；采用化学气相沉积法制备了一种海绵状碳纳米管，其由自组装、互连的碳纳米管骨架组成，密

度接近最轻的气凝胶，孔隙率＞ 99%，具有高结构韧性和坚固性，同时是一种良好的低密度热绝缘体，可与木材、陶瓷、聚合物泡沫等绝缘材料相媲美。

在储能材料与先进功能材料方面，设计高温热压纯碳纳米管以及与 $RuO_2 \cdot xH_2O$ 复合的固体电极，以此为基础的超级电容器同时具备高能量和高功率密度的特点；采用双壁碳纳米管作为能量转换材料制造薄膜太阳能电池，碳纳米管作为光生位点和电荷载流子收集 / 传输层，与 n 型硅片间产生高密度 p-n 异质结，证明了硅基双壁碳纳米管在太阳能电池方面的应用潜力；开发了 n 型硅晶片上搭载石墨烯薄膜肖特基结的高效太阳能电池，石墨烯具有活性层、电荷传输路径和透明电极等多种功能，为高效稳定的石墨烯太阳能电池开发提供了重要思路。

④ 中国科学院金属研究所成会明院士团队主要从事碳纳米管、石墨烯等纳米碳材料的制备、性能及其在新型储能器件、太阳能光催化等领域的应用研究。

在碳纳米管制备与应用方面，采用浮游化学气相沉积法制备单壁碳纳米管束，单壁管具有较大的直径，且能自组装成绳束，提供了有效的低成本大规模生产单壁碳纳米管的方法，同时碳纳米管束的平均拉伸强度高达（3.6±0.4）GPa；发展了无金属催化剂的化学气相沉积工艺在 SiO_2 膜上生长致密单壁碳纳米管，开发“划痕生长”方法实现单壁碳纳米管的图案化生长；发展氧气辅助浮动催化化学气相沉积法大规模合成了平均直径为 1.6nm 的半导体单壁碳纳米管，实现单壁碳纳米管高纯度和毫克级制备；以二茂铁、甲烷和三聚氰胺分别作为催化剂前驱体、碳源和氮源，采用浮动催化化学气相沉积法大规模合成了直径为 1.1 ～ 1.6nm 的氮掺杂单壁碳纳米管，具有高质量和良好的结晶度，且表现出金属行为和理想的电化学氧还原反应活性；采用浮动催化化学气相沉积法制备出单分散单壁碳纳米管薄膜，通过形核数量和碳源浓度的调控，碳纳米管网络交叉节点处形成“碳焊”结构，使金属 - 半导体碳纳米管间的肖特基接触转变为近欧姆接触，显著降低了管间接触电阻，所得碳纳米管薄膜在 90% 透光率下电阻仅为 41Ω，进一步经硝酸掺杂处理后，其电阻降低至 25Ω，优于柔性基底上的铟锡氧化物。

⑤ 北京大学张锦院士团队领导的纳米材料与谱学课题组长期从事碳纳米材料的控制制备及其增强光谱学研究，发展了一系列催化体系用于控制碳纳米管生长的取向性、密度分布、金属与非金属碳纳米管的筛选以及手性碳纳米管的生长。

在手性碳纳米管可控制备方面，通过原位调控单壁碳纳米管的生长过程，沿单根碳纳米管轴向制备出了金属 - 金属、半导体 - 半导体、金属 - 半导体等各种分子内纳米结，这是利用单一催化剂粒子制备不同直径和手性单壁碳纳米管的首项工作；利用切断的碳纳米管作为生长“模板”，保持了原有手性并首次实现了碳纳米管的“克隆生长”；提出碳纳米管手性与催化剂晶面对称性匹配的生长机制，通过控制碳纳米管热力学成核和动力学生长速度，实现了高纯度（$2n,m$）类型手性碳纳米管阵列的富集。

在碳纳米管阵列的纯化方面，通过紫外光抑制金属碳纳米管的成核过程，控制制备纯度高于 95% 的半导体碳纳米管水平阵列；利用不同有机官能团与金属性和半导体碳纳米管间作用力的差别，设计“胶带”实现高纯度碳纳米管阵列的纯化分离；选取与金属碳纳米管结合力较强的表面活性剂实现“去污”，制备高纯度半导体碳纳米管阵列。

在高密度碳纳米管阵列的制备方面，开发新型的“特洛伊”催化剂，使其在碳纳米管生长过程中缓慢释放，避免通常催化剂在高温下的聚集和失活问题，实现了密度高达 130 根 / 微米的碳纳米管阵列可控制备；进一步研发双金属催化剂、半导体氧化物催化剂和碳化物催化剂，实现了密度大于 100 根 / 微米、纯度大于 90% 的半导体碳纳米管阵列的生长和小管径阵列单壁碳纳米管的生长。

⑥ 北京大学李彦教授团队长期从事碳纳米管的可控合成、表征及应用研究，发展了钨基双金属催化体系用于碳纳米管的手性选择性生长，还发展了一系列催化剂体系和生长方法，用于控制碳纳米管的直径、导电性等。

在手性碳纳米管控制制备方面，从催化剂与碳纳米管结构匹配性角度，提出了一种利用具有固定结构的催化剂来调控单壁碳纳米管手性的方案。钨基金属间化合物纳米晶具有稳定的结构和独特的原子排列，可以充当单壁碳纳米管生长的结构模板，再辅以生长过程动力学条件的调控，从而实现特定手性单壁碳纳米管的结构可控生长。

在碳纳米管导电性控制方面，提出了在氧化性环境中选择性中止金属碳纳米管生长的方案，在石英和硅基底上实现了半导体性单壁碳纳米管阵列的直接生长；发展了甲醇 / 乙醇混合碳源选择性生长半导体碳纳米管阵列的方法，可原位刻蚀金属碳纳米管；通过向碳纳米管生长体系原位引入水蒸气，在原位刻蚀金属性碳纳米管的同时，调节金属间纳米晶的原子结构和晶面选择性，实现 99.8% 半导体碳纳米管可控制备，同时，可通过掺杂的方法实现金属碳纳米管的可控制备。

在碳纳米管的分散及纯化方面，发现碳纳米管可在离子液体内进行有效的分散，而且碳纳米管与离子液体间只存在弱的范德华作用；利用离子液体的特性，发展了一种以阴离子表面活性剂对单壁碳纳米管进行手性选择性修饰的方法，通过改变表面活性剂的种类和浓度，可对其能带结构进行调制；开发了聚乙二醇 / 硫酸钠双水相体系用于纯化碳纳米管，经多步分离后得到四种单一手性碳纳米管，并促进了对单壁碳纳米管手性分离机制的认识。

7.3.2 碳纳米管应用

此外，基于高纯度阵列碳纳米管材料的结构调控与宏量制备，我国研究人员围绕碳纳米管的下游应用形成了若干特色方向，其中具有代表性的包括高强碳纳米管纤维等宏观碳纳米材料及其功能化、碳基能源转化储存与功能器件等方向。

① 在高强碳纳米管纤维等宏观碳纳米材料及功能化方面，中国科学院苏州纳米技术与纳米仿生研究所李清文团队、华东理工大学王健农团队、复旦大学彭慧胜团队、清华大学朱宏伟团队、哈尔滨工业大学（深圳）慈立杰团队长期从事相关研究并取得了重大突破。

中国科学院苏州纳米技术与纳米仿生研究所李清文研究员团队基于浮游催化化学气相沉积法连续制备碳纳米管纤维与碳纳米管薄膜，调控关键工艺参数控制流场与温度场，实现碳纳米管纤维与薄膜取向度、致密度等微观结构的高效控制；通过设计新型整流装置、收集装置并放大反应器，实现千米级碳纳米管纤维的连续制备，突破了万平方米级碳纳米管薄膜的干法规模化制备技术；以高取向碳纳米管薄膜为基础制备高性能复合膜，通过将碳纳米管膜浸泡于双马来酰亚胺树脂单体溶液中制得碳纳米管 / 双马来酰胺复合结构，经多级牵伸及后续树脂固化热处理，其拉伸强度高达6.94GPa，远高于当前的碳纤维复合材料。在碳纳米管纤维力学增强与功能特性开发方面，开发改进溶剂致密化、机械逐级牵伸与压缩等工艺，实现取向度与致密度的同时提高，并设计超快高温退火、聚合物交联等方式增强管间共价连接，实现了碳纳米管纤维断裂强度和弹性模量的显著提升；通过掺杂卤素、复合金属铜等手段，提高碳纳米管纤维的导电、导热性能，并以该类结构功能一体化纤维材料为基础，设计制造可穿戴电子设备和智能织物中的核心功能部件。

华东理工大学王健农团队基于对碳纳米管生长机理和纺丝过程的系统研究，开发了辊压致密化工艺，制得了拉伸强度达4.5GPa的碳纳米管纤维；进一步优化辊压工艺参数，提高碳纳米管宏观薄膜中的取向度与致密度，使其拉伸强度达到了9.6GPa，为当前碳纳米管宏观体中的最高水平；另外，提出了一种碳纳米管/环氧树脂复合的有效策略，通过碳纳米管纤维在环氧树脂溶液中连续浸渍与拉伸并在滚轮上缠绕成膜形成高度均匀和定向的复合材料，同时引入机械致密化提高强度至3.5GPa，在碳纳米管纤维复合材料和碳纤维复合材料中处于较领先的水平。

复旦大学彭慧胜团队基于功能化碳纳米管纤维材料设计开发了一系列国际上领先的功能化器件。设计制作了两根排列的多壁碳纳米管/氧化锂复合纱线作为阳极和阴极，无需额外的集流体和黏结剂，制备了可拉伸线状锂离子电池，电化学性能优异且安全性高；利用碳纳米管纤维优异的电学性能，设计开发了可植入式生物传感器，传感电极兼具高比表面积的纳米结构和柔性特质，能用来长期监测生物体内的化学物质反应；基于对轻质、柔性和可拉伸的纤维电池以及生物传感器等功能化器件的研究，开发了多种新颖的可穿戴式超级电容器纺织品，可将太阳能转换为电能，并以高的整体光电转换和存储效率进行存储，在可穿戴健康监测方面有广阔的应用前景。

清华大学朱宏伟团队采用化学气相沉积法合成密度可控的碳纳米管海绵，材料孔隙率＞99%，具有出色的压缩性能，体积收缩率高达90%，并能够通过自由膨胀恢复体积，该三维支架结构的碳纳米管在大应变、聚合物渗透和交联过程中均能保持良好的接触和渗透能力；通过控制具有适当表面张力的溶剂蒸发，为石墨烯薄膜提供可调的形态和孔结构，并促使其自组装为一维纤维结构，纤维厚度为20～50μm，具有良好的电导率和倍率性能，该特殊结构在催化剂载体、传感器、超级电容器和锂离子电池等方面展现了优异的性能；发展碳纳米管纺纱技术，实现具有出色轴向拉伸性能（高达285%）、稳定的弹性常数和导电性的弹簧状碳纳米管绳的可控制备，弹簧结构的拉伸性比纯碳纳米管纺丝线高20倍，同时能够保持良好的强度和导电性。

哈尔滨工业大学（深圳）慈立杰团队开发改进浮动催化化学气相沉积法连续制取碳纳米管和碳纳米纤维的合成手段，实现了批量化可控制备；证明了低密度垂直阵列碳纳米管极致的吸光性能，其研发的“最黑材料”被收录为2008年吉尼斯世界纪录；基于垂直阵列碳纳米管设计了高性能复合材料结构，通过堆叠垂直阵列碳纳米管和碳显微织物并渗透到环氧基质中形成三明治结构，其抗弯刚度和阻尼都得到了显著提高；通过聚合物辅助夹持碳纳米管管束，首次得到毫米级宏观长度多壁碳纳米管强度与模量的直接测量结果。

② 以新型碳纳米材料为基础在能源转化储存与功能器件等领域的应用研究方面，美国特拉华大学魏秉庆团队、清华大学韦进全团队、北京大学曹安源团队进行了大量设计研究工作，

并取得重要进展。

美国特拉华大学魏秉庆团队以碳纳米管膜为基础设计复合结构用于储能材料，设计了氧化锰 / 碳纳米管和氧化铁 / 碳纳米管复合膜结构用于构建全固态非对称超级电容器，承受应力下仍具有优异的循环性能、倍率性能，在可穿戴电子器件方面具有应用潜力；在钾离子电池方面进一步开发利用碳纳米管作为电极材料的性能，设计制作用亚微米碳纤维包覆碳纳米管的结构作为钾离子电池阳极以缓解充放电过程的体积膨胀造成的结构破坏现象，提高电化学性能的同时提供柔性特质。

清华大学韦进全提出了碳纳米管异质结太阳能电池模型，碳纳米管既作为光生载流子位点也作为载流子收集与输运层，以双壁碳纳米管作为能量转换材料构建了薄膜太阳能电池；逐步将碳纳米管基太阳能电池的转换效率提升至可实际应用水平；通过化学气相沉积法自组装具有三维互连结构的碳纳米管海绵，在选择性吸附领域展现了优异性能；开发了电化学沉积方法制备碳纳米管 / 聚吡咯复合纤维，并制成柔性、可拉伸的全固态纤维状超级电容器，展现了出色的电化学性能。

北京大学曹安源用碳纳米管薄膜包裹的以钛丝为支撑的氧化钛管阵列作为电极材料，得到高度柔性的染料敏化太阳能电池；在碳纳米管基太阳能电池方面做了大量优化改进工作，通过对碳纳米管 - 硅太阳能电池中微观结构的调控，实现了有效面积增加以及功能转换效率降低程度减小的效果，首次报道了面积大于 1cm^2 且具有实际应用水平的碳纳米管 - 硅太阳能电池；设计构建以多壁分层碳纳米管为基础的具有大孔体积、高电导率且结构可调的多孔块状海绵结构，解决了钾离子电池中碳电极大体积膨胀以及周期性钾离子脱嵌引起的结构不稳定问题，提高了钾离子电池的倍率性能与循环性能。

7.4 发展我国高纯度阵列碳纳米管的主要任务

清华大学团队研发碳纳米管可控制备 20 多年，首次实现了千吨级高质量阵列碳纳米管的批量制备，并在结构完美、超长高纯度碳纳米管的制备方面取得了一系列突破。

在碳纳米管的选择性可控制备方面，通过控制水平超长碳纳米管阵列生长条件，可控制备出选择性在 90% 以上的半导体碳纳米管，并验证了所制备的碳纳米管在 6cm 长度范围内各管层手性结构保持高度一致性。通过往碳纳米管的生长过程中通入微量的水，可以有效地保持催化剂的活性，进而提高碳纳米管生长的速率及长度。在此基础上，通过开发精密制备工艺，使催化剂失活概率降至以往的 1/1000 以下，首次提出了符合 Anderson-Schulz-Flory 分布的长度调控概念，制备出单根长度达 55cm 的超长碳纳米管，具有完美结构和全同手性。通过分析实验，发现了碳纳米管六元环结构的长程有序结构充当了其动力学伸长生长中的自组装模板，这一依靠原子模板自组装的生长过程由动力学控制且远离热力学平衡，因此不同碳纳米管之间微小的动力学差异都会在超过亿次乃至数十亿次的模板组装迭代中被放大并产生动力学筛选的效果，展现了分子进化特征。据此，依靠金属与半导体碳纳米管的不同带隙对催化剂活性的调制作用差异，制备了纯度高达 99.9999% 的半导体性水平阵列碳纳米管。设计具有一定规模的层状精密反应器并通过重复生长策略，实现高密度超长碳纳米管在 4 英寸晶圆表面的可控制备，并制备出目前世界上最长的 65cm 的碳纳米管。

在单根碳纳米管的可视化与力学性能研究方面，利用在碳纳米管上自组装二氧化钛纳米颗粒的技术，实现了单根悬空碳纳米管在光学显微镜下的可视化观测及其宏观尺度下的可控操纵，并利用该技术系统研究了单根结构完美碳纳米管的力学性能，其拉伸强度超过 100GPa，杨氏模量超过 1TPa，断裂伸长率达 17.5%。以上 3 个指标均达到或接近碳纳米管力学性能的理论极限值。进一步地，首次发现了大气环境下厘米级长度碳纳米管管层间的结构超润滑现象。通过将高密度超长碳纳米管气流组装成管束，首次制备出拉伸强度达到 80GPa 的超强碳纳米管管束纤维，接近单根碳纳米管的力学拉伸强度，并从理论上证明了对于含有无限数量的此类碳纳米管形成的管束而言，在保证其长度连续、结构完美、取向一致以及初始应力分布均匀的前提下，其拉伸强度仍可逼近单根碳纳米管强度，揭示了碳纳米管用于制造超强纤维的光明前景，为发展新型超强纤维指明了方向和方法。在碳纳米管的疲劳性能研究方面，团队开发了非接触式声学共振测试系统，用于研究碳纳米管的疲劳行为，揭示了碳纳米管长时间服役失效的微观机制，发现其抗疲劳性取决于温度，并且碳纳米管的疲劳断裂时间由第一个缺陷产生的时间决定，证明了碳纳米管用于制造超强超耐疲劳纤维的光明前景。

在碳纳米管的宏量制备与产业化方面，清华大学团队在多级纳米结构自组装形成多级聚团体技术方面积累了多年科学与工程经验，证明了在流体中微小扰动作用下，高长径比碳纳米管具有与飞行生物和水生生物挥翅、摆尾相似的动力学过程，团聚结构的形成满足斯特鲁哈尔数模型。随后，在由层流到湍流转捩过程中，这些纳米尺度的团聚结构利用熵最大所产生的熵驱动进行 Feigenbaum 非线性迭代组装，最终演化形成的以碳纳米管环为基元结构的多级碳纳米管团聚体具有超稳定结构。据此，通过载体的曲率设计控制高长径比碳纳米管在气流中的团聚行为，实现了碳纳米管在纳米聚团流化床中的宏量制备，解决了碳纳米管特别是结构可控的阵列碳纳米管宏量制备这一国际性工程难题。由该团队主持设计的千吨级纳米聚团流化床碳纳米管生产装置已在镇江投入运行，可生产纯度高于 97%的双壁、多壁、团聚及阵列碳纳米管。同时，该团队在国际上首次实现了碳纳米管在锂离子电池中的批量使用，目前已占到国产锂离子电池产品的 70% 以上，碳纳米管导电浆料年销售量上万吨，初步实现了碳纳米管大批量工业化应用。将纳米聚团流化床技术用于碳纳米管的批量制备是清华大学团队从实验室到工业应用的创造性实践，是与江苏天奈科技有限公司校企合作的成功典范。天奈科技有限公司于 2017 年申请碳纳米管国家标准，于 2019 年成为科创板首批上市公司，业已成为国内碳纳米管制备及导电浆料应用的龙头企业。

7.5 我国在该领域的未来发展重点

温室气体排放引起的气候变化业已成为当下全球重大的环境问题之一，并且引起了全世界的广泛关注。而控制碳的过量排放是缓解温室效应、保护生态环境的一种有效途径。在

“双碳”背景下，随着我国炼油产业朝着一体化、规模化、集群化方向发展，将工业能源回收并用来生产高附加值产品，如碳纳米管、碳纳米管复合结构等碳纳米材料，是未来炼化行业的重要发展方向，有助于带动整个行业的提质增效和转型升级。以我国为代表的一些亚洲国家在炼厂气催化转化制备碳纳米管方面取得了显著成效，但在高纯度阵列超长碳纳米管的可控制备方面仍面临关键性的技术瓶颈与挑战。

从世界范围内来看，生产碳纳米管的公司成规模的不多，碳纳米管粉体生产规模超过千吨级的公司极少，还谈不上靠生产规模形成优势，资本壁垒还不是很高。根据全世界公开报道的信息，韩国 LG 公司于 2020 年宣布了 1700 吨 / 年的多壁碳纳米管生产线计划，是少有的千吨级产能的公司之一。以国内来说，碳纳米管生产技术的开发大体经过第一代碳纳米管技术到第六代碳纳米管技术的发展过程。碳纳米管商品化的形态有薄膜、连续长纤维、粉体等多种形态，其中能实现百吨级以上工业化生产的只有碳纳米管粉体产品。国内目前较先进的碳纳米管百吨级宏量制备技术是第四代碳纳米管技术，碳纳米管比表面在 250 ～ 350m^2/g，堆密度为 0.01 ～ 0.02g/mL，平均管径为 8nm 左右，壁数平均为 6 ～ 8 层左右。然而，低维碳纳米材料存在易团聚、难分散、可加工性差、金属杂质难纯化等问题，这些难题长期制约了碳纳米材料的规模应用及宏观高性能体现。锂离子电池用导电浆料及复合材料是目前碳纳米管规模化应用的成功典范，高纯度阵列超长碳纳米管的宏量制备有望进一步提升产品质量并实现产业升级，未来的研究重点将聚焦在纳米碳的分散和特性匹配规律、纳米碳基网络和系统技术，进而有效提高活性材料的利用效率，推动碳纳米材料在动力电源、柔性储能、电子器件领域的应用（图 7-12）。

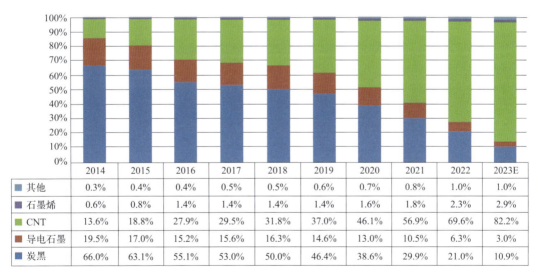

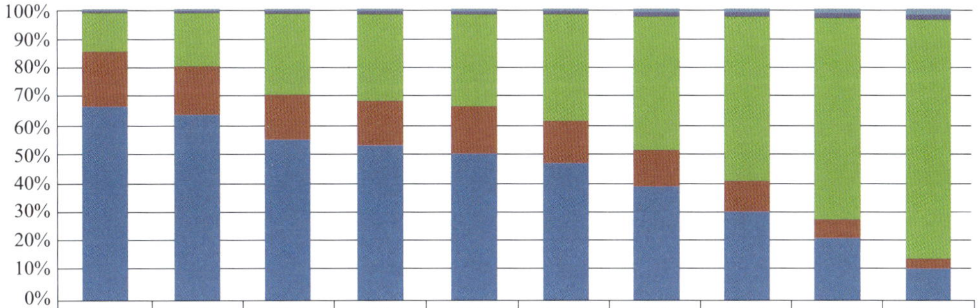

	2014	2015	2016	2017	2018	2019	2020	2021	2022	2023E
其他	0.3%	0.4%	0.4%	0.5%	0.5%	0.6%	0.7%	0.8%	1.0%	1.0%
石墨烯	0.6%	0.8%	1.4%	1.4%	1.4%	1.4%	1.6%	1.8%	2.3%	2.9%
CNT	13.6%	18.8%	27.9%	29.5%	31.8%	37.0%	46.1%	56.9%	69.6%	82.2%
导电石墨	19.5%	17.0%	15.2%	15.6%	16.3%	14.6%	13.0%	10.5%	6.3%	3.0%
炭黑	66.0%	63.1%	55.1%	53.0%	50.0%	46.4%	38.6%	29.9%	21.0%	10.9%

图 7-12　2014—2023 年中国动力锂离子电池用导电剂渗透率情况

另一方面，基于高纯度阵列超长碳纳米管构筑的碳纳米管纤维有望成为结构减重领域的下一代关键材料，与密度达到 2.7g/cm^3 左右的铝合金相比，由于碳纳米管纤维增强复合材料具有密度低（约 1.5g/cm^3）、强度高等特点，飞行器的复合材料结构部件重量可以大幅减少约 30%。重量的减轻和强度的提高意味着战斗能力的提升、航程增加或者运输能力提高。国防军工和航空航天等核心领域对于结构减重的重大需求，使高强高韧碳纳米管纤维有望成为下一代关键战略材料。

面对美国、日本等国家对我国高性能纤维技术和产品的封锁，以及我国高性能碳纤维制备技术的长期被动局面，自研以碳纳米管纤维为代表的新一代高性能纤维材料，实现在高性能碳基纤维材料领域的弯道超车，推动其在高强纤维、复合材料、导电导热材料、电磁屏蔽和光电储能织物方面的应用发展，有利于我国在航空航天、国防军工、能源环境、现代工业和柔性电子领域占领技术和产业高地，并可带动上下游产业，形成新的产业群和产业链（图 7-13）。

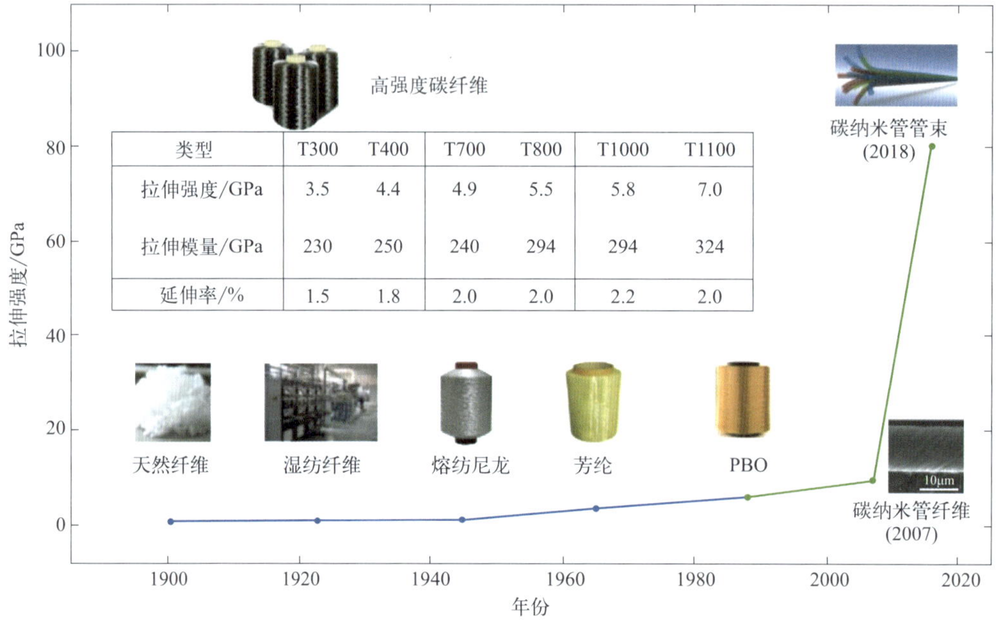

类型	T300	T400	T700	T800	T1000	T1100
拉伸强度/GPa	3.5	4.4	4.9	5.5	5.8	7.0
拉伸模量/GPa	230	250	240	294	294	324
延伸率/%	1.5	1.8	2.0	2.0	2.2	2.0

图 7-13　高性能纤维发展史

国内碳纳米管行业持续发展和沉淀 30 多年，早已靠市场拼搏走出产业探索期，后续将持续发力。完善的结构控制制备技术将成为碳纳米管基础研究和产业化应用中至关重要的一环。其中，理想的碳纳米管制备之路是将碳纳米管精细结构控制与宏量制备相结合，在降低碳纳米管生产成本的同时，提高其纯度，并建立碳纳米管产品标准。碳纳米管真正成为未来不可替代的材料还有很长的路要走，该领域仍然存在很多重要机遇。高纯度阵列超长碳纳米管在芯片、生物医疗、太阳能光伏电池、药物输送、无损检测、新能源、复合材料等领域会有更广阔的应用前景，会持续突破更多的大市场，成为一个千亿级市值的产业（图 7-14）。

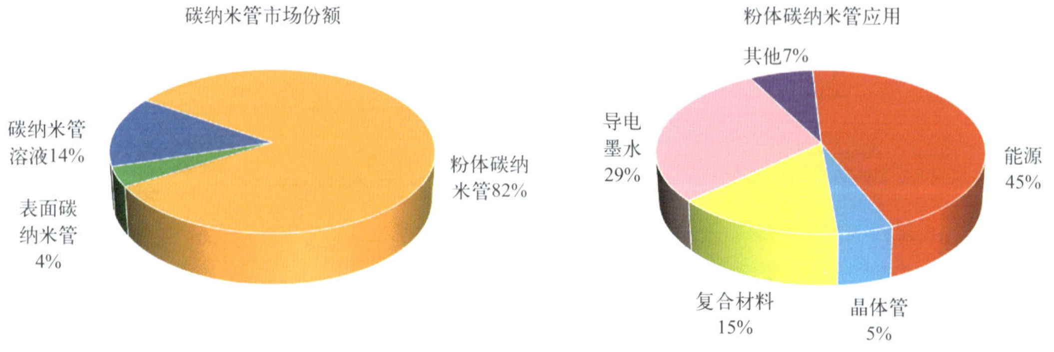

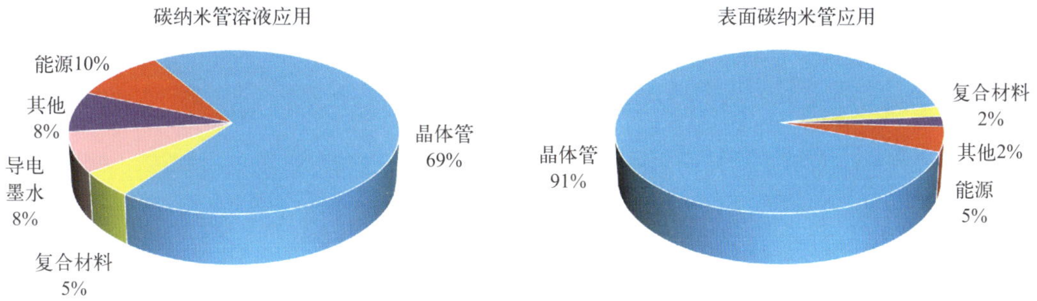

图 7-14　碳纳米管的市场份额及不同类型碳纳米管的应用领域

参考文献

作者简介

朱振兴，清华大学化学工程系助理研究员。主要研究方向为碳纳米材料的催化制备及其在力学、能源和电子器件的应用研究。在 *Nature Communications*、*Science Advances*、*Advanced Materials* 等国际期刊上发表 SCI 论文 20 余篇。授权中国发明专利 8 项，授权美国 PCT 专利 1 项。荣获北京市技术发明创新奖特等奖、北京市优秀毕业生等荣誉。作为技术骨干参与国家自然科学基金重点项目、科技部重点研发计划，作为负责人承担国家自然科学基金青年基金、中国科协青年人才托举工程、清华大学“水木学者”、清华 - 中石化联合研究院等项目。

张强，清华大学博士生导师，长聘教授。长期从事能源化学与能源材料的研究，提出了锂硫电池中的锂键化学、离子溶剂复合结构概念，并根据高能电池需求，研制出复合金属锂负极、碳硫复合正极等多种高性能能源材料，构筑了锂硫软包电池器件并在储能相关领域得到应用，取得了显著成效。曾获国家自然科学基金杰出青年基金、教育部青年科学奖、中国青年科技奖、北京青年五四奖章、英国皇家学会 Newton Advanced Fellowship、清华大学刘冰奖、国际电化学会议 Tian Zhaowu 奖。2017—2020 年连续四年被评为“全球高被引科学家”。

骞伟中，清华大学长聘教授，博士生导师，国家科技重点专项首席科学家，教育部新世纪优秀人才计划，侯德榜化工创新奖获得者，中国超级电容产业联盟副理事长，中国颗粒学会理事，能源颗粒材料专委会副主任，国家纳米专项重大研发计划研究骨干，北京市科委碳纳米材料先导计划负责人。专注于纳米碳纳米管可控制备、自组装控制、超级电容相关新材料开发与超级电容产业化研究。承担多项储能相关领域科技项目。发表 SCI 论文 160 余篇。第一发明专利授权 50 余项。获得国家奖 1 项、省部级一等奖 6 项。

魏飞，清华大学化学工程系教授，博士生导师，教育部长江学者特聘教授，任北京市“绿色化学反应工程和技术”重点实验室主任、中国颗粒学会能源颗粒材料专业委员会主任等职。致力于碳纳米材料、多相流反应、传递与流动技术在能源、资源及材料领域的应用研究。研究成果获国家科技进步奖二等奖、教育部自然科学奖一等奖、发明奖一等奖、中石化科技进步奖一等奖。在 *Science*、*Nature*、*Nature Nanotechnology* 等期刊发表论文 600 余篇，专著 4 部，SCI 引用 50000 余次。作为负责人承担或完成国家自然科学基金面上项目、重点项目、科技部重点研发计划等。

第 8 章

半导体碳纳米管

曹　宇　张志勇　彭练矛

8.1 半导体碳纳米管产业发展的背景需求及战略意义

8.1.1 半导体碳纳米管的概念与内涵

碳纳米管是二维单层石墨片卷曲而成的空心圆柱状一维结构，该结构主要由 C—C 的 sp^2 键所决定，这种独特的结构使得碳纳米管具有独特的性质：化学和电学特性极为稳定、机械强度极高、热稳定性极好，是一种基于一维电子输运现象的理想材料。

如图 8-1 所示，碳纳米管的结构可以由石墨片卷曲的螺旋矢量 $\boldsymbol{R}$ 来表征：

$$\boldsymbol{R}=n\boldsymbol{a}_1+m\boldsymbol{a}_2=(n,m) \tag{8-1}$$

式中，$\boldsymbol{a}_1$ 和 $\boldsymbol{a}_2$ 为石墨晶格点阵中的两个基矢；n 和 m 为整数。因此对于螺旋矢量为 $\boldsymbol{R}$ 的碳纳米管，结构指数（n,m) 完全确定，其卷曲方式或指数（n,m) 又称为碳纳米管的“手性”。有两种特殊手性的碳纳米管：当 m=n 时，为“扶椅型”；当 m=0 时，为“锯齿型”。碳纳米管的手性决定了其导电类型：当 $m-n$ 能够被 3 整除时，碳纳米管为金属型（可见，所有的“扶椅型”碳纳米管都是金属型的）；当 $m-n$ 不能被 3 整除时，碳纳米管为半导体型。因此，对于没有选择性直接生长出来的碳纳米管，三分之一为金属型，三分之二为半导体型。

碳纳米管的电输运性质与其能带结构密切相关。不考虑碳纳米管的曲率的影响，其能带可以看成石墨片能带被一个平行于波矢 $\boldsymbol{k}_y$ 方向的平面截成的许多子带，这些子带具有相对论的色散关系，满足公式

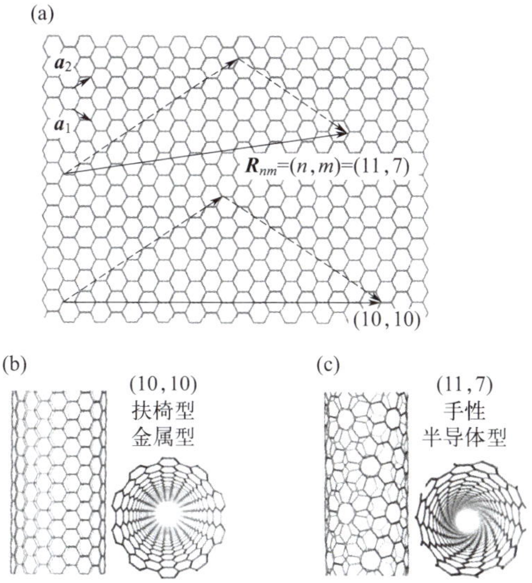

图 8-1　碳纳米管的晶格结构

（a）沿着不同的螺旋矢量可以将石墨片卷曲成不同手性的碳纳米管；

（b）、（c）手性分别为（10,10）和（11,7）的碳纳米管，前者为金属型，后者为半导体型

$$E_i(k)=\left[(hv_{\mathrm{F}}k)^2+\left(\frac{E_{\mathrm{g}}^i}{2}\right)^2\right]^{1/2} \tag{8-2}$$

式中，$v_{\mathrm{F}}\approx 8\times 10^5\mathrm{m/s}$，为石墨烯中电子的费米速度；$E_{\mathrm{g}}^i$为第 i 个子带之间的禁带宽度。对于金属碳纳米管，$E_{\mathrm{g}}^i=0$, $E_i(k)=\pm hv_{\mathrm{F}}k$。对于半导体碳纳米管，禁带宽度与碳纳米管的管径 d 成反比，其中，电子和空穴第一子带之间的禁带宽度为

$$E_{\mathrm{g}}\approx\frac{0.8\mathrm{eV}}{d(\mathrm{nm})} \tag{8-3}$$

自从 1991 年碳纳米管被发现以来，许多人预言半导体碳纳米管将成为未来电子学的主要构筑材料。最初人们主要看重的是碳纳米管的尺寸特性，单根单壁碳纳米管的直径一般在 1 ～ 3nm，这种天然的纳米尺寸非常适合制备纳米器件。一般器件加工只需要控制一个方向的尺寸就可以了。另外，由于量子限制效应，碳纳米管将在两个维度上丧失空间自由度，载流子只能沿轴向自由运动，因此是一种典型的一维半导体材料。在之后的二十年里，人们对半导体碳纳米管在纳米电子学方面的应用进行了大量深入的探索和研究，特别是基于碳纳米管的高性能场效应晶体管的研究。自从 1998 年第一个室温碳纳米管场效应晶体管被成功构建以来，碳纳米管电子学领域的主要研究工作集中在场效应晶体管器件及集成电路方面。通过这些探索，人们更加充分认识到了碳纳米管在电子学应用方面的优势。这些优势包括：

① 碳纳米管的一维结构大大减小了散射的相位空间，散射概率低，载流子迁移率高，载流子平均自由程长。实验数据表明，室温下，碳纳米管中载流子迁移率高达 $100000\mathrm{cm^2/(V\cdot s)}$ 以上，大约为硅的 100 倍（表 8-1）。我们知道，对于场效应晶体管，迁移率是一个非常重要的参数，在相同沟道长度下，载流子迁移率越高，器件速度越快。碳纳米管的载流子平均自

由程也非常高，一般来讲，室温下声学声子散射的平均自由程高达近 1μm，而光学声子在小偏压下不被激发，这意味着很容易将碳纳米管制备成室温弹道器件。另外，由于 C—C 键是自然界中最强的化学键，且热导率极高，因此碳纳米管能够承载极大的电流密度（高达 $10^9A/cm^2$ 量级），这保证了器件的电学和热学的稳定性。

② 碳纳米管表面没有悬挂键，这意味着载流子在输运过程中所经受的表面散射很少。传统的半导体材料，例如硅的表面存在大量悬挂键，为了减少这些悬挂键引起的散射，一般需要选择适当的介质材料来饱和悬挂键，因此栅介质材料的选择面比较小。对于硅而言，二氧化硅是栅介质的理想选择，而其他半导体材料如锗和Ⅲ～Ⅴ族半导体就没有适当的栅介质材料，因此制备场效应晶体管的难度非常大。由于碳纳米管表面无悬挂键，即便在栅电场强度很高时也不会引入很强的界面散射，这使得碳纳米管场效应晶体管（field effect transistor，FET）也可以广泛选择包括 SiO_2 在内的几乎所有栅介质材料来提高栅电极对沟道的控制能力。总而言之，碳纳米管与各种高 κ 栅介质材料均具有良好的兼容性。

③ 单壁碳纳米管为单层石墨片卷曲而成的直径很小（典型值 1 ～ 3nm）的圆筒，因此其载流子将被限制在一个非常薄的圆环中，更容易受到栅电极的调控。而且这种结构很容易被应用在环栅器件中，从而使栅极对导电通道的控制效果达到最佳，进而抑制“短沟道”效应。而传统硅基器件中尺寸缩减所遇到的最大障碍就是短沟道效应，即当器件沟道长度缩减时，源漏电极对沟道电势的影响变强，栅极因此丧失了对沟道电输运的控制权，导致场效应晶体管的失效。

④ 半导体碳纳米管能带结构中，导带和价带是对称的，因此电子和空穴具有相同的有效质量，因而具有相同的迁移率，这是其他所有传统半导体材料无法比拟的。在表 8-1 中，比较碳纳米管和几种主要传统半导体材料的电子和空穴迁移率可以发现，尽管Ⅲ - Ⅴ族化合物半导体中的电子迁移率也很高，但是空穴迁移率非常低，这就意味着如果用这些材料来做场效应晶体管，那么 n 型器件的性能可能会很好，但是 p 型器件性能则会很差，那么 CMOS 集成电路的性能会受限于 p 型器件。而对于碳纳米管，电子和空穴都具有相同的超高迁移率，因此 n 管和 p 管将具有相匹配的高性能，这将使 CMOS 集成电路的性能发挥至最佳。

⑤ 半导体碳纳米管还是直接带隙的半导体材料，因此吸收和发光效率远比硅材料好。再加上其天然的一维限制，激子能很大，因此半导体碳纳米管在光电应用方面有很大的潜在价值。结合其电学优势，可以同时在碳纳米管上实现 CMOS 集成电路、光电探测器、半导体激光器，进一步将实现基于碳纳米管的电子 / 光电子集成系统，比如集成电路的光互联，提高集成电路的性能。

⑥ 根据手性，碳纳米管可以分为金属型和半导体型的。半导体碳纳米管可以用来制备高性能功能器件，例如 FET，而金属碳纳米管可以用于器件间互连。当前的硅基集成电路中，互连成为阻碍尺寸缩减的一个重要因素，而金属碳纳米管由于尺寸小（1 ～ 3nm）、承受电流能力强（$10^9A/cm^2$）、无电致迁移，有潜力成为未来集成电路中的高性能互连导线。这样就可以用半导体碳纳米管做有源器件，金属碳纳米管做互连导线，从而制备全碳集成电路。而构成生物体的骨架元素也是碳，因此全碳电路具有先天的生物兼容性，将有可能嵌入到生物体尤其是人脑中，辅助人脑工作。

表 8-1 碳纳米管和几种主要传统半导体材料的电子和空穴迁移率

材料	硅 Si	锗 Ge	砷化镓 GaAs	砷化铟 InAs	锑化铟 InSb	碳纳米管
电子迁移率 /[cm^2/(V·s)]	1600	3900	9200	40000	77000	> 100000
空穴迁移率 /[cm^2/(V·s)]	430	1900	400	500	850	> 100000

8.1.2 发展半导体碳纳米管的背景需求

（1）国民经济需求 集成电路（IC）是现代电子信息技术的基石，广泛应用于工业、交通、通信、教育、航空航天、卫星遥感、娱乐、医疗、农业等国民经济的各个领域。2021 年中国的 IC 市场规模已达 1870 亿美元，但中国制造的 IC 价值仅为 312 亿美元，其中总部位于中国的公司贡献了 123 亿美元（39.4%），仅占中国 IC 市场的 6.6%（图 8-2）。与之相反，按照中国海关公布的 2021 年进出口情况，2021 年 1—12 月我国进口集成电路数量 6354.81 亿个，同比 2020 年的 5435 亿个，增长 16.9%；进口金额高达 27934.8 亿元人民币（约合 4397 亿美元），同比 2020 年的 3500 亿美元，增长 25.63%（图 8-3）。根据 IC Insights 预测，即使在 2026 年中国制造的 IC 增至 582 亿美元，也仅占全球 IC 市场总额（7177 亿美元）的 8.1%。即使为一些中国生产商的 IC 销售额增加显著加成之后，中国的 IC 生产到 2026 年仍仅占全球 IC 市场的 10% 左右。由此可见，在对于国民经济如此重要的芯片产业，我国面临着市场大、技术不强的现实问题，芯片自给率尤其是核心芯片的自给率低的重大问题（图 8-4）。

此外，半导体产业除了其显著的商业价值外，还关系到高科技领域的战略竞争格局，驱动引领全球资本和高端人才流动，关系到未来国家的核心竞争力。

半导体碳纳米管由于其优异的电学特性，90nm 技术节点性能可与硅基 28nm 技术节点性能相比拟、28nm 技术节点性能可与硅基 7nm 节点性能相比拟，使得我国可以利用目前能够

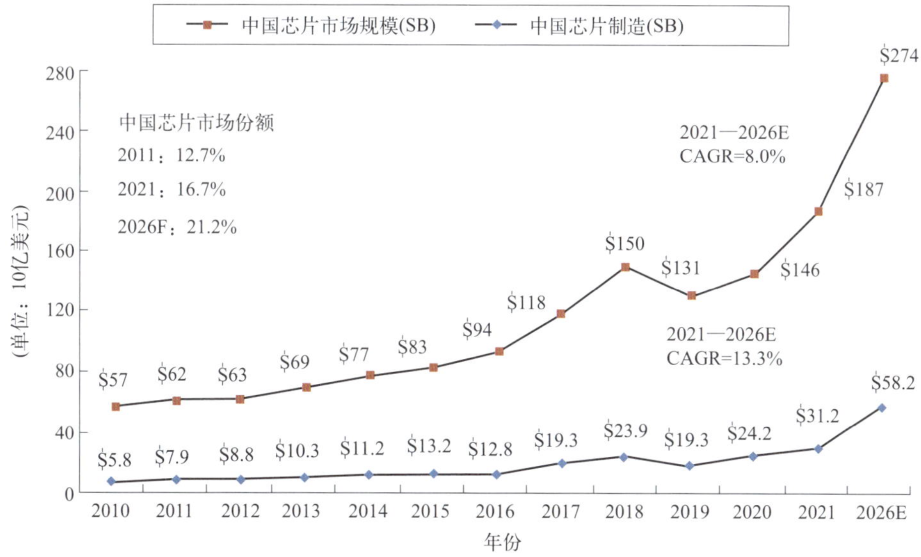

图 8-2 中国芯片市场规模和中国芯片制造趋势图

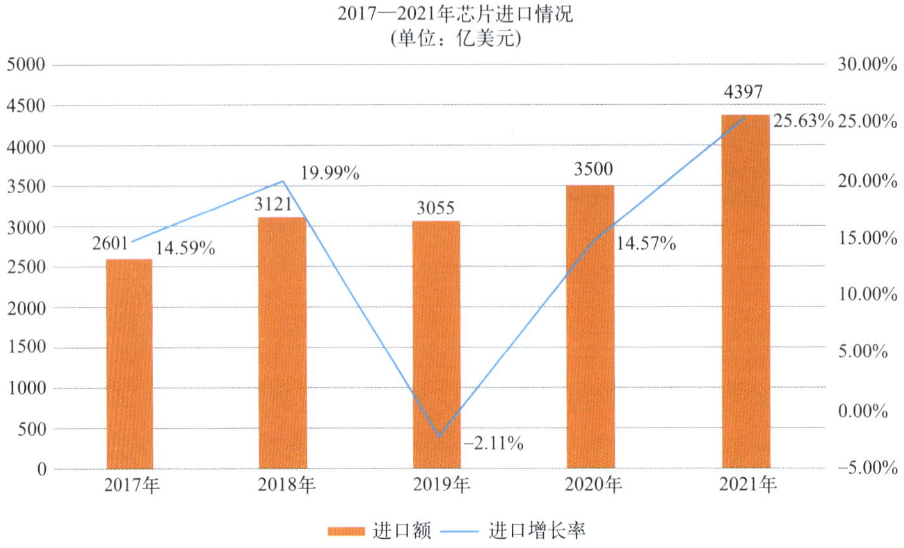

图 8-3　中国芯片进口情况

产业链环节	产品领域	细分领域	竞争格局	市场规模
前端产业	EDA	—	1%	114.67亿美元
	IP核	—	<2%	54亿美元
设计	计算芯片	CPU	<1%	—
		GPU	<1%	254.1亿美元
		FPGA	5%	75亿美元
		ASIC	—	—
	存储芯片	DRAM	<5%	620亿美元
		NAND FLASH	4%	490亿美元
		NOR FLASH	20%	27.64亿美元
	感知芯片	感知芯片	<10%	—
	射频通信芯片	射频芯片	<3%	超190亿美元
		通信芯片	<10%	超200亿美元
	能源芯片	电源管理芯片	<1%	330亿美元
		功率半导体	5%	430亿美元

图 8-4　中国电子行业芯片细分领域自给率

获取的半导体设备制造出相当一部分高端芯片，提高我国对高端芯片的自给率，缓解甚至解决我国在半导体产业面临的“卡脖子”问题。以 2021 年中国芯片进口金额 4397 亿美元估算，基于半导体碳纳米管的芯片能够替代自用 35% 部分 30% 的需求，就将形成约 500 亿美元（约 3500 亿元人民币）的市场规模，带动上下游行业产值规模可超 1 万亿元人民币。

从国内看，我国目前正处在改革发展的关键阶段，智能化、网络化、信息化和城镇化发展不断深入，需要强有力的半导体产业来促进经济结构的调整与制造业的升级，稳固国民经济发展，提高人均国民收入水平。在外部恶劣的环境下，培育发展我国自主知识产权、极具潜力的半导体碳纳米管技术迫在眉睫。集中资源进行产业突破，敢于创新、逆周期投资，出台一揽子专项，使半导体碳纳米管技术成为解决我国高端芯片领域“卡脖子”问题的撒手锏技术，必将推动经济社会发展和综合国力再上新台阶。

（2）电子信息产业需要 现代电子信息技术的基础是集成电路芯片，而构成芯片的器件单元几乎都是由硅基互补型金属氧化物半导体（CMOS）场效应晶体管（FET）组成。场效应晶体管就是一个电压控制电流源元件，通过栅极的调制，来控制源漏之间的电流大小，使其呈现开态和关态，由此定义逻辑 1 和逻辑 0。场效应晶体管的核心部分就是被栅极调制的沟道部分，传统的场效应晶体管的沟道是单晶硅。几十年来，产业界对于硅基 CMOS 器件发展策略是基于摩尔定律（Moore’s Law）不断缩小关键尺寸，提高集成度，从而实现功能更加强大、功耗更低、速度更快且成本更低的集成电路芯片。早期的 CMOS 发展相对简单，只需提升加工精度，根据等比原则简单缩减器件横向和纵向尺寸。但是进入 21 世纪后，维持摩尔定律需要不断引入新的结构和材料，比如在 90nm 节点开始推出应变硅（strained silicon）技术，从 45nm 技术节点使用高 κ 栅介质和金属栅技术，从 22nm 技术节点开始使用鳍型晶体管（FinFET）结构。可以说，场效应晶体管技术发展到今天，已然是一个由智慧集成的结晶，从最初发现时的简陋结构演变成如今的主流结构，已经经过了无数次的优化。发展到今天，CMOS 主流技术节点已经进入了 7nm，已经开始面临一个不可回避的事实：即将到达其物理和技术的极限。因此，进一步推进更先进的技术节点，遇到的技术难度将指数级增加，所需的成本也将剧增，而带来的芯片性能改进却很难达到预期，性价比反而会下降，从商业价值考虑，继续缩减硅基 CMOS 技术节点的意义已经远不如以前。2015 年，美国英特尔公司意识到不得不放弃传统的硅基 CMOS 技术工艺，并宣布会在 7nm 技术节点放弃用硅作为场效应晶体管的沟道，而转而寻找替代材料，并由此发展新的半导体集成电路技术。

一种有潜力作为下一代亚 10nm 场效应晶体管沟道的材料的选择需要极为慎重，应该从多个方面进行评估。首先，这种半导体材料必须足够薄或者足够细。众所周知，当晶体管沟道长度足够小的时候，栅极对沟道的调控将会显著地受到源、漏极的影响，如同源、漏极在和栅极争夺对导电沟道的控制权，从而导致晶体管的主要性能下降，这就是短沟道效应（short channel effect）。消除短沟道效应的一种有效方法就是增加栅电容，这也是 22nm 技术节点前普遍采用的主要策略：缩减栅介质厚度和采用高 κ 栅介质材料。但是由于量子隧穿效应的限制，栅电容改进的空间已经不大。另外一个方法就是将沟道变薄，沟道越薄就越容易受栅极控制，对短沟道效应的免疫力越强。因此，硅基集成电路中所采用过的 SOI 技术和 FinFET 技术就是将沟道减薄以抑制短沟道效应。其次，沟道材料的电子和空穴的迁移率都应该足够高。迁移率代表载流子在电场中的漂移速度的大小，对应晶体管的跨导和饱和电流等关键性能参数的潜力，本征迁移率更高的材料，其器件跨导更大，速度更快，也更容易实现更大的饱和开态电流。再次，半导体沟道材料应当具有较长的载流子平均自由程，更容易实现弹道输运，这是一种载流子在晶体管沟道中无损传输的最理想的模式，从而实现制备弹道晶体管，降低功耗。根据以上对各种有潜力的半导体材料进行考察，实际上会发现，可以选择的材料并不多。最后，这种材料应该是可以批量制备的，这是实现产业化的前提。半导体碳纳米管以其超小的尺寸（直径 1 ～ 3nm）、超高的电子和空穴的本征迁移率［大于 100000cm²/（V · s）］和超长的载流子平均自由程（一般大于 1μm）脱颖而出。

从器件物理性能角度分析，碳纳米管非常适合构建未来的小尺寸晶体管，因此，碳纳米管晶体管技术被认为有潜力成为下一代集成电路晶体管的替代技术，从而引起了广泛的关注和研究（图 8-5）。从 1998 年第一只基于碳纳米管的场效应晶体管出现至今，已经经历了二十多年的发展，其间凝聚了众多科研工作者的辛勤和汗水。

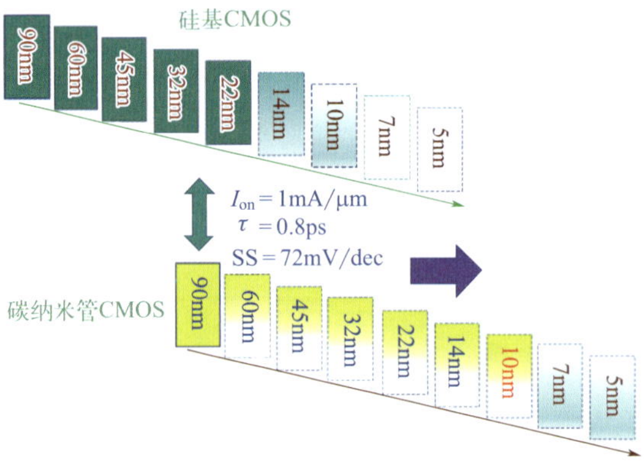

图 8-5　半导体碳纳米管与硅基 CMOS 技术节点对比

随着可移动智能设备、云存储和大数据处理器的广泛应用，快速发展的信息产业对未来半导体芯片和信息处理技术提出了高性能、低功耗和功能化的新要求。一方面，需要发展速度更快、能耗更低的半导体芯片；另一方面，需要规模化制备具有柔性、透光性、生物可兼容性新型芯片。半导体碳纳米管具有独特的电学、力学和光学特性，尤其是具有高迁移率、纳米尺寸、柔性、透光性和生物可兼容性等特性，被国际半导体技术路线图（International Technology Roadmap for Semiconductors，ITRS）和国际器件与系统路线图（International Roadmap for Devices and Systems，IRDS）认为是未来有望显现商业价值的下一代电子材料。半导体碳纳米管的主要科学和技术优势包括：

① 高能效（即高性能与低功耗）优势。碳纳米管材料载流子迁移率高、平均自由程长、本征电容小，因此在晶体管层面，碳基器件的性能功耗综合优势为传统晶体管的 5 倍（实验结果），如果上升到集成电路层面，碳基集成电路的性能功耗综合优势可达传统技术的 50 倍（理论仿真结果）。

② 芯片形态和功能丰富。由于碳纳米管材料具有优良的机械柔性、高透光性和基底兼容性，可以实现柔性、透明、瞬态（可消失）等特种碳基芯片，满足不同应用场景的需求。

③ 易于三维异构集成。碳纳米管集成电路加工温度低、工作功耗低，易于克服三维集成电路面临的主要挑战——热预算需求，因此更易实现三维异构集成。理论仿真结果表明，采用三维集成的碳纳米管集成电路较传统集成电路具有 1000 倍的性能功耗综合优势。集成度可比二维平面电路增加一个数量级。

④ 工艺流程短，成本低。碳纳米管晶体管通过控制载流子注入来提供载流子，无需掺杂过程，而且在微缩过程中对短沟道效应有很好的免疫，采用简单的平面器件工艺即可实现亚 5nm 晶体管，工序流程可缩短一半；碳纳米管技术具有良好的工艺兼容性，沿用现有的硅基集成电路加工装备，采用落后主流技术 3 代的硅基加工技术，可制备出同等性能和集成度的碳基芯片。

因此，半导体碳纳米管作为下一代高性能集成电路技术的理想材料，亟待技术上紧跟国际发展新趋势，实现颠覆性突破，以满足我国未来电子信息产业的需求。

8.1.3 发展半导体碳纳米管的战略意义

首先，半导体碳纳米管是最有望满足以高性能、低功耗和功能化为特征的未来半导体芯片和信息处理技术需求的新材料，引领着电子信息产业发展，对解决我国面临的高端芯片领域的“卡脖子”问题、促进我国经济结构的调整和产业转型升级有着重要意义。其次，我国拥有半导体碳纳米管技术自主知识产权，可有效降低我国国家安全和国防技术领域对国外技术的依赖程度，提升国家信息安全和国防建设水平。最后，半导体碳纳米管可带来的柔性、透明、生物可兼容性等新型芯片能够极大地改变人们的生活模式，激发新的消费热点，促进消费升级，提高国民收入水平。

8.2 半导体碳纳米管产业的国际发展现状及趋势

基于碳纳米管的电子器件的加工要求碳纳米管平铺在平坦的绝缘衬底上。目前用于器件和集成电路制备的半导体碳纳米管材料主要有三类：单根半导体碳纳米管、高密度半导体碳纳米管平行阵列和随机网络型碳纳米管薄膜，如图 8-6 所示。采用化学气相沉积（CVD）法

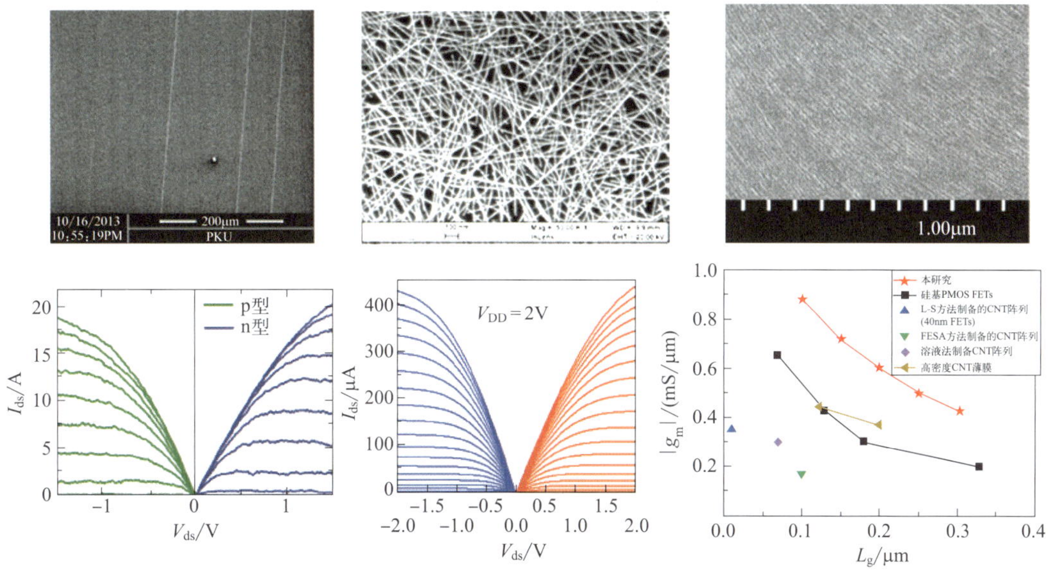

图 8-6　用于电子器件和集成电路制备的三种典型的半导体碳纳米管

生长在绝缘基底上的单根超长碳纳米管表面干净，质量高，但是手性和位置都不可控，因此适合制备高质量碳纳米管原型器件，用于测试输运特性或者进行性能潜力评估，无法满足大规模制备的需求。基于高纯半导体网状薄膜的碳纳米管，可以晶圆级规模制备，大范围内均匀性好，因此满足批量制备的要求，但是由于其无序性，无法发挥碳纳米管材料的本征优势，仅能满足中低性能的晶体管和集成电路应用。高纯度高密度碳纳米管阵列，能够同时满足高性能器件和晶圆级制备需求，是高性能碳基集成电路制备的理想材料。

碳纳米管高性能集成电路需要超高半导体纯度、顺排、高密度、大面积均匀的碳纳米管阵列薄膜，即密度达到 100 ～ 200/μm、半导体纯度超过 99.9999% 的碳纳米管平行阵列（如图 8-7 所示）。尽管过去 20 年里，学术界发展了多种制备、提纯、排列碳纳米管的方法，但是始终无法接近这个目标，材料的不理想使得碳纳米管晶体管和电路的实际性能远低于理论预期，甚至落后于相同技术节点的硅基技术至少一个量级。更为重要的是，如果要实现碳纳米管集成电路技术的工业化发展，必须具有晶圆级（8 英寸甚至 12 英寸）的碳纳米管阵列薄膜、碳纳米管管径分布窄、排列缺陷极少，因此，材料问题成为了碳纳米管电子学领域面临的最重要、最著名的技术挑战。

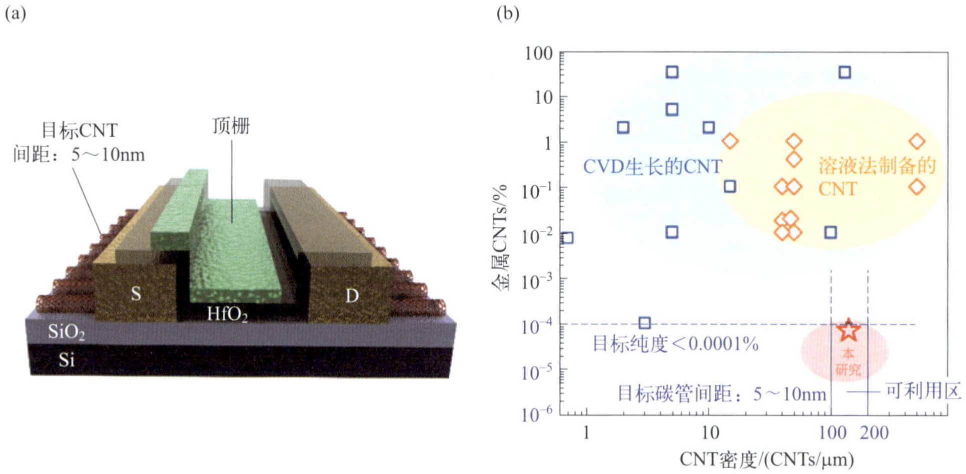

图 8-7　集成电路对半导体碳纳米管材料的基本要求

为满足高性能集成电路对碳纳米管阵列薄膜的需求，多年来研究人员从两种思路和途径朝着目标努力：CVD 直接生长法和基于高纯度半导体碳纳米管溶液的自组装。CVD 直接生长法最明显的优势就是可以直接在基底上生长出高质量碳纳米管。如何在绝缘基底上实现手性（或者导电类型）、取向、密度可控的碳纳米管阵列制备，一直是过去二十多年电子级碳纳米管 CVD 制备的研究热点。

国内外研究人员通过催化剂（例如碳纳米管片段、碳纳米管端帽、碳纳米圆环、高熔点催化剂）、气源（例如异丙醇碳源、甲烷碳源、乙醇碳源、水刻蚀源）、衬底（例如 ST 切向的石英衬底、蓝宝石衬底）、外场（例如电场）等的控制，可以在一定程度上控制 CVD 生长的碳纳米管的手性和取向度，但是最终得到的半导体纯度都无法满足集成电路的需求。在已经得到的碳纳米管平行阵列基础上，通过后处理方法去除金属型碳纳米管，从而得到纯度较高的半导体碳纳米管阵列是一种被广泛采用的思路。多年来，基于这种生长后处理方法来解决半导体型碳纳米管提纯已经有很多研究人员做了很多尝试。然而，单独通过光学、化学和电学方法对碳纳米管阵列进行处理时，都会无意间带来许多不良后果，比如去除金属碳纳米管不彻底，或者对半导体型碳纳米管的损伤，造成其跨导、饱和电流的大幅度下降等。在诸多方法里面，电学烧断（electrical breakdown）是一种值得提及的方法，其核心思路是通过栅压调制，使得金属型碳纳米管处于开态，而保持半导体碳纳米管处于关态，这样在较高源漏偏压下，金属型碳纳米管就因为在空气中发热而被氧化了，而半导体碳纳米管由于处于关态无电流不发热，所以就得以保存下来。但是这种方法也会造成对半导体碳纳米管的明显损伤，导致器件性能明显下降。

2013 年，伊利诺伊大学香槟分校的 John Rogers 等发明一种优化的半导体碳纳米管阵列提纯方法，其核心是在原有碳纳米管阵列上，覆盖一层有机物热敏材料，通过施加适当的栅压和偏压让金属碳纳米管产生大的电流，让其发热，使得其上面的热敏胶蒸发，再通过简单的氧等离子刻蚀将露出的金属碳纳米管刻掉。这种方法的好处是选择性高，对半导体碳纳米管的损伤小。但是也存在一定的局限，比如能够有效去除金属碳纳米管的阵列的密度不能过大，存在密度阈值，该阈值和沉积的热敏材料的厚度直接相关。总的来说，采用 CVD 方法生长碳纳米管阵列后进行提纯的方法现在依然处于不成熟的阶段，尚无法满足大规模集成电路制备的需求。

基于高纯度半导体碳纳米管溶液自组装碳纳米管阵列，首先需要解决的问题是从电弧放电法、激光烧蚀法等合成的碳纳米管原材料中选择性分离高纯度半导体碳纳米管。常用的方法是将单壁碳纳米管分散在溶液中，并通过表面活性剂、DNA 或者聚合物分子选择性修饰半导体碳纳米管，再利用梯度密度离心的方法得到高纯度半导体碳纳米管溶液。碳纳米管的溶液法提纯技术经历二十余年的发展，取得了长足的进步。研究者们也开发出很多种提纯方法，这些提纯方法从分散剂和碳纳米管作用方式上来讲，可以分为两类：共价分离和非共价分离。其中共价分离的方法会在碳纳米管上官能团化，并且需要预先对碳纳米管进行破坏性处理，这样对碳纳米管本身完美的晶格结构形成破坏，从而改变了碳纳米管本身完美的电学性能，因此很少能应用在高性能碳纳米管光电器件中。非共价分离方法基于的原理是半导体碳纳米管在溶液中受到非共价包裹修饰，利用碳纳米管或者包裹物与分离介质之间的相互作用进行分离。非共价分离方法可以分为两大类：基于水相的分离和基于有机相的分离。其中，基于水相的分离方法主要包括柱色谱法、密度梯度离心法、双水相萃取法等，已经得到了广泛而深入的研究，在碳纳米管的手性选择上具有很大的优势；而基于有机相的分离方法相对较新，但是在半导体碳纳米管的提纯上表现出很大的潜力。

柱色谱法、密度梯度离心法和双水相萃取法属于基于水相的分离方法，起初都是被应用在生化领域，主要用来提取分离生物分子和化学分子。后来，这些方法被成功运用到了碳纳米管的分离上。在碳纳米管的分离上主要依据的原理就是不同导电类型的碳纳米管在不同填料或者介质中悬浮能力有差异。

早在 1998 年，德国海森堡大学的 G.S.Duesberg 等就利用排阻色谱分离出不同长度的碳纳米管。2003 年，美国国家标准与技术研究院的郑铭教授发现利用单链 DNA 包裹碳纳米管，用阴离子交换色谱分离出不同导电类型的碳纳米管。2009 年，他们又成功实现了 12 种单一手性的碳纳米管分离。日本的 Kataura 组在凝胶色谱柱分离方面取得了重要的突破，他们通过调节各项工艺参数，不仅可以把金属碳纳米管和半导体碳纳米管分开，还能分离出不同手性的碳纳米管。2006 年，美国西北大学的 Hersam 课题组就采用密度梯度离心的方法筛选出了不同管径分布的碳纳米管，开创了密度梯度离心法分离碳纳米管的先河。后来莱斯大学的 R. Bruce Weisman 课题组提出非线性密度梯度离心的概念，分离出 10 种不同手性的碳纳米管。2013 年，美国国家标准与技术研究院的郑铭教授采用双水相萃取的方法成功分离了金属碳纳米管和半导体碳纳米管，并且紧接着在 2014 年又利用此方法分离出了不同手性的碳纳米管。图 8-8 分别是柱色谱法、密度梯度离心法和双水相萃取法获得的不同手性的单壁碳纳米管。

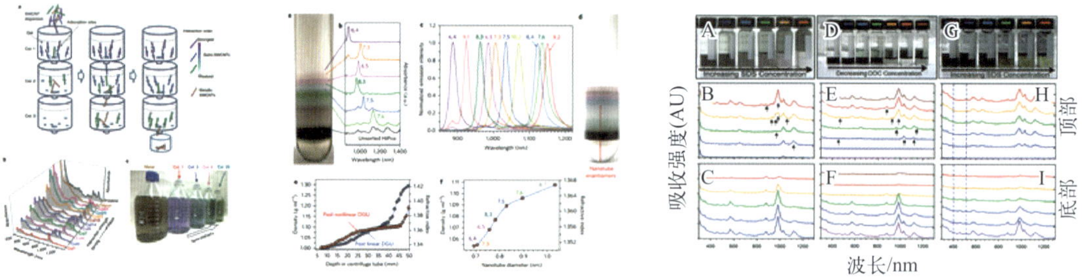

图 8-8　柱色谱法、密度梯度离心法和双水相萃取法获得的不同手性的单壁碳纳米管

虽然基于水相体系的这些分离技术在碳纳米管的管径选择、手性选择和长度选择上具有明显的优势，但是也存在两个明显的缺点：分散过程中强烈、长时间的超声使得碳纳米管变得很短（通常小于 1μm），而且使得表面缺陷很多；对半导体碳纳米管的选择性不够强，利用这些方法提纯的半导体碳纳米管纯度一般不会超过 99.9%。这两个致命的缺点导致利用水相体系的这些分离技术获得的碳纳米管，并不适合应用在高性能电子器件中，反而在生物光电传感领域展现出了较大的潜力。

碳纳米管表面是一个疏水的表面，而大多数有机溶剂又对疏水性材料有良好的浸润效果，这就为碳纳米管在有机体系中的分散提供了良好的基础。有机体系半导体碳纳米管的分离研究中，分散剂通常会选取共轭小分子或者共轭聚合物，共轭分子上的共轭骨架会与碳纳米管通过范德华力相互作用，从而达到分散的目的。其中，共轭聚合物对半导体碳纳米管提纯效率一般要高于共轭小分子，所以大部分研究集中在共轭聚合物对半导体碳纳米管的选择性上。共轭聚合物的结构、有机溶剂种类、物料比、分散程度和离心程度等这些条件都会影响到最终分离出的半导体碳纳米管的纯度。

共轭聚合物的结构对半导体碳纳米管的选择起着决定性作用。其中，共轭聚合物的共轭骨架、烷基链和分子量是共轭聚合物分子结构设计里最重要的环节。共轭聚合物的共轭骨架上的 π 电子云可与碳纳米管表面的 π 电子云相互作用，从而以晶格匹配（或者能量匹配）的方式缠绕在碳纳米管表面，这种匹配的过程其实也是一个对碳纳米管种类筛选的过程。共轭骨架的选择一般集中在芴、咔唑、噻吩、吡啶、苯等具有 π 电子云的共轭单元上，这些共轭单元可以自身聚合形成均聚物，也可以交替组合形成共聚物。不同的共轭单元组成的共轭聚合物对碳纳米管的选择性不一样，主要体现在共轭聚合物中的共轭单元与碳纳米管晶格的匹配程度，以及对碳纳米管作用力大小的不同。共轭聚合物上的烷基链可以与有机溶剂相互作用，保证筛选出的碳纳米管在溶剂里具有一定的悬浮能力，最终影响半导体碳纳米管产率，同时由于悬浮性的改变，也导致最终筛选出的半导体碳纳米管种类的富集程度有所差异。共轭聚合物的分子量（链长度）对半导体碳纳米管的产率和选择性也有一定的影响。一般认为，在允许范围内，共轭聚合物分子量的增加会使得半导体碳纳米管的产率增加，并且拥有较高分子量的共轭聚合物对半径较小的半导体碳纳米管有更强的选择性。

2011 年，斯坦福大学的鲍哲楠教授课题组利用噻吩作为共轭骨架，通过调节改变烷基链的位置和长度，筛选出了适合提纯半导体碳纳米管的聚合物，并且把提纯出的半导体碳纳米管应用在薄膜晶体管上，并且晶体管表现出了良好开关性能。2014 年美国威斯康星大学的 Arnold 课题组利用芴和联吡啶组成的共聚物获得了纯度为 99.98% 的半导体碳纳米管，并且利用提纯的半导体碳纳米管制备出碳纳米管平行阵列，使得晶体管表现出的性能有了质的提高。2016 年，鲍哲楠组又开发出了含有亚胺键的共轭聚合物，虽然当时报道的半导体碳纳米管纯度只有 99.7%，但是后续经过提纯工艺的优化后，半导体性碳纳米管的纯度达到了 99.997%。图 8-9 是能够高效提纯半导体碳纳米管的分子。

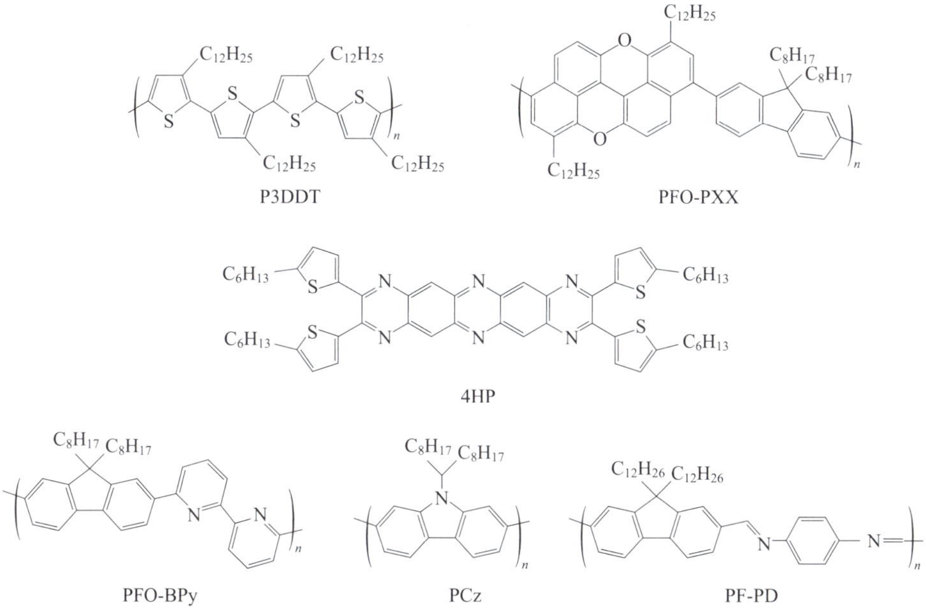

图 8-9　能够高效提纯半导体碳纳米管的分子：P3DDT，PFO-PXX，4HP，PFO-BPy，PCz，PF-PD

这种通过高纯度半导体碳纳米管溶液直接将碳纳米管沉积到基底上的方法可以制备碳纳米管网状薄膜。这类碳纳米管薄膜实际上是由很短的碳纳米管通过结（junction）的形式相互连接而成，基于此类材料的晶体管所采用的导电沟道长度一般远大于薄膜中单根碳纳米管的平均长度。这就意味着载流子从器件的源极到漏极需要经过多根碳纳米管，而只要中间有一段碳纳米管是半导体型的，这个器件就可以呈现明显的场效应。一般随机生长的碳管中出现半导体型的概率是 2/3，金属碳纳米管存在的概率是 1/3。如果一个器件沟道中平均由 n 段碳纳米管组成，那么整个器件完全是金属碳纳米管的概率为 1/3n，如果碳纳米管中半导体型比例较高，通过调整沟道长度或者碳纳米管平均长度，完全有可能实现合格率百分之百的有足够开关比的碳纳米管晶体管。

随机网状薄膜性能均匀，而且降低了器件对碳纳米管半导体比例的要求，但却存在两个问题：一是由于载流子从器件的源极到漏极要经过多个碳纳米管 - 碳纳米管隧穿结，导致其有效迁移率被极大降低；二是器件尺寸无法缩小，这是因为碳纳米管薄膜器件的电流开关比随着沟道长度的缩小而降低，当器件栅长缩减到 2μm 时，电流开关比小于 100，因此无法再进行缩减，这意味其器件速度和集成度都无法再提高。碳纳米管网状薄膜器件的这两个弱点决定了这类随机网络碳纳米管器件无法满足高性能集成电路的需求。

采用高纯度的半导体碳纳米管溶液，通过基于 Langmuir 膜的碳纳米管自组装技术、基于沟槽限制的碳纳米管自组装技术和基于蒸发原理的碳纳米管自组装技术，可以制备有取向的高密度碳纳米管薄膜，从而制备集成电路用高性能碳纳米管器件。无一例外，这些主流的碳纳米管自组装技术全部来自美国。近年来，随着提纯技术的改进，半导体碳纳米管溶液纯度越来越高，极有可能实现高性能集成电路用半导体碳纳米管阵列，从而满足未来高性能超大规模集成电路的材料需求。

20 世纪 30 年代，Langmuir 和 Blodgett 两位科学家成功将双亲性分子在水 - 空气界面的单分子层组装，并且将组装后单分子膜通过垂直提拉的方式转移到固体基底上，这种制备单分子层薄膜的方法被称作 Langmuir-Blodgett 膜技术，简称 LB 膜技术。后来 Schaefer 改变单分子膜向基底转移的方式，即由垂直提拉方式变为水平吸附的方式，被称作 Langmuir-Schaefer 膜技术，简称 LS 膜技术。后来，LB 膜和 LS 膜技术逐渐成为一种通用的技术，不仅用在双亲性分子自组装上，还被经常用在非双亲性分子或者材料上，比如高分子聚合物、生物分子、富勒烯以及一维材料上。2007 年，斯坦福大学的戴宏杰教授课题组首次利用 LB 膜技术在（1×1）in^2 的面积上实现了非共价包裹的碳纳米管阵列薄膜的制备，碳纳米管密度在 40 根 / 微米左右。2013 年 IBM 的曹庆等首次把 LS 膜技术应用在了碳纳米管自组装中，碳纳米管密度高达 500 根 / 微米。遗憾的是，这两种薄膜自组装技术都没能把碳纳米管密度控制在集成电路所需的理想值 100 ～ 200 根 / 微米，并且所用的碳纳米管溶液中半导体纯度最高只有 99.9%。这种方法制备出的碳纳米管薄膜距离集成电路的要求还很远。图 8-10 分别展示了 LB 膜提拉设备和 LS 膜碳纳米管自组装流程。

图 8-10　LB 膜提拉机设备和 LS 膜碳纳米管自组装流程

基于沟槽法的碳纳米管自组装技术的核心在于沟槽的构建以及沟槽内部的选择性修饰。这种方法起初由 IBM T. J. 沃森研究中心开发，后来斯坦福大学的戴宏杰教授也对此方法进行了研究。但是，这种方法一直以来有两个致命的缺陷：沟槽内部的碳纳米管并不是严格意义上的平行排列，而是大多数碳纳米管之间会相互错乱搭接；由于碳纳米管只能沉积在沟槽内部，碳纳米管覆盖的有效区域非常小，大多情况下覆盖率低于 30%，远远达不到集成电路所需材料的要求。图 8-11 展示了沟槽法碳纳米管自组装。

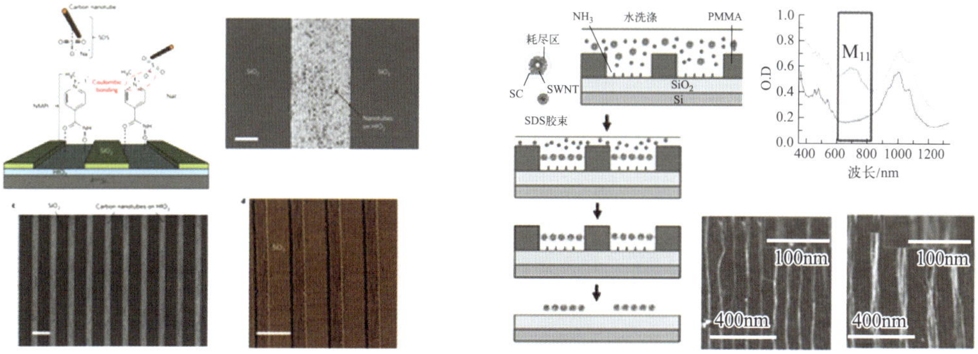

图 8-11　沟槽法碳纳米管自组装

哈佛大学孙伟等在 *Science* 上的文章报道了他们利用脱氧核糖核酸（DNA）构建了具有等间距的阵列结构的沟槽，沟槽底部在 DNA 模板构建时会针对性地设计延长的 DNA 单链作为“抓手”，随后再对碳纳米管表面进行单链 DNA 修饰，使这些经过修饰的碳纳米管能够与沟槽底部的“、抓手”配对，精准地被限制在由 DNA 构建的沟槽中，获得了密度为 40 ～ 120 根 / 微米的碳纳米管阵列。这种方法要想将来应用在集成电路中，需要克服三个关键点：DNA 对半导体碳纳米管的提纯效率，目前大部分报道的基于 DNA 提纯的半导体碳纳米管纯度只有 99%，远低于集成电路对纯度的要求；晶圆级范围内，DNA 模板的组装同样面临巨大的挑战；DNA 价格非常高昂，产业化会面临严峻的成本问题。图 8-12 展示了 DNA 模板的构建以及碳纳米管在沟槽内的组装。

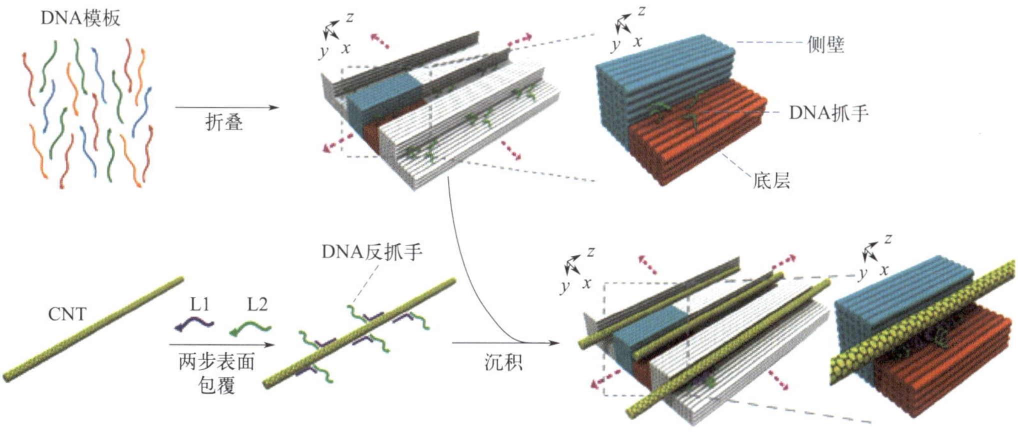

图 8-12　DNA 模板法组装碳纳米管示意图

由溶剂蒸发驱动的碳纳米管自组装技术起初也是由 IBM T. J. 沃森研究中心开发的。他们利用密度梯度离心法获得纯度为 99% 的半导体碳纳米管溶液，通过溶剂（水）蒸发作用，碳纳米管在气 - 液 - 固三相界面组装排列，获得了密度为 10 ～ 20 根 / 微米的碳纳米管阵列。基于蒸发原理的自组装技术后经美国威斯康星大学 Arnold 教授等的改进，发展出了一种叫浮动蒸发的自组装技术（FESA），其适用于有机体系的碳纳米管溶液，并且制得的碳纳米管密度达到了 50 根 / 微米。这种技术本身固有的缺陷也导致其不能满足集成电路的要求：基于蒸发原理获得的碳纳米管阵列薄膜呈现条带状，仅仅条带里的碳纳米管是排列的；碳纳米管密度也不够高，远低于集成电路对碳纳米管密度的要求。2021 年，Arnold 教授改进了 FESA 开发出二维向列切向流自组装技术（2D TaFISA），实现在 4 英寸晶圆上制得连续的碳纳米管阵列薄膜，也满足了集成电路对碳纳米管密度的要求。图 8-13 展示了 2D TaFISA 的流程。

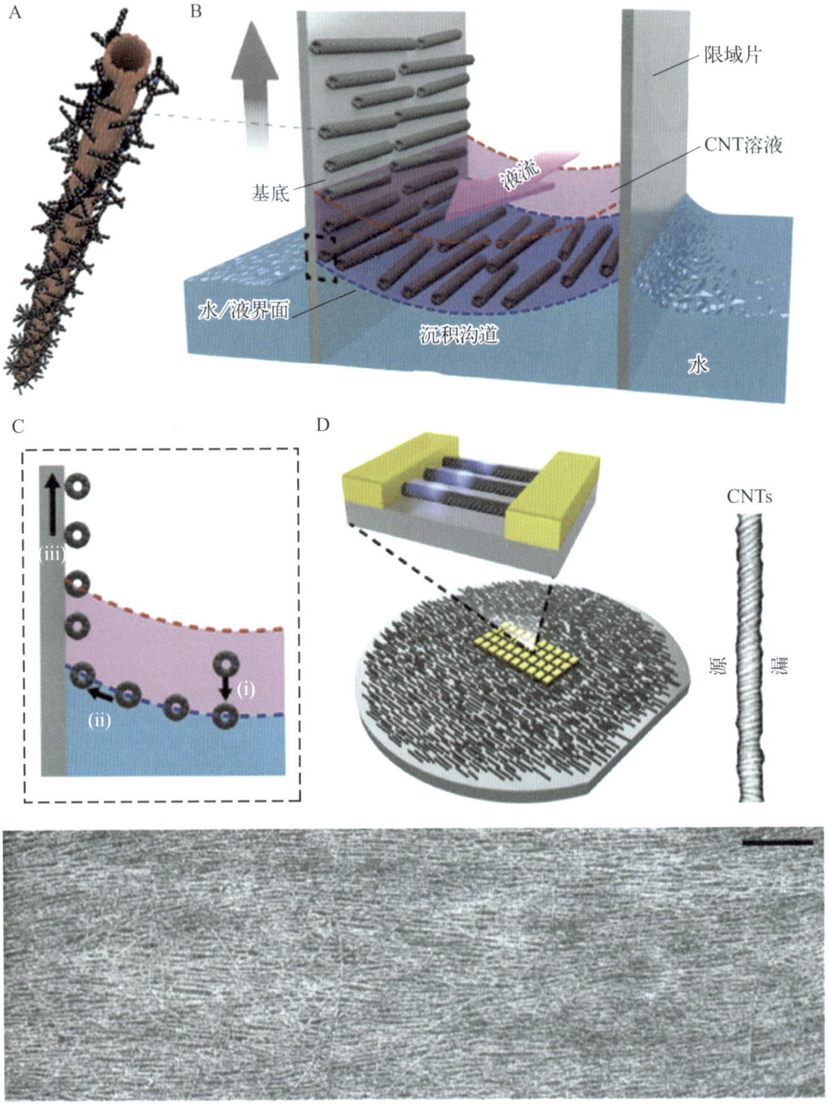

图 8-13　2D TaFISA 碳纳米管自组装流程

基于半导体碳纳米管应用于半导体产业的巨大潜力和工程化前景，美国国防高级研究计划局（DARPA）对半导体碳纳米管产业进行了重点支持。依靠美国半导体上下游全产业生态链优势，DARPA 迅速整合了美国主要半导体碳纳米管研究团队和业界以 Skywater 和 ADI 为代表的芯片制造企业进行碳基集成电路的工程化攻关，走通了半导体碳纳米管材料、器件、设计和电路的全工艺生产线，制备出了功能可用的 RISC-V 处理器。这一由 14000 只碳纳米管晶体管构成的16位RISC-V微处理器，虽然采用的工艺技术节点比较落后（晶体管尺寸大），材料纯度低，集成电路性能很差，主频（不足 1MHz）远远低于目前商用 CPU（3 ～ 5GHz），但标志着碳基技术从实验室走向工程化，有望通过对碳纳米管材料和器件加工技术进行更进一步的探索和优化，实现高性能的碳基 CMOS 技术。

8.3 半导体碳纳米管产业的国内发展现状

我国的半导体碳纳米管产业发展较早，在各科技计划的支持下，对于碳纳米管的基础和应用研究方面开展了大量的工作，在碳纳米管 CVD 可控生长技术、高纯度碳纳米管溶液制备技术、碳纳米管阵列薄膜制备技术等方面取得了突出的研究成果。

在碳纳米管 CVD 可控生长技术方面，2007 年，北京大学李彦教授团队发明了一种“放风筝”的生长方式，采用化学气相沉积法，用气流控制碳纳米管的生长方向，建立了高效的批量化制备高质量单壁碳纳米管阵列方法，可以生长出 3cm 甚至更长的稀疏碳纳米管阵列，管间距一般为几微米到数百微米，如图 8-14 所示，这种材料适于制备单根碳纳米管的晶体管以及简单的集成电路。北京大学张锦教授团队提出了“特洛伊”催化剂的概念，解决了催化剂聚集的难题，实现了密度高达 130（局部大于 170）根 / 微米碳纳米管水平阵列的生长，但是很难在生长中直接控制碳纳米管手性制备出全半导体碳纳米管。2013 年，北京大学李彦教授课题组发展了一类钨基合金催化剂，其高熔点的特性确保了单壁碳纳米管在高温环境下的

图 8-14　基于“放风筝”原理的 CVD 方法生长的超长碳纳米管

生长过程中保持晶态结构，其独特的原子排布方式可用来调控生长的碳纳米管的结构，从而实现了单壁碳纳米管的结构 / 手性可控生长（图 8-15）。利用这种方法生长出了含量高于 92% 的（12,6）型碳纳米管。通过改变催化剂制备条件，获得了（1010）晶面富集的 Co_7W_6 催化剂，利用（1010）晶面作为生长模板，实现了纯度 95% ～ 97% 的（14,4）型碳纳米管的选择性生长；在进一步用水蒸气处理后，（14,4）碳纳米管的含量可进一步提高到 98.6%，而半导体碳纳米管的含量则高达 99.8%。然而，这种生长方式得到的碳纳米管是在基底上随机分布的无取向薄膜，无法满足集成电路制备的需求。2017 年，北京大学张锦教授团队结合了催化剂设计与基底诱导生长，选用碳化钼为催化剂，制备了纯度高达 90%，结构为（12,6）的金属碳纳米管水平阵列，密度为 20 根 / 微米。他们还用碳化钨做催化剂，制备了结构为（8,4）的半导体碳纳米管水平阵列，其纯度可达 80%。

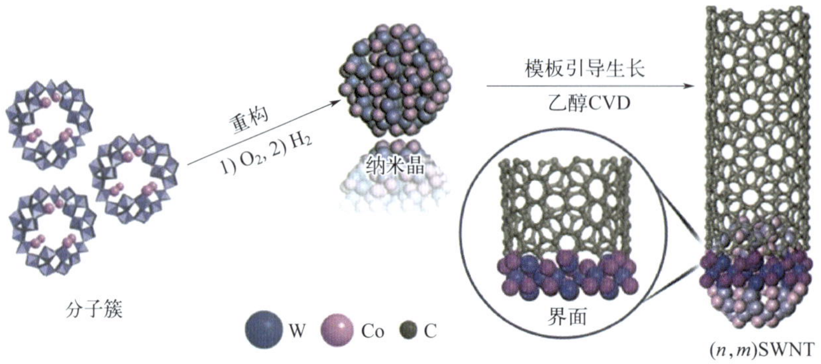

图 8-15　基于催化剂设计选择生长单手性碳纳米管

在高纯度半导体碳纳米管溶液制备技术方面，基于水相体系，北京大学李彦教授团队针对 DNA- 碳纳米管在双水相体系中首次发现 PEG 和 DX 相对分子质量对分配的影响，在新开发出的 PEG/DX 双水相体系中，首次实现了由单个 DNA- 单壁碳纳米管分散液经多步双水相分离得到 4 种单一手性的碳纳米管，极大地提高了双水相体系中 DNA- 碳纳米管的多步分离结果，促进了对单壁碳纳米管手性分离机理的认识。中国科学院物理研究所解思深院士和刘华平研究员团队长期从事凝胶色谱法分离碳纳米管的研究。早在 2010 年，刘华平研究员等率先利用凝胶色谱技术通过分步洗脱实现了不同直径半导体碳纳米管的分离。此后发展了过载技术和温度调控法实现了多种近单一手性碳纳米管的分离，并提高了单一手性碳纳米管的分离效率，单一手性（6，5）和（6，4）碳纳米管实现了次毫克量分离。近年来，该团队进一步创造性地发展了基于多种表面活性剂体系的凝胶色谱技术，实现了单一手性碳纳米管镜像体的多种类分离和自动化宏量分离。基于聚合物体系，中国科学院苏州纳米与仿生研究所（简称中科院苏州纳米所）李清文研究员团队发展了共轭聚合物高分子，实现了高效的高纯度半导体碳纳米管选择性分离，又系统比较了咔唑和芴单元构成的聚合物对提纯半导体碳纳米管的影响，利用设计合成的聚咔唑把半导体碳纳米管的纯度提升到 99.9%，并且在 2 英寸的基底上制备了碳纳米管网络薄膜，晶体管性能表现出良好的均匀性。中科院苏州纳米所崔铮研究员等发展了以聚芴为基本单元的一系列高分子并用于半导体碳纳米管的提取，还报道了含二苯甲酮基团的光敏性芴类交替共聚物，通过溶液法获得了产率明显提高的半导体碳纳米管。北京大学彭练矛院士团队利用 PCz 聚合物包裹提纯技术对半导体碳纳米管进行重复分离制备的半导体碳纳米管纯度高达 99.9999%。北京大学雷霆研究员团队针对分离碳纳米管的分散剂去除问题，开发了一种基于氢键的超分子分散剂，实现了在选择性分离后可逆去除超分子分散剂，获得了高质量无杂质的高纯度半导体碳纳米管。

在碳纳米管阵列薄膜制备技术方面，2018 年，北京大学彭练矛 - 张志勇团队提出了一种基于定向收缩转移的方法，实现了全基底覆盖的高密度高纯度半导体碳纳米管平行阵列制备，将自由沉积的随机取向碳纳米管薄膜转移到定向拉伸的弹性薄膜上，然后收缩薄膜，即可实现碳纳米管取向排列，而且随着收缩倍数的增加，碳纳米管薄膜的取向度和密度随之增加，经过 4 倍收缩排列的碳纳米管薄膜具有良好的排列取向性。此后，该团队从单晶硅的提拉技术中获得启发，首创性地开发了专门针对碳纳米管自组装的方法。首先，半导体碳纳米管从溶液中（三维空间）被吸引到双液相界面（二维平面），然后再把双液相界面上的碳纳米管通过提拉的方式慢慢转移到固 - 液 - 气分界线上（一维分界线）。另外，通过控制碳纳米管在溶液中的含量，可以调控碳纳米管阵列薄膜的密度（100 ～ 200 根 / 微米），在 4 英寸晶圆上制备出了全覆盖高密度的碳纳米管阵列薄膜，如图 8-16 所示。这种方法能够基本满足集成电路对碳纳米管材料平行排列的要求。

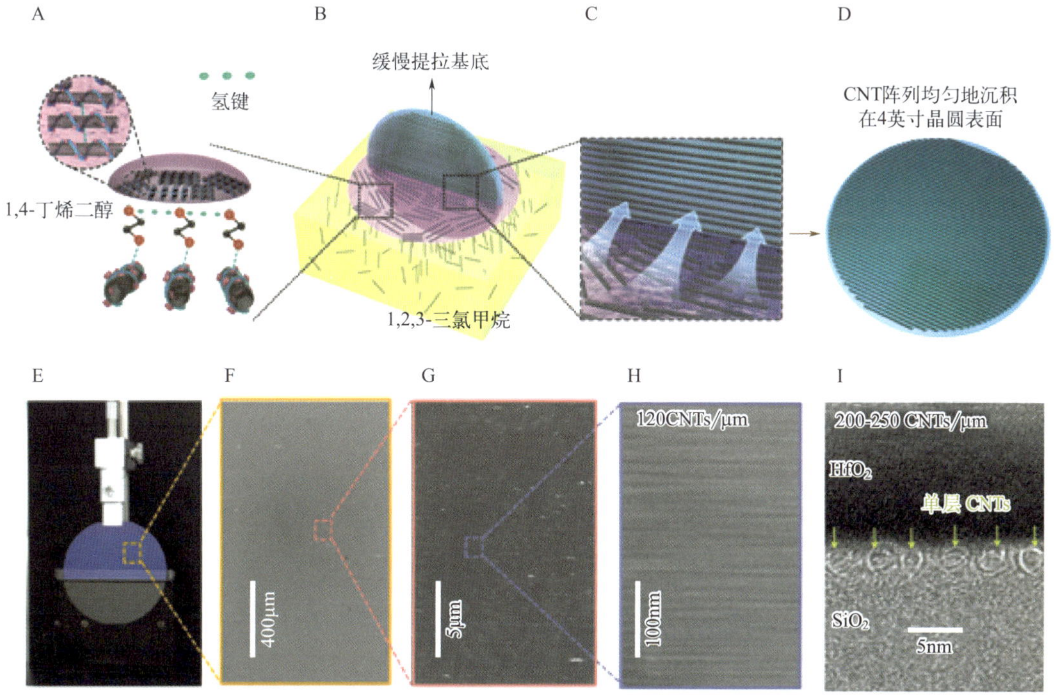

图 8-16　维度限制法组装碳纳米管的流程

由此可见，我国半导体碳纳米管材料体系的整体发展与国际水平不相上下，在某些方面甚至处于引领地位。但需要注意的是，半导体碳纳米管产业最终需要服务于半导体产业，必将是一个高度集成的产业，涉及材料、工艺、设计、装备和应用等诸多环节。受限于我国半导体产业生态链的不完整以及“产学研”结合的不紧密，目前难以整合相关资源进行进一步的产业布局，半导体碳纳米管产业的发展依赖于优势科研团队“自我激励”式的推进，缺乏专业的产业人才，极大地限制了我国半导体碳纳米管产业的发展。因此，亟须从国家层面来整合相关资源，突破碳基技术工程化瓶颈，进行有组织、有计划的产业扶持。

8.4 发展我国半导体碳纳米管产业的主要任务及存在的主要问题

8.4.1 总体目标

半导体碳纳米管产业的总体目标是围绕集成电路用高性能半导体碳纳米管材料，开展原创性突破，加速工程化，建立半导体碳纳米管材料的创新体系和供应体系；支持碳基芯片技术的发展，建立完善的产业生态，使我国下一代芯片技术处于领先地位，解决我国高端芯片领域“卡脖子”难题。

8.4.2 发展战略

我国半导体碳纳米管材料的产业发展战略定位是瞄准下一代芯片产业的需求，围绕集成电路用半导体碳纳米管材料技术进行布局，占领碳基芯片技术与产业化先机和制高点，构建我国未来半导体碳纳米管技术体系和工程化平台。

基于上述半导体碳纳米管产业发展战略，半导体碳纳米管技术发展战略设计是：围绕半导体碳纳米管材料，打通共轭聚合物 / 辅助分离活化剂、提纯工艺、阵列薄膜制备工艺、表征、器件验证等全部环节，以阵列薄膜制备为核心，带动全链条的发展，攻克集成电路用高性能半导体碳纳米管的关键材料与核心工艺技术，最终推进碳基芯片技术的落地应用。

8.4.3 主要问题

尽管集成电路用材料发展已经取得重要的进展，特别是取得了基于溶液提纯和排列技术方面的最新进展，已经初步找到了实现晶圆级集成电路应用碳纳米管材料的方法，但是依然存在如下问题：

首先，集成电路用碳纳米管材料标准和表征方法并未建立。不同的电子器件应用对碳纳米管材料会有不同的要求，即使是数字集成电路，不同技术节点碳纳米管 CMOS 器件对材料也有不同标准。建立碳纳米管阵列薄膜材料的标准，包括衬底类型、碳纳米管半导体纯度、阵列密度、管径和长度分布、取向分布、缺陷密度、方块电阻分布、金属离子含量、表面聚合物含量，以及其他反应材料完整程度的指标，给出以上标准参数的测量方法、参考范围和测量仪器，是碳纳米管材料在集成电路中应用的基础。

其次，晶圆级碳纳米管平行阵列均匀性问题。超大规模集成电路制备要求在整个晶圆尺寸上碳纳米管阵列薄膜具有极高的均匀性，不仅要求阵列能够全部覆盖基底，而且这些阵列的取向一致，碳纳米管的管间距一致，甚至要求每根碳纳米管的管径都最好一致。更为重要的是，采用溶液分散碳纳米管排列的阵列，由于碳纳米管长度有限（几微米），会大量出现管间搭接点，特别是当晶体管尺寸微缩到几十纳米时，这些搭接点不可避免会影响器件性能。

再次，碳纳米管的纯度问题。基于溶液分散和排列的碳纳米管，表面包覆有大量的聚合物，这些聚合物不仅会影响晶体管的源漏接触，也会对栅介质层制备造成影响，甚至对器件和电路的工作稳定性产生不良影响。因此，如何去除碳纳米管阵列中的聚合物和其他杂质，得到完全纯净的碳纳米管阵列薄膜，也是最终实现高性能集成电路应用的必要条件。

8.5 推动我国半导体碳纳米管产业发展的对策和建议

8.5.1 发展半导体碳纳米管产业是国家战略

半导体碳纳米管具有巨大的应用潜力，对集成电路产业特别是军用芯片具有重要的战略意义，因此世界各国政府、军事科研机构及领军企业，都在碳基集成电路领域投入大量资金进行研发。美国国家科学基金会（NSF）于 2008 年启动了“摩尔定律之后的科学与工程”项目，美国国家纳米技术计划（NNI）已持续执行了二十多年，除了通过常规途径对碳纳米材料和电子器件研究给予重点支持外，还于 2011 年设立了“2020 年后的纳米电子学”研究专项，每年专项资金支持高达上亿美元。美国 IBM 公司于 2014 年宣布投资 30 亿美元用于开发新一代半导体芯片技术，特别是碳纳米管集成电路技术。2018 年 7 月 24 日，美国国防高级研究计划局（DARPA）宣布了其最新的“电子复兴”（ERI）计划，旨在通过对碳纳米管等新兴半导体材料的基础研究振兴芯片产业。DARPA 计划在未来 5 年内将每年预算增加到 3 亿美元，总计 15 亿美元，支持项目开展研究。日本从 20 世纪 90 年代初就开始了对碳纳米管材料和电子器件相关研究长达 25 年的国家级持续支持。

我国政府已充分认识到碳纳米管芯片技术的重要性，早已在国家层面开展布局。国家科技部从 2001 年开始，通过“973 计划”项目、纳米专项和重点研发计划对碳基纳米材料和电子器件进行了连续 4 期 20 年的支持。北京市科委也从 2012 年开始重点布局了一系列项目推动碳纳米管集成电路相关技术的发展。近几年，碳纳米管材料提纯技术取得了重要突破，加上过去多年积累的碳基器件物理、器件结构和电路基础，以及国内培养的专业人才队伍，碳纳米管集成电路迎来了突破性发展的契机。已经具备条件将碳基集成电路技术向实用化推进，实现标准化制备，满足超大规模集成电路（千万门级）设计实现的基础。

8.5.2 总体思路

发展半导体碳纳米管材料需瞄准下一代芯片技术的核心需求，攻克关键技术，推进重大科技成果的转化落地，构建从基础研究、材料、器件到应用及成果转化的完整技术创新体系；构建碳纳米管技术全产业生态链，形成碳纳米管产业生态聚集圈，带动我国半导体碳纳米管产业链生态的形成。

建立国家级碳纳米管技术的科创中心，聚合国内优势企业、高校，成为碳纳米管产业共性关键技术的输出源泉及区域产业集聚发展的创新高地，为行业提供开放式的工艺开发平台和测试平台，突破产业瓶颈，带动全行业的进步，形成以技术创新为重点的大联合、大协同、大网络的产业生态聚集圈，引领新一代芯片技术的发展。

8.5.3 组织模式

打破以往各自分钱、单点研究、成果分散、难以集成形成工程化应用的困局，转而实行以行业需求为牵引，打通及整合基础研发、技术攻关、平台建设、应用示范和人才团队等各个环节，集中行业及高校优势力量，围绕国家级碳纳米管技术科创中心进行组织统筹，以协同攻关模式突破行业共性关键技术，构建产业生态链，完成新兴技术的落地应用。

以国内基础好的重点区域为核心，向上承接国家发展战略和重点项目，向下引领地市专项资金与政策支持。应统筹与应用好国家、省市地方支持与企业资源，明确主攻方向，围绕实现高性能碳基芯片技术这一核心目标，实行资金的合理统筹与使用。

8.5.4 对策建议

发展半导体碳纳米管产业，须从全产业链生态的角度建立一个高效的集成电路用高性能碳纳米管材料的创新体系，形成材料供应能力；以创新中心等研发公共平台为纽带，来牵头产业基金与材料装备企业、设计企业的对接，打通碳基芯片产业链，形成产业生态聚集圈。

半导体碳纳米管产业是技术密集型产业，需要国家的人才政策扶持，大力支持吸引海内外顶尖专业人才，在自主创新的同时，充分吸收利用外部的先进技术。建议国家制定对应的人才吸引政策，招纳全球英才。

半导体碳纳米管产业同时也是资金密集型产业，在工程化方面需要国家政策的重点扶持。建议国家以政策性引导基金方式吸收社会资本，筹集以知识产权、成果为标准的产业投资基金，投资参股与半导体碳纳米管产业相关的中小和初创公司，聚合一切力量，加速产业的发展。

产业化初期，建议国家以税收、经济鼓励、财政补贴等方式，为股权、债券等资本市场多元化、多渠道的投融资机制的建立提供政策基础。关键技术攻关和工程化阶段相关投资，建议以政府为主。在产业化示范阶段，根据“利益共享、风险共担”的原则，以国家、产业资本、风险投资等相结合的股权融资为主，采取政产研相结合、共同投入的方式化解风险。

另外，还需政府加强对关键技术攻关与集成创新的支持，鼓励产业链整合；加强知识产权整体规划，打造专利池，建立行业规范与产品标准，保护我国半导体碳纳米管领域的自主知识产权；通过政府采购引导与市场化营销相结合，加强市场推广及认可，优化产业环境，促进我国碳基芯片技术的发展。

参考文献

作者简介

曹宇，北京大学碳基电子学研究中心副研究员，研究方向为碳纳米管电子学。获北京大学微电子学理学学士学位、经济学学位（双学位），美国南加州大学电子工程博士学位。曾担任美国英特尔公司（Intel）逻辑技术研发部工艺集成工程师，中国科学院空间应用工程与技术中心副研究员、硕士生导师，入选中国科学院率先行动“百人计划”、北京市优秀人才培养青年骨干个人项目。在 *Nature Communications*、*ACS Nano*、*Nano Research*、*Carbon* 等杂志发表多篇论文。

张志勇，博士，北京大学教授，博士生导师，纳米器件物理与化学教育部重点实验室主任，碳基电子学研究中心副主任。主要从事碳基纳米电子学方面的研究，探索基于碳纳米管的 CMOS 集成电路、传感器和其他新型信息器件技术，并推进碳基信息器件技术的实用化发展。在 *Science* 等学术期刊上发表 SCI 论文 190 余篇，H 因子 53。部分工作获得中国高校十大科技进展、国家自然科学奖二等奖、中国科学十大进展、中国半导体十大进展。获得中国青年科技奖、茅以升北京青年科技奖。

彭练矛，博士，中国科学院院士，北京大学教授，博士生导师。1994 年获首批国家杰出青年科学基金资助，1999 年入选首届教育部“长江学者奖励计划”特聘教授。相关成果获国家自然科学奖二等奖（2010 年和 2016 年）、高等学校科学研究优秀成果奖（科学技术）自然科学奖一等奖（2013 年）、北京市科学技术奖一等奖（2004 年）、中国科学十大进展（2011 年）、中国高等学校十大科技进展（2000 年和 2017 年）、中国基础科学研究十大新闻（2000 年）、中国半导体十大研究进展（2020 年）。

第 9 章

忆阻器

化帅斌　郭　新

9.1 忆阻器产业发展的背景需求及战略意义

9.1.1 忆阻器产业发展的背景需求

随着人类社会进入信息化和数字化时代，数字经济、大数据、物联网等新兴领域蓬勃发展，而这些领域对海量信息的处理需要超大容量的存储设备和极快速的信息处理单元。过去一段时间内，芯片的算力在短时间内提升了 20 多万倍，成为支撑数字经济、人工智能、大数据等持续纵深发展的重要动力。

然而，芯片的操作频率和晶体管的密度已经发展到了瓶颈期，芯片行业正面临两大困境。一是摩尔定律的“失效”：1965 年 4 月 19 日，英特尔公司的创始人之一 Gordon Moore 提出了著名的“摩尔定律”——芯片的集成度每 18 个月至 2 年提高一倍，加工线宽缩小一半，性能提升一倍。自此，硅基半导体芯片产业一直遵循“摩尔定律”，芯片上晶体管的数量每两年左右翻一番，互补金属氧化物半导体（complementary metal oxide semiconductor, CMOS）晶体管的尺寸不断缩小，基于 CMOS 晶体管的数字计算机的性能近年来显著提高。2015 年 4 月，*Nature* 杂志刊文 *More from Moore*，提到“摩尔定律”即将达到硅基半导体器件的物理极限。一方面，随着晶体管尺寸接近 1nm 时，量子尺度下的效应已不可避免，比如量子隧穿效应；另一方面，芯片上更大密度的晶体管需要的功耗也更大，产生的热使得温度急剧升高，影响芯片性能，持续提高芯片的集成密度将变得越来越困难。

二是传统计算机性能受到冯 • 诺依曼架构的限制，在这一架构中，处理器和存储器相互分离，数据需要在处理器和存储器中反复传输，才能完成计算过程。由于处理器和存储器之间的传输速率远远低于二者的工作速率，因此对于许多计算任务，大多数的能量和时间消耗在数据移动中而不是计算上。此外，即使处理器的算力能够做到非常大，存储器的访问速率也远比不上处理器的处理速率，导致处理器性能受到严重制约，造成严重的算力浪费。这限制了计算机性能的进一步提升，被称为“冯·诺依曼瓶颈”。

基于以上两个问题，设计并制备出一种高算力、存算一体的芯片来解决传统芯片遇到的高功耗和高延迟问题势在必行。而忆阻器的出现，为之带来了可能性。作为并列于电阻、电容、电感之外的第四种基本无源电路元件，忆阻器具有独特的非线性电学特性，拥有记忆功能，可用于信息存储、逻辑运算、类脑神经功能模拟和数据安全等领域。

9.1.2 忆阻器的发明、发展及应用

（1）忆阻器 忆阻器的概念最早于1971年被提出，蔡少棠教授在深入研究了电荷 q、电流 I、电压 V 和磁通量 Φ 四种基本电路变量之间的关系之后，依据电路理论的对称性，判断在电阻、电感和电容这三类基本无源电路元件之外，还应存在着用于描述磁通量 Φ 和电荷 q 之间关系的第四类基本无源电路元件，即忆阻器。图9-1展示了四种基本的电路变量与四种无源电路元件之间的关系，其中 M 代表忆阻器。

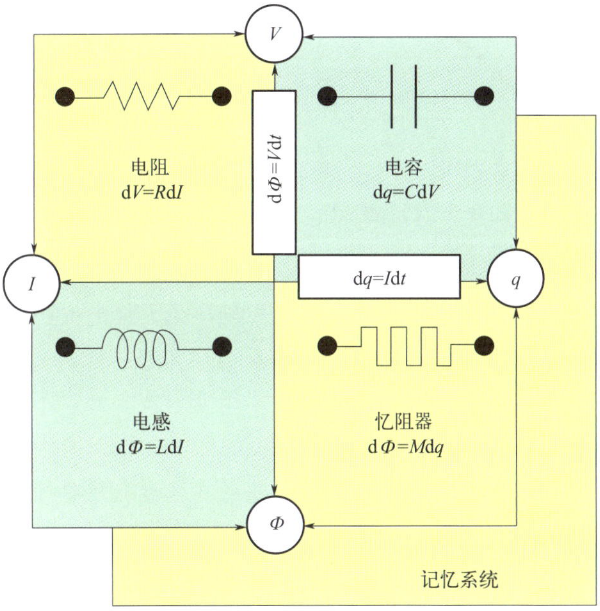

图9-1 基本无源电路元件与基本电路变量之间的关系

根据忆阻器定义可知：

$$M(q)=\mathrm{d}\Phi(q)/\mathrm{d}q \tag{9-1}$$

结合法拉第电磁感应公式和电荷量定义：

$$V(t)=\mathrm{d}\Phi(t)/\mathrm{d}t \tag{9-2}$$

$$I(t)=\mathrm{d}q(t)/\mathrm{d}t \tag{9-3}$$

可推导出：

$$M(q)=V(t)/I(t) \tag{9-4}$$

可以发现，忆阻器的量纲和电阻相同。2008 年，惠普实验室的研究团队首次制备了 $Pt/TiO_2/Pt$ 忆阻器并验证了其电阻转变（阻变）的功能，从而掀起了忆阻器的研究热潮。

忆阻器是一种具有记忆效应的电路器件，通常为金属 / 绝缘体 / 金属的三明治结构（如图 9-2 内嵌图所示），其中金属作为上电极和下电极，绝缘体作为阻变层。在外加电场（直流或脉冲信号）的作用下，器件能在高低电导态之间发生可逆转变，图 9-2（a）展示了忆阻器典型的电流 - 电压（I-V）曲线，器件在正向电压作用下电导升高，发生 SET 过程，在负向电压作用下电导降低，发生 RESET 过程。

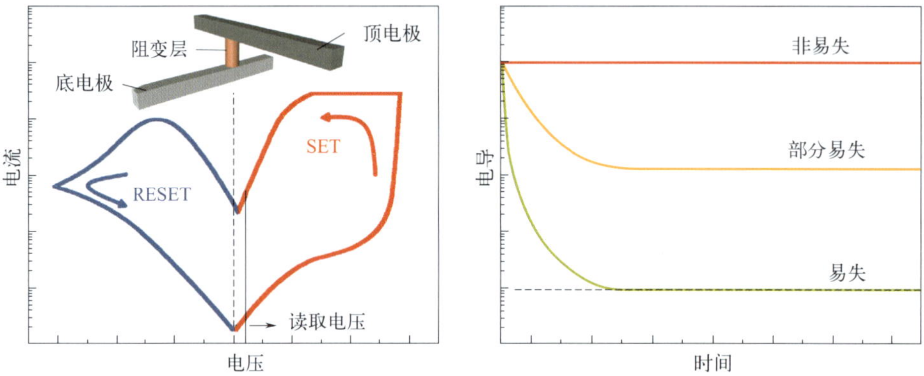

(a) 结构及电学性能　　(b) 保持性能

图 9-2　忆阻器结构、电学及保持性能示意图

忆阻器拥有模拟型和数字型阻变两种形式。模拟型忆阻器的电导通过电脉冲逐级调节，可用于模拟生物突触权值的连续变化，也可模拟生物神经元膜电位在神经脉冲激励下的连续变化；数字型忆阻器表现出突变的二进制电导态，可用来模拟脉冲神经网络（spiking neural network，SNN）中神经元的全有或全无特性。除了阻变形式之外，不同忆阻器还能表现出不同的保持特性，即阻变后电导随时间的变化关系，如图 9-2（b）所示，若电导随着时间发生变化，并最终能够回到初始态，则该器件为易失性器件；若电导随时间变化但无法回到初始态，则该器件为部分易失性器件；若电导随时间变化保持不变，则该器件为非易失性器件。一般来说易失性器件更容易出现易失性阈值转变的特性，适合用于神经元功能的模拟；而非易失性器件更容易模拟生物突触功能以及实现存算一体化存储。

因此，忆阻器具有结构简单、操作速率快（$<$ 1ns）、能耗低（$<$ 1pJ）、极限尺寸小（2nm）和性能丰富（能在模拟 / 数字特性和易失性 / 非易失性之间切换）的特点。目前，研究者们已经基于多种材料实现了忆阻器的制备，如二元金属氧化物、钙钛矿结构氧化物、固体电解质材料、硫系化合物和有机材料等，其中基于金属氧化物的忆阻器与现有 CMOS 器件的制作工艺兼容度最高，最有可能在短期内实际应用。忆阻器的潜在应用场景主要有电阻式随机存取存储器（resistive random access memory，ReRAM）、逻辑运算、类脑神经功能模拟和数据安全等。

（2）非易失性存储器 由金属氧化物如氧化钽、氧化铪等制备的忆阻器可用作电阻式随机存取存储器（ReRAM），也是目前最成熟且有望商业化的应用，极有可能成为下一代信息存储器的主流之一。目前广泛使用的 ReRAM 器件有两种主要类型——氧空位存储器（Oxygen vacancy RAM, OxRAM）和导电桥存储器（conductive bridge RAM, CBRAM）。它们都是两端子器件，由两端电极夹一个中间介质层构成，通过控制离子或原子形成导电细丝来实现器件电阻的变化，高低阻态可分别表示为 1 和 0。有些器件具有多种中间阻态，则可以存储多比特的信息，实现多值存储。由于忆阻器具有简单的金属 / 绝缘体 / 金属（MIM）结构，它们能够集成到密集的交叉阵列中。如图 9-3 所示，忆阻器阵列的一个主要问题是潜行电流，其是指在对交叉阵列中的某一期望忆阻器单元施加电压来进行读取操作时，由于忆阻器单元反向可以导通，导致电流从周围路径绕行而造成误读的问题。如图 9-3（c）～（i）所示，为防止读写信息时潜行电流的干扰，当前常用的解决办法是将可以进行整流的器件和忆阻器串联起来，如晶体管 - 忆阻器（one transistor-one memristor, 1T1R）单元、二极管 - 忆阻器（one diode-one memristor, 1D1R）单元、选择器 - 忆阻器（one selector-one memristor, 1S1R）单元、双极型晶体管 - 忆阻器（one bipolar junction transistor-one memristor, 1BJT1R）单元等。也可以设计互补电阻开关（complementary resistive switch, CRS）单元、自整流单元（self-rectifying cell, SRC）和自选择单元（self-selective cell, SSC），利用存储单元的整流特性来消除因串扰导致的误读现象。目前在 ReRAM 上使用较多的方式是串联晶体管的 1T1R 单元结构，其架构和动态随机存取存储器（dynamic random access memory, DRAM）具有很大的相似性。

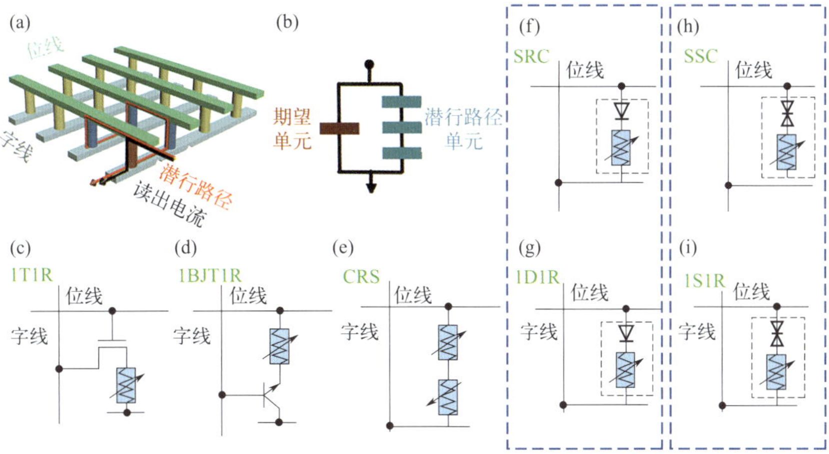

图 9-3 交叉阵列结构中的潜行电流问题以及可能的解决方案

（a）交叉阵列结构的原理图，分别标示了正常和潜行电流路径；（b）交叉阵列结构中潜行电流的等效电路图；（c）～（i）解决潜行电流问题的七种可能的解决方案，分别是 1T1R、1BJT1R、CRS、SRC、1D1R、SSC 和 1S1R

表 9-1 总结并比较了当前一些易失性和新型非易失性存储技术的部分关键性能。闪存的擦写速率慢、能耗高、擦写次数有限。相变存储器（phase change memory，PCM）是利用材料在晶态和非晶态之间转化时导电性不同的特点，即产生高低阻态来存储信息。SET 过程中，材料初始时处于非晶态（OFF 状态），电脉冲使其升高温度至高于再结晶温度但低于

熔点温度，经缓慢冷却转变成晶态（ON 状态）；而 RESET 过程则是电脉冲使材料升高温度至略高于熔点温度，随后迅速冷却，转变为非晶态。PCM 存在器件功耗与工作速率难以兼顾的缺点，即为提高能量利用率，需采用较低热导率材料，此时材料绝热系数高，不利于 RESET 后的快速冷却。同时，高密度下器件会有热串扰问题，热扩散可能会使相邻单元发生相变。铁电存储器（ferroelectric random access memory，FRAM）擦写速度较快，写入电压低，但工艺较复杂，可扩展性受限，而且它的读取是破坏性的。而磁性随机存储器（spin-torque transfer-random access memory，STT-RAM）虽然性能好，但在高密度情况下相邻单元间的磁场交叠严重，且工艺较为复杂，因此大规模制造难以保证均匀性。相比于其他非易失存储器来说，ReRAM 的结构简单、功耗低、存储密度大，具有较多优势，对其研究不断取得新的进展。

表 9-1　非易失性存储器和易失性存储器的主要性能对比汇总

性能	静态随机存取存储器	动态随机存取存储器	NOR 闪存	NAND 闪存	铁电存储器	相变存储器	磁性随机存储器	ReRAM
疲劳性能 / 圈数	10^{16}	10^{16}	10^{16}	10^{16}	10^{16}	10^{16}	10^{16}	10^{16}
读 / 写存取时间 /ns	＜ 1	10	$10/10^3$	$100/10^6$	30	10/100	1/10	10
多级存储	无	无	无	2 ～ 4 位 / 单元	2 位 / 单元	2 ～ 8 位 / 单元	2 位 / 单元	2 ～ 6 位 / 单元
密度	低	中等	中等	非常高	中等	非常高	高	非常高
写入功率	中等	中等	高	高	中等	中等	中等	中等
待机功率	高	中等	低	低	低	低	低	低

目前忆阻器主要存在的问题是阻变参数具有一定的离散性、阻变机理需要得到更透彻的理解、器件之间的潜行电流干扰、循环可靠性等，这也是当前 ReRAM 研究的重点。由于目前 ReRAM 的制备工艺还未成熟，而且算力达不到传统晶体管芯片的程度，因此现阶段主要应用于小算力场景中。同时它也是一种兼顾成本和功耗敏感型应用的解决方案，比如可穿戴和人工智能物联网（AIoT）设备。ReRAM 同样适用于一些低端的微控制单元（microcontroller unit, MCU）和内存密度要求较低的消费级产品。随着忆阻器产业的发展，其算力得到了提升后，将会走向更大算力的场景，如自动驾驶、数据中心、云计算等。

（3）逻辑运算　忆阻器的另一个重要应用是逻辑运算。2005 年 Aono 等人在 *Nature* 杂志上报道了基于量子电导原子开关实现“与门”“或门”和“非门”的工作。文中的原子开关本质上就是一种忆阻器。该器件为 Pt/1nm gap/Ag_2S/Ag，当 Ag 纳米丝穿过纳米间隙时，器件处于低阻态；当 Ag 纳米丝溶解时，器件处于高阻态。两个原子开关结合一个电阻，可构建“与门”（AND）以及“或门”（OR）；一个原子开关结合两个电阻和一个电容，可构建“非门”（OR）。“与门、或门、非门”可构成一个完备的逻辑运算体系，即任何逻辑电路均可由此构建。

2010 年惠普实验室使用 $Pt/TiO_2/Pt$ 忆阻器首次实现了逻辑蕴含（implication，IMP）运算。通过两个忆阻器可实现 IMP 运算，通过连续两个 IMP 运算则可实现“与非门”逻辑。“与非门”逻辑运算具有普遍性，任何其他逻辑运算可由此构建。

本质上，通过忆阻器实现的逻辑运算，运算结果均由器件高低阻态表达。而采用非易失性忆阻器后，即使断电，这些运算结果可依然被保存。可以想象，由忆阻器构建的处理器与存储器相结合的新计算机体系能在设备断电重新恢复供电时，瞬间返回到断电前状态，而不需要像基于冯 • 诺依曼架构的当代计算机那样重新读取数据。

（4）类脑神经功能模拟 人的大脑具有强大且高效的信息处理与计算能力。尽管大脑体积不到 1.5L，重量仅为体重的 2%，功耗仅约 20W，却具有各种认知功能，包括语言、思维、记忆和知觉等。这是当代体积庞大、功耗兆瓦级别的超级计算机配合人工智能（artificial intelligence）软件都难以完成的。大脑的高效性源于其特殊的结构。大脑由约 10^{11} 个神经元（neuron，这是大脑中最重要的细胞）通过约 10^{15} 个突触（synapse）相互连接在一起，形成复杂的神经网络，神经脉冲电信号便在其中传播。若要真正实现与人脑性能相当的人工智能，一条可行的路径是效仿大脑的神经网络构建全新的芯片，从硬件上实现人工智能系统，开发出具有神经功能的纳米器件将是关键之一。当前神经科学领域的研究对神经元与突触层面如何进行信息编码、存储已较为清楚，这有利于使用忆阻器来对突触、神经元以及神经网络进行结构和功能层面的模拟。

① 生物突触功能模拟。在生物学中，突触是连接突触前神经元和突触后神经元的节点，每个节点具有一定的权值，突触根据权值的大小确定两个神经元之间的信号传输效率，当突触权值较大时，突触前神经元的信号会对突触后神经元产生较大的影响；突触权值并非是一直不变的，可以根据突触前 / 后神经元的活动进行调节，而这也是大脑学习的神经科学基础。

忆阻器在结构和功能特性上都表现出与生物突触的相似性。在结构上，忆阻器是典型的两端子器件，而突触和相应的前后神经元也同样形成两端子结构。在功能上，忆阻器的输出电流由欧姆定律 $I=G \cdot V$ 决定，其中电压 V 代表突触前神经元的信号，电流 I 代表突触后神经元的响应，而忆阻器电导 G 则代表突触权值；电导的变化可代表突触权值的变化，在持续的外部电刺激下，器件电导表现出连续增加或降低，这类似于突触权值的增强或减弱。突触可塑性（synaptic plasticity）指的是神经电信号通过一些复杂的过程改变神经元之间的连接强度，它是神经系统里信息处理的关键，也是认知学习的关键。突触可塑性可分为短时程可塑性（short-term plasticity，STP）和长时程可塑性（long-term plasticity，LTP）。短时程可塑性是指突触在接收电信号刺激后强度发生变化，但在较短时间内又恢复到原始状态；而长时程可塑性是指突触强度变化后可以保持较长时间（30min 至数天，甚至更久）。长时程可塑性又可分为长时程增强（long-term potentiation，LTP）和长时程抑制（long-term depression，LTD）。忆阻器对生物突触可塑性的模拟包括双脉冲易化（paired pulse facilitation，PPF）、脉冲时序依赖可塑性（spike timing dependent plasticity, STDP）和脉冲频率依赖可塑性（spike rate dependent plasticity, SRDP）等。如果利用传统的数字计算来实现这些仿生特性，往往需要复杂的电路设计和较大的功耗，而利用忆阻器的动态特性实现这些功能能够达到简化电路并降低功耗的目的。

华中科技大学郭新教授团队针对突触可塑性做了大量的工作，在双脉冲时序依赖可塑性学习规则的模拟方面，制备了 $Pt/SrTiO_3/Nb:SrTiO_3$ 忆阻器，并利用由两个三角波组成的脉冲作为调节突触权值的激励，脉冲形状如图 9-4（a）中的内嵌图所示，突触前脉冲（presynaptic spike）加在 $Nb:SrTiO_3$ 电极上，突触后脉冲（postsynaptic spike）施加在 Pt 电极上，两个脉冲的形状保持一致，通过两个脉冲到达突触的时间先后及时间差来控制权值的变化。图 9-4（a）展示了不同初始电导态下的 STDP 窗口特性，其表现出了经典的 Hebbian 学习的特征：当突触前脉冲早于突触后脉冲的到达时间，突触权值增大，且增大的幅值随着时间差的增大而减小；反之，当突触前脉冲晚于突触后脉冲到达时，突触权值降低，变化幅值同样随着时间差的增大而减小。

华中科技大学郭新教授团队还成功地模拟了生物突触的再可塑性（meta plasticity）。当施加一个预刺激（1.7V，10μs）于 $Pt/WO_3/Pt$ 忆阻器时，如图 9-4（b）中曲线所示，器件电导不会发生任何变化。而再次施加突触前脉冲（2.1V，10μs）时，兴奋性突触后电流约为 60nA。在经历 1000s 的衰减后，电流稳定在 24nA，高于未经历预刺激情况的 18nA，这正是典型的再可塑性。

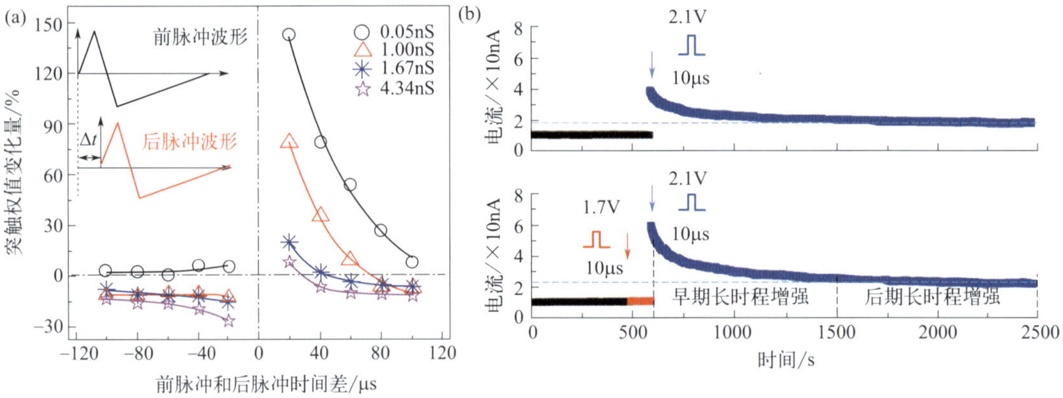

图 9-4 忆阻器对突触可塑性的模拟：（a）不同初始电导态下 $Pt/SrTiO_3/Nb:SrTiO_3$ 忆阻器的双脉冲，内嵌图展示了分别施加在 $Nb:SrTiO_3$ 电极和 Pt 电极上的波形，图中的实线为依据生物 STDP 学习规则的拟合曲线；（b）$Pt/WO_3/Pt$ 忆阻器对突触再可塑性的模拟

② 生物神经元功能模拟。如图 9-5（a）所示，在生物学中，神经元的胞体接收来自树突的兴奋性或抑制性突触电位，脂质双分子层细胞膜的电位则会发生相应变化，当整合达到一定值时，神经元则会产生动作电位，发放信号，并将信号通过轴突经突触传递到下一个神经元，这是神经元处理与传递信息的过程。忆阻器也可以用来模拟神经元功能，但是与突触相比，神经元的结构和功能更为复杂，因此很难仅使用单个忆阻器模拟神经元的功能，通常需要外围电路的帮助。实现人工神经元的方法主要有三种：第一，利用忆阻器模拟神经元细胞膜上的离子通道，忆阻器的电导代表离子通道传输离子的电导，通过并联电容代表脂双层细胞膜；第二，利用忆阻器的模拟特性，连续变化的电导可模拟神经元膜电位；第三，忆阻器用于实现神经元的阈值功能，并利用在脉冲作用下并联电容电压的不断上升模拟神经元的整合功能。

目前神经元的工作机理主要有 Hodgkin-Huxley（HH）模型，整合发放（integrate-and-fire, IF）模型，漏电整合发放（leaky integrate-and-fire, LIF）模型和脉冲响应模型（spike response model, SRM）等。如果依靠 CMOS 技术，需要许多晶体管来模拟一个神经元的功能；与之相比，忆阻神经元所需器件数目更少，这不仅降低了能耗还提高了集成密度和效率。如图 9-5（b）所示，华中科技大学郭新教授团队制备了易失性 WO_3 基忆阻器，并用两个忆阻器实现了神经元上膜电位的模拟和类生物脉冲发放功能。膜电位与来自 OP 模块的脉冲幅值和频率有关，模拟了神经元的空间和时间整合效应，当膜电位大于阈值时，比较器会发放一个脉冲到定时器中，定时器发放一个方波到忆阻器，进而利用忆阻器的特性来发放类生物脉冲。图 9-5（c）、（d）展示了基于扩散型忆阻器的 LIF 神经元的电路结构和电学特性。当有脉冲时，电荷在电容中累积，发生整合；当没有脉冲时，电容发生自发的漏电；一旦电容电压高于忆阻器的阈值时，该器件切换到高电导态，此时电容的电压无法保持，开始发放电流脉冲。此外，华中科技大学团队也设计了一种基于易失性 $Pt/NbO_x/TiN$ 忆阻器的 SRM 神经元。通过分析 SRM 神经元的具体功能并结合氧化铌基忆阻器的性能进行电路设计，仅采用简单的电路结构就可以实现 LIF 功能和阈值调节功能，并表现出对连续长时间刺激的适应性行为，实现了不应期和侧向抑制功能。

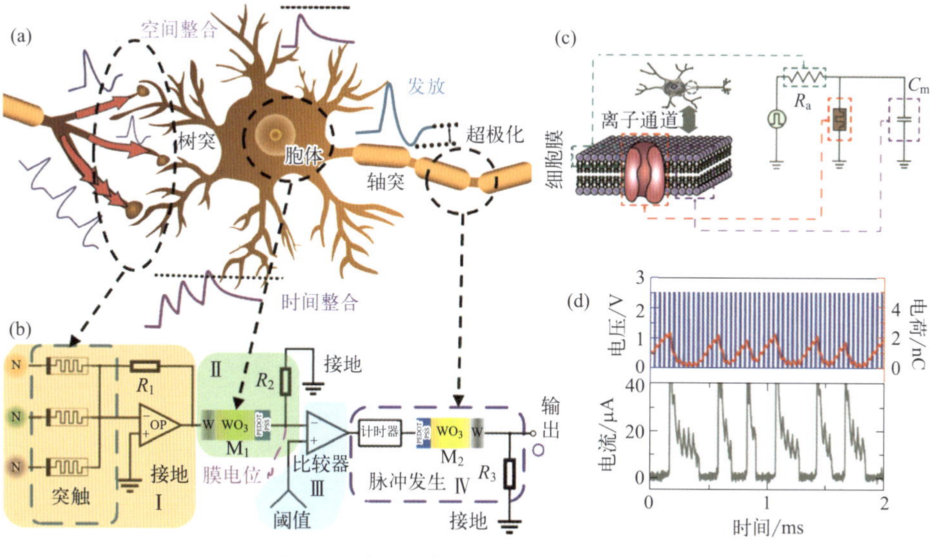

图 9-5　忆阻器实现对神经元功能的模拟

（a）具有漏电整合发放功能的生物神经元示意图；（b）利用两个 $W/WO_3/PEDOT:PSS/Pt$ 忆阻器模拟 HH 神经元功能的等效电路图；（c）基于扩散型忆阻器的 LIF 神经元的电路结构；（d）基于扩散型忆阻器的 LIF 神经元的电学特性

③ 人工神经网络。忆阻突触和忆阻神经元的成功实现是忆阻神经网络的基础，为了更进一步地推动忆阻器的应用，必须基于特定算法将突触和神经元连接起来，在系统的层面实现相应的功能，其中的突触通常以忆阻器阵列的形式呈现，其可以加速矩阵向量积运算和实现权重存储。人工神经网络（artificial neural network, ANN）加速器主要包括非原位训练和原位训练两种，在非原位训练中，大量的训练操作在软件中进行，然后将计算得到的突触权值映射到忆阻阵列上。因此，用于非原位训练 ANN 加速器的忆阻阵列需要表现出非易失特性，

并具有尽可能多的中间电导态。总体而言，这种训练方式不需要对忆阻阵列反复擦写，实现难度相对较低。对于前馈式 ANN，Sheridan 等人在规模为 32×32 的 WO_3 基忆阻器阵列中实现了稀疏编码，该网络的输出神经元具有侧向抑制功能，避免了多个神经元代表相同的模式，有利于优化输出。该网络的权值通过软件训练得到，并通过调节每个忆阻器的电导完成映射操作，即可基于忆阻器阵列实现图像压缩、处理等功能。为了更好地推动忆阻神经网络的发展，目前更多的研究已集中在原位训练的 ANN 加速器上。与非原位训练的 ANN 加速器相比，原位训练的加速器在阵列中训练网络，避免了耗时较长的映射操作；但是在训练过程中需要对器件进行频繁的 SET/RESET 操作，因此忆阻器需要有较高的耐久性。Cai 等人制造了一个完全集成的忆阻器 -CMOS 系统，该系统利用规模为 54×108 的 WO_x 基忆阻器阵列得以实现，包括了运算所需的所有模拟 / 数字接口模块和数字处理器。这种全集成的芯片不仅实现了稀疏编码算法和主成分分析（principal component analysis，PCA），而且具有非常高的计算速率和极低的使用功耗。

脉冲神经网络（SNN）被称为第三代人工神经网络，它模拟生物神经网络的信息传递及处理方式：采用脉冲的时序或频率来编码信息，采用神经元接收并处理脉冲信号，采用突触来存储、处理和传递脉冲信息，突触的权重可由前后神经元发放的脉冲进行调制。SNN 是事件驱使的，当有事件发生的时候，神经元发出脉冲，而没有事件的时候神经元处于静息状态，这样的工作方式更加适合处理与传感器相关的信号。SNN 的神经元和突触具备对脉冲信号进行处理的能力，采用离散的脉冲信号进行运算，也会极大地降低系统的功耗。此外，脉冲信号不仅可以代表空间信息，还可以采用频率或者时序来代表时间信息。因此，SNN 在时间信息处理方面有着巨大的潜力。如图 9-6 所示，Wang 等将基于 $Ag/SiO_xN_y:Ag/Pd$ 忆阻器的 LIF 神经元与同一芯片上的忆阻器阵列集成在一起，构建一个完整的基于忆阻器的全硬件 SNN，并使用 STDP 学习规则对其进行无监督训练，实现了字母的识别。

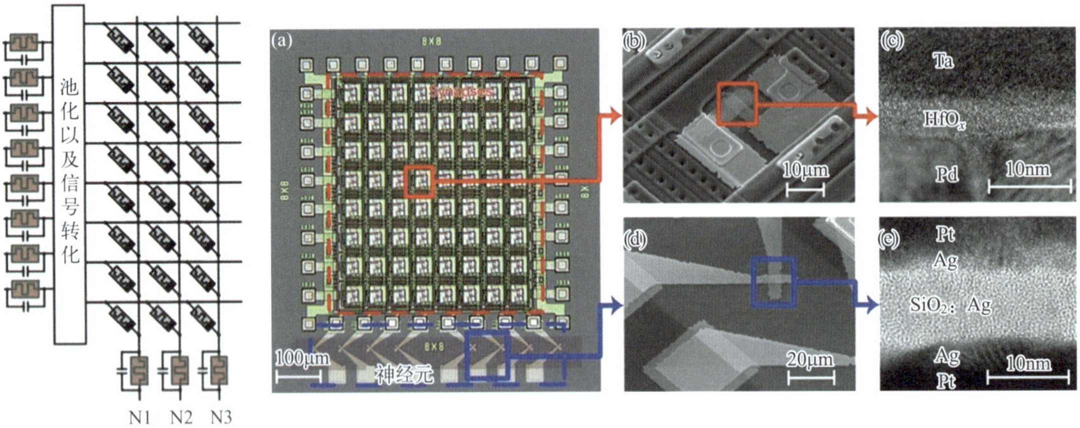

图 9-6　基于忆阻器的脉冲神经网络

（a）神经元及突触阵列；（b）、（c）1T1R 突触器件放大图；（d）、（e）神经元器件放大图

（5）加密处理　随着人们对安全的担忧从软件转向软件和硬件，芯片制造商和系统提供商一直在努力研究如何防止黑客控制互联系统，这在医疗、汽车、工业和航空航天等应用中

尤其重要。一旦系统被黑客或者对手恶意攻破，那么会造成重大的经济损失甚至是人员伤亡，对于物联网系统亦是如此，因此需要一种极其安全和廉价的数据加密方式来避免此类事情发生。忆阻器具有一定的随机性，在施加电压后的导通行为中，两个电极之间根据杂质以及缺陷的位置随机地产生导电细丝，该行为同样受到焦耳热的作用，增加了不确定性。因此没有两个忆阻器单元的行为完全相同，同时对于单个器件来说，SET/RESET 电压也会存在一定可变性，这有利于提高数据安全。

忆阻器凭借着固有的物理随机性应用于随机数生成、物理不可克隆函数（physical unclonable functions, PUF）和内容可寻址存储器（content addressable memory, CAM）中。利用忆阻器可以制备出真随机数发生器（true random number generator, TRNG），它使用 SiO_2:Ag 忆阻器中阈值切换的随机延迟时间作为随机性的来源。该生成器生成的随机位无需任何后处理即可通过美国国家标准与技术研究院的全部 15 项随机测试。此外，TRNG 在可扩展性、电路复杂度和功耗方面具有明显优势。忆阻器和 PUF 结合后能创建一种极其安全和廉价的存储认证密钥的方式，忆阻器阵列规模可以对应随机数的位数。在忆阻器两端加载电压时，阵列中器件开关的顺序是随机的，来对应一个 PUF。Yoshimoto 已经演示了一种基于阻变开关器件的 PUF 生成模式，并在 180nm 和 40nm 节点上验证了该方法的可行性。此外，所提出的 PUF 生成方法和再生算法通过了美国国家标准与技术研究院的测试，并被证明具有较高的唯一性，误码率小于 0.5。2019 年，清华大学微电子学研究所钱鹤、吴华强教授团队报道了国际上首个基于阻变存储器的可重构 PUF 芯片，该芯片在可靠性、均匀性以及芯片面积上相对于之前的工作都有明显提升，且具有独特的可重构能力。2022 年，该课题组又研制出一种基于忆阻器阵列的 PUF 电路，成功实现了芯片指纹隐藏。这种 PUF 具有两个相互间可任意切换的模式：正常模式下每个忆阻器单元具有确定的高阻或低阻状态，全部忆阻器单元的高低阻态分布形成了 PUF 特有的指纹信息；在另一种隐藏模式下，全部忆阻器都处于低阻状态，外界无法读出任何有效的信息。

9.1.3 忆阻器产业发展的战略意义

二十多年来，我国的综合国力和科技实力得到了飞速发展，在航空航天、新能源汽车以及高铁等领域跻身世界前列。然而在集成电路芯片、高端存储器以及人工智能领域，我国和美国等发达国家仍存在不小的差距。在这个大数据、信息化时代，大力发展芯片、高端存储器和人工智能领域势在必行，这决定着国家未来能否在动荡的世界环境中持续发展和领先世界。

如上文所述，忆阻器具有结构简单、存储密度大、功耗低、操作速度快等优点，可用于非易失性存储器、逻辑运算、类脑计算以及数据安全等方面。恒州博智信息咨询公司调研显示，2021 年全球忆阻器市场规模大约为 2089.58 百万美元，预计 2028 年将达到 24595.51 百万美元，2022—2028 年期间年复合增长率为 42.23%。对于快速发展的智能汽车、智能可穿戴设备、智能安防和 AR/VR 等行业，由于这些行业对芯片功耗、实时性有着严格的要求，忆阻器必定会发挥重要的作用。

9.2 忆阻器产业的国际发展现状及趋势

国外忆阻器研究起步早，目前全球忆阻器产业已基本形成了以美国、日本、欧洲等发达国家和地区主导，其余国家后起追赶的发展态势。1971 年，美国加州大学伯克利分校的蔡绍棠教授提出了忆阻器的概念，2008 年，美国惠普实验室首次实现了忆阻器的原型——$Pt/TiO_2/Pt$ 器件。之后国际研究迅速升温，已有百余所研究机构参与，不仅英、德、韩等国相继加入，Intel、IBM 等工业巨头也在美国军方支持下开展研发工作。忆阻器研究的发展经历了忆阻器材料和理论、忆阻器器件、神经网络仿真、阵列制备、系统搭建等过程。然而，由于忆阻器的工作机理、器件的稳定性、阵列的漏电流等问题，大规模忆阻器阵列的实现仍面临困境，这也是影响忆阻器大规模商业化和应用的原因。

9.2.1 忆阻器的国际发展现状

2009 年，密歇根大学卢伟教授等采用 CMOS 工艺实现了信息存储量 1Kb 的忆阻器高密度交叉开关阵列，该阵列采用 Ag/a-si/p-si 忆阻器，在 1Kb（32×32）交叉阵列上的制作良率为 98%，这是 ReRAM 研究领域中一个重要的进展。

2011 年，比利时鲁汶大学的 Govoreanu 等制备出当时最小的氧化铪基忆阻器单元，每个纳米单元的横向尺寸最小为 10nm×10nm，该交叉阵列在低电压下具有快速的纳秒级的开关时间，并且具有大的开关验证窗口（> 50）。

2015 年，韩国光州科学技术学院的 Chu 等提出了基于改进的脉冲时间依赖可塑性的学习规则，并在 30×10 的 $Pt/TiN_x/Pr_{0.7}Ca_{0.3}MnO_3/Pt$ 忆阻器阵列上得到验证。该系统包括一个人工光感受器、忆阻器阵列和 CMOS 神经元。由 CMOS 图像传感器和现场可编程门阵列组成的人工感光器将图像转换为脉冲信号，忆阻器阵列根据学习规则调整输入和输出神经元之间的突触权值，实现了数字图像的训练和识别。

2018 年，美国麻省大学杨建华教授课题组与惠普公司合作，采用 $Ta/HfO_2/Pd$ 结构的忆阻器，制备出 128×64 的 1T1R 阵列。根据阵列大小可调节输出精度为 5 ～ 8 位，并且阵列有着高达 99.8% 的良率，可以实现图像压缩、信号处理和卷积滤波的功能。在脉宽 10ns 的读出脉冲下，系统的能量效率超过了 119.7 TOPS/W，这些功能有望用于物联网和边缘计算。2019 年，基于 128×64 的忆阻器阵列，美国麻省大学的 Li 等和惠普公司合作建造了包括长短期记忆网络（long short-term memory，LSTM）层和 FC 层的循环神经网络（recurrent neural network, RNN），其中 LSTM 单元包含了记忆和遗忘功能，这些功能是通过循环连接同一层中的节点并执行向量矩阵乘法操作来实现的，该网络实现了步态识人的功能。同年，杨建华团队又将具有 LSTM 单元的 RNN 和卷积函数结合起来，表现出更强的性能，可同时提供空间和时间输入，例如，以高精度对 MNIST 序列视频进行分类。这些工作将神经网络的不同配置集成在同一芯片上，有利于最大限度地减少传输的数据，减少推理延迟并提高功耗效率。

2019 年，美国加州大学 Mahmoodi 等基于规模为 20×20 的金属氧化物忆阻器阵列实现了快速、节能、可扩展的随机点积（dot-product）电路，高效的随机运算是利用电路噪声、存储单元阵列的内外部信息来实现的。该电路可实现具有10个输入8个隐藏神经元的玻尔兹曼机。

2019年，美国密歇根大学的Moon等基于动态氧化钨（WO_x）忆阻器制备了储层计算硬件系统，其具有32×32忆阻器阵列，WO_x忆阻器内部的短期记忆效应将时间输入非线性地映射到储层状态，并通过线性读出函数读取。该系统实现了具有部分输入的孤立语音数字识别和混沌系统预测，在语音数字识别中取得了99.2%的高分类准确率。

2021年，新加坡南洋理工大学提出一种新型4T2R字节单元可重构ReRAM架构，极大地节省了芯片面积。之后采用40nm CMOS工艺设计了一个128×128的ReRAM宏，在MNIST数据集和CIFAR-10数据集上的分类准确率分别达到95.7%和81.7%。

忆阻器产业在国际上已经从研发逐步过渡到初步产业化阶段。2010年卢伟教授作为首席科学家和联合创始人，成立Crossbar公司。Crossbar公司开发了两种架构——1T1R和一种堆叠式内存器件，其中堆叠式架构由单个层组成，这些层堆叠在器件上。器件中内置了一个选择器（selector），可以让一个晶体管驱动一个或数千个内存单元，这使得交叉单元可以被组织成超密集的3D交叉点阵列，可堆叠到10nm以下，为在单个芯片上实现TB级数据铺平了道路，该方法也与CMOS工艺兼容。目前该公司已经在全球范围内申请了193项专利，其产品的读取延迟比NAND Flash低100倍，能耗效率提升了20倍，写入效率提升了1000倍以上。该公司目前可以给客户提供高性能内存IP核来作为架构许可证，支持的密度为2～256Mb。同时该公司在2021年宣布可以提供基于ReRAM的用于半导体中嵌入的安全物理不可克隆函数（PUF）密钥。

日本松下公司在2013年开始出货ReRAM，成为了世界第一家出货ReRAM的公司，其ReRAM采用TaO_x材料并基于OxRAM方法，具有较好的滞留特性，存储单元是围绕1T1R技术来实现的。松下推出了一款8位MCU，其集成了180nm ReRAM作为嵌入式内存模块。随后2016年松下与富士通联合推出了第二代ReRAM技术，同样基于180nm工艺，这款4Mb的ReRAM器件适用于便携式和医疗产品等低功耗应用。

2014年，美国闪迪公司和日本东芝公司在国际固态电路研讨会上提出了一个基于24nm工艺的32Gb ReRAM芯片。该存储芯片由2048个阵列模块组成，每一个模块是16Mb的交叉线阵列。这些阵列模块结合阵列控制电路、读出放大器、驱动器等即可完成存储功能。同年，美国美光公司和日本索尼公司采用1T1R结构和27nm工艺制备出16Gb的Cu基忆阻器存储芯片，具有180Mb/s写入性能和900Mb/s读取性能。

2016年，惠普公司制备了氧化钽基4×4忆阻器阵列，利用100ns脉冲以小于0.5%的平均精度来编程64个电导。采用自适应脉冲算法编程，并利用晶体管栅极电压控制设定的开关操作来提高1T1R单元的编程速度。在优化的编程算法下，阵列的持久性超过了10^6个周期。

2019年，富士通商业化了低功耗的8Mb独立ReRAM芯片，型号为MB85AS8MT，可以在1.6V的电压下运行，平均读取电流为0.15mA，这使得它们适合物联网中的不同应用，如智能手表、眼镜和助听器等。2022年富士通又开发出了12Mb的芯片MB85AS12MT，能

够在 $6mm^2$ 的面积上存储 90 页日本版报纸的内容。

9.2.2 忆阻器产业发展趋势

（1）高存储密度和精度的 ReRAM 芯片 现阶段存算一体技术主要定位于小算力、低功耗的应用上，然而大数据、云计算模式下提升芯片的算力仍显得非常重要。忆阻器阵列中常用的是 1T1R 有源交叉阵列，在集成了晶体管情况下，单元最小尺寸受到了晶体管的限制，势必会影响集成结构的单元面积和可缩小性。为了实现更高密度的集成，需要在稳定的单器件性能上发展成熟的新工艺如 1TNR（一个晶体管 *N* 个忆阻器）、3D 堆叠阵列等来提升集成阵列的密度。同时也需要增加忆阻器阵列的可调电导态来提升 ReRAM 芯片的计算精度。

（2）忆阻器产业链及电子设计自动化工具 目前存算一体技术在应用规模上并不能支撑其他技术环节的公司单独为其开发新的工具链和电子设计自动化（electronic design automation, EDA）软件，而二者分别是促进产业快速发展和大规模量产不可或缺的环节。目前，各个公司都是在成熟的工具和软件上进行改造。开发适配忆阻器的 EDA 工具以及完善该产业链，并将软件和硬件进行协同开发，是存算一体产业繁荣的必备条件。

（3）基于忆阻器的感存算一体化系统 无人驾驶汽车、仿生机器人系统、可穿戴设备等新兴领域加速了人工智能的发展，也对感知系统提出了更高的要求。伴随着传感器数量的激增，信号获取量也大大增加，此时数据与计算系统之间的传输极大地影响系统的能耗、响应速率、通信带宽和安全性等。仿生生物感官是集“感知、存储、计算一体化”的模式。科学家们将传感器和忆阻器集成起来，在不同类型的刺激下，传感器将外界信号转化为电信号施加在忆阻器上，进而实现信号的存储和处理等。更进一步，可以在单个忆阻器器件上同时实现感知、存储和计算的功能，如一些忆阻器材料能够对光进行响应，通过调节忆阻器内部电子的俘获和释放、改变离子价态等改变其阻值，在单器件上实现光信号的感存算一体化。基于该器件实现的系统不仅能够大大地降低系统复杂度，还有利于低功耗大规模器件集成的实现。

忆阻器产业是一个新兴产业，促进忆阻器产业的发展，还需要继续优化忆阻器的性能，如稳定性、电导态、循环耐力、电导调节线性等；优化忆阻器集成阵列工艺来提升集成密度，减小漏电流；研发适用于忆阻器产业的工具链以及 EDA 工具来形成产业生态，最终实现忆阻器在物联网、智能汽车、云计算、数据中心等领域中的应用。另一个趋势是在存算一体化系统的基础上开发感存算一体化系统，通过将传感器和忆阻器集成在一起，或探究具备感知功能的忆阻器器件来实现更低功耗、更大规模器件的集成。

9.3 忆阻器产业的国内发展现状

国内学术界大约在 2010 年开展忆阻器的研究，在中国电子学会第 16 届电子元件学术年会上，清华大学材料系周济教授介绍了忆阻器。经过了十几年的发展，国内的学者们正在奋起直追，不断缩小和国际先进水平之间的差距。

9.3.1 忆阻器行业主要国内政策及平台

从表 9-2 可以看出国家和地方政府对忆阻器相关的领域给予了大力支持，且最近的政策更多地提到了先进存储、低功耗甚至忆阻器等关键词语，这说明随着社会对新一代存算一体化存储器和低功耗器件的需求日益增加，未来国家对忆阻器相关领域的支持还有提升的空间。

表 9-2　国家关于忆阻器的相关政策

发布时间	法律法规 / 政策	发文部门	相关内容
2014	《国家集成电路产业发展推进纲要》	国务院	围绕重点领域产业链，强化集成电路设计、软件开发、系统集成、内容与服务协同创新
2016	《国家创新驱动发展战略纲要》	中共中央、国务院	攻克高端通用芯片等关键核心技术，形成战略性技术和产品，培育新兴产业
2016	《“十三五”国家战略性新兴产业发展规划》	国务院	加快先进制造工艺、存储器、特色工艺等生产线建设
2017	《战略性新兴产业重点产品和服务指导目录》	国家发改委	将集成电路芯片设计及服务列为战略性新兴产业重点产品和服务
2021	《上海市战略性新兴产业和先导产业发展“十四五”规划》	上海市政府	研发基于忆阻器等颠覆性技术的类脑及神经拟态芯片，实现新一代人工智能技术和新型信息产业的革新
2021	《“十四五”国家信息化规划》	中央网络安全和信息化委员会	推动计算、存储芯片等创新，加快集成电路设计工具和重点装备等关键材料研发
2022	《工业能效提升行动计划》	工信部等六部门	推动低功耗芯片等产品和技术在移动通信网络中的应用

忆阻器的研发国内主要集中在高校，也存在一些校企联合研发平台。2015 年，北京市和清华大学共同建立了“北京市未来芯片技术高精尖创新中心”；2022 年，北京市又建设了集成电路高精尖创新中心，由北京大学、清华大学联合牵头，协同有关高校、科研机构和企业共同建设；2018 年，复旦大学、中芯国际和华虹集团三家单位共同发起了国家集成电路创新中心，逐步吸收更多龙头企业和研究机构，打造国家集成电路共性技术研发平台。值得注意的是，在 2021 年，国家先后设立了 8 个国家集成电路产教融合创新平台，包括清华大学、北京大学、复旦大学、厦门大学、华中科技大学、南京大学、电子科技大学以及西安电子科技大学。同年，众多高校设立集成电路学院，其中华中科技大学集成电路学院设存储器、传感器、光电芯片、微波器件、敏感陶瓷、显示器、化合物半导体、能量转换材料等特色方向。同时学院也依托湖北省智能芯片技术创新中心、先进存储器湖北省重点实验室、国家先进存储产业创新中心，并和华为技术有限公司、长江存储有限公司等企业共建了华为新型存储技术创新中心、华中科技大学 - 长江存储联合实验室。这些政策的出台和科研平台的建设可以为我国集成电路、存储器、半导体产业提供有力的支持和好的成长环境。

9.3.2 忆阻器产业国内发展现状

在国家和地方政府的大力支持下，国内的忆阻器研究得到了快速的发展。从图 9-7 可以

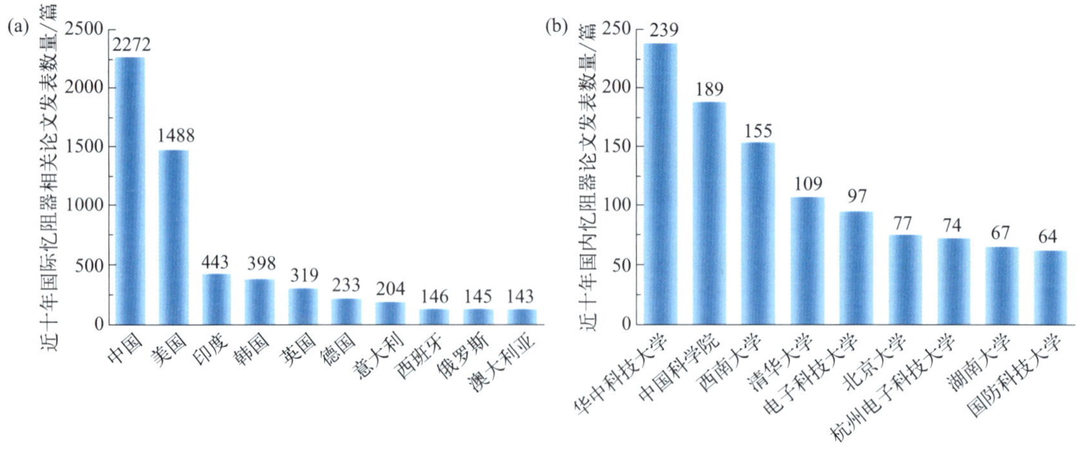

图 9-7　近十年忆阻器论文发表情况（截至 2022 年 11 月）

（a）国际上论文发表情况；（b）国内主要科研院所的论文发表情况

看出近十年来，我国的忆阻器论文发表数量已经达到 2000 多篇，成为世界第一。而国内论文发表数量较多的机构有华中科技大学、中国科学院、西南大学、清华大学、电子科技大学和北京大学等。据图 9-8，我国忆阻器申请的专利数量从 2015 年开始稳步增长，由 2015 年的 74 项增加到了 2021 年的 338 项。国内专利申请数量较多的研究机构为华中科技大学、清华大学、杭州电子科技大学等，华为技术有限公司也申请了 27 项忆阻器专利，显示出华为对忆阻器产业的初步布局。

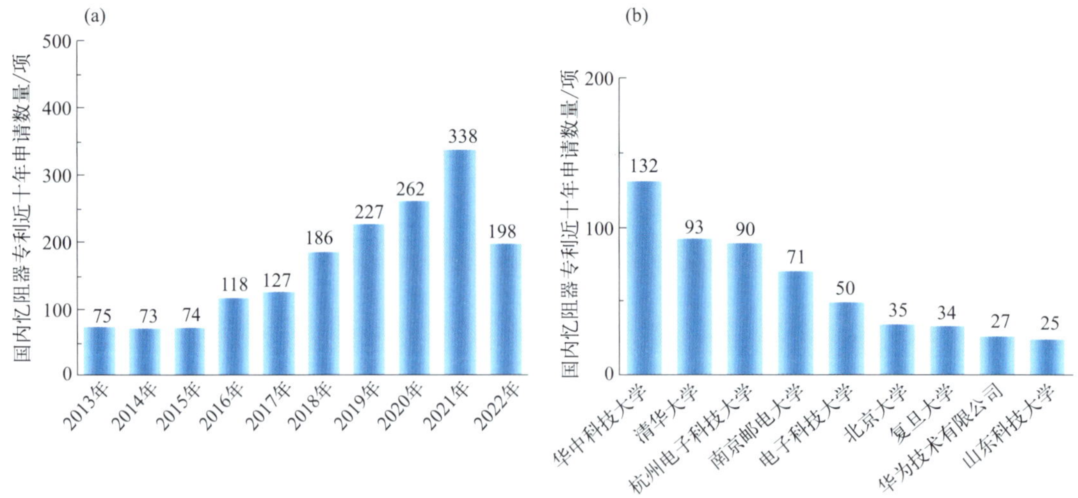

图 9-8　国内忆阻器专利申请情况（截至 2022 年 11 月）

（a）近十年专利申请情况；（b）国内主要科研院所的专利申请情况

从 2012 年起，华中科技大学郭新教授团队开展了忆阻器相关的研究，从不同类型的忆阻器材料出发，研究了 WO_3 基、$SrTiO_3$ 基、NbO_2 基、Ta_2O_5 基等两端子或三端子忆阻器，并实现了人工突触可塑性和神经元功能的模拟；将神经元和突触连接起来搭建了人工神经网络、储备池计算系统和卷积神经网络等，实现了手写体数字识别、气体分类等功能；采用 Ag/

Ta_2O_5:Ag/Pt 忆阻神经元器件和 7 个 2×2 的 Ta/TaO_x/Pt 突触阵列进行连接，通过非原位训练的方法将训练结果转移到忆阻器阵列上，在硬件上完成了基于时空信息的位置识别；该团队目前的主要研究方向为集成忆阻器和传感器的智能感知系统。

2012 年，复旦大学和中芯国际公司采用 0.13μm 工艺制备了 8Mb 的 1T1R 结构 Cu_xSi_yO 忆阻器阵列，单元尺寸为 $20F^2$；提出并验证了智能自适应辅助读写电路，以解决由于快的写入速率和高温电阻变化带来的低成品率和高功耗问题。

2016 年，中国科学院微电子研究所提出一种使用自对齐、自选择 ReRAM 制造 3D 垂直 ReRAM 的新方法，来有效应对由垂直维度的极限扩展造成的层间泄漏问题。通过成功抑制层间泄漏，垂直 ReRAM 的缩尺极限可以扩展到 5nm 以上，且具有高非线性度（$>10^3$）、低功耗、高耐久力和良好的抗干扰性。

2016 年，清华大学基于 1T1R 技术制备出 128×8 TiN/TaO_x/$HfAl_yO_x$/TiN 突触阵列，构建了一个集成的神经形态网络系统，并进行了在线训练，用于灰度人脸分类，测试精度和使用中央处理器的结果相近，且能耗比片外处理器低 1000 倍以上。

2020 年，中国科学院微电子所刘明院士团队在 14nm 的鳍式场效应晶体管（FinFET）平台上实现了 1Mb 的嵌入式 ReRAM 芯片，同时提出了深 N 阱负偏置方案来解决 ReRAM 与晶体管之间的电压失配问题。

2020 年，清华大学吴华强教授课题组和台湾清华大学张孟凡课题组在 130nm CMOS 工艺上制备出了 158.8Kb 的 ReRAM 芯片，一个完整的多层神经网络首次完全集成在存算芯片中，并以 77μs/图像的速度实现了 MNIST 数据集中图片的识别，达到了 78.4TOPS/W 的峰值能效和 94.4% 的测试精度。

2020 年，清华大学吴华强教授课题组制作了一个包含 128×16 忆阻器阵列的处理器单元，有关结果发表在 *Nature* 上。其中的 1T1R 阵列表现出了高良率、高性能和高均匀性的优势；8 个处理元件（processing element，PE）单元一起实现了一个全硬件的 CNN，其中 6 个用于卷积层，剩余的 PE 单元用于全连接层，最终该处理器以极低的能耗实现了 MNIST 数据集中的手写数字的识别，识别精度为 96.19%。

2020 年，北京大学杨玉超教授课题组制备出基于 NbO_x 的易失性忆阻器人工神经元，该神经元和非易失性 TaO_x 忆阻突触组成了一个 4×4 全忆阻器 SNN，通过简化的 δ 学习规则和偶合检测进行在线学习，具有模式识别能力，为生物启发智能系统的实现奠定了基础。

国内的企业在 ReRAM 领域进入了小批量试产阶段。2016 年 3 月，中芯国际和 Crossbar 公司在 40nm 工艺节点建立合作；2017 年 1 月，中芯国际和 Crossbar 公司已经出样基于 40nm CMOS 工艺的 ReRAM 芯片，比 NAND Flash 速率快约 1000 倍。

昕原半导体（上海）有限公司成立于 2019 年，专注于 ReRAM 新型存储技术及相关芯片产品的研发，涵盖高性能工控 / 车规 SoC/ASIC 芯片、存算一体 IP 及芯片、系统级存储芯片三大应用领域。2022 年，昕原半导体主导建设的 28/22nm ReRAM 生产线建成，并且实现了中试线全线流程的贯通，完成中国首条 ReRAM 生产线的流片。昕源半导体 CTO 邱胜邦介绍，基于昕源 28nm 工艺的 ReRAM 产品良品率已超过 93%，产品通过了 JESD22、JESD47 等可靠性标准的验证，具有较强的抗静电能力、高数据保持能力和数据存储耐高温能力；该公司也是继中国台湾的台积电之外，第二家掌握28/22nm ReRAM生产线的半导体公司。这一领域，目前国内外差距较小，壁垒尚未形成。

亿铸科技是国内首家研发基于ReRAM全数字存算一体化大算力AI芯片的企业，有望将存算一体化架构在大算力、高能效比的芯片平台应用并落地。亿铸科技和昕原半导体合作，基于传统28nm的CMOS工艺和既有国内产业配套设计的存算一体化AI大算力芯片可以实现与先进工艺制程的AI芯片同等算力，但能效比高约10倍，该公司于2023年上半年推出自己的第一代芯片，并于同年投产第二代芯片。

千芯半导体科技（北京）有限公司也开展了ReRAM芯片的相关产品研发，2019年，其可重构存算一体芯片架构已经通过大厂内测，可用于云计算、自动驾驶、智能安防等领域。

南京后摩智能科技有限公司创立于2020年年底，该公司致力于突破芯片性能及功耗瓶颈，可用于无人车、泛机器人等边缘端，以及云端推荐、图像分析等云端推理和训练场景；其计划的第二代芯片是基于ReRAM等先进存储工艺的大算力、高能效比的智能计算芯片，可实现单芯片算力1000TOPS。

在ReRAM的研发中，台积电已经走在了世界前列。2019年，台积电基于ReRAM在40nm节点上开发出一款2Mb的宏（macro），并利用自动forming机制和自动RESET机制来大幅度缩减macro-forming和RESET时间。2020年，制备了22nm 2Mb的ReRAM宏，其具有9.8～18.3ns的延迟和121.3～28.9tops/W的能量效率。

2021年，台积电40nm ReRAM进入量产，28nm和22nm的ReRAM准备量产。同年，基于40nm ReRAM工艺，台积电和斯坦福大学研发出第一款非易失深度神经网络（deep neural network, DNN）芯片CHIMERA，它是一种片上存储器，可用于边缘AI训练和推理，最高性能为0.92TPOS和2.2TOPS/W。与此同时，台积电与多家大学共同研发了一款4Mb非易失存内计算宏，基于22nm CMOS工艺，采用非对称调制输入校正方案，校正加权电流-电压堆叠读取方案，克服了设计高比特精度、大容量、非易失存内计算宏所面临的挑战。该宏的延迟在5.2～15.2ns之间，能效在194.4～15.6TOPS/W之间。

2022年，张孟凡课题组采用22nm工艺研发了一款8Mb的基于ReRAM的非易失存算一体宏，可用于人工智能边缘计算，精度最高可达8b，能效最高可达1286.5TOPS/W。同年，乔治亚理工学院和台积电采用40nm工艺制备出64Kb，25.26TOPS/W，2.37mm^{2}的二值ReRAM宏，密度提升了4.23倍。

9.4 发展我国忆阻器产业的主要任务及存在的主要问题

（1）基础研究的创新性不足 忆阻器应用于非易失性存储和人工神经网络时，往往需要器件具备优异的稳定性、循环耐力。对于存储领域来说还需要忆阻器的电导态具有较好的丰富度以及权值调节稳定性、对称性等。由于忆阻器的导电机理涉及纳米尺度上的缺陷均匀性问题，其通常是随机的。这种不稳定性虽然对于数据加密这一应用具有天然优势，然而它会影响忆阻器的器件良率，特别是对于大规模、高密度的忆阻器阵列。同时在前沿研究上，我国还主要处于跟跑阶段，工作创新性不够，一些有建设性的理论和创新都来自国外。如何从跟跑、并跑到领跑是我国在忆阻器领域应该思考的问题。

（2）研究与产业应用衔接度低　目前国内关于忆阻器的研究大多集中在理论、器件、仿真层面。除此之外，忆阻器材料具有多样性，一些钙钛矿型忆阻器或柔性有机忆阻器在材料上很难与传统 CMOS 工艺结合，难以进行大批量制备，因此限制了其产业化过程。在国内，忆阻器研究基本是在高校，企业对忆阻器的研究少之又少，而国外的惠普、Crossbar、富士通等公司已经投入了大量的人力物力对忆阻器进行研究和产业化，公司的研究更能够适应市场的需求以及找准研究的方向。

（3）中试平台不足　我国在忆阻器领域的一些方面处于国际领先水平。忆阻器的工艺和传统 CMOS 工艺存在差别，而小批量的订单得不到技术先进的大型代工厂的青睐。除此之外，由于代工厂流片的成本非常昂贵，在国内高校中基本没有团队可以负担得起该花销，这也大大限制了忆阻器产业的发展，使大多数研究都停留在高校的试验阶段。

（4）技术链条缺乏完整性和自主化能力　在技术的完整性上，国外的一些初创公司已经实现从技术到产品的完整闭环，而国内的初创公司在某些技术上还处在研发阶段，目前尚未有一家可以提供完整技术链条的公司。而真正实现忆阻器的量产和广泛应用，特别是对于存算一体化技术，需要一个完整的技术链条，从底层的器件到电路设计、架构设计、工具链，再到软件层的研发，在做相应改变的同时还要考虑各层级之间的适配度。在自主化能力上同样需要加强全自主模式，如果不掌握核心技术，则需要在关键技术上经过卖方授权来购买知识产权，一旦卖方停止授权，则会因为这一环节的缺失而受到影响。

9.5 推动我国忆阻器产业发展的对策和建议

建议根据《中华人民共和国国民经济和社会发展第十四个五年规划和 2035 年远景目标纲要》的战略布局对忆阻器产业发展进行进一步的规划。

（1）提供政策经济支持，加强忆阻器基础研究　针对忆阻器的研究，加大财政、金融、税收等政策对忆阻器有关产业的扶持力度，增加忆阻器领域相关的重大项目立项，对基础研究探索的评价指标应放宽时间，创造良好的科研生态，为忆阻器从研究转化为产业化提供有力的技术支持和保障。

（2）加强校企合作，促进产学研深度融合　通过建设国家产业创新中心，聚焦忆阻器研究中利于产业化的方向和目前“小”创新平台难以解决的系统性技术问题。以市场为导向，发挥企业在技术创新决策、科研组织、成果转化中的主体作用，调整高校的研发方向转向以产业化为主。联合行业龙头企业、高校、研究院所、上下游企业等共同开展忆阻器产业发展的关键技术研发，强化前沿领域探索、中试验证平台建设和应用能力推广。

（3）加大企业研发力度，促进企业自主化发展　随着国际“逆全球化”发展趋势增加，我国的产业链、供应链的稳定安全面临重大风险。我国企业的研发投入强度不够，2019 年的制造业投入仅为 1.45%。而且企业仍面临着忆阻器计算 / 存储融合架构的设计与实现方式不成熟，产品化过程中的 EDA 工具和适配工具链缺乏，部分知识产权没有自主化等问题。建议从国家政策上给予企业更多的研发资金优惠，从思想上引领企业的创新意识，促进忆阻器相关中小型企业在上游领域占据一定的位置，形成自身的科技优势。

（4）加强人才培养和人才引进 人才是创新的第一资源，我国忆阻器研究起步较晚，相关科研机构、创新平台以及人才投入不足，顶层人才更是稀缺，这不利于我国忆阻器产业的快速发展和落地。应注重依托重大科技任务和创新基地等培养人才，加强创新型、应用型人才培养；提升科研人员的科研环境和生活质量，完善人才评价和激励机制，减轻科研人员压力，营造一个良好的科研环境；同时也要注意吸引国外优秀人才的加入，完善外籍高端人才和专业人才来华交流甚至长期居住的相关政策等。

参考文献

作者简介

化帅斌，华中科技大学博士生。主要从事忆阻器及人工神经网络的研究。获得华中科技大学硕士国家奖学金和优秀毕业生等荣誉称号。发表国际国内期刊多篇。授权发明专利 3 项。

郭新，华中科技大学二级教授，中国固态离子学会理事，国际固态离子学会学术奖评选委员会委员，期刊 *Solid State Ionics*、*National Science Open* 编委。主要研究领域包括基于忆阻器的感存算一体化智能系统、先进传感器技术等。在国内外主流学术会议及国内外著名高校、研究机构和企业作过 80 余场大会报告和邀请报告。在 *Science* 等学术期刊发表论文 160 余篇。2022 年入选全球前 2% 顶尖科学家——终身榜。在忆阻器研究领域，先后主持和参与了多项国家重点研发计划项目、国家自然科学基金项目、战略性国际科技创新合作重点专项和华为技术合作项目等。

第 10 章

光纤氢敏材料

张　颖　宿禹祺　张勇博　何茂刚

在推动“双碳”国家战略发展的大背景下，氢气作为一种发展前景广阔的清洁能源，是未来国家能源体系的重要组成部分，发展氢能产业链有助于构建清洁低碳、安全高效的现代能源体系。作为一种易燃易爆气体，氢的安全使用问题一直备受关注，制约着氢能产业的快速发展。氢气传感器可以快速准确地测量氢气浓度，有效预防氢气在生产、存储、运输和使用等过程的泄漏、爆炸等安全问题。近些年，随着氢能的推广应用和物联网技术的高速发展，对氢气传感器在安全性、远程监控及分布式测量等方面的要求日益提升。相较于传统的电学原理传感器，光纤型氢气传感器具有更高的安全性和抗干扰性，且便于实现分布式测量等优良性能，已成为当前的研究热点。

10.1 氢气检测技术发展的背景需求及战略意义

在当前“双碳”国家战略稳步推进的大背景下，发展氢能产业对于构建清洁低碳、安全高效的现代能源体系，实现经济与生态环境的和谐发展有着重要意义。《国务院关于印发 2030 年前碳达峰行动方案的通知》明确指出，加快氢能技术研发和示范应用，探索在工业、交通运输、建筑等领域规模化应用。国家发展改革委、国家能源局联合印发的《氢能产业发展中长期规划（2021—2035 年）》（以下简称《规划》）中明确了氢能是未来国家能源体系的组成部分，是战略性新兴产业的重点方向，是构建绿色低碳产业体系、打造产业转型升级的新增长点。为保证氢气在“制—储—输—用”过程中的安全，精准快速检测氢气浓度的氢气传感器是必不可少的关键技术，对于加速推动氢能产业链的发展与建设具有重要作用。

10.1.1 氢能源的利用和氢能产业的发展

氢是元素周期表中的第一位，氢元素在自然界中广泛分布，例如水中氢的质量分数为

11%，泥土、石油、天然气、动植物体中也含有氢。氢在整个宇宙中是含量最多的元素，大约占宇宙质量的 75%。通常，氢元素的单质形态是氢气（H_2），是一种无色无味的可燃气体，具有很小的密度（0.0899kg/m^3）、低点燃能（0.017mJ）和高燃烧热（1.42×10^8J/kg），广泛地应用于生物医疗、金属冶炼、化工生产、燃料电池、航空航天以及核电等领域中。例如，化工生产中氢气是合成氨、制备甲醇和盐酸的重要原料；金属冶炼中，氢气可代替碳作为还原剂；在航空航天领域，液氢是一种理想的航天燃料，不但可以实现二氧化碳零排放，同时还能有效减少其他污染物的排放；氢燃料电池也已实现在汽车、飞机中的应用，具有无污染、无噪声和高能效的优点。

氢的制备方式多样，有重整煤炭、石油、天然气等化石能源制备，电解水制备，工业副产气制备，光解水制备，热化学裂解水制备，生物质制备等，并且其燃烧的产物只有水，没有其他污染物和碳的排放，可以有效减缓气候变化和抑制温室效应。氢能作为一种二次能源，受到了全球多个国家的高度重视，美国、德国、英国等发达国家已经将氢能上升到了国家的能源战略层面，大力促进氢能的使用也是我国推动能源供给发展的重要措施，是推进区域经济发展的重要探索。

我国是世界上最大的制氢国，年氢产量约 3300 万吨。目前国内氢能产业已初步掌握氢能制备、储运、加氢、燃料电池和系统集成等主要技术和生产工艺，并在部分区域实现燃料电池汽车小规模示范应用。《规划》中明确了氢能产业的发展目标：到 2025 年，基本掌握核心技术和制造工艺，燃料电池车辆保有量约 5 万辆，部署建设一批加氢站，可再生能源制氢量达到 10 万～ 20 万吨 / 年，实现二氧化碳减排 100 万～ 200 万吨 / 年。到 2030 年，形成较为完备的氢能产业技术创新体系、清洁能源制氢及供应体系，有力支撑碳达峰目标实现。到 2035 年，形成氢能多元应用生态，可再生能源制氢在终端能源消费中的比例明显提升。氢能是我国大力发展的清洁能源之一，形成完整的氢能产业链，保障氢能在“制—储—运—用”中的安全利用是当务之急。

10.1.2 氢气检测技术和氢气传感器

氢气的化学性质不稳定，爆炸极限范围广，当氢气含量在 4% ～ 75% 范围内遇到空气，且温度达到氢气燃点 574℃时就会发生燃烧甚至爆炸，严重威胁人们的生命和财产安全。例如，航天飞机中的燃料液氢易蒸发、易燃烧，容易导致材料变形发生泄漏，从而引发事故；潜艇、军舰等国防军事设备上的氢燃料电池若发生氢气泄漏，会威胁到人员的生命安全并影响战局。氢气在制备、储存、运输、加注和使用过程中均存在泄漏、燃烧和爆炸的潜在风险，因此氢安全一直是氢能应用和大规模商业化推广中亟须解决的首要问题。在大力发展氢能产业的时代背景下，对氢气浓度的快速精准监测是保障氢安全的重要前提。

氢气传感器是一种检测氢气浓度并产生成比例响应信号的传感装置，相比传统的检测仪器，具有体积小、成本低、在线测量和响应时间短等优势。氢气传感器是氢能产业中安全检测系统中的前端探测装置，目前主要可分为催化型、电化学型、半导体型和光纤型几种类型。其中，前三种氢气传感器的研究起步较早，灵敏度高、响应快，目前已实现商用化。下面对前三种氢气传感器进行简要的介绍。

催化型氢气传感器的工作原理是通过测量氢气和氧气在传感器表面发生催化反应所释放的热量来检测氢气的浓度。这种类型的传感器可以用于检测包括氢气、甲烷等在内的所有可燃性气体，因此气体选择性差是催化型氢气传感器的主要缺陷。催化型氢气传感器按照反应热检测方式分为两类：催化元件式和热电式。最早的催化元件式传感器是1923年由Jones提出的，其基本结构包括催化剂（通常是贵金属钯或铂）、载体和铂丝线圈等，其中一个载体表面涂有催化剂，另一个载体作为补偿元件，表面没有催化剂，铂丝线圈置于载体上。氢气与氧气在催化剂的作用下反应放热，使涂有催化剂的载体温度升高，引起铂丝线圈电阻变化，利用惠斯通电桥对其进行测量，实现氢气传感。催化元件式氢气传感器使用寿命长、结构简单且性能稳定，但能耗较高且不易实现微型化。热电式氢气传感器利用了热电材料受热后电子（空穴）会沿温度梯度的方向由高温区往低温区迁移，产生电流或电荷堆积的原理。当催化燃烧产生的热量使表面覆盖催化剂的热电薄膜温度升高时，两个热电薄膜间的温差导致二者间产生电势差，从而在外电路形成电信号。热电式氢气传感器是一种自供能式传感器，相比催化元件式氢气传感器有效地降低了能耗。总的来说，催化型氢气传感器具有响应速度快、寿命长、准确度高等优势，目前技术发展较为成熟，已实现商业化生产。但这种传感器的气体选择性差，并且必须在有氧气的环境中才能实现测量。另外，催化型氢气传感器的工作中会释放大量热量，有引燃或爆炸的危险，在某些情况下，如密闭空间中无法使用。

电化学型传感器的基本原理是氢气在传感电极表面发生的电化学反应，根据检测手段，具体可分为电流型和电位型两种。电流型氢气传感器利用氢气扩散至感应电极处，感应电极吸收氢气并分解成H^+和e^-，氢离子通过电解液传递至对电极处，在对电极发生还原反应生成水，电子在电极间转移形成电流被检测到。合理设计电流型氢气传感器的结构，可以使电流与氢气浓度呈线性关系。在实际应用中，为了增强传感器的抗干扰能力，常常会引入一个参考电极，用以保持工作电极在传感过程中的热力学电位恒定。电流型传感器一般使用液体电解液，最常用的是硫酸水溶液，但硫酸水溶液易吸附水分，在环境湿度较高时电池结构会膨胀变形导致电解液泄漏，且电解质稀释也会影响H^+的传递，使响应信号偏移，限制了电流型氢气传感器的实际应用。与电流式传感器不同，电位式传感器的检测信号是传感电极和参比电极之间的电势差，在理想情况下可以实现零电流工作，电极电位与氢气浓度的关系可以根据能斯特方程得到。电位型传感器的响应信号与尺寸和几何形状无关，相比于电流型传感器更易实现微型化。不同于电流型传感器测量信号与氢气浓度的线性关系，电位型传感器的响应信号与氢气浓度成对数关系，在高浓度下的测量精度较差。在近几年的研究中，电位型氢气传感器大多使用固态电解质，相较液态电解质可以防止泄漏，结构稳定性也得到了增强，并且可以保证高温环境下的正常工作。

半导体型氢气传感器按测量原理可以分为电阻式和非电阻式两种。当金属氧化物暴露在还原性气体中时，它们的电阻会发生变化，电阻式氢气传感器就是利用了这个原理。在绝缘基片上涂覆一层金属氧化物，当环境氢气浓度变化后，测量金属氧化物的电阻进而得到氢气浓度，二者近似呈线性关系。常见的氢敏金属氧化物有ZnO、SnO_2、TiO_2、MoO_3、

WO_3 等。电阻式氢气传感器的显著缺点就是气体选择性差，所有的还原性气体都会引起电阻值的变化，一般可以通过表面改性或添加纳米颗粒来改善电阻式氢气传感器的性能，例如可以在其中掺杂金属钯（Pd）或者铂（Pt）这种对氢气选择性较好的金属颗粒来提升对氢气的选择性。非电阻式半导体氢气传感器是通过材料的势垒和电容与氢气浓度的响应关系来实现氢气的传感，也可以称为功函数型（work function）氢气传感器，根据原理和结构的不同可以分为肖特基二极管型和 MOS 场效应晶体管型（metal oxide semiconductor field effect transistor，MOSFET）。肖特基二极管型氢气传感器一般在半导体材料上沉积一层金属（一般为 Pd 或 Pt）构成肖特基结，通常也会在二者之间加入一层金属氧化物绝缘层，以提高传感器的稳定性和对氢气的敏感性，金属接触氢气后，氢气分子分解成氢原子扩散至半导体层中，引起肖特基势垒的变化，通过检测电流或电压实现氢气浓度的检测。MOS 场效应晶体管一般由催化金属 - 绝缘体 -Si 衬底的三明治结构组成，氢分子在金属表面催化分解为氢原子，然后扩散到金属 - 绝缘体界面，形成一个偶极子层，导致场效应管的电压变化，通过测量该电压进而得到氢气浓度。半导体型氢气传感器的优点在于其结构简单、体积小、易集成、成本低、响应快，适合大规模的生产和使用，但受电磁干扰影响大，产生信号漂移，难以在环境较为恶劣的情况下使用。此外，使用时可能产生电火花，存在燃烧、爆炸等安全风险。

除了常见的催化型和电学型氢气传感器，近些年有关声表面波型氢气传感器的研究也取得了较好的效果。声表面波（surface acoustic waves，SAW）型氢气传感器是利用声表面波传播经过氢敏材料（如钯或钯合金）后，受氢敏材料吸收氢气后电导率或质量等特性变化的影响，声表面波的频率会发生变化的现象。这种类型的传感器最早由 Amico 提出，一般使用 $LiNbO_3$ 作为压电基片，氢敏材料沉积在压电基片表面，由基片上的叉指换能器（IDT）激励和接收声表面波实现传感。SAW 型传感器相比其他传感器最大的优势在于非常快的响应速度和很高的灵敏度，但缺陷是受环境温度影响大，高温下响应不稳定，目前的研究大多是在常温下进行，主要围绕敏感膜的材料选择和结构设计。SAW 型氢气传感器目前还处于研究阶段，尚未实现商用化。

催化型和电学型氢气传感器在常温常压下可以快速准确地响应氢气的浓度，目前已经在工业中应用，但这些基于电学特性的传感器在使用过程中可能产生火花，有引起氢气爆炸的可能性，存在安全隐患。而氢气传感器作为氢能物联网感知层面的核心部件，为实现氢在生产以及储运用全过程的实时监测，对其在微型化、集成化和可实现分布式测量等方面也提出了新的技术要求。光纤氢气传感器由于其优良的性能，受到了很多学者的关注与研究，并且逐渐应用于工程实际中。

10.1.3 光纤氢气传感器的原理与分类

随着近些年光学测试技术及光纤通信技术的发展，以光纤作为载体，通过光波信号感知和传输环境参数的光学传感技术也被应用于气体浓度检测中，一般也可以称为光纤型传感器。光纤型传感器是通过附着在光纤表面的敏感材料和光纤中光信号的变化来检测氢气的，本质安全且不受电磁干扰，同时还具有体积小、测量范围广、耐高温高压等优点，近年来引起了广泛的关注与研究。传统的光纤氢气传感器分为微镜式、光栅式、干涉式、倏失场式及表面等离子体共振式几种。

微镜式氢气传感器（micromirror hydrogen sensor）利用的是光学反射的原理。它是在光纤的端面涂覆一层氢敏材料，接触氢气后端面的反射率发生变化，通过检测反射光强度来检测氢气浓度，其结构如图 10-1（a）所示。微镜式氢气传感器是目前发展较为成熟的一种光纤氢气传感器，这种传感器的结构简单，成本较低，响应速度快，后期信号处理简单，大多使用强度调制的方式，但是缺点也很明显，灵敏度较低，难以实现分布式测量。

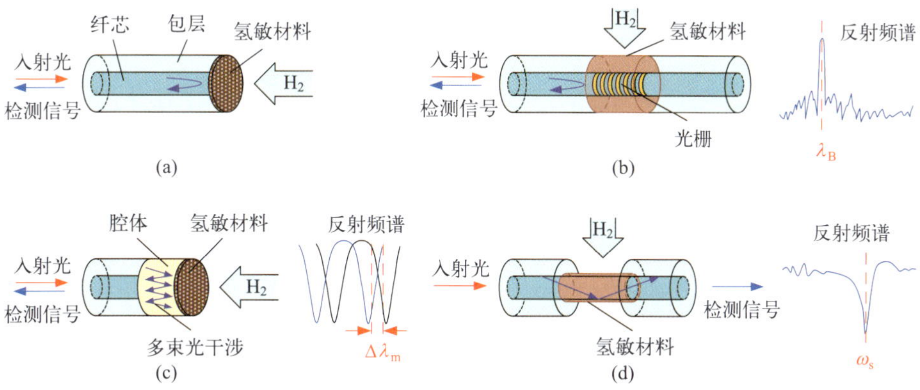

图 10-1 传统光纤氢气传感器的结构

光栅式氢气传感器包括布拉格光栅和长周期光栅。布拉格光栅（fiber Bragg grating，FBG）是指在光纤纤芯内构造空间相位周期性分布的光栅，当光通过光栅时，某一波长的光会发生反射，反射波长与周期和有效折射率成正比，又称布拉格波长。在光栅处涂覆氢敏材料，当环境中氢气浓度发生变化时，氢敏材料产生应变，引起光栅的形变，从而改变光栅的周期和有效折射率，通过测量反射光的波长进而得到氢气浓度。FBG 式氢气传感器的结构如图 10-1（b）所示。

干涉式氢气传感器由两条干涉臂（两条光纤）和检测系统组成，其中信号臂上镀一层氢敏材料，另一条作为参考臂，光信号经过时，氢敏材料受氢气浓度影响发生应变，导致光纤长度发生变化，信号臂和参考臂产生光程差，经过耦合器后发生干涉，检测得到相位信息进而得到氢气浓度。常见的干涉式氢气传感器按干涉原理可以分为 Mach-Zehnder 式、Michelson 式、Sagnac 式以及法布里 - 珀罗（Fabry-Pérot，F-P）式。图 10-1（c）为 F-P 式传感器的结构，由光纤端面和敏感薄膜构成两个相互平行的反射面，反射面之间的部分是 F-P 腔体，敏感薄膜吸收氢气后发生形变改变腔长，引起反射光光谱的变化，实现氢气浓度的检测。干涉式氢气传感器均具有很高的灵敏度和较好的重复使用性。

表面等离子体共振（surface plasmon resonance，SPR）是指光在光疏到光密（通常是金属）界面发生全反射时，产生的倏逝波与金属表面的自由电子局部振荡形成的表面等离子体波的传播常数 k_{sp} 相匹配时，会发生共振，造成光波能量被大量吸收，反射光光强急剧下降。光 SPR 式氢气传感器的结构如图 10-1（d）所示，在光纤表面镀一层金、银，或者银和钯的复合材料，在氢气环境下，金属薄膜的折射率发生变化，表面等离子体波的传播常数发生变化，引起反射光谱的共振峰产生偏移，通过检测共振频率 ω_s 的变化实现氢气浓度的检测。SPR 式氢气传感器在常温下的灵敏度较高，响应速度快，但检测范围较小，无法实现分布式测量。

倏逝场式氢气传感器具有和 SPR 式氢气传感器类似的原理与结构，不同的是，倏逝场式氢气传感器通过检测透射光强度变化来实现传感，而表面等离子共振式氢气传感器主要通过检测共振频率来检测氢气。倏逝场式氢气传感器具有较高的灵敏度，而且已通过串联的方式实现了多点分布式测量，但是强度检测的方式导致其对光路的要求较高，否则光强衰减会导致测量精度大幅降低。

10.2 光纤氢气传感器的国际发展现状及趋势

随着光学探测技术和光纤制造技术的不断发展，光纤传感器逐渐成为了国内外学者的研究热点，2015—2021 年间，每年都有超过 500 篇有关光纤氢气传感器的 SCI 论文发表，大约是 2000 年的 6 倍。目前，对于光纤氢气传感器的研究主要集中于光纤结构改进与创新、氢敏材料涂覆、光学信号解调以及传感元件封装等方面。

10.2.1 光纤氢气传感器的研究现状

1991 年，Butler 提出了第一个微镜式氢气传感器，可以检测空气中 4% ～ 100% 的氢气浓度。Bévenot 等研制了一种微镜式氢气传感器，其工作温度范围为 -196 ～ 23℃，响应时间小于 5s，实现了纯氮气中 1% ～ 100% 的氢气检测，该传感器被用于欧洲某型号火箭发动机的氢气泄漏检测。微镜式传感器是目前发展较为成熟的一种光纤氢气传感器。近些年，一些学者尝试对微镜式氢气传感器的性能进行优化，例如 Xu 等提出了一种基于偏振调制的微镜式氢气传感器，通过检测尖端 Pt/WO_3 涂层的保偏光纤的反射光谱的偏移量来实现低浓度氢气测量，在 0 ～ 4% 氢浓度范围下，该传感器的灵敏度为 18.04nm/%。微镜式传感器的结构简单，成本较低，响应速度快，后期信号处理简单，大多采用强度检测的方式。但是，微镜式氢气传感器强度检测的方式易受环境和光路的影响，灵敏度也远不如基于波长或频率调制的其他光纤传感器，而且反射式的传感原理也令这种传感器很难进行多点分布式测量。因此，尽管微镜式氢气传感器的技术发展较为成熟，近些年却没有受到较多的关注和研究。

FBG 式氢气传感器一直都是国内外研究的热点。近年来对于 FBG 式氢气传感器的研究主要集中于氢敏材料的选择以及光栅结构的优化上。FBG 式氢气传感器的响应特征和氢敏材料的厚度和光纤直径有直接关系，通常情况下，减小氢敏材料的厚度和光纤直径可以有效地提高 FBG 式氢气传感器的灵敏度和响应速度，但这样也会导致光纤结构易碎，使用寿命短。为了解决这一矛盾，Wang 等尝试将纳米离子嵌入氢敏材料以提升性能，研究了插层离子种类和数量对基于 α-MoO_3 的 FBG 式氢气传感器性能的影响，结果表明，离子插层可以通过加强层结构来提高传感器的可重复性，其改善程度取决于离子种类和离子键的数量。Fisser 等将大截面积 Pd 箔粘接在光纤上，有效地提高了钯基 FBG 式氢气传感器的灵敏度，约为 0.062pm/ppm（ppm=10^{-6}）。随着光纤加工技术的不断发展，一些学者通过引入飞秒激光技术改变光栅结构，利用倾斜、交叉螺旋等光栅结构来提高 FBG 式传感器的灵敏度等性能。如周贤等利用飞秒激光在光纤 FBG 包层上加工出交叉螺旋微槽，并在其表面镀 Pt/WO_3 薄膜，其灵敏度约为传统的 FBG 传感器的 1.55 倍。相比其他光纤传感器，FBG 式传感器可在同一根光纤上布置多个光栅结构，同时测量温度、湿度等环境参数，更容易实现分布式测量和环境特征补偿。光纤光栅加工技术较为成熟，FBG 式温度传感器目前已经实现了产品化，为 FBG 式氢气传感器产品化提供了技术基础。FBG 式传感器依赖于波长调制检测方式，现阶段还依赖宽带光源和光栅解调仪等昂贵设备以及复杂的信号处理系统，在一定程度上限制了其发展。

最早的干涉式氢气传感器出现在 1984 年，Butler 利用 Mach-Zehnder（M-Z）干涉法制造了世界上第一个光纤氢气传感器。干涉式氢气传感器均具有很高的灵敏度和较好的重复使用性，但传统的 M-Z 式传感器结构比较复杂，易受环境的干扰。随着光纤制造工艺的不断发展，通过飞秒激光微加工与光纤熔接等方式可以实现干涉式氢气传感器的微型化，例如 Du 等利用飞秒激光微加工技术在半节距梯度折射率光纤（GIF）的核心内创建了一个热敏聚合物填充的空腔，构建了一个微型 M-Z 光路，实验测试表明，该传感器的灵敏度为 -1948.679nm/%，响应时间约 38s，不仅显著缩小了干涉式氢气传感器的尺寸，测量灵敏度和响应速度也有了明显的提升。相比其他几种干涉式氢气传感器，F-P 式氢气传感器不需要复杂的光路，仅在微小的光学反射腔内就可实现多束光干涉，克服了传统干涉式氢气传感器易受环境干扰和难以实现微型化的缺点，是目前研究较多的一种干涉式氢气传感器。近期的研究证明了 F-P 式氢气传感器具有高灵敏度和低检测极限，Li 等利用游标效应提出了一种光学级联 F-P 式氢气传感器，该传感器由一段大模区光纤和一段空心光纤组成，在 0 ～ 2.4% 氢气浓度范围内的灵敏度为 -1.04nm/%，响应时间为 80s。Xu 等在 F-P 式氢气传感器的微腔内充注热敏液体，尝试提升其灵敏度和抗干扰能力，实验表明，填充了热敏液体的传感器在 0 ～ 4% 氢气浓度范围内的灵敏度和抗干扰能力较好，响应时间为 120 ～ 150s。F-P 式氢气传感器的缺点是响应时间较长（一般大于 20s），复用性和寿命未知，有待进一步的研究与改进。

SPR 式氢气传感器的研究主要集中于传感机理和敏感膜的设计等方面。Aray 等研制了一种纳米 MoO_3 传感层室温高灵敏度局域表面等离子体共振（localized surface plasmon resonance，LSPR）式氢气传感器，利用氧缺陷诱导纳米结构的 α-MoO_3 薄膜的等离子体特性实现传感，并在 150 ～ 2000ppm 氢气浓度范围对其进行测试，该传感器的灵敏度为 38.1pm/ppm。Deng 等研制了一种基于 Ag/TiO_2 薄膜的光纤耦合棱镜式表面等离子体共振传感器，Ag 作为激发表面等离子波的金属材料，TiO_2 作为氢敏材料吸收氢气，依次镀在棱镜表面，研究表明，在氢气浓度为 14.7% ～ 25% 时，反射率与氢浓度呈线性关系，传感器的灵敏度为 523nW/%。SPR 式氢气传感器在常温下的灵敏度较高，响应速度快，但检测范围较小，有待进一步研究与改进。

拉曼散射式氢气传感器是一种新型氢气传感器，适用于氢气的痕量检测。拉曼散射（Raman scattering）是分子内振动和光学声子等元激发与激光相互作用而产生的非弹性光散射，常用于样品分子组成的判别和定量分析。拉曼散射的散射光强度与入射光强度、分子拉曼横截面和样品浓度成正比，拉曼散射式氢气传感器就是基于这个基本原理设计的。例如 Adler Golden 等设计了一种基于多通光学腔结构的自发拉曼散射式氢气传感器，灵敏度约 100ppm，响应时间仅需几秒。拉曼散射式氢气传感器无需氢敏材料，不会对其他气体交叉敏感，且响应速度快，但自发拉曼散射通常很弱，不利于检测，通常会利用各种技术手段来增强拉曼散射信号。

受激拉曼散射（stimulated Raman scattering，SRS）是增强型拉曼散射的典型代表之一，它属于非线性拉曼散射，需要功率达到或超过激励阈值的脉冲光源激发。当泵浦光频率、斯托克斯光频率二者频率差与氢分子的振动或旋转跃迁频率匹配时，泵浦脉冲的强度降低，而斯托克斯光获得增益，检测二者的光强变化可实现氢气浓度的检测。相比于自发拉曼散射，SRS 的散射信号强，近年来与空芯光子晶体光纤（hollow core-photonic crystal fiber，HC-PCF）相结合，在氢气传感器的研究中取得了很好的结果。Yang 等对基于 HC-PCF 的受激拉曼散射式氢气传感器进行了研究，发现其单点检测极限可达 17ppm，而对于长 100m 分布式传感实验，该传感器的响应时间小于 60s，氢气检测灵敏度为 883ppm，空间分辨力为 2.7m，对比其他光纤型氢气传感器具有明显优势。Qi 等报道了一种基于纳米纤维及倏逝场效应的 SRS 式氢气传感器，发现在相同的泵浦功率下，基于纳米纤维的 SRS 式氢气传感器的拉曼增益和信噪比相比基于 HC-PCF 的 SRS 式传感器得到了显著的提高，从而提高了 SRS 式氢气检测的灵敏度，实验表明该传感器的检测下限可达 3ppm，响应时间不超过 10s。除此以外，也可以通过其他方式增强拉曼散射，如热透镜拉曼光谱技术（thermal-lens Raman spectroscopy，TLRS）、光声受激拉曼光谱技术（photoacoustic Raman spectroscopy，PARS）等。Spencer 等利用可调谐的 PARS 实验系统实现了氢气的痕量检测，其检测极限为 4.6ppm。然而，上述的两种方法尚未应用于光纤传感器中，有待进一步的研究与验证。拉曼散射式氢气传感器无须考虑其他气体的交叉敏感问题，灵敏度高，响应时间短，优于光栅式和干涉式氢气传感器，但相比微镜式和光栅式等其他类型光纤氢气传感器，拉曼散射式氢气传感器的光路复杂，通常需要两个高功率光源和滤波器、偏振控制器等光学器件，而且多数需要将氢气吸入空芯光纤或气室，会导致传感器寿命缩短。

近几年对于光纤氢气传感器的研究和制备已经不局限于一种结构，很多学者将微镜式、FBG 式、F-P 式相互结合，开发了复合式氢气传感器，主要是为了弥补单一传感器对于温度、湿度等因素的交叉敏感性，同时兼顾提升灵敏度及响应速度等性能。Luo 等提出了一种由石墨烯 /Au/Pd 膜、F-P 探头和超短 FBG 光纤组成的高灵敏度快速响应氢气传感器，其中 FBG 作为半透明反射器，其反射光会与 F-P 探头的反射光发生干涉，使 F-P 传感器的对比度提高十几倍，从而提高传感器的灵敏度。经过实验测试，发现该传感器的响应时间与氢的浓度线性相关，在 3.5% 的氢气浓度下的响应时间仅为 4.3s。Ye 等制作了一种湿度和氢气浓度同时测量的光纤传感器，其中氢气通过微镜探头测量，而湿度的测量则通过 FBG 光栅实现。该传感器的反射光谱由光源自发光谱和两个 FBG 反射峰组成，实时检测 FBG 和微镜探头的反射光强之比进而得到氢气浓度，实现了光栅式氢气传感器的温度补偿和浓度、湿度的多参数测量。

除了常见的几种光纤氢气传感器，也有一些学者基于某些特殊的光纤结构开发氢气传感器。例如 Zhang 等利用单模 - 无芯 - 单模光纤结构研制了一种氢气传感器，通过监测特定波长的透射光谱强度实现了 0.5% ～ 4% 氢气浓度的检测。也有一些不使用光纤的光学型氢气传感器，例如 Elkabbash 等用一层超薄的 20nm Pd 层在 60nm Ge 层构成的光学涂层和一个微流体通道作为氢气传感器，通过检测反射率实现了 0 ～ 4% 氢气浓度的检测。总体而言，这些光学型氢气传感器大多利用 Pd 等氢敏材料吸收氢气后折射率、反射率、应变等特征变化，引起探测光的强度和波长等光学性质的变化来实现氢气浓度的检测，且大部分以光纤为载体和传输通道。

10.2.2 氢敏材料及光纤氢气传感器封装与解调的研究现状

光纤氢气传感器的性能直接受氢敏材料种类和结构的影响，氢敏材料必须对氢气具有良好的敏感性和选择性，并且可以通过材料某种性能的变化反应环境中氢气浓度的变化，而这种变化关系必须是稳定且可逆的。最常见的氢敏材料是金属钯（Pd），Pd 对氢气有专一选择性，并具有较高的灵敏度，1 体积的 Pd 可以吸收大约自身体积 900 倍的氢气。然而，纯 Pd 薄膜反复吸收氢气容易导致开裂、起泡和分层，因此目前的光纤氢气传感器大多采用 Pd 合金作为敏感材料，如 PdNi 合金、PdAg 合金、PdAu 合金、PdCu 合金等，相比纯 Pd 薄膜，Pd 合金可以缩短氢敏响应时间，提高敏感膜的稳定性和可靠性。此外，一些Ⅵ B 族金属氧化物也是常见的氢敏材料，但是它们本身对氢气分子不敏感，需要掺杂金属参与催化，例如 WO_3，在一定温度下 WO_3 可以在 Pd 或 Pt 催化下将氢气分子断裂成为氢原子，WO_3 可以与还原性气体发生反应，其透射谱会发生变化，从而实现氢气浓度的检测。

近些年，纳米技术和加工工业的快速发展也促进了氢敏材料的合成与结构改性的研究，对传感器性能有着显著的提升。不少学者采用 Pd 或 Pd 合金纳米膜和纳米线作为敏感材料，纳米结构的接触面大，可以大幅提高传感器的灵敏度，同时也可以进一步改善 Pd 吸收氢气后的氢脆现象。随着材料科学和加工技术的不断发展，一些新型的材料也被用作氢气传感器的敏感材料。例如 Guan 等用悬浮 Pd 颗粒修饰石墨烯作为敏感材料，研制了一个可弯曲的 F-P 式氢气传感器，其检测极限为 20ppm，响应时间为 18s。另外，随着人们对于氢敏材料的性能要求的不断提升和技术的日益进步，目前广泛使用和研究的是基于几种材料的组合形式。氢敏材料的选择一般需要结合传感器原理和结构进行综合考虑。

除了氢敏材料的选择与改性，封装与解调也是光纤氢气传感器研制过程中不可或缺的一部分。光纤传感器的主体光纤直径小，材质为二氧化硅，质地脆容易折断，有必要对光纤进行封装。光纤的封装方式按照功能可以分为保护封装、敏化封装和补偿性封装。保护封装按照应用场景可分为片式和管式封装，片式封装多用于物体的表面光纤，管式封装多用于建筑物的内部。片式封装指将光纤固定在刻有凹槽的金属片上，用保护胶粘牢。赵雪峰等提出一种基于工字形结构的片状封装方式，通过将光纤固定在该结构上减少了与外界的接触，结果表明，该结构的保护性好，应变和波长具有较好的线性关系，但测试点应变的传递损失较大，约为 21%，需要进行修正。管式封装指将光纤固定在不锈钢管中进行保护，张荫民等提出了两种管式封装方式——保护封装和增敏封装，分析了对温度的传感性能，结果表明，保护封装的温度灵敏度为 9.86nm/℃，增敏封装的温度灵敏度为 29.97nm/℃，两种封装方式后的传感器都有较好的重复性，线性拟合度高达 0.999。

很多场合对光栅的灵敏度有很高的要求，需要进行敏化封装，根据灵敏度的需求可分为增敏封装和减敏封装。裸光纤的温度灵敏度不高，在高灵敏度传感的场合不能满足需求，需要进行增敏封装，目前常用的温度增敏方式是在光栅表面封装具有高热膨胀系数的材料，当温度变化时，该材料会产生更大的轴向应变，从而增大对温度的灵敏度。李洪才等使用两种环氧聚合物对光纤进行了增敏封装，将光纤放在长方体容器的中间，里面注入两种环氧聚合物固化，测试了在 20 ～ 60℃的温度传感性能，结果表明，在 17 ～ 32℃内灵敏度为 110.0pm/℃，是裸光纤的 10.7 倍，在 40 ～ 60℃内灵敏度为 30.0pm/℃，是裸光纤的 2.9 倍，封装后的光栅具有较好的灵敏度和重复性。在进行氢气传感时，希望对温度不敏感，此时需要进行减敏封装，常用的减敏方式是在光栅表面封装负温度系数的材料。胡兴柳等设计了一种基于负热光系数聚合物的级联长周期光栅封装结构，测试了 20 ～ 80℃内的温度灵敏度，结果表明，未封装的光栅温度灵敏度为 120pm/℃，减敏封装后光栅的灵敏度为 10pm/℃，灵敏度大大降低。

补偿性封装包括有源补偿和无源补偿。有源补偿是指使用电子设备控制待测环境温度；无源补偿是使用材料和结构封装光栅，最常见的无源补偿方式是外加一根裸光纤作为参考光栅实现温度补偿。万里冰等将温度补偿光栅和测量光栅串联在一根光纤上用于解决温度和应变的交叉敏感问题，结果表明，单一光栅传感器的温度灵敏度是 10.5pm/℃，该传感器的温度灵敏度为 0.12pm/℃，是没有参考光栅传感器灵敏度的 1.1%。

光纤传感最常见的解调方式是光谱仪，波长最小分辨率为 0.1nm，操作简单，解调功能强大，但是光谱仪体积大，价格高，多用于实验室课题研究，因此研制高分辨率、高灵活性的解调方式至关重要。目前常用的解调技术有强度解调、相位解调、频率解调、偏振解调和波长解调等。

光栅式传感器的解调按照原理可以分为干涉解调技术和滤波解调技术。干涉解调技术中最常见的是非平衡 Mach-Zenhder 干涉解调法，通过将光入射到 Mach-Zenhder 干涉仪中，两臂会产生光程差，从而计算出输出光强。李丽等提出了一种基于非平衡 Mach-Zenhder 干涉技术的解调系统，用解调系统解调周期性拉伸的光栅，结果表明，该系统的应变精度为 $8.17\times10^{-3}\mu_{\varepsilon}$，适用于检测动态信号，有很好的动态性能。非平衡 Mach-Zenhder 干涉技术的分辨率高，响应时间短，但容易受到外界环境的影响产生测量误差，常用于动态测量。滤波解调技术是让目标波段的信号通过，阻隔其他波段的信号，最常见的是匹配光栅调谐滤波法，工作原理是让宽带光进入第一个光栅，被光栅反射回的窄带光进入第二个光栅，经过滤波后由光电探测器转化为电信号，再经过噪声放大器和滤波器等器件处理。匹配光栅调谐滤波法的灵敏度高，但对光栅之间的波长间距有要求。

干涉式光纤传感器的信号解调是利用待测参数变化引起干涉信号的相位变化，通过解调相位信号实现传感。干涉式光纤传感器主要分为 Michelson 干涉仪、Mach-Zenhder 干涉仪和 Sagnac 干涉仪。Yang 等提出了一种基于 Michelson 干涉仪的光纤温度传感器，测试了 470 ～ 600℃的传感性能，结果表明，随着温度的升高，波长发生红移，温度最大误差为 4℃，温度灵敏度为 120pm/℃。Shao 等提出了一种级联 Sagnac 光纤温度传感器，用宽带光射入 Sagnac 环路，测试 30 ～ 40℃的温度传感性能，结果表明，随着温度的升高，波长发生蓝移，级联 Sagnac 光纤传感器温度灵敏度为 -13.36nm/℃，是普通传感器的 9 倍。干涉式光纤传感器可以实现对温度、压力和位移等物理量的高精度测量，在工业领域受到了广泛应用。

10.2.3 光纤氢气传感器的发展趋势

表 10-1 对比了不同类型的光纤氢气传感器的各项性能。总体而言，按照响应时间的快慢来评价，微镜式氢气传感器通常可以小于 10s，倏逝场、SPR 通常不超过 30s，光栅式和干涉式大多响应时间在 1min 左右甚至更长。以检测下限进行比较，拉曼散射式氢气传感器的检测下限明显优于其他类型，可以达到 10ppm 以下，而 SPR、光栅式和干涉式氢气传感器的测量下限大多在几百 ppm。传感器的灵敏度会受到测量范围、环境温湿度以及敏感材料的种类和厚度等因素的影响，不同的温湿度环境下，同一个传感器的灵敏度也会受到不同程度的影响。对于光纤氢气传感器，SPR 式和干涉式的灵敏度相对较高，可以达到 10nm/% 左右，但是这两种传感器受环境影响较大；光栅式的灵敏度较低，一般不超过 1nm/%，但其优势在于容易进行温湿度补偿和分布式测量，因此针对光栅式氢气传感器的研究最多，很多学者都在尝试用敏感材料和新的光栅结构来改善其灵敏度；而微镜式和拉曼散射式大多基于强度调制，很多文献没有给出具体的灵敏度值，微镜式的优势在于结构简单、响应快，但是微镜的结构限制导致其无法进行分布式测量；拉曼散射式氢气传感器的相关研究较少，它的检测下限低、响应速度快、无需敏感材料，但是需要更复杂的光学系统。

表 10-1　光纤氢气传感器的性能对比

类型	敏感材料	检测范围 /ppm	灵敏度 /（nm/%）	检测下限 /ppm	响应时间 /s	测试环境 /℃	文献
光纤微镜	Pd	10000 ～ 1000000	—	—	<5	-196 ～ 23	[36]
光纤微镜	Pt/WO_3	0 ～ 40000	18.04	—	5	0 ～ 50	[37]
光纤光栅	110nmPdNi	0 ～ 40000	0.015	—	240 ～ 300	23	[72]
光纤光栅	100nmPdAg	0 ～ 40000	0.01	—	<240	27	[73]
光纤光栅	Pt/WO_3	400 ～ 40000	0.629	200	10 ～ 30	20, 27%RH	[41]
光纤光栅	Pt/WO_3	0 ～ 40000	2	10000	—	>-30	[74]
光纤干涉	M-Z 式 , Pt/WO_3	0 ～ 40000	0.66	—	120	25 ～ 90	[75]
光纤干涉	Sagnac 式 , Pt/WO_3	0 ～ 10000	7.877	—	60	30 ～ 70	[76]
光纤干涉	F-P 式 , 20nmPd	0 ～ 80000	18.75	—	120	0 ～ 100	[33]
光纤干涉	F-P 式 , 5.6nmPd/3nm 悬浮石墨烯	0 ～ 30000	2.5	20	18	室温	[63]
SPR	5nmPd/7.47μm 纳米 α-MoO_3	150 ～ 2000	381	—	888	室温	[45]
SPR	35nmAu/180nmSiO_2/3.75nmPd	5000 ～ 40000	1.5	—	<15	室温	[77]

续表

类型	敏感材料	检测范围 /ppm	灵敏度 /(nm/%)	检测下限 /ppm	响应时间 /s	测试环境 /°C	文献
SPR	25nmAu/60nmTa_2O_5/3nmPd	0 ~ 40000	7	—	15	—	[78]
拉曼散射	—	10 ~ 50000	—	4.7	<180	室温	[79]
拉曼散射	—	0 ~ 500000	—	883（分布式）	<60	—	[49]
拉曼散射	—	0 ~ 500000	—	3	<10	室温	[50]

目前常温下的光纤氢气传感器技术的研究较为全面，灵敏度、响应时间、安全性、寿命等性能的研究也比较充分，基本可以满足工业上的需求。目前，随着氢气在燃料电池、分布式发电以及储能等领域应用的不断发展，作为未来氢能物联网感知层面的核心元件，光纤氢气传感器的研究将逐步走向小型化、集成化和分布式，并且需要实现高温高湿恶劣环境下的稳定测量。未来研究的重点会集中在以下四点：

① 降低温度、湿度等干扰因素的交叉敏感性，实现氢气在不同环境中的准确测量。温度和湿度均会对传感器的响应信号产生影响，一些还原性气体也会被氢敏材料吸收，影响氢气的检测。可以通过温湿度补偿及氢敏材料的表面改性等方式降低传感器的交叉敏感性。

② 研发新型氢敏材料。可以通过引入纳米技术及添加石墨烯等新型材料的方式，改善Pd、WO_3 等常用氢敏材料的缺陷。人们对于氢敏材料的研究从未止步，氢敏材料的选择对于传感器的灵敏度、测量范围、工作温度以及寿命等性能起到决定性的影响。随着材料科学的发展，更多的新型材料也会应用于氢敏材料中，提高传感器性能。

③ 高温下氢气传感器的适用性研究。目前已实现商用化的几种氢气传感器的工作温度范围较窄，大多只能在常温下进行测量，高温环境下对于传感器的精度和寿命要求相比常温下更高，因此对于信号处理和封装技术的优化应该是未来研究的方向之一。例如通过调整光纤内部结构和外部封装来改进光纤氢气传感器在高温区的性能。

④ 研究信号检测和解调技术。光纤氢气传感器的各项性能优异，便于实现温度补偿及分布式多参数测量，有利于物联网背景下智能传感系统的研究与开发，但是这也对光纤传感器的信号检测与解调技术提出了新的挑战。目前，单通道的光栅解调仪价格过万，多通道光栅解调仪以及光谱分析仪价格更高，限制了光纤氢气传感器的商用化。因此开发和优化信号检测与解调的软硬件系统，将会是未来研究的重点。

10.3 光纤氢气传感器的国内发展现状

我国光纤氢气传感器的研究较为充分和全面，结合在 Web of Science 上文献检索结果，我国学者发表的光纤氢气传感器相关文献最多，占总数的 40% 左右，是美国的两倍。很多高校课题组对于光纤氢气传感器进行了系统的研究，下面将分别进行介绍。

10.3.1 国内光纤氢气传感器的研究现状

武汉理工大学姜德生课题组针对氢敏材料的制备方式进行了大量研究，课题组的杨明红等归纳了近几年光纤氢气传感器领域开展的工作，介绍了适用于检测氢气浓度在 0.1% ～ 50% 内的 Pd 合金型光纤氢气传感器、适用于检测氢气浓度在 0.04% ～ 4% 内的 Pt/WO_3 型光纤氢气传感器和适用于检测氢气浓度在 0 ～ 0.1% 内的 $Pd/Pt/WO_3$ 复合薄膜型光纤氢气传感器这 3 种传感器的研究现状；孙艳等人采用真空磁控溅射技术在光纤表面制备了 Pd/WO_3 薄膜，对薄膜的表面形貌进行了测试，通过改变薄膜厚度、光功率和响应时间等参数，发现敏感膜检测极限为 0.01%，当浓度在 2% ～ 45% 内时响应信号最好，最快可以达到 15s 内，恢复时间最快能在 200s 内，具有较好的重复性；刘宏亮等人基于磁控溅射法在光纤表面沉积了 Pd/WO_3 的复合薄膜，并将光纤包层抛磨成 D 型，结果表明，沉积了复合薄膜的传感器比沉积单膜的传感器具有更高的灵敏度和更快的响应速度；李智等在光纤光栅上制备了 Pt/WO_3 薄膜，实验表明，Pt 和 WO_3 为 1 : 5 时具有更好的响应能力，经过改性后的光栅式氢气传感器检测下限为 0.04%；张美等研究了基于表面等离子体共振技术的光纤氢气传感器，结果表明，氢气浓度为 4% 时，透射功率可以达到 130nW；周贤等采用飞秒激光技术在光纤光栅表面制备了 PdAg 合金薄膜，并将光栅包层加工成了螺旋结构，用扫描电镜表征了合金薄膜，结果表明，当 Pd:Ag 为 4 : 1 时的氢气传感性能最好，Pd:Ag 为 2 : 1 时响应时间最短，氢气浓度为 4%，波长漂移量为 107pm。

华中科技大学的刘繄等基于溅射技术制备了一种新型的 PdY 合金薄膜，研究了薄膜的反射率和氢气浓度的关系，结果表明，40nm 厚的 PdY 合金薄膜的响应时间最快为 60s，恢复时间最快为 25s，零点相对漂移量为 4%，相比纯 Pd 膜，PdY 合金薄膜具有更快的响应速度和恢复速度，更小的漂移量，适用于连续监测低浓度氢气；崔陆军等提出了一种基于 PdAg 合金薄膜的光纤氢气传感系统，采用直流磁控管工艺沉积 PdAg 合金薄膜，分析了最佳溅射参数和薄膜厚度，结果表明，厚度为 20 ～ 30nm 的 PdAg 合金薄膜传感性能最好；刘明尧等制备了基于 PdAu 合金薄膜的反射式光纤氢气传感器，通过具有双光路补偿的光纤传感器测试了传感性能，结果表明，氢气浓度在 0.1% ～ 4% 内响应速度快，当氢气浓度减小时，灵敏度以非线性速度变大，适用于低浓度氢气的检测。

电子科技大学的严启发等提出一种基于 Pd 膜的倏逝场式氢气传感器，讨论了不同厚度 Pd 膜的氢敏特性，结果表明，20nm 和 30nm 的薄膜性能稳定，并且重复性较好；张露莹等在氢气传感器上制备了掺 Pd 的聚丙烯腈纳米纤维，检测极限可以达到 2ppm，随着温度的升高，加快了扩散速度，缩短了响应时间和恢复时间；吴涛等提出了基于 Pd/TiO_2 结构的氢气传感器，对该结构进行了表征，结果表明，经过 500℃的退火操作后，氢气浓度为 8000ppm 时，灵敏度可以达到 92.05%，响应时间为 3.8s。

大连理工大学的吕卓等设计了一种基于 PdAu 合金的表面等离子共振式氢气传感器，用遗传基因算法计算了该传感器的灵敏度，结果表明，Pd 和 Au 的厚度分别为 27nm 和 2nm 的时候灵敏度最高，可达到 1.05nm/%，相比厚度为 20nm 的 Pd 膜，灵敏度提高了近 3 倍；胡建东等设计了一种基于 Pd 膜的表面等离子共振式氢气传感器，数值模拟分析了传感器的 Pd

膜厚度和灵敏度的变化关系，结果表明，Pd 膜厚度为 20nm 时，氢气浓度在 1% ～ 10% 内的灵敏性较好。

杨洪远等基于磁控溅射技术制备了沉积有 PdAg 合金薄膜的 Sagnac 干涉式的保偏光纤氢气传感器，并将吸收氢气后产生的形变用于调制保偏光纤的双折射，利用干涉仪的光谱峰值计算出氢气浓度值，结果表明，该传感器可以检测浓度低于 4% 的氢气，当浓度从 0% 变到 1% 时的波长变化量为 1.307nm，适用于低浓度的氢气检测；张毅等提出了一种 F-O 式氢气传感器，分析了应力的传递规律，搭建了腔长和氢气浓度变化的模型，推导出了灵敏度的计算式，实验表明，该结构的传感器在氢气浓度大于 1% 时，灵敏度可以达到 2.07nm/%，证实了理论模型的可行性；江军等基于轮式抛磨技术制备了深度为 20μm 的光纤光栅式氢气传感器，用磁控溅射技术在光纤表面先后沉积了 Ti 膜、PdAg 合金薄膜和 Pd 膜，结果表明，传感器的灵敏度可达到 0.477μL/L，该传感器被用来检测变压器中氢气；黎启胜等提出了沉积 PdAg 合金膜的级联长周期光纤光栅氢气传感器，通过级联光纤光栅的条纹对比度可以计算出氢气浓度，实验表明，该结构传感器对氢气浓度的响应灵敏，重复性误差为 5.4%；周峰等提出了基于光子晶体光纤的干涉型氢气传感器，在光子晶体光纤的端面和表面蒸镀了 Pd 薄膜，实验表明，氢气浓度变大后，干涉谱会发生蓝移，反射光强度减小，灵敏度为 0.25nm/%，相比其他的光栅式氢气传感器，灵敏度也有大的提升；李嘉丽等制备了基于聚二甲基硅氧烷的 F-O 式氢气传感器，并结合了阵列波导光纤，结果表明，灵敏度最大可以达到 2.17nm/%，可以实现氢气浓度的多点测量；李建中等结合光纤传感技术和波分复用技术，提出了一套可以实现多点测量的传感装置，并对光纤中各点的光谱和反射光功率进行了测试，实验表明，可检测氢气浓度为 0 ～ 4%，误差小于 ±2%，稳定性小于 ±1%；廖风等基于渐逝波分光原理研制出了大小为 800μm×200μm 的微光纤型马赫曾德尔干涉仪，微光纤的表面沉积了 Pd 膜，实验表明，氢气浓度小于 0.5% 时可以很好地分辨出波谷的移动，氢气浓度为 15% 时，峰的移动和功率逐渐饱和，干涉波的消光系数最大为 15dB，增大了波长的可调范围。

总的来说，我国对于光纤氢气传感器的研究较为全面，包括主流的几种光纤氢气传感器以及氢敏材料的制备和改性。大多数光纤氢气传感器的各项性能较好，均处于国际领先的地位。

10.3.2 现有的商用氢气传感器

表 10-2 列举了几种性能较好的商用氢气传感器。目前市场上的氢气传感器有催化型、电化学型、半导体型和光纤型，其中光纤型氢气传感器虽然文献研究较多，但商用化较少，电化学型和半导体型氢气传感器占据市场份额最大，美克森、费加罗、EC、瀚达科技、炜盛科技等品牌均有成熟的产品。催化型和电化学型氢气传感器大多测量范围可选，灵敏度高，响应时间不超过 1min，基本可以满足一般的工业需求。电化学型氢气传感器的寿命可达 10 年，催化型传感器寿命较短，一般为 3 年。目前，电化学型氢气传感器产品的工作温度范围都很小，大多只能在常温下工作，不能在高温高湿等恶劣环境下工作，尤其是半导体型氢气传感

器对于环境湿度的要求较高。光纤氢气传感器的使用温湿度范围较大，然而其灵敏度和稳定性远不如其他几种商用氢气传感器，且价格昂贵，依赖价格过万的信号解调设备，目前仅有几个光栅式氢气传感器的品牌，市场占有率极低。

表 10-2　商用氢气传感器

类型	品牌	型号	测量范围 /ppm	分辨率 / 灵敏度	稳定性 /%	响应时间 /s	工作温度 /℃	工作湿度 /%	寿命 / 年
电化学	菲尔斯特	FST100-G110A	0 ～ 40000	10ppm	±3	<15	0 ～ 50	15 ～ 95	10
电化学	美克森	MIX8060	0 ～ 1000	0.5ppm	±2	<60	-20 ～ 50	15 ～ 90	10
电化学	EC	TB600C	0 ～ 40000	100ppm	±5	<3	-10 ～ 55	15 ～ 95	3
半导体	费加罗	TGS2615-E00	40 ～ 4000	0.55 ～ 0.75	—	—	20±2	65±5	10
半导体	美克森	MIX1008	100 ～ 1000	≤ 0.2	±2	≤ 15	20±2	55±5	10
半导体	炜盛科技	MQ-8	100 ～ 1000	≤ 0.2	±5	≤ 15	20±2	55±5	10
催化	瀚达科技	HD-T1000	0 ～ 1000	0.1ppm	±3	＜ 20	-20 ～ 50	0 ～ 95	3
催化	优倍安	B10	0 ～ 10000	500ppm	±5	≤ 30	-20 ～ 60	＜ 95	3
光纤	天河电子	光栅式	100 ～ 10000	—	±5	≤ 20	-50 ～ 120	＜ 95	—

相比其他类型的氢气传感器，光纤氢气传感器对于温湿度的敏感性最小，更加适用于高温高湿等恶劣环境下的氢气检测，而且本质安全、抗电磁干扰性强，并且易于实现分布式测量，适用于目前我国氢能产业链发展需求，是最具发展前景的氢气传感器。但光纤氢气传感器的响应时间较长，检测下限低，且后期信号处理复杂，缺少技术成熟的信号解调与检测系统。

10.4 发展我国光纤氢气传感器产业的主要任务及存在的主要问题

目前，我国氢气传感器的学术研究相对全面，但距产业化还有很长的路要走。近年来氢能产业的快速发展在一定程度上促进了氢气传感器的发展，但是目前市场占有率最高的还是电化学型和半导体型氢气传感器，且大多为进口产品。发展我国光纤氢气传感器产业存在的主要问题包括：

（1）核心技术有待完善　光纤氢气传感器本身的造价不高，所需的制造封装技术国内也基本掌握，但是依赖昂贵的信号解调装置，不管是强度调制还是波长调制方式，都需要高精度的光谱仪和光强计等信号解调装置。这些仪器的价格大多过万，并且通道越多价格越贵。与电化学型和催化型的氢气传感器仅需测量电压或电流相比，这些昂贵的信号检测仪器大大限制了光纤氢气传感器的产品化。此外，尽管很多研究表明光纤氢气传感器适用的温湿度范围较其他类型的氢气传感器更大，但是在高温高湿情况下的响应时间和稳定性等检测性能却大幅降低，难以满足氢能产业的实际检测需求。

（2）管理措施和标准体系不健全 我国对于氢能的定位和顶层设计布局较发达国家晚很多年，2022年3月发布的《氢能产业发展中长期规划（2021—2035年）》中才正式明确了氢能在我国能源体系中的重要定位，明确了氢能产业的发展方向。然而，目前我国尚未明确氢能产业中各环节的审核、安全和规划的主管部门，也没有制定氢气“制-储-运-用”产业链中的相关标准。现有的商用氢气传感器的性能指标良莠不齐，有很多产品甚至缺少关键参数。

（3）产业链和应用场景不完善 氢气传感器是保障氢能安全利用问题的关键，因此光纤氢气传感器的发展也高度依赖氢能产业的发展，相互关联，互为促进。我国氢能产业目前仍处于起步阶段，氢能产业链需要进一步发展，商业模式和持续路径不明确。氢能产业的未来走向对氢气传感器的发展起到决定性作用，对氢气传感器的需求的不确定性限制了氢气传感器的发展。

（4）产学研用联动机制尚未建立 高校和科研院所有关光纤氢气传感器的研究成果和技术都停留在理论研究和发表学术论文阶段，没有进行工业实践和大规模商业化生产。很多高校课题组掌握较为先进的光纤传感技术，但是缺乏大规模生产的能力和产业孵化思维，没有及时实现光纤氢气传感器的商业化。

（5）缺乏市场竞争力 我国的传感器市场长期被国外垄断和挤压，导致国内企业在生产规模、质量、价格等方面都缺乏竞争优势。国内光纤传感器企业主要对传感器进行封装、集成和测试等工作，具备自主设计和核心部件制造能力的厂家较少，很难满足目前我国氢能产业对于智能化氢气监测系统的需求。此外，相比目前发展成熟的催化、电化学和半导体型氢气传感器，光纤氢气传感器的综合性能并没有明显的提升，而价格却更加高昂。因此，除了一些特殊的高温工作场景，光纤氢气传感器的性价比和市场竞争力远不如电化学型和催化型。

10.5 推动我国光纤氢气传感器产业发展的对策和建议

（1）加强核心技术攻关 传感器设计方面，积极探索新的传感器原理和光纤结构，研发新型氢敏材料，改善传统光纤氢气传感器的综合性能，降低温度、湿度等干扰因素的交叉敏感性，提高灵敏度和复用性，缩短响应和恢复时间，实现氢气在不同环境中的准确测量。信号检测方面，自主研发光纤解调装置，提高产品性能，降低生产成本。此外，针对高温高湿等特殊环境下的光纤氢气传感器的适用性进行研究，高温环境下对于传感器的精度和寿命要求相比常温下更高，可以尝试通过调整光纤内部结构和外部封装来改进光纤氢气传感器在高温区的性能。

（2）加大政策支持力度 出台相关的鼓励政策，支持相关企业引进先进技术，促进学术交流，加快产品化进程。针对光纤氢气传感器的理论研究、结构设计、工艺研发以及信号解调等关键技术设立重点项目，为企业、高校和科研院所提供相应的财政支持。

（3）顶层设计推动产业发展 完善氢能产业链规划，制定氢气产业的相关标准，加快建立我国氢能标准体系，明确对于氢气传感器性能指标的需求。制定光纤氢气传感器产业链发展路径，形成高效、便捷、完善的生产供应链。鼓励龙头企业向有基础条件的地区布局产业，加快光纤氢气传感器生产、集成和应用的一体化产业链。

（4）鼓励高校与企业合作 促进校企合作项目，打通高校、科研院所和企业间在理论研究、技术攻关、产品制造等方面的沟通渠道，推动科研人员将实验室中的研究成果转化成产品，并结合应用实践实现技术创新和产品的迭代升级，形成以市场需求为目标的光纤氢气传感器产品研发体系。

（5）加强产业协同能力 支持以光纤氢气传感器制造厂商为主体，建立仿真平台和集成制造平台，鼓励材料制备、设计制造以及测试应用企业协同参与产品的研发与生产，加强测试、制造与封装厂商间的协同工作，以提升产品的综合性能和可靠性为目标，形成完整的产业链。

参考文献

作者简介

何茂刚，西安交通大学教授，享受国务院政府特殊津贴，国家杰出青年基金获得者。现任能动学院党委书记，兼任能源与动力工程专业国家级实验教学示范中心主任。担任中国高等教育学会工程热物理专委会副理事长，中国计量测试学会热物性专委会副主任，中国工程热物理学会第八届理事会理事，拖拉机动力系统国家重点实验室学术委员会委员，热科学与工程教育部重点实验室委员，山东省余热利用及节能装备技术重点实验室学术委员会主任，国际期刊 *Journal of Chemical Thermodynamics* 编委，《热科学与技术》副主编。长期从事热工流体课程及工质热物理性质和新型热力循环的教学和研究工作。科研成果获国家科技进步创新团队奖（2017 年），国家科技进步奖二等奖（2003 年），陕西省科技进步奖一等奖（1999 年）。2004 年获得中国制冷学会科技进步青年奖，2007 年获得第十届“中国青年科技奖”，2018 年入选“陕西省科技创新团队”。

第 11 章

超表面信息材料

刘亚红　赵晓鹏

11.1　超表面产业发展的背景需求及战略意义

超材料是一种周期 / 准周期人工单元结构，可对外加电磁场产生相应的共振响应，原理上可以通过结构设计得到任意介电常数和磁导率的目标材料，可实现诸如超透镜、隐身衣、完美吸收器等。尽管超材料具有自由操控电磁波的能力，但由于其有复杂的三维金属 / 介电结构，其损耗较高、制造工艺较复杂，更重要的是其调制电磁波的过程依赖于材料内光波传播相位的空间积累，在器件的小型化、集成化方面无疑是不利的。

超表面作为超材料的二维表现形式，由二维“超”原子周期排列实现对外加电磁场的极化、相位、振幅等的响应。2011 年，Yu 等首次提出梯度相位超表面，利用 V 形纳米谐振结构实现了 0 ～ 2π 的相位线性变化，并证明推广了广义斯涅尔定律，为超表面实现异常反射、异常折射等提供了理论基础。超表面的界面奇异光学行为源于所组成结构的单元特性，原则上，其反射、透射、极化等都可以根据需要进行任意调控。由于放弃了光波传播相位积累，超表面可以设计成深亚波长且低损耗的平面电磁材料。这一新概念的提出为物理学、材料学的发展注入了新活力，极大地拓宽了超材料的研究思路。目前超表面已扩展到声学、力学、热学等。科研工作者对超表面的新物理特性进行了充分研究，并设计了丰富的功能电磁器件。

11.2　超表面产业的国际发展现状及趋势

11.2.1　光学超表面

光学超表面通常由远小于波长的各向异性单元阵列组装而成，利用单元沿着超表面方向上所产生的相位变化，任意调控透射波或反射波。在V形纳米天线超表面的开创性工作提出之后，Huang等提出用金纳米棒Pancharatnam-Berry（PB）相位处理圆偏振光的相位分布。Hasman等利用周期排列的金属/介电光栅，实现了太赫兹波段的偏振态和光束分裂的转换。为了提高操控效率，研究者提出了基于模式耦合的光学超表面，利用金属/绝缘体/金属复合纳米结构实现高效反射波控制。研究表明，通过调控纳米棒的方向，结合复合结构设计，基于PB相位控制的超表面，其效率可以提升到80%以上。此外，基于PB相位的超表面器件能够以不同的方式控制两个不同极性的波，实现如双极性偏转透镜等。超表面的提出为操纵光的行为，为平面光子学的实现提供了可能性，这对于光电子技术、超快信息技术、成像等光学应用至关重要，极大促进了全新光学组件的发展。

基于超表面的全息成像可以将光波在亚波长尺度上数字化，在信息技术中有着重要应用。高分辨率超表面彻底改变了传统的全息设计，基于光波各种物理响应（如偏振响应、入射角响应、角动量响应、相位响应等）设计的全息图可以解决高容量全息复用的信息信道。张霜教授团队利用空间方向变化的亚波长金属纳米超表面实现了三维全息图，提出了一种实现宽视场、高分辨率三维全息图的新途径。此外，超表面还能消除全息图中存在的多重衍射的不利影响。2020年，Deng等提出了一种基于铝纳米棒/二氧化硅/铝基底的多自由度超表面，结合PB相位和几何相位，其能够同时控制入射波前的相位、振幅和偏振，实现了不同频率下的复振幅矢量全息图。2021年，Wan等提出一种通过控制全息图在远场的相位分布实现了矢量全息图多路复用的方法。利用两个交错超表面分别为圆偏振光设计了两种不同的全息图，并在远场中加密了一个额外的矢量全息图，通过不断改变入射的左、右圆偏振光之间的相位差，可以对重叠区域内的图像进行调制。这种技术不但可携带大数据容量，而且携带信息更安全。

超透镜是超表面在光学领域中的另一大应用。光波入射到超表面上时，每个“超”原子按照特定的电磁响应调控波前，可以使相位产生2π范围的变化，使得波束沿着预设的方向传播。Bozhevolnyi等利用金属/介质/金属三明治结构单元设定了具有抛物线反射的相位轮廓，实验验证了二维超透镜的聚焦功能。Faraon等提出了一种由硅纳米柱按六边形晶格排列的超表面，逐渐改变硅柱散射体的几何参数以减少非零级散射，实现了聚焦效率达82%的超透镜。2020年，Levy等报道了一种基于非晶硅纳米阵列组成的惠更斯超表面超透镜，可实现2π范围的相位覆盖，由于该结构能同时提供电偶极和磁偶极共振，在近红外波段实现了宽视场透镜。

基于超表面的光学偏振控制器也被相继研究，Wu等提出基于波导模式和等离子体模式耦合的偏振转换器，通过调制银膜中的通孔厚度便实现了偏振转换。Grady等采用三层结构实现了相对带宽为40%、偏振效率大于50%的偏振转换。色散是光学中一个至关重要的问题，光学超表面的提出也为避免传统光学元件的固有色散提出了新方法。同时，光学超表面还可产生贝塞尔光束、光束偏转等新颖的光学特性。

11.2.2 微波超表面

微波频段由于可用的频带较宽，微波的信息容量也很大，在无线通信、导航、信息识别等中占有重要地位。特别是随着现代信息技术的快速发展，无线通信需求日益增长，将超表面应用于微波领域具有重大意义，包括操纵电磁波前、设计新型微波天线、多频 / 宽频技术、电磁隐身等。

微波超表面的早期工作主要集中于使用均匀型超表面控制电磁波的相位、振幅、极化等。随着广义斯涅耳定律的提出，梯度相位不连续超表面被广泛关注和研究。Grbic 等设计了微波段惠更斯超表面，其可以将入射波无反射地转化为透射波，并可以实现波前的任意调整，包括波束偏折、聚焦、极化等。用于调控线极化波的超表面由不同结构的平面谐振器构成，工作带宽较窄。随后，通过旋转相同结构单元的角度而实现相位突变的几何相位超表面被广泛研究，可用于实现圆极化波的波前调控。Moreno Penarrubia 等基于几何相位超表面，同时实现了圆极化波的聚焦和手性转换。以上所提出的超表面都是基于惠更斯原理，其在大角度弯曲的应用中效率会显著下降。因此，人们将目光聚焦于高效率超表面。Tretyakov 团队设计了具有非局部响应的超表面，实现了近乎 100% 效率的大角度反常反射。

由于微波超表面的奇异电磁特性，产生了丰富的应用。Ratni 等提出了一种可重构的反射型超表面，实现了线极化与圆极化的极化转换。Akram 等利用反射型超表面实现了高阶轨道角动量涡旋波束，增益达到了 17.93dBi。Khan 等利用三层手性超表面在微波频率范围实现了多波段高效的非对称传输。Araujo 等提出了一种基于周期性排列的金属螺旋超表面吸收器，在 11.4 ～ 20.0GHz 内实现了 90% 以上的吸收率。Bah 等提出了一种宽带超薄超表面，该超表面的每个单元都包含一个多共振、强耦合的不等臂耶路撒冷交叉单元，利用结构单元内部之间的强耦合实现了宽带效应，将超表面与传统的宽带阵列天线整合，实现了宽带大角度波束扫描。Nasimuddin 等提出了一种基于超表面的宽带圆极化矩形贴片天线。Kedze 等通过将微带贴片天线与超表面堆叠，得到了宽带高增益圆极化贴片天线，天线的相对带宽达到 65.06%。Jamal 等提出了一种新型 F-O 腔天线，由两个各向异性超表面作为谐振腔体，实现了超低剖面天线。2022 年，Lee 等利用亚波长的单层印刷超表面设计了一种新型隐身斗篷，针对现有的隐身方法的隐身斗篷厚度大、隐藏体积有限等问题改进，实验证实了新型隐身斗篷在微波环境下可以隐藏一个大型的独立物体。

11.2.3 声学超表面

声波与电磁波具有很多相似的性质，声学超材料中的质量密度和弹性模量可类比于电磁超材料中介电常数和磁导率。受电磁超表面启发，声学超表面的研究也如火如荼地开展，相继提出了基于膜结构、卷绕空间、亥姆霍兹谐振器等的声学超表面。一系列的研究证实声学超表面也可以实现反常反射、反常透射等特殊的波前调控性能。Li 等利用卷曲空间结构设计了一种二维超薄声学超表面，在理论上实现了对反射声波的任意调控。Cummer 等设计了一种基于螺旋形的迷宫状结构声学超表面，该超表面由六个螺旋形结构单元组成，每个结构单元的螺旋角度从 135° 到 540° 梯度变化，实现了反常折射。2022 年，Lee 等使用面心孔板立方单元设计了超表面，实现了声波的重新定向。Bok 等设计了一种厚度只有 1/100 波长的声学超表面，实现了水 - 空气高效率传声。Molerón 等提出了一种由穿孔空气通道组成的声学菲涅耳透镜，利用多种共振机制增强了声传输。Ismail 等利用倒置的亥姆霍兹谐振器超表面，将声波折射成向上和向下的两个方向，在传播区形成弥漫声场，实现了宽带的声传输。

基于超表面对声波的特殊调控，催生了相应的功能应用，如声吸收、声学平板透镜、隐身等。Ma 等设计了一种基于耦合薄膜结构的声学超表面，并利用共振状态使该结构的阻抗与空气的阻抗匹配，实现了对声波的完美吸收。Assouar 等提出了一种基于超表面的完美声吸收器，能够在极低频区域实现声波的完全吸收。该超表面由穿孔板和盘绕共面空气室组成，由于将卷绕空间扩展到射孔系统，显著降低了系统的厚度，尺寸约为 $\lambda/223$。Wu 等设计了一种超声频段的同轴凹槽声学超表面，通过产生双曲形的反射相位配置，在 0.45 ～ 0.55MHz 实现了反射波聚焦。2020 年，Memoli 等提出了一种基于反射型声学超表面的声悬浮装置，每个表面单元都对反射波产生独特的延迟，并根据需要在源和反射器之间形成声场，通过在预定的位置设置多个声波焦点，在非半波长位置也能够悬浮物体。此外，利用声学超表面相位补偿方法，也可以实现声学隐身斗篷。

11.3 超表面产业的国内发展现状

自超表面概念被提出以来，我国各研究团队对超表面丰富的物理机理和功能应用进行了广泛探索。在光学超表面、微波超表面和声学超表面等领域都取得了长足的发展。

在光学超表面领域，我国的科研工作者在信息编码超表面、超表面透镜成像、超表面全息领域等获得了一系列有意义的研究成果。东南大学崔铁军教授团队提出了编码超表面，将两种分别具有 0 和 π 相响应类型的单元结构命名为“0”和“1”。通过对“0”和“1”进行受控序列编码，利用数字信息操纵电磁波并实现了不同的功能。该团队还提出了一种由全偏振动态超表面和光电探测电路组成的光可控时域数字编码超表面，可在时域内对微波和光波进行调控，促进了光电混合超表面及其相关多物理应用的发展。超表面存在的色差问题极大地阻碍了超构透镜在可见光或者宽波段中的工作。中山大学的研究团队提出了一种单晶硅超构表面结构，两个硅纳米棒作为超构表面的基本相干像素结构单元，通过独立控制两个纳米棒的转角，实现了单层结构对振幅和相位的独立调控，从而在单层纳米表面上实现了任意全息与平面图像的集成。浙江大学郑臻荣教授团队设计了一种基于超构透镜的三维全息图的内视光学系统，让不同层的图像重建时，图像中心保持一致，消除了层间串扰问题，提升了三维全息成像质量。西北工业大学赵建林教授团队提出了一种由几何相位单元组成的超表面，可以将多个波长的振幅与相位信息编码到任意偏振通道中，实现了色度 - 饱和度 - 亮度三维色彩空间全息显示。

微波超表面由于具有易加工、损耗低等优点，引起了国内多个科研机构的广泛关注，主要集中于超表面的反常折射、反常透射、极化转换等，并发展了新型的微波器件。复旦大学周磊教授课题组提出一种梯度相位不连续超表面，其可以将传输波高效地转化为表面波。东南大学崔铁军教授课题组基于“工”字形结构单元设计了宽带平面式隐形斗篷，实现了微波波段的电磁隐身。哈尔滨工业大学吴群教授课题组提出一种单层透射型超表面，并产生了涡旋波束。华中科技大学袁秀华课题组基于手性超表面实现了圆极化波的非对称传输。上海交通大学朱卫仁和南京大学冯一军教授团队合作提出了由单一金属层构成的几何相位超表面，在 9.3 ～ 32.5GHz 的超宽带上同时具有透射和反射模式，基于微波超表面的奇异电磁学特性，且微波段结构单元易加工实现，在信息传输、天线、雷达等领域具有广阔前景。浙江大学陈红胜教授团队将可调控超材料作为天线整流罩，实现了大范围的天线扫描。电子科技大学的研究者提出了一种基于非周期超表面的宽带天线，通过结合超表面的三种工作模式实现。空军工程大学的研究者基于各向异性元件设计了环形极化转换超表面，在其中心放置单极子天线作为馈源，实现了天线的全向圆极化辐射。西安交通大学的研究人员提出了一种基于人工磁导体和超表面的低频高增益蝴蝶结天线，使天线增益增加了 6.5dB。西安电子科技大学李龙教授课题组设计了一种基于氧化铟锡材料的新型透明超表面天线，可以同时实现射频波段的无线能量收集和高效传输。

在声学超表面领域，我国科研工作者也获得了一系列开创性研究成果。武汉大学刘正猷课题组基于惠更斯 - 菲涅耳原理，设计了基于亥姆霍兹谐振器的超表面，可以产生声涡旋、宽频带聚焦、半贝塞尔声学波束。此外，该课题组联合南开大学陈树琪教授团队提出声学编码超表面的概念。南京大学程建春团队在声学超表面的反常波前调控上也做了很多有意义的研究。他们提出了一种由固定压电复合结构组成的主动声学多功能超表面，该超表面可在指定的频率下实现声波束偏转和聚焦。北京大学裴永茂课题组提出了一种磁控制方法实现的多功能声学超表面，通过切换磁力，调控了声波的传输、聚焦、分束等性能。磁力对声学超表面单元的调控为设计主动声学超表面开辟了道路，扩展了超表面对声波的多功能操纵。西安交通大学陈天宁课题组基于超表面实现了宽频带、大角度声吸收，并提出了用于声波方向控制、声错觉和声聚焦等的可调谐声学多功能超表面。同济大学的研究者提出了基于声学超表面的通风声屏障，在兼顾透气性的同时可以达到 90% 以上的声吸收。此外，还有其他课题组在声学超表面也开展了相关研究。

笔者对超表面进行了一系列的研究。在光频段超表面方面，提出了基于树枝状结构的超表面，实现了反常折射、聚焦、“彩虹捕捉”效应、反常古斯汉森位移、光自旋霍尔效应。在微波段超表面方面，设计了金属、金属 / 介质杂化的梯度相位不连续超表面，实现了反常折射、聚焦、涡旋波等，并将其应用于天线系统，设计了高性能微波天线。在声学领域，提出了基于开口空心球的超原子声学超表面和超分子声学超表面，实现了声波的吸收、反常反射、反常折射。

11.4 超表面产业的结构设计及反常特性

11.4.1 树枝状光学超表面

光学超表面在控制光的传播方面为我们提供了更多的自由度，如光弯曲、平板聚焦、偏振调制、涡旋光束和全息图。然而在实际样品制备中，由于光学超表面结构单元尺寸受限于短波长结构单元，其整体尺寸保持在微米尺度以下，结构单元形貌细节更是需要精细到纳米级别，利用传统的电子束、离子束或激光蚀刻等物理技术方法制备可见光波段周期性结构超表面显得很困难，且制备成本高昂。

贵金属树枝结构具有仿生的分形结构特征，其主要优点在于其化学制备过程简单，成本可控。笔者曾经详细研究了微波段树枝状结构超材料，积累了成熟的加工制备技术。通过对实验参数的调节，可实现对树枝形貌、结构尺寸的有效把控，这为设计可见光波段的树枝状超表面提供了切实可行的技术储备。

（1）反常折射与反常反射 笔者设计了超表面银树枝单元结构，制备的超表面如图11-1（a）所示。银厚度为t=12nm，树枝杆长l=1300nm，主枝宽度w_1=350nm，侧枝宽度w_2=200nm，侧枝与主枝之间夹角为45°。基板为二氧化硅（折射率为1.46），厚度d=60nm，基板长l_a=9000nm，基板宽l_b=9000nm，如图11-1（b）所示。当平行光垂直照射于超表面时，在30～40THz频率范围内实现了反常反射和反常折射，如图11-1（c）所示，其对垂直入射的波发生了斜反射和斜折射。通过减小树枝结构的几何尺寸，在470～575THz范围内亦实现了反常反射与反常折射，如图11-1（d）所示。

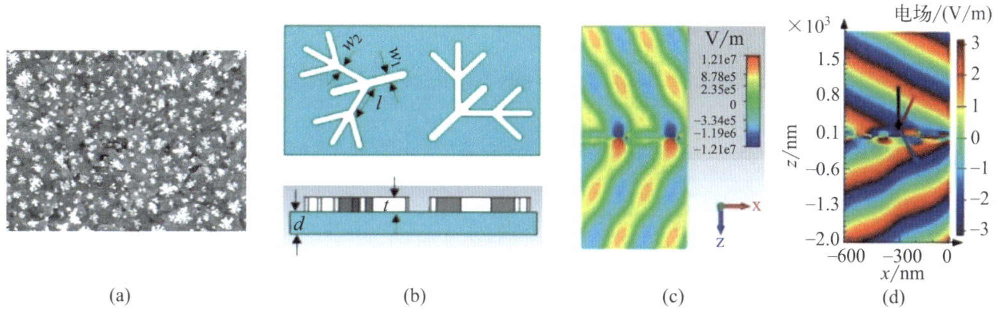

图11-1 （a）银树枝结构的扫描电镜图；（b）树枝状结构超表面模型图，上面为正视图，下面为侧视图；（c）38THz频率处的反常反射与反常折射电场图；（d）500THz频率处的反常反射与反常折射电场图

（2）聚焦特性 除了反常折射与反常反射，我们研究了树枝超表面的聚焦效应。选出了透射峰分别为555nm、580nm、650nm波长处的三种树枝状超表面样品，如图11-2所示。首先，对透射峰在555nm处的样品进行聚焦测试，其结果如图11-3（a）和图11-3（b）所示，为了说明聚焦效应，测量了整个面的光强度并画出了二维平面图，观测到了聚焦现象，聚焦强度为11.3%，焦距为690μm。利用同样方法，在该样品透射峰波长650nm附近，测试了红

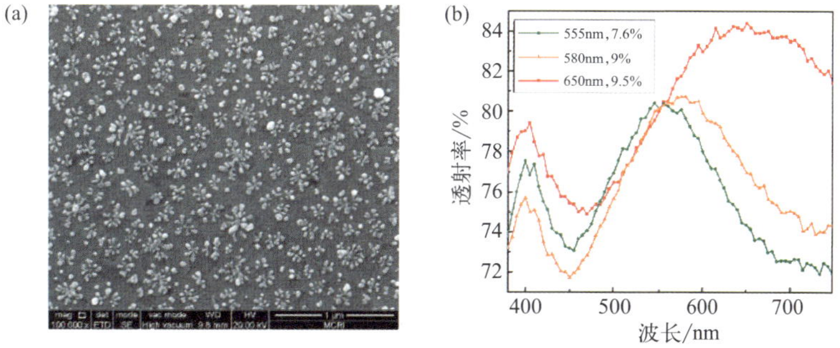

图11-2 （a）实验制备银树枝状超表面样品；（b）三种超表面样品透射曲线

光频段超表面的平板聚焦效应，如图 11-3（c）所示，在光纤探头移动到 x=595μm 时，光的强度最大，当光透过玻璃后光强逐渐减小。对比可以得出光通过样品后出现了聚焦现象，聚焦强度为 8.8%，焦距为 595μm。最后，测试了黄光频段的平板聚焦效应，如图 11-3(d) 所示，可以看出，光通过样品后在 x=560μm 出现了聚焦现象，聚焦强度为 6.9%。

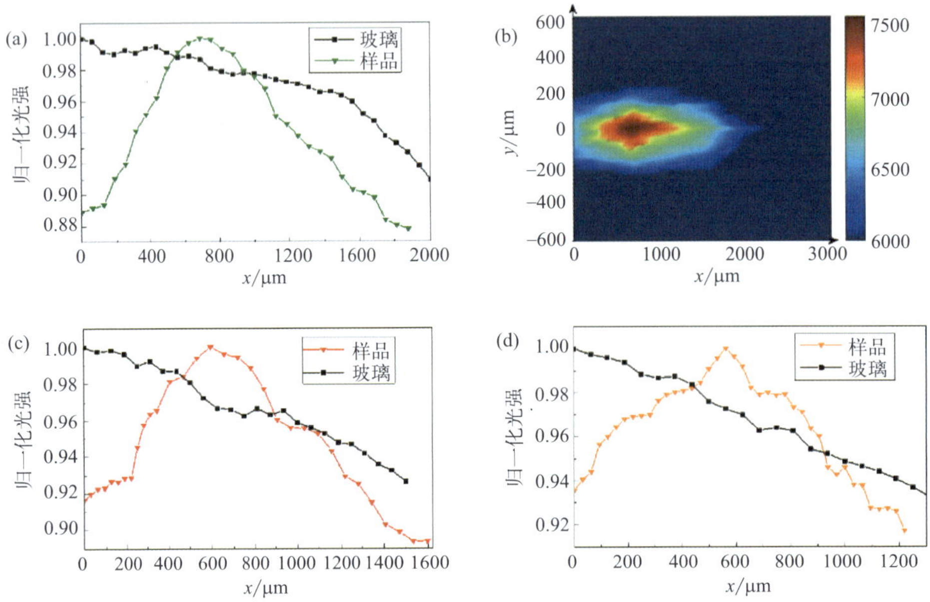

图 11-3　聚焦测试结果

（a）绿光频段聚焦图；（b）二维平面聚焦图；（c）红光频段平板聚焦测试曲线；（d）黄光频段平板聚焦测试曲线

（3）“彩虹捕获”效应　“彩虹捕获”效应是光减慢的一个奇异现象。Hess 等设计了一个轴向变化的异质结构，将厚度渐变的超材料芯层夹在两种不同的普通材料中间，利用厚度差异和界面处的反常古斯汉森位移效应，使复色光中各个频率的光分立在波导不同位置，实现所有频率成分都被捕获，此时在芯层的超材料中会呈现亮丽的“彩虹”。

笔者课题组在楔形左手异质结构中证实了可见光的“彩虹捕获”效应。在这个基础上，设计了银树枝超表面楔形波导，如图 11-4（a）所示，以期实现“彩虹捕获”效应。将两个银树枝超表面样品相向组成楔形波导，入射光将在楔形波导中传播，在传播过程中分别在上下表面发生负古斯汉森位移，虚线所示为上下界面的等效反界面，真实界面间的距离为波导物理厚度，等效界面间的距离为波导的有效厚度。波导前端口为 d_1，后端口为 d_2。在接近 d_2 时，随着物理厚度的减小，在某个位置有效厚度减小为 0。只要选择合适的银树枝超表面样品组合，理论上可以实现可见光波段的“彩虹捕获”效应，实验设置如图 11-4（b）所示。调节波导前端口与后端口尺寸达到绝热近似条件，成功观察到“彩虹捕获”效应，图 11-4（c）为单层银树枝超表面波导中的彩虹图像，从波导前端到后端依次分布着蓝光、黄光、橘黄光与红光。说明入射光在单层银树枝超表面楔形波导中按照不同频率在波导不同位置分开，即实现了“彩虹捕获”效应。图 11-4（d）为双层银树枝超表面波导中的波导图像，其比单层银树枝超表面波导的图像更明亮。

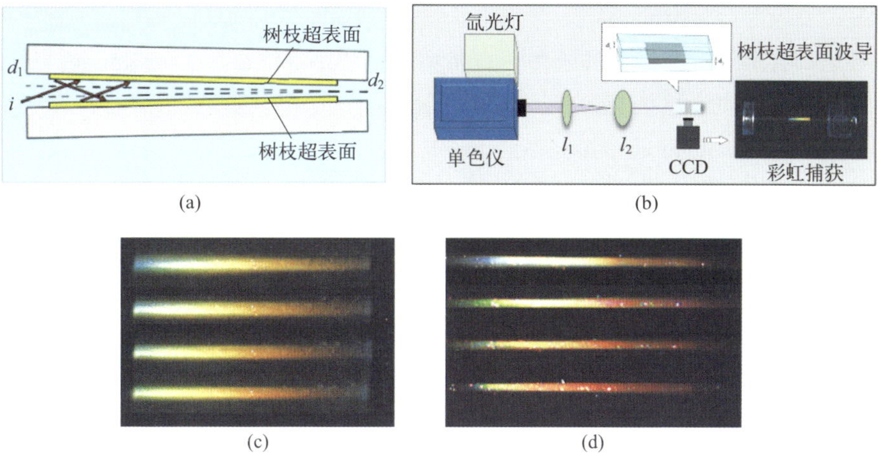

图 11-4 （a）银树枝超表面楔形波导侧视图；（b）“彩虹捕获”效应实验设置图；（c）单层银树枝超表面波导；（d）双层银树枝超表面波导

（4）反常光自旋霍尔效应 超表面的反常光自旋霍尔效应是光波在介质界面发生反射时发生的微小位移，是传统几何光学中忽略的微观光学现象。我们使用右旋圆偏振和左旋圆偏振光束之间的干涉来确定光自旋霍尔效应，分别测量了 K9 晶体、银树枝超表面样品的光自旋霍尔效应，入射光波长选取 632.5nm 与 530nm，入射角范围从 10° ～ 60° 。光自旋霍尔效应可由$D_{SHEL}=\frac{\lambda}{2\pi}\times\frac{\Delta\phi}{\cos\theta}$计算得到，其中 θ 是入射角，$\Delta\phi$ 是 RCP 和 LCP 光束之间的相位差。K9 晶体为测试的标准样品，一是验证实验方法的准确性，二是作为参照，与超表面样品测试结果对比。如图 11-5（a）所示，K9 晶体在两入射光波长下测得的干涉条纹都较为清晰，左边的干涉条纹比右边的干涉条纹略高，呈现左高右低的特征。由于 K9 晶体为普通玻璃样品，

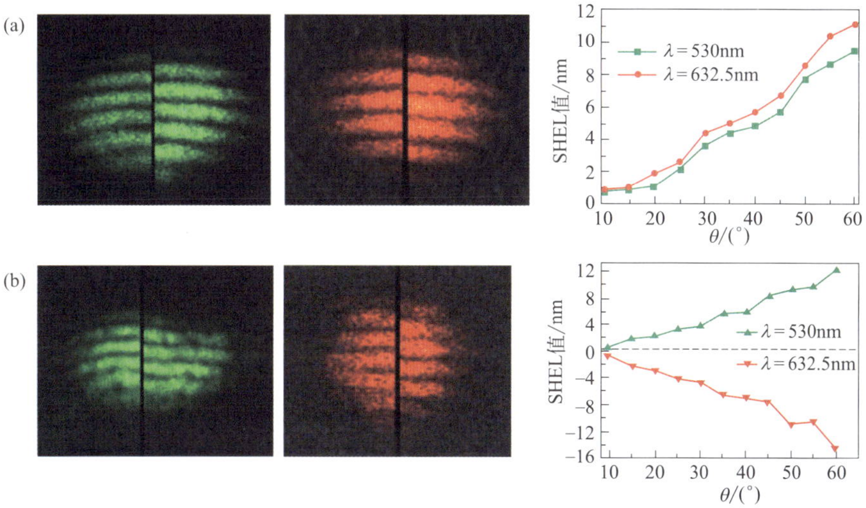

图 11-5 （a）K9 晶体在入射角为 35° 时的光自旋霍尔效应，从左至右分别为入射波长为 530nm 的干涉条纹图像、入射波长为 632.5nm 的干涉条纹图像及光自旋霍尔效应值；（b）树枝超表面样品结果，从左至右分别为入射波长为 530nm 的干涉条纹图像、入射波长为 632.5nm 的干涉条纹图像及树枝超表面样品随入射角变化的光自旋霍尔效应值

对于入射光改变没有明显响应。

树枝超表面样品选取了谐振波段在 580nm 附近的样品，测试波长 632.5nm 位于谐振波段内，而入射光波长 530nm 位于非谐振波段内。图 11-5（b）为树枝超表面样品在不同入射光波长的干涉条纹，在 530nm 非谐振波段的干涉条纹呈现左高右低，与 K9 晶体测试结果相似，此时为正常霍尔效应。在 632.5nm 谐振波段的干涉条纹呈现出相反状态即左低右高，那么此时树枝超表面在谐振波段得到相反结果，即为反常霍尔效应。树枝超表面光自旋霍尔效应值测试结果显示，入射光波长与样品谐振波段一致时，光自旋霍尔效应为负，反之为正的光自旋霍尔效应。

11.4.2 梯度相位不连续微波超表面

（1）超表面对波前的调控 超表面作为超材料的二维表现形式，具有超薄且易于制造等优点而受到广泛关注。我们基于手性希腊十字结构设计了一种相位可覆盖 -180° ～ +180° 的梯度相位不连续超薄平板超表面，该超表面对垂直入射的圆极化波可以实现高效的反常折射。图 11-6（a）为手性超表面的结构单元示意图，为了打破镜像对称性，基板两侧的金属图案是共轭结构。如图 11-6（b）和图 11-6（c）所示，在外加电场作用下，前后金属图案的垂直臂上产生反平行电流，形成电流环，从而产生一个强水平磁矩。同时，手性单元分支中电流形成反平行电偶极子，产生了一个与外部电场方向相反的磁矩，因此通过分支可以有效地调节该结构的手性。图 11-6（d）给出了反射和透射光谱，RCP 和 LCP 波在 9.75GHz 都出现了一个高传输峰值。RCP 波和 LCP 波之间的透射相位差由极化方位旋转角$\theta=\dfrac{[\arg(T_{RCP})-\arg(T_{LCP})]}{2}$来表征。圆二色性由椭圆度表示为$\eta=\arctan\left(\dfrac{|T_{RCP}|-|T_{LCP}|}{|T_{RCP}|-|T_{LCP}|}\right)$。

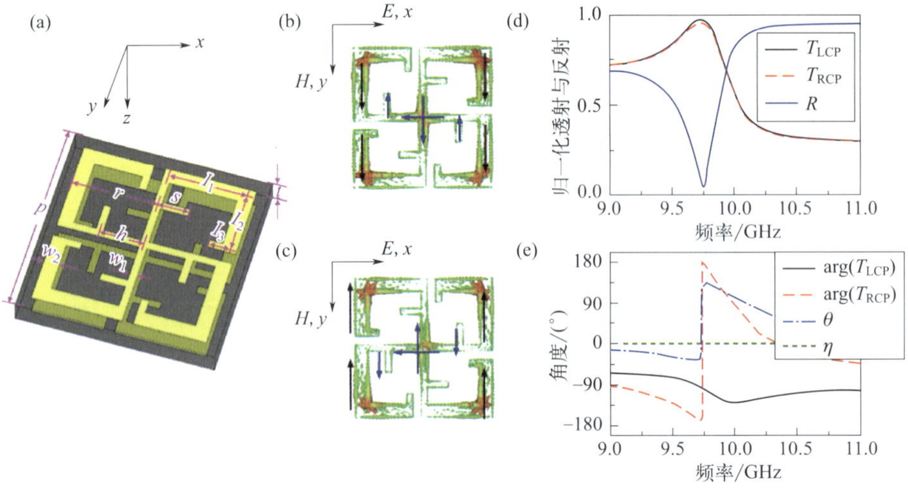

图 11-6 （a）手性超表面的结构单元示意图，相应的几何参数：p=13mm，l_1=5.2mm，l_2=4mm，l_3=1.4mm，w_1=0.5mm，w_2=1mm，r=5.7mm，h=3mm，s=2mm，t=1.5mm；（b）、（c）9.75GHz 金属图案前后的表面电流分布；（d）结构单元的透射和反射谱；（e）传输相位、极化方位角旋转角 θ 和椭圆度 η

图 11-6（e）给出了该结构的传输相位、极化方位旋转角 θ 和椭圆度 η，结果表明，在 9.75GHz 具有较高的极化方位旋转角（θ=137°）、零椭圆度（η=0），且 RCP 波透射相位为 180°。通过改变手性结构单元的几何参数来实现较宽的传输相位范围，在指定频率得到覆盖 -180°～+180° 的透射相位。

由一定数量的手性结构单元组成了具有偏折效应的超表面阵列，其可以将垂直入射的平面波折射 θ_t，折射角满足 $\sin=\theta_t \dfrac{\lambda_0}{2\pi}\times\dfrac{\mathrm{d}\phi}{\mathrm{d}x}+\sin(\theta_i)$，其中，d$x$=$p$，$\theta_i$ 为入射角，λ_0 为真空波长。当 dϕ=45° 时，折射角为 θ_t=16.8°。一个周期的超表面如图 11-7（a）所示，由八个不同的手性结构单元组成，透射相位可以覆盖 -180°～+180°，每个结构单元在 10GHz 均具有高透射率。图 11-7（b）为波束折射的电场分布图，表明该超表面可将垂直入射的右旋圆极化波按设计的角度偏折。在微波暗室进行了偏折实验，实验装置如图 11-7（c）所示。实验测量的远场辐射方向图如图 11-7（d）所示，当在圆极化天线前面未放置超表面时，主波束方向为 0°，而放置超表面后，主波束的方向偏移到 17°，这与理论偏折角度吻合。当入射角从 0° 增加到 40° 时，依然可观测到波束偏折现象。

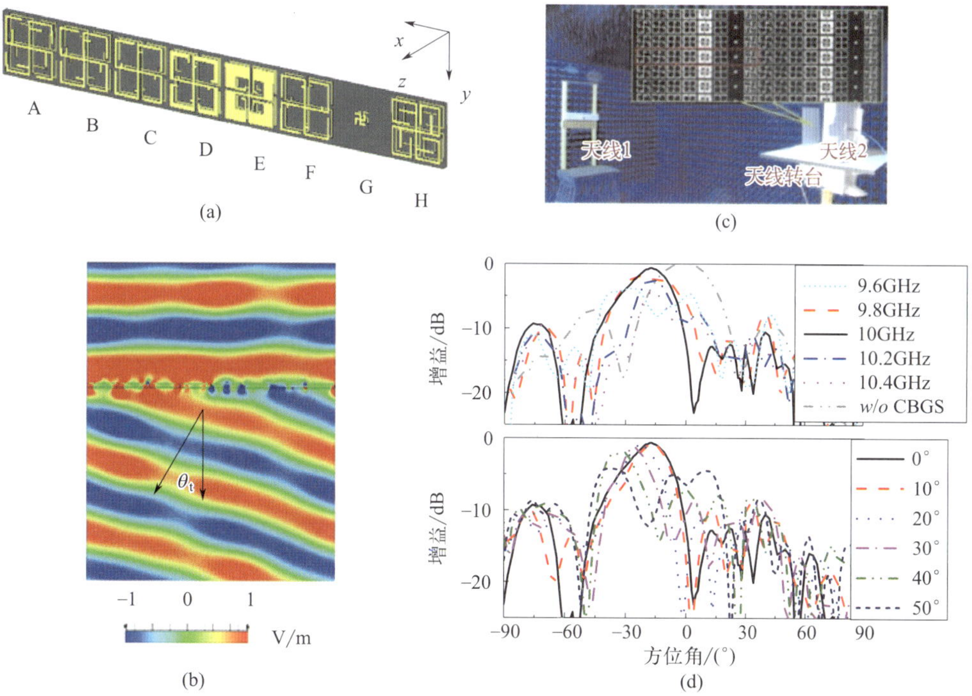

图 11-7 （a）一个周期的超表面示意图；（b）异常折射电场分布图；（c）实验装置图；（d）不同工作频率和不同入射角的远场辐射图

为了解决金属结构超表面的窄带问题，我们提出了基于介质柱和金属杆组成的宽带梯度相位不连续的超表面，圆柱形介质谐振腔提供必要的磁极化，金属杆提供必需的电极化，在 8～9.8GHz 频段范围内获得了 0～2π 相位覆盖，在此宽频段范围内，该超表面可对垂直入射的电磁波实现反常透射。该超表面可以灵活控制透射相位和振幅，我们使用超表面结构单元进行组合排列，实现了涡旋波束和聚焦效应，如图 11-8 所示。

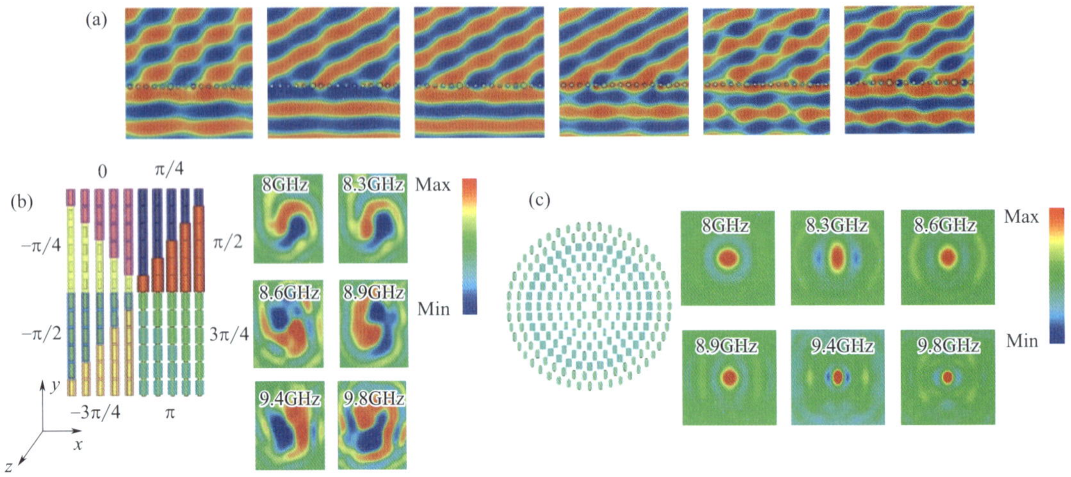

图 11-8 （a）不同频率的反常折射电场分布图，从左至右频率依次为 8GHz，8.3GHz，8.6GHz，8.9GHz，9.4GHz 和 9.8GHz；（b）涡旋超表面阵列及其在不同频率的电场分布；（c）聚焦超表面阵列及其在不同频率的聚焦效果

（2）超表面在天线中的应用 对于阵列天线，当阵列单元间距 d 大于 $\lambda/2$ 时，栅瓣的出现将会限制天线的扫描角度，且传统相控阵天线在低仰角下增益很低。对于传统天线，最大扫描角度为$\theta_{gr}=\arccos\left(\frac{\lambda}{d}-1\right)$，其中，$\theta_{gr}$ 为最大扫描角度，λ 为工作波长。我们在不影响阵列单元间距的前提下，利用超表面的反常折射效应，调控了传统相控阵列天线的扫描角度范围，并使其在低仰角下具有高增益。如图 11-9 所示，对于传统相控阵天线，当结构单元间无相移时，主波束指向 0°，阵列天线的最大扫描角度为 θ_m。若在相控阵天线中加载折射角度为 θ_t 的梯度相位不连续超表面透镜，主波束为 θ_t，最大扫描角度为 $\theta_t+\theta_m$。

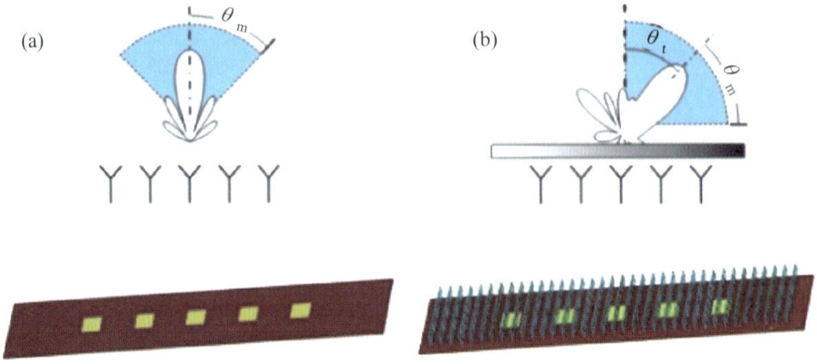

图 11-9 天线及其辐射示意图

（a）传统相控阵天线；（b）基于超表面的相控阵天线

对于相控阵天线，主波束方向为$\sin\theta_0=\frac{\lambda}{2\pi}\times\frac{\delta}{d}$。对于传统相控阵列天线，当阵元间的相移为 δ=75°、δ=45°、δ=0°、δ=−60°、δ=−120° 时，理论计算的主波束方向为

θ_0=19.97°、θ_0=11.86°、θ_0=0°、θ_0=−15.9° 和 θ_0=−33.2°。加载了具有反常折射效应的超表面后，天线主波束方向变为 θ_0=85°、θ_0=61°、θ_0=45°、θ_0=28° 和 θ_0=12°，远场辐射方向图如图 11-10 所示。加载超表面后，相控阵列天线的波束范围为 12°～85°，且在低仰角下具有较大增益，解决了相控阵天线在低仰角增益小的问题。我们制备了 δ=0° 和 δ=45° 两个天线馈电网络系统，当加上梯度折射超表面透镜后，相控阵列天线的主波束按照预期方向偏折。

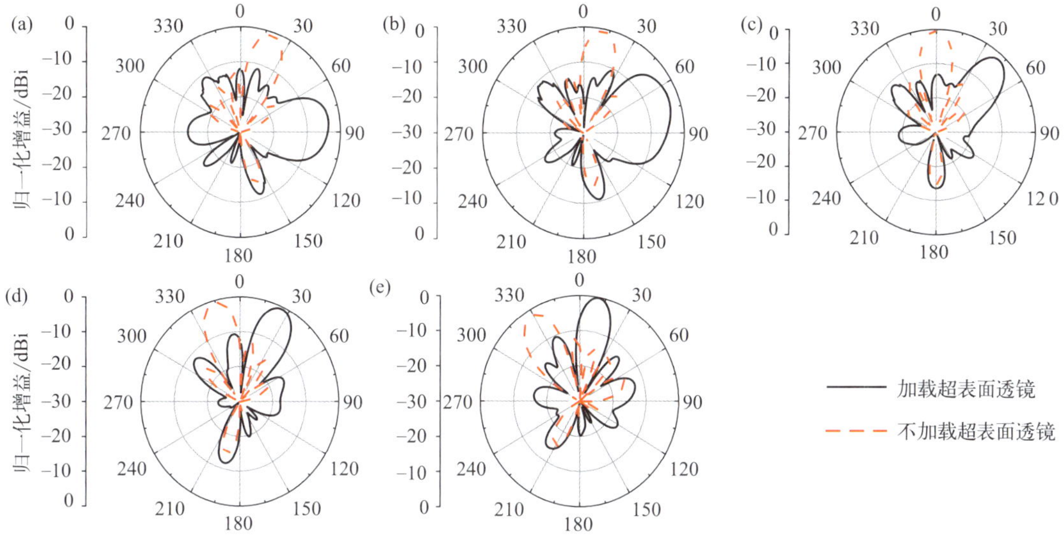

图 11-10　相控阵列天线在不同相移下远场辐射方向图

（a）δ=75°；（b）δ=45°；（c）δ=0°；（d）δ=−60°；（e）δ=−120°

11.4.3　基于超原子与超分子的声学超表面

（1）基于超原子结构的声学超表面　开口空心球是一种声学亥姆霍兹共振器，其构建的声学超材料在谐振频段附近具有负弹性模量，且其谐振频率随着几何结构尺寸的改变而发生变化，同时也会引起声波传播相位的突变，即产生相位不连续效应。我们利用开口空心球作为超原子设计了反射型声学超表面，如图 11-11 所示，当声波垂直入射到空心球上后，会与空心球结构发生相互作用，通过分析反射声波的反射率和反射相位，从而找到合适的空心球超原子设计声学超表面。

超表面的梯度相位为$\dfrac{d\phi}{dx}=\dfrac{\pi/5}{\Delta x}$，通过调节相邻两个单元的空间间距 Δx，可以调节反射阵列的梯度相位。根据广义斯涅耳定律，计算得到超表面的反射角为 90°，而从反射区域的声场分布可以看出，能量集中于反射面附近，说明此时反射声波沿着表面传播，即反射声波转化为表面波，产生了反常反射现象。在开口空心球的基础上，通过增加开口，设计了双开口空心球声学超表面，如图 11-12 所示，亦实现了反常折射。为了实验验证超表面的反常反射现象，我们搭建了一套声学波导实验装置，实验测得了反常反射。

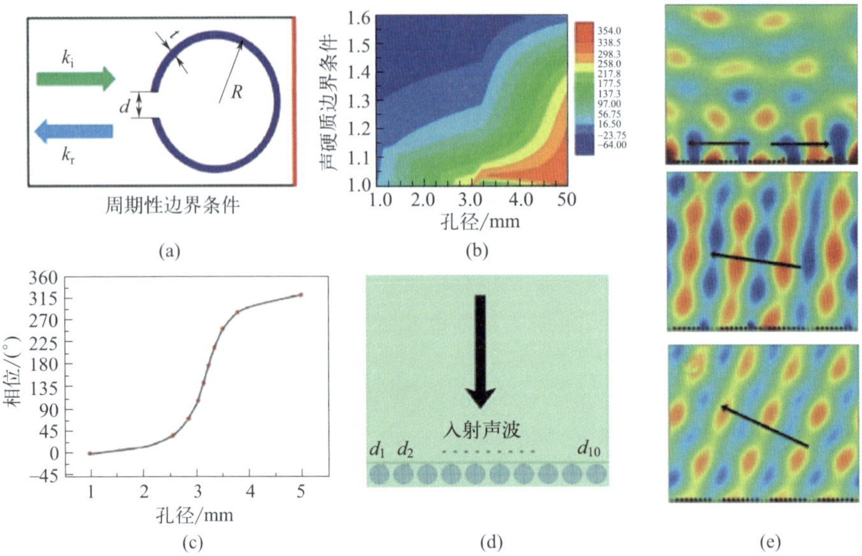

图 11-11 基于超原子空心球声学超表面

（a）空心球在波导管中横截面图；（b）不同开口孔径空心球反射相位分布图；（c）反射相位与开口孔径关系，红色点表示选择的十个空心球单元，相邻单元相位差为 π/5；（d）声学超表面反射阵列；（e）超表面在不同频率的反射声压场，从上到下依次为 1100Hz、1160Hz 和 1250Hz

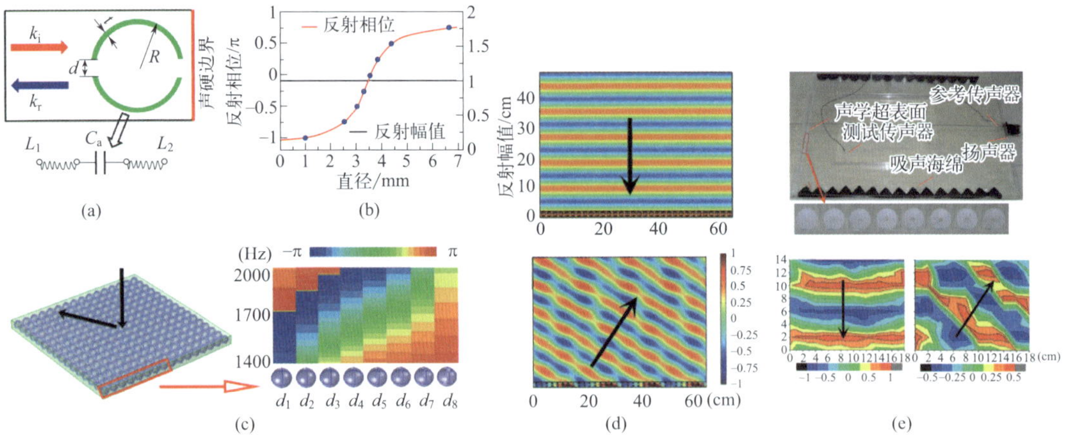

图 11-12 双开口空心球超表面

（a）结构单元在波导管中横截面图；（b）1700Hz 时不同开口孔径双开口空心球的反射幅值和相位曲线；（c）双开口空心球超表面示意图及其反射相位分布；（d）仿真的反射声场图，其中上图为入射场，下图为反射场；（e）声学波导管测试系统及实验测量的入射声压分布和反射声压分布

（2）超分子结构声学超表面 开口空心球超原子及其演化结构可以实现 0 ～ 2π 的不连续相位分布。而由两种超原子（开口空心球和空心管）高度耦合的超分子结构亦可用来设计声学超表面。图 11-13（a）是超分子结构单元在波导管中的仿真示意图，图 11-13（b）为超分子单元的反射相位随着管长的变化关系，实现了反射相位 0 ～ 2π 的不连续变化。超表面中引入一个额外的相位梯度，通过改变相位梯度可以任意控制反射角。图 11-13（c）为相位梯

度为 π/80 的超表面，计算出超分子超表面的瞬态声压场图，其反射角度为 45°。

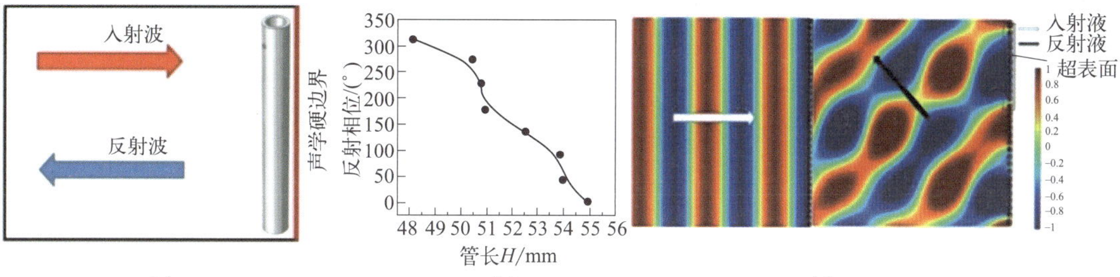

图 11-13 （a）单个超分子结构示意图；（b）入射频率 3000Hz 时，反射相位与管长关系；（c）相位梯度为 π/80 时的入射和反射声压分布，白色箭头和黑色箭头分别表示入射声波和反射声波的方向

根据超分子超表面展现的频率特性，我们研究了如何去扩展其频带宽度。根据分析超分子结构等效电路和共振频率，单独调控空心管长度或者侧孔孔径都可以调控超表面的特性。研究了不同管长的超分子超表面，实现了多频和宽频反常反射。以相位梯度 π/80 为例，选取 48mm、55mm、67mm 三种管长构筑了三种超表面，分别实现了 3700Hz、3000Hz、2400Hz 的反常反射。由于不同超分子结构之间存在弱相互作用，将这几种单元交替排列，各个超分子结构在各自的共振频率处分别发生相位突变，实现了 2500 ～ 3800Hz 宽频带的反常反射，如图 11-14 所示。

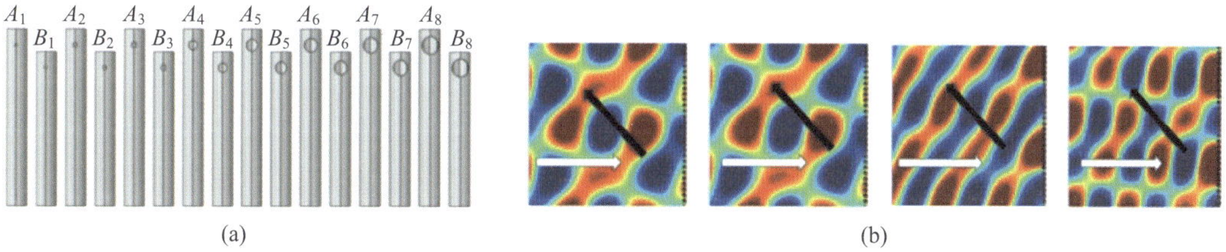

图 11-14 （a）宽频超分子超表面的结构示意图；（b）在不同频率的反常反射效应，从左至右频率分别为 2900Hz、3100Hz、3600Hz 和 3700Hz。

11.5 超表面近期研究发展重点及未来展望

超表面经过十多年的研究与发展，设计理论与物理机制已较为清晰，但是仍然面临一些挑战。目前研究的工作重点主要集中于主动可调谐超表面、多功能超表面等。

通常设计的超表面大都是被动的，一旦结构设计和加工制备完成后，其物理性能就已经固定，这便极大限制了超表面的应用，于是可调谐超表面应运而生。尽管可调谐超表面已经取得了一些进展，但仍存在着诸多挑战与未解决的问题。比如大多数超表面的调谐机制不能独立调控超原子的振幅和相位响应，这就限制了可实现的功能。此外，迄今为止提出的可调谐超表面由于材料与当前的 CMOS 技术不兼容，且超表面具有相对较差的化学和物理稳定性，很难与光电子系统集成。可调谐超表面在太赫兹和近红外条件下也很难扩展到实际应用中，还需要新的技术和材料来克服这些问题。

由于超表面具有深亚波长厚度，其可将多种多样的功能集成到单个器件中形成多功能超表面，因此，近年来多功能超表面的研究为多功能器件的发展提供了新的机遇。目前已有多个研究成果利用极化自由度、手性自由度、波长复用等实现了多功能超表面。Kamali 等提出了一种由具有入射角敏感响应的高介电 U 形超原子组成的角度多路复用超表面，通过调控入射角的方向实现了多路复用衍射和全息图。但是如何通过调控入射角实现不同功能的超表面还未充分展开，这也值得我们继续开展相关研究。相信在未来的超表面研究中，主动超表面、多功能超表面、可调谐的智能超表面等仍然是最活跃、最有发展前景的领域，这必将会极大促进未来小型化多功能集成光电器件的发展。

参考文献

作者简介

刘亚红，教授，博士生导师。主要研究方向为人工电磁超构材料、电磁波及其应用。2010 年获得凝聚态物理专业博士学位，入选西北工业大学“翱翔之星”计划。2016 年至 2017 年赴英国伯明翰大学交流访问。主持国家自然科学基金、航空科学基金、陕西省自然科学基础研究计划等 10 余项课题。在 *Phys. Rev. Applied*、*Appl. Phys. Lett.*、*IEEE TAP* 等发表论文 50 余篇，引用近千次。出版专著《微波超材料与超表面中波的行为》一部，编写英文学术专著 2 章。获授权国家发明专利 8 项。

赵晓鹏，西北工业大学二级教授，博士生导师，材料物理与化学国家重点学科智能材料物理与化学方向学术带头人，2000 年国家杰出青年科学基金获得者。长期从事智能材料、光信息材料与行为等方面研究。主持完成国家自然科学基金及省部级基金项目 30 多项。在国内外出版专著 6 部。发表 SCI 收录论文 400 余篇，引用 9800 余次。已获授权中国发明专利 95 项。作为第一完成人获陕西省科学技术奖一等奖、二等奖，国防科学技术奖二等奖，中国航空工业科技进步奖三等奖等。获国务院政府特殊津贴、国防科技工业有突出贡献中青年专家、陕西省优秀发明人等荣誉称号。

第 12 章

聚集诱导发光材料

唐本忠　王志明

光，作为生存不可或缺的重要条件，不但让万物感受到温暖和日夜的更替，学会作息与繁育，更是促进人类进化和文明发展的最大动力。人类每加深一次对“光”本质的理解和行为的掌控，都必将带来人类在精神层次和物质水平上的一场革命，进而重塑我们的思维模式和行为方法。前沿科学研究总是以新现象的发现、新概念的提出和新理论的建立为标志，一方面贡献新知识，推动科学发展，另一方面贡献新物质、新功能，催生新技术、新产业，满足国民经济发展和人们生活水平提高的需要。

聚集诱导发光（aggregation-induced emission, AIE）是唐本忠院士于 2001 年提出的一个光物理领域的新概念，是指一类在溶液中发光微弱甚至不发光的分子在聚集态或固态发光显著增强的现象。AIE 概念的提出颠覆了人们关于发光材料“聚集导致发光猝灭”的传统认识，为高效聚集态 / 高效发光材料的设计提供了新的思路，因而得到了国际上化学、材料、生物、医学等领域科学家的广泛关注。据第三方权威机构爱思唯尔（Elsevier）基于 Scopus 数据全库的统计：2001—2021 年间，全世界约有 76 个国家 / 地区、2200 余家科研机构、23900 多名科研工作者从事 AIE 及相关领域的研究工作。其中，AIE 科研论文的归一化引文影响力为 1.9（全球全科影响力均数归一化为 1，Field Weighted Citation Impact, FWCI），中国科学家贡献了 6600 余篇论文，FWCI 达到了 2.1。目前，AIE 已经发展成为一个由我国科学家引领、国外科学家竞相跟进的研究领域。基于 AIE 研究的原创性和国际引领性，聚集诱导发光获得 2017 年度国家自然科学奖一等奖。

因此，本章首先从基础科研的角度简单介绍 AIE 材料的概念、发展及其科学影响力，着重指出 AIE 产业发展的必要性及紧迫性；然后，根据 AIE 技术的发展现状，结合国家对科研工作发展“面向世界科技前沿、面向经济主战场、面向国家重大需求、面向人民生命健康”的总体要求，介绍 AIE 潜在的产业发展领域和优势；最后，根据目前政府、企业及资本在产业推动中的角色特点，提出如何推动作为底层创新的 AIE 材料及技术“破局”发展的建议和对策。

12.1 聚集诱导发光材料及其产业发展概况

12.1.1 聚集诱导发光及其科学意义

随着近现代石油工业的飞速发展，有机发光材料在近年来备受学术界和产业界的关注，特别是其在化学传感、生物探针、有机电致发光器件等方面取得了飞速进展，并在有机激光、发光场效应晶体管等领域展现了巨大的潜在价值。然而，传统的荧光材料通常在稀溶液中的溶解状态下展现较好的发光，而一旦浓度增加、受到溶剂作用而发生聚集或成为固态，荧光则会显著减弱甚至消失，这种现象称为“浓度猝灭”效应，或叫作聚集导致荧光猝灭（aggregation-caused quenching, ACQ）。但是，对于大部分应用场景，发光材料都是在薄膜态或固态下使用，导致荧光材料的应用领域和灵敏度受到了限制，从而严重影响了器件的性能。为减轻 ACQ 效应对材料发光效率的影响，科研人员采取了一系列化学、物理和工程的方法和手段来抑制分子间的聚集，包括将支化链、大环基团、树枝状或楔形结构基团等以共价键方式连接到芳香环上来阻止其聚集，或将发光化合物通过表面活性剂包覆，以及将其掺杂到透明聚合物介质中以减少分子间聚集。化学方法常涉及烦琐的合成，且将大体积的侧基连接到芳香环上会严重扭曲发光分子的构象并影响其共轭结构和发光波长与效率；而物理方法则要求精细的工艺控制，重现性较差，并且物理工艺中使用的包覆剂和聚合物通常不发光，它们的引入将稀释体系的发光基元密度并妨碍电荷传输。因此，这些干预发光分子聚集的尝试仅取得了有限的成功。此外，多数情况下，在抑制聚集的同时也带来了新的问题。究其原因主要是聚集是一个自发的内在过程，人为抑制聚集并不能从根本上解决发光分子的 ACQ 问

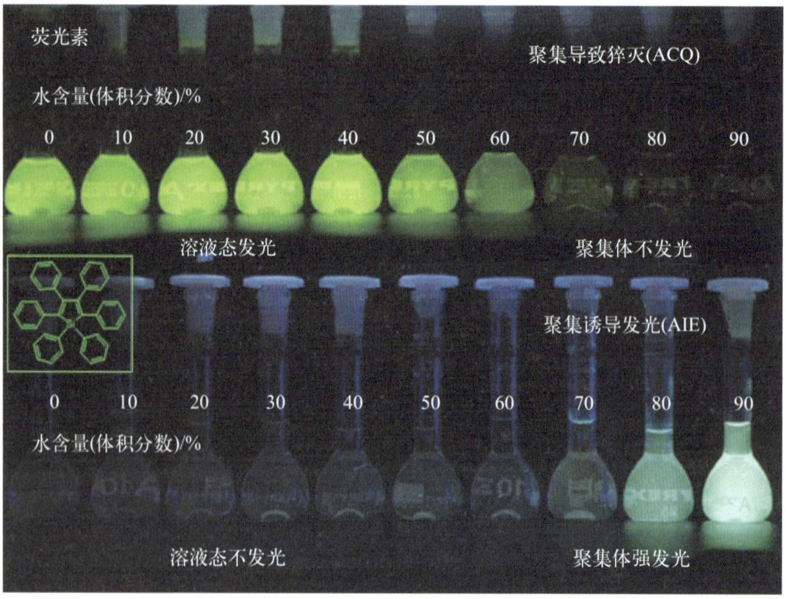

图 12-1 聚集导致荧光猝灭（ACQ）与聚集诱导发光（AIE）现象对比

题。因此，充分利用分子的聚集提高其在聚集态或固态的发光强度才是理想的途径。

2001 年，我国科学家唐本忠教授带领的团队发现了一个奇特的现象：一些噻咯分子衍生物在溶液中几乎不发光，而在聚集状态或固体薄膜下发光显著增强。这种现象与传统的 ACQ 类发光材料的行为存在显著不同，因此，他们形象地将这种由于分子聚集而产生的“从无到有”或者发光增强的现象描述为聚集诱导发光（图 12-1）。而且，经过二十多年的潜心研究和严谨探索，相关科研工作在大量的实验和理论模拟基础上，从“新概念的提出、新材料的开发、新理论的建立和新应用的拓展”这四个维度不断丰富，逐步完善了从“AIE 概念”到“AIE 科学”的进阶。其中，唐本忠教授团队提出的分子内运动（包括转动和振动）受限（restriction of intramolecular motion, RIM）的 AIE 机理受到普遍认可，并指导该领域的研究人员设计和开发了一系列高聚集态发光材料体系，且成功拓展了其在能源、健康和环境等领域的应用。例如，在生物成像及诊疗领域，AIE 分子在聚集态下多为从无到有的点亮模式，不但可以很好地克服疏水荧光分子的 ACQ 问题，而且能够实现高对比度和分辨率的成像；加之，AIE 聚集体高的光学稳定性，使其在动力学可视化监测方面表现出一定潜质，为相关病理、医理和药理（含药物筛选）等研究提供了极大的便利。因此，聚集诱导发光作为毫无争议的“中国原创”光物理科学概念，不但打破了教科书上关于聚集引起发光猝灭的经典论断，为设计高效固态发光材料提供了新思路，而且推动了学术界对分子发光机理研究的纵深发展，将科学研究从还原论提到更高维度的整体论，改变了传统研究的思维定式，促成了聚集体科学领域的形成。

据 Scopus 数据全库的统计，2001—2021 年全球已累计发表 AIE 相关的 SCI 论文 8843 篇，年均复合增长率为 44.9%；其中，近十年的论文发表量占比 95.8%，证明 AIE 研究正处在高速发展期。在已检索的 AIE 论文中，共被引用了 304928 次，并有 4.6% 的论文（410 篇）位列全球 1% 高被引文献，32.6% 的论文（2883 篇）位列全球 10% 高被引文献，从一个侧面说明 AIE 领域的科研产出普遍具有较高的学术影响力，在科研界获得较高认可与关注。全球发文量前十的科研机构中有九个来自中国，其中香港科技大学和华南理工大学是发文量超过 1000 篇的研究单位，并且近十年二者合作发表的论文 FWCI ＞ 3。以上均从侧面证明 AIE 研究是真正的中国“原创”和“全球领跑”。另外，“AIE 发光点”被 *Nature*（2016）列为支持未来纳米光时代重要的材料体系，也是唯一一个由中国人提出和发展的材料体系，并在医学领域的诊疗和成像方面表现出巨大的应用前景，有可能引发新一轮的生物成像技术革命（2020 年 *Nature* 专刊）；AIE 技术也被 IUPAC（国际纯粹与应用化学联合会，是化学领域最权威的组织之一）认证为 2020 年化学领域十大新兴技术。

12.1.2 聚集诱导发光材料产业发展的必要性

事实上，作为一个由中国科学家开创和引领的新领域，AIE 材料的高固态发光特性使其在能源、健康和环境等相关领域有着巨大的应用前景。尽管目前 AIE 研究仍然是一个由中国科学家引领、国外科学家跟进的热门研究领域，但是在未来的发展中，如何继续保持领先地位，如何使具有自主知识产权的 AIE 材料为我国的国民经济服务，是需要我们认真思考的关键问题，也是未来发展的方向。这就要求我们不但要在基础研究中拓展深度和广度，而且要将其切实转化为可以推动社会发展的真正生产力。同时，我们也要清醒认识到 AIE 研究领域存在的挑战和压力：

第一，国外著名学者和研究机构的积极跟进。目前，已有许多包含诺贝尔化学奖获得者、美国科学院院士等一系列国际著名科学家关注 AIE 的基础研究工作，并发表了高水平研究成果；同时，利用国外完善的成果转化机制和商业运作模式，部分 AIE 材料及拓展技术已尝试进入产业化阶段。

第二，国内科学家进行研究成果产业转化热情不高，缺乏成果转化研究平台。目前，AIE 研究尚属新兴的研究领域，从事该类研究的前沿学者多以科研院所的青年学者为主，而现在通用的科研评价体制仍以高水平文章发表为导向，从而导致部分研究成果仍处于实验室成果阶段，中下游开发力度不够。这样长久发展，一方面，我们的基础研究成果很有可能被一些大公司窃取或者以极低廉的价格收购，缩短他们基础研究的历程，将来我们将以高附加值产品形式回购自己的研究成果，成为新的“卡脖子”领域；另一方面，导致我们年轻的科研工作者在科研布局上都集中在基础研究中，而在成果转化和产品开发领域的人才匮乏，形成恶性循环。

基于上述分析，以唐本忠院士牵头的国内战略科学家正在推动 AIE 基础研究与产业对接的进程，倡导建立专门从事 AIE 成果转化研究的平台，筛选出一系列有价值的专利技术成果，在开展有效基础研究和市场诉求调研的前提下，精准地开展工程转化研究。借助对接政府、企业与资本的广阔平台，为 AIE 成果的持有者提供充分的资源、经费和空间，使他们有精力、有动力去开展转化研究；同时，围绕国家的战略布局和“四个面向”的要求，形成集群优势，采用大投入、长积累、高产出的模式，保持和提高我国在先进材料领域的核心竞争力，切实地实现“原始创新、科技强国”的中国梦。

12.2 聚集诱导发光材料技术状况及产业发展趋势

光学研究对人类的科学文明发展起到了重要作用。在研究光与其他物质的互动中，涌现的基础科学发现和创新不断改变人类的生活。当代关于光学的有重大影响的研究，从 2008 年的诺贝尔化学奖关于“绿色荧光蛋白的发现和改造”，到 2014 年的诺贝尔化学奖和物理奖的“超分辨荧光显微技术的研发”和“高效蓝色发光二极管的发明”等，都不断地改变我们的生活。在现在的实际应用中，光与我们贴近的主要有两大领域：其一是光物理，主要探索光与电的相互作用、能量转换过程，已广泛应用至许多电器产品中，如人们非常熟悉的大型电视屏幕、柔性显示、节能照明等，其特性主要是固态聚集；二是光生物，主要探索生物结构及生命过程，广泛应用在医疗领域，包括生物成像、示踪、健康诊疗、疾病防治等。由于传统的 ACQ 材料在聚集态下效率的显著降低，有可能会严重影响其实际效用。信息时代对光的输出提出了更高的要求，无论是精准医疗的生物分析，还是高清保真的色彩显示，都需要发光材料具有高的聚集态发光效率。

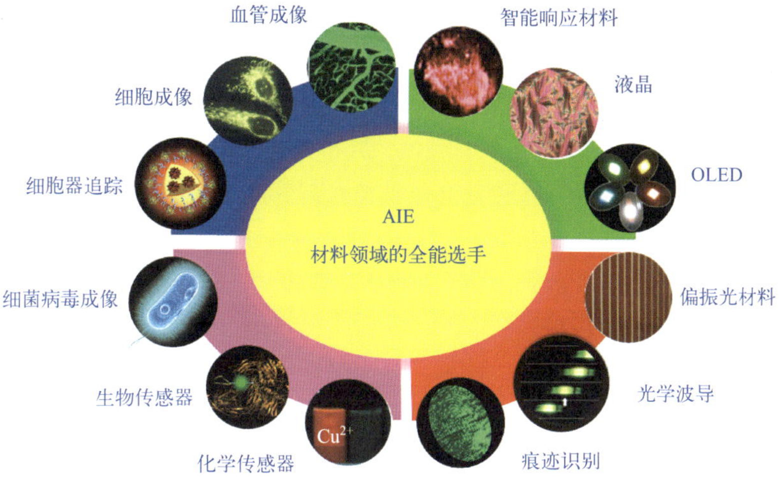

图 12-2　聚集诱导发光材料在各领域的应用

AIE 的发现，为聚集态或固态发光材料的设计提供了新的思路，也为如何利用自发行为推动功能强化提供了一个新的范式（图 12-2）。归纳起来，AIE 从概念到材料、再到理论、到体系直至成长为科学，并向技术转化和应用拓展，主要可以概括为 3 个阶段：2001 年至 2003 年，是 AIE 产生及发展的第一阶段。AIE 的概念被提出并逐渐引起学术界的普遍关注，且随着分子内旋转受限机理的提出，使国内外学者们意识到这一概念背后隐藏着的巨大科学问题。2003 年至 2010 年，是 AIE 研究体系发展的第二阶段。AIE 的材料体系得到了极大的丰富，且出现了以四苯基乙烯（TPE）为代表的明星分子，它以简单的合成方法、显著的 AIE 性能，极大程度地展现了 AIE 在改善传统材料的应用困境上的优势；同时，其他 AIE 衍生物及其所带来的新科学现象也如雨后春笋般涌现出来，如结晶诱导发光、有机高效室温磷光、力致发光和机械变色等，特别是 AIE 材料逐渐被应用到生物和光电领域，各部分性能提升显著。在这一阶段，AIE 的发展日臻成熟并逐步进入国际研究舞台，这在整个 AIE 的发展历程中起到了至关重要的促进作用。2010 年至今，是 AIE 应用领域和技术发展的第三阶段。AIE 的机理被不断完善并逐渐形成了以分子内运动受限为核心，其他机理为辅助的理论模型；同时，AIE 研究也开花结果繁衍出诸多自成体系的新分支，如分子簇集发光、空间电子作用、非芳共轭体系，以及基于固态分子运动的光热和光声效应等，而这些新领域的出现极大地加快了 AIE 研究向实际应用转化的步伐。因此，AIE 走向产业的背景技术积累日益成熟。

12.3 聚集诱导发光材料产业潜在方向

12.3.1 AIE 材料在高值科研耗材领域的应用

随着世界科技竞争日趋激烈，科研耗材也逐渐成为限制科技发展的一大因素。中国正处在创新驱动、转型升级的关键时期，国家高度重视科研投入和技术研发。根据国家统计局数据，2019 年全国共投入研究与试验发展经费 22144 亿元，同比增长 12.53%，而根据国务院

2016 年发布的《国家创新驱动发展战略纲要》，预计“到 2030 年中国研究与试验发展经费支出占国内生产总值比重达到 2.8%”。而这其中，科研耗材特别是高附加值的科研耗材占据了研发费用相当大的比例。目前，以赛默飞为主的国外科研耗材寡头常年占据了我国科研耗材的绝大部分市场，特别是在高端科研耗材领域，几乎是处于完全垄断地位。以生命科学领域常用的荧光显微镜为例，为了降低背景信号以观测到更加细微的结构，科研工作者往往会使用荧光探针作为染色工具，它排除了体外化学检测的延迟性和同位素放射检测的危险性，被广泛地在细胞免疫学、微生物学、分子生物学、遗传学、神经生物学、病理学、肿瘤学、临床检验学、植物学等方面应用，是研究生物微观世界最方便、最重要的工具之一。然而常见的荧光探针如细胞器荧光探针、钙离子荧光探针等都被国外企业垄断，其中，赛默飞作为全球最大的生物荧光标记和检测产品的提供商，荧光探针为其全年 400 亿美元的产值贡献颇多。然而，赛默飞拥有多年的专利积累，因此国内企业无法在现有赛道上与其形成有力竞争。

AIE 材料体系虽距“观宇宙之博大”尚有一定的距离，但在“察万物之精微”方面已经取得了傲人的成绩。例如，细胞作为构成生物体的基本单元，其内部还包含亚细胞结构——细胞器，它们是细胞质基质内具有一定形态、结构及化学成分，且能执行特定生理功能的单位；它们的异常通常是很多疾病的预警信号，比如糖尿病、帕金森综合征、癌症等。因此，细胞器的结构与功能成像可以为疾病预防及诊断提供帮助。传统的荧光材料在细胞器成像领域已经应用多年，但是其聚集猝灭特性导致的一系列问题已经逐渐无法满足日益增长的科研需求，同时，高的背景信号、复杂的洗涤过程也使得其经常被科研工作者诟病，只是苦于市场上并无可替代的产品，人们不得不忍受这些探针的缺点。然而，AIE 荧光材料的出现将会打破这一局面，基于聚集诱导发光原理开发的荧光探针通常具有“不聚不亮，越聚越亮”的特性，因此 AIE 荧光探针在进行细胞成像时，只有与特定细胞器结合的荧光探针才会产生信号，这种“turn-on”的特性不仅大幅度降低了成像的背景信号，而且简化了细胞染色的流程。AIE 荧光探针的另外一个优势是可以在高浓度下进行成像。对比传统荧光探针，AIE 荧光探针可以在高于其工作浓度 10 倍的情况下实现相同甚至更高品质的成像，这种优势不仅可以长时间观测细胞的结构变化，也可以满足高频率的细胞功能研究。基于以上特点，在过去 20 年中，科研人员开发出了多种适用于线粒体、溶酶体、内质网、脂滴、细胞核等细胞器的 AIE 荧光探针（图 12-3），并利用这些探针观测到了各种细胞器的精细结构、细胞分裂过程中染色体的变化、细胞代谢过程中细胞器的自噬与融合、细胞凋亡过程中的特定结构变化等。例如，通过 AIE 探针结合细胞形态学快速筛选癌变细胞，或者通过线粒体染色快速判断精子的活力值等。这些结果不仅为特定研究提供了新的思路，也为疾病的治疗提供了新的靶点。

除细胞核外，大部分的细胞器尺寸不到 1μm，而在这个尺度范围内还存在着另外一类与人类健康息息相关的生物——细菌。它们广泛分布于土壤和水中，或者与其他生物共生，而它们的存在对环境、人类和动物而言可说既有利又有害。对人类而言，一些细菌会通过接触、空气传播、食物、水和带菌微生物感染人类，导致破伤风、伤寒、肺炎、梅毒、食物中毒、霍乱，甚至是肺结核等危害人体健康的疾病，因此对微生物的检测及消除一直是基础及临床

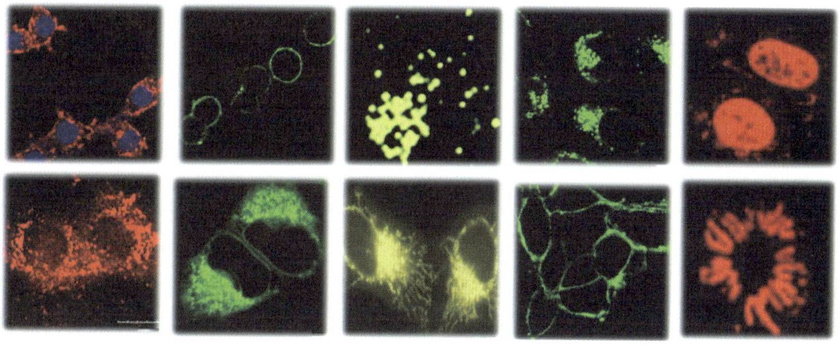

图 12-3　选择性细胞器染色的 AIE 荧光染料

研究的热点及重点。同时，市场对于微生物的检测需求也在不断增大，中国微生物检测行业市场规模从 2014 年 29.8 亿元人民币增长至 2018 年 56.1 亿元人民币，期间年复合增长率为 17.2%。据预测，中国微生物检测行业市场规模将于 2023 年达到 90.2 亿元人民币，2019—2023 年间复合增长率将维持 9.6%。荧光检测作为一种所见即所得的检测技术，相比于耗时久的生化检测方法及依赖大型仪器的 PCR、质谱与 NGS 技术，更能满足日益增长的即时检测（POCT）需求。通过对荧光探针的巧妙设计，细菌的检测可以和抗菌、杀菌有机地结合起来，而高稳定性 AIE 荧光探针无疑是实现这一目标的优先选择之一。近些年，AIE 荧光探针在细菌的快速检测、甄别、抗菌、光动力杀菌、光热抗菌、协同抗菌、抗病毒及抗真菌等领域都取得了令人瞩目的成就。例如，利用 AIE 探针中的分子扭曲结构实现对活细菌 / 死细菌的快速区分，也可以借助其靶向选择性对革兰氏阳性菌、阴性菌和真菌的区别染色和光学查杀，亦可以对微生物对细胞、组织的侵染过程和药物筛选等进行示踪，更可以采用多 AIE 探针阵列方式快速判断菌种类别及科属，还可以借助噬菌体的选择性辅以光动力过程实现微生物的选择性查杀。这些在材料领域取得的研究成果不仅会引领后续的基础研究，而且对生物学、医学方面的临床研究也有借鉴意义。

另外，大部分细胞及亚细胞层面的成像的荧光探针其荧光信号都是处于可见光区域，然而一旦研究从细胞层面上升到了组织或者活体层面，近红外区域的荧光探针将取代可见光区域的荧光探针成为科研工作者的首要选择。然而 ACQ 效应极大地限制了染料分子在生物研究中的使用浓度，而 AIE 荧光探针“越聚集越亮”的性质有效克服了传统荧光分子的局限，大大提高了荧光探针的检测灵敏度和成像光稳定性，拓展了有机小分子荧光材料的应用范围。除此之外，AIE 分子还具有发光波长易于调节、斯托克斯位移大、发光效率高且能够对研究目标实现“点亮”检测等特点，在活体成像中具有更大的优势。近年来，AIE 研发人员在穿透深度、光稳定性等方面深耕，获得了多种近红外材料，包括适用于脑部血管成像、深层次肿瘤成像及多种活性物种的体内追踪等。除此之外，AIE 荧光材料还在疾病治疗领域崭露头角，包括光热治疗、光动力治疗以及结合传统癌症治疗方式的结合治疗，同时 AIE 荧光材料还可以通过成像引导细胞治疗的药物递送 / 释放并对这些过程进行监测（下节详述）。虽然目前这些成果还停留在研究阶段，但是可以预见的是，在不久的将来，这些科研成果必将转化成造福人类的技术。

AIE 荧光探针这种完全不同于常规荧光材料的发光特性使得其成为了近十年来的研究热点，而这些科研成果的转化一方面可以增加我国在基础科研领域的实力，夯实科研基础；另一方面，AIE 荧光探针及其衍生服务又可以打破国外企业对科研耗材垄断的局面，为我国科研工作者提供更好、更快、更实用的科研耗材；再者，AIE 荧光探针技术的发展突破了国外技术封锁，为国内企业在科研耗材领域，特别是附加值较高的荧光材料领域提供了弯道超车的机会。

12.3.2 AIE 材料在精准医疗中的应用

随着现代医学和工程技术的创新和进步，通过影像精准定位进行手术治疗、靶向治疗，对患者进行治疗的同时提高术后生活质量，降低术后损伤受到了广泛的关注。光学成像由于其成像分辨率高，在医学成像和术中导航方面展现了巨大潜力；而 AIE 材料可以通过自身的疏水聚集或采用特异性高分子包裹的方式制备成尺寸可控的纳米探针，也可根据需要完成特殊官能基团的搭载，因此其制备的粒子在原位瘤注射和循环性注射方式中都表现了优异的靶向能力，可以作为引导剂应用于手术中。同时，由于 AIE 材料通常具有好的光活性氧性能及光热、光声特性，从而使得 AIE 型荧光探针在高清成像的过程中，还具有辅助治疗的效果。由于可见光容易受到生物体组织自荧光及水系环境的干扰，近红外一区、二区（NIR-Ⅰ，750 ～ 900nm；NIR-Ⅱ，1000 ～ 1700nm）光学成像近些年不断发展并受到重视，而其中 NIR-Ⅱ材料的穿透能力较好，能显著提高组织穿透深度和成像分辨率，成为术中导航材料的首选体系。但遗憾的是，目前常见的有机染料在聚集条件下的荧光量子效率较低，严重制约了后续应用的拓展。而对于 AIE 材料，借助优异分子结构优势和聚集态下发光的增强，使得制备的 AIE 量子点具有高的量子产率和良好的穿透深度，在许多非侵入式的检测中的深度达到厘米级，为后续开展腔镜引导的手术提供重要保证（图 12-4）。

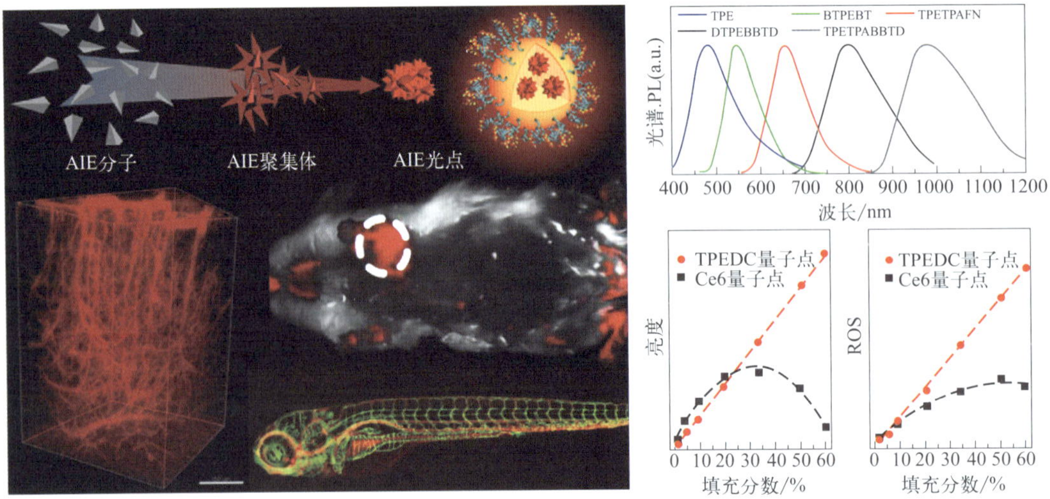

图 12-4 AIE 量子点的制备及其血管、小鼠级斑马鱼成像，及光谱覆盖范围和亮度 - 光敏效果对比（TPEDC 为 AIE 染料，Ce6 为常用光敏剂）

（1）手术导航成像的潜在应用 在癌症治疗方面，肿瘤识别、肿瘤切除边缘的确定和转移淋巴结的鉴别等是影响肿瘤预后的重要因素。例如，医源性输尿管损伤是腹盆部手术最严重的并发症之一，在妇科肿瘤手术中的发病率可高达10%，常常引起尿瘘、尿脓毒血症，甚至慢性肾功能不全；此外，需要输尿管重建的相关疾病如UPJO、腔静脉后输尿管常因病变部位定位不准确，导致过多的术中操作，给输尿管造成二次损伤。因此，术中实时识别输尿管对预防医源性输尿管损伤和输尿管相关疾病治疗都是至关重要的。AIE研究团队对已开发的AIE量子点在荧光成像上与吲哚菁绿（ICG）进行了比较，输尿管管腔逆行注射后，通过NIR-Ⅱ荧光信号实时观察到了输尿管及其蠕动，并且输尿管内AIE量子点荧光成像的信噪比（SBR）和穿透深度远远优于ICG；同时，借助AIE量子点的NIR-Ⅱ荧光信号能精确定位输尿管损伤或者疾病的部位，并对输尿管修补后复通的情况进行评估。再如，脑肿瘤是最常见的破坏性脑疾病，严重危害人类健康，因为它们侵袭性地生长在中枢神经系统，并在数月内引起明显的神经症状。然而，大多数脑肿瘤，尤其是胶质母细胞瘤（GBM）可渗入到正常脑组织，使手术中几乎无法区分肿瘤边缘。更困难的是，由内皮细胞在中枢神经系统（CNS）和外周血循环之间的紧密连接（TJs）形成的血脑屏障（BBB）对各种大分子/纳米颗粒（造影剂或治疗药物）进入大脑形成了巨大的障碍。已开发的高效NIR-Ⅱ型AIE活性共轭聚合物制备的AIE量子点，通过包覆自然杀伤细胞膜制备的仿生纳米机器人策略，不但保持了较高的NIR-Ⅱ亮度和良好的生物相容性，而且可以作为TJs调节剂，触发细胞内信号级联，导致TJs断裂和肌动蛋白细胞骨架重组，形成细胞间“绿色通道”，帮助自身安静地穿越BBB，从而主动聚集到复杂脑基质中的胶质母细胞瘤细胞，以获得高对比度的跨颅肿瘤成像，在近红外光照下对肿瘤生长也有很大的抑制作用。同样采用这种类似的特洛伊木马策略，也可以借助AIE量子点观察到光敏剂产生的活性氧能氧化脂滴中的不饱和脂肪酸，从而消耗细胞内的谷胱甘肽进而造成谷胱甘肽过氧化酶的耗竭，导致细胞死亡的过程。类似的策略也被应用于淋巴结的高性能成像，通过分子结构的有效调控，新的NIR-Ⅱ的AIE量子点被制备并呈现出明亮的荧光，且可在NIR-Ⅱ/NIR-Ⅱb窗口中实现高质量和多功能的生物成像，包括血管成像、骨成像、肿瘤成像和淋巴结成像；更重要的是，新的AIE量子点还具有长保留时间、高信噪比、宽成像窗口（NIR-Ⅱb）和出色的光稳定性，能够准确导航前哨淋巴结手术，在与临床应用的ICG对比中展现出了显著的优势。

（2）多模态荧光成像的潜在应用 作为一种能够对生物分子及生物学过程进行实时原位监测的成像技术，荧光成像技术因其极高灵敏度的特点在相关领域有着不可替代的地位。但是，对于组织及活体成像，常规的有机荧光染料面临着组织穿透深度不够、不耐光漂白以及信噪比低等问题，因此，其应用仅仅局限于对细胞及动物表皮区域进行成像。尽管无机纳米颗粒如量子点或上转化材料相比于有机荧光染料在荧光量子产率及光稳定性等方面具备显著优势，但是其所含的重金属元素具有潜在的毒性。为了进一步将高灵敏度的荧光成像模式应用于活体成像等更广泛的领域，有必要引入具有高信噪比、高空间分辨率和高穿透深度的成像模式。例如基于贵金属表面等离子共振效应的暗场成像（DFM），在信噪比方面表现出独特的优势，其能够有效地避免纳米粒子单颗粒成像中来自整体平均效应的干扰。更重要的是，基于贵金属的CT成像能够提供高的空间分辨率、三维断层扫描信号和足够的组织穿透深度。

因此，将有机荧光染料与无机纳米材料结合不仅能同时具备两者的优点，还可以根据其不同的特性进行多模态成像。传统的有机荧光团与贵金属直接结合后，其荧光信号会由于荧光共振能量传递（FRET）或者电子转移（ET）等作用而出现严重损失，但是借助具有氧化还原活性的 AIE 分子能够将银离子还原成银纳米颗粒，所获得的银纳米颗粒同时能够诱导 AIE 分子在其表面进行自组装，最终形成无机贵金属为核、有机 AIE 为壳的核壳型纳米结构，不仅保留了 AIE 分子的聚集诱导发光效应、较好的稳定性和生物相容性，还具有贵金属的等离子体散射特性，并且这种核壳纳米颗粒可以用作荧光、暗场（DFM）及计算机断层扫描（CT）成像；在 20mg/mL 时对 CT 信号的增强效果与商品化的试剂相当，并且在肿瘤部位出现清晰的荧光及 CT 信号。另外，基于类似的策略，已完成采用白蛋白作为包裹剂和载体，同时添加 AIE 分子和造影剂 Gd 螯合物，实现了在粒子内部荧光分子受限而产生高的发光且 Gd 与水分子接触增加放大磁造影成像性能的“协同增益”，展示了比商品化造影剂更佳的磁共振成像效果。

（3）光驱动的成像及诊疗一体化　随着人们对精准医疗的诉求的增长，光疗诊断学近年来引起了人们的极大兴趣。这主要因为它允许在光照开始时进行实时诊断，同时进行原位治疗，从而为癌症研究开辟了新的途径。目前人们不断探索各种诊断成像和治疗模式，以构建光疗系统。在各种诊断技术中，荧光成像（FLI）具有灵敏度高、响应快、无创等显著优点，可在现场实时直观显示，但由于穿透深度不足，其在体内的应用受到严重限制。相比之下，光声成像（PAI）作为另一种光触发诊断方案，能够提供具有非常高成像深度的图像，并以微观空间分辨率描绘深部肿瘤轮廓，但缺乏灵敏度。FLI 与 PAI 的整合被明确有助于通过协调成像灵敏度、空间分辨率和穿透深度来获得丰富而精确的肿瘤信息。光疗法包括光动力疗法（PDT）和光热疗法（PTT），是一种光可控、无创、有效的治疗方法。PTT 过程中产生的热信号也可以通过光热成像系统（PTI）捕获，从而提供良好的温度敏感性和实时监控的可能性。但是，由于 PDT 肿瘤微环境的缺氧性和 PTT 的热休克效应，PDT 或 PTT 单独使用的效率通常是不令人满意的。PDT 和 PTT 的合作被认为是突破性的策略，可以克服各自的缺点，实现协同效应，提高治疗效果。例如，PTT 可通过提高血流量改善肿瘤组织的供氧，从而促进 PDT 效应，进一步消除 PTT 中的耐热肿瘤细胞。因此，巧妙地构建多功能光疗系统，允许同时进行多模式成像和协同光疗将是至关重要的。经过近二十年的经验积累，AIE 分子独特的分子结构和聚集效应导致其综合性能的同步提升，并形成了一系列可操作分子设计参考。例如，通过强化分子内的电荷传递效应和基团扭曲实现近红外光的效果，并借助聚集完成其光谱的进一步红移；通过引入大的间隔基团增加可振动基元在聚集粒子中的空间限域，从而强化发光与声子间的耦合，实现其在光声成像中的拓展；通过强化分子激发态能级的单线态和三线态来控制活性氧（Ⅱ型光敏剂）、自由基（Ⅰ型光敏剂）等活性物种的数量及比例，从而强化 PDT 效应；通过拓展分子共轭和空间共轭等策略实现吸收光谱的展宽，再凭借自由转子实现光热等。归纳起来，AIE 分子及其聚集效应不仅贡献了发光成像，更多是聚集后所展现出诊疗综合性能的显著提升。例如，AIE 研发团队通过分子中电子供体 - 受体相互作用的设计和分子内运动的精细调制，可以获得具有典型 AIE 特性的纳米颗粒，不但可以显示出明亮的近红外Ⅱ（NIR- Ⅱ）荧光发射，而且展现了有效的活性氧生成以及在近红外辐射下的高光热转换效率。因此，在NIR-Ⅱ的FLI-PAI-PTI多模态成像引导下，加之PDT-PTT协同治疗，精确的肿瘤诊断和完全的肿瘤清除结果得到了证明，这为后续发展优越的多功能光疗法用于癌症治疗提供了一个例证。进一步，通过引入无机的结构，利用长波长的近红外（980nm）激光对材料进行激发，发现只在700nm附近发光，且ROS检测发现自由基的水平显著提高，从而显著强化了光学诊疗剂的组织穿透深度和羟基自由基产出效率，为实现荧光-磁共振双成像引导的强效光动力学治疗提供了又一例证。同时，在强化分子设计上，通过引入苯基乙烯（TPE）骨架的异喹啉鎓有机盐衍生物，可以通过聚集抑制光环化反应而推动Ⅰ型ROS产物比例显著上升，从而展现对微生物的选择性查杀；亦可以通过链接顺铂类药物构筑AIE-化疗的纳米颗粒，借助白蛋白的纳米载体，一方面可以实现近红外荧光成像，且展现PDT和PTT活性，另一方面，则是在还原酶的作用下释放出铂类效率的提高，将化疗剂量变为原来的1/200，在治疗膀胱癌过程中几乎不产生毒副作用，为后续提高多种肿瘤对化疗药物的敏感性，甚至实现对耐药肿瘤的有效治疗提供了一种有前景的策略。

12.3.3 “双碳”政策下AIE材料的转光应用

2020年我国提出要力争在2030年前实现“碳达峰”，2060年前实现“碳中和”，承担起减碳的大国担当和历史使命。作为全球最大的发展中国家，“双碳”计划的承诺意味着我国将完成全球最高的碳排放降幅，用比发达国家更短的时间实现从碳达峰到碳中和。要实现“双碳”目标，需从“减排”和“固碳”两方面发力。海洋碳库是大气的50倍、陆地生态系统的20倍，海洋真光层中进行光合作用的浮游生物、海草等生物在海洋“捕碳”中发挥着重要作用，它们通过光合作用固定二氧化碳，然后以被滤食、沉降等形式进入深海，达到固碳的目的。但随着环境污染，海洋生态遭到破坏，固态能力下降，一方面需要一场广泛而深刻的经济社会系统性变革，通过管理碳排放企业，限排、减排，提倡低碳生活；更为重要的是利用生物学、化学、材料学等各个学科领域的科学知识，尤其是我国具有自主知识产权的新技术，进行减碳、固碳，实现“碳汇”，将二氧化碳等变废为宝。在此背景下，AIE技术同样开始崭露头角。AIE材料可作为纳米光转化聚集体或新型光学材料薄膜，高效地改变光源波长分布，将大量原本无法有效利用的紫外线、红外线转化为植物可以吸收波长的可见光，显著提升农作物的光合作用效率，提高粮食的生长速度和产量，加速二氧化碳的吸收和转换。借助AIE技术，可搭建高效可持续的“粮食工厂”，保障粮食安全，推动国际低碳城的绿色高质量发展。另外，利用AIE技术提高微藻的繁殖速度，通过光合作用将二氧化碳固定，实现零碳排放。以AIE技术高效的光转化效率为核心，通过微藻农场培养小球藻等含油量高的微藻（其光合固碳周期短，光合固碳效率是森林的10倍），生产生物乙醇、生物柴油等生物质能源；充分利用太阳能，开发环保、高效、节能、可持续的光催化技术，实现二氧化碳高选择性、高稳定性加氢合成甲醇等清洁能源，逐步减少对化石能源的消耗和依赖，实现从源头出发的“耗碳灭排”。利用AIE材料作为引发剂或催化剂，实现二氧化碳的固定及利用，合成聚碳酸酯等具有优异透气性、全降解性、生物可相容性、高附加值的环保材料，可应用于减震抗灾、建筑隔热防寒、空气净化膜、衣物纺织、药物释放等生产和生活场景，将二氧化碳变废为宝，为保护资源和促进循环经济做出创新贡献。AIE 的高效转光技术，在源头上将二氧化碳的排放转变成二氧化碳的消耗，从战略上进行转身，助力碳达峰和碳中和。

事实上，在能源竞争多元化的基础上，人类社会的发展对水资源的重视就没有降低过。从海水中低成本、可持续地纯化制备淡水是未来发展的必由之路，特别是沿海城市以及海岛城市对海水淡化的需求日益凸显。近年来，界面光蒸汽转化的概念被提出。界面光蒸汽转化是指太阳光被充分吸收并被转换成热能，而且能量仅持续传递给水与空气界面的水分子，使之不断转化为蒸汽。该方法无须将水溶液整体加热到沸点即可高效产生蒸汽，有效地解决了光学和热学损耗问题，使其转化效率大幅提高（＞90%），对海水淡化、污水处理、杀菌等具有重要意义。由于部分 AIE 分子具有良好的光热性能，能够将吸收的光高效地转移成热量，再进一步与纳米纤维掺杂制备成具有大孔隙与轻质量的全纤维气凝胶，即可获得良好的光热效果和空间隔热能力。该复合凝胶具有良好的疏水性能，能够很好地漂浮在水体表面，避免了整体加热导致热量流失的弊端；而且实地测试了日落后残留的微量水溶解白天水蒸发后析出的微量盐结晶，实现了自清洁的能力。进一步，通过对 AIE 分子的改性，减少了额外抑菌剂的掺入，使蒸发器具有抗生物絮凝作用，防止微生物增殖造成通道堵塞，并获得了可直接饮用的淡水；再借助 3D 策略减少了光反射，并从环境中获得能量而表现出更加优异的蒸发性能。这些都为下一代高效、长效和可持续的水净化工程提供了有价值的参考。

12.3.4 智能传感材料和器件

智能材料，是一种能感知外部刺激，能够判断并适当处理刺激且本身可做出相应反应的新型功能材料，也是未来实现人工智能中最核心“感知”部分的关键材料。智能材料是继天然材料、合成高分子材料、人工设计材料之后的第四代材料，是现代高技术新材料发展的重要方向之一，将支撑未来高技术的发展，使传统意义下的功能材料和结构材料之间的界限逐渐消失，实现结构功能化、功能多样化。科学家预言，智能材料的研制和大规模应用将引起材料科学的重大革命。目前，光学信号感知仍然是检测中性价比最高的输出方式，而荧光作为一种灵敏的刺激响应模式，是现在最为精准的智能材料信号反馈方式之一。由于 AIE 荧光分子特有的发光机制，研究者根据不同的应用场景，设计了多种点亮型的 AIE 探针，相对普遍应用于荧光的猝灭模式，灵敏度有很大的提升。AIE 检测原理基本可以分为：第一，和被检测物之间可以通过非共价键的相互作用，如静电力作用、氢键、范德华力、金属络合等，自组装形成发光强的聚集体；第二，通过主客体作用或分子识别实现限制分子内运动，从而点亮荧光；第三，通过酶反应或化学反应切断 AIE 探针的亲水基团，使得 AIE 发光基团的疏水性增加而自发形成聚集体；第四，结合传统的光诱导电子转移（PET）、分子内电荷转移（ICT）和能量共振转移（FRET）的光物理过程预先猝灭 AIE 聚集体的发光，然后破坏这些光物理过程实现点亮 AIE 分子。点亮型 AIE 可以提供更低的背景要求和更具可靠性的信号，使其应用于智能传感检测时特别具有吸引力（图 12-5）。

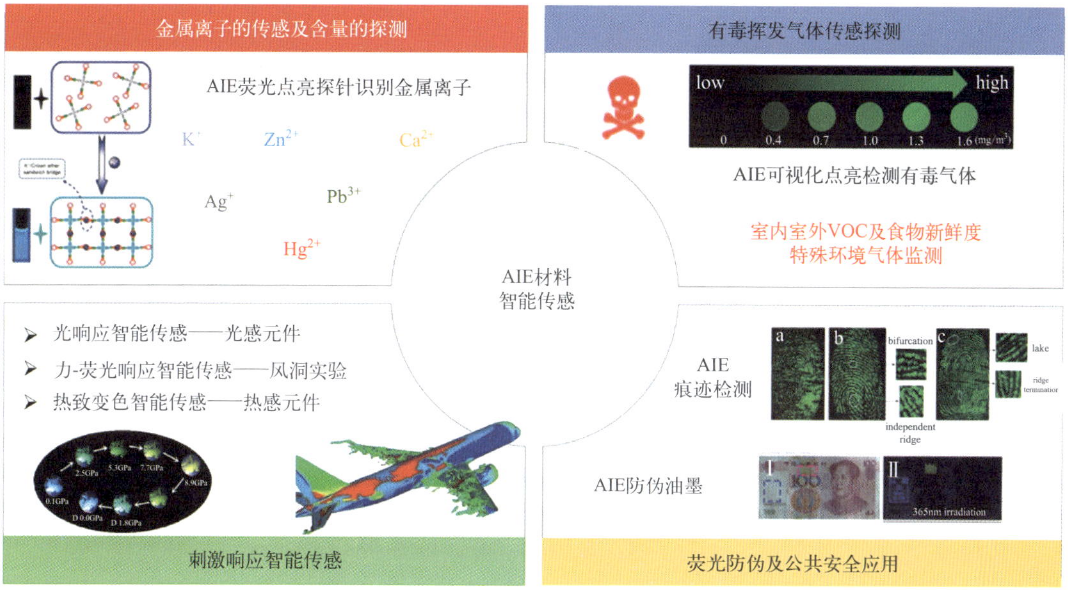

图 12-5 AIE 点亮探针在金属离子的检测应用

以金属离子类为例，现行常规的材料是无法采用可视化的荧光法检测钾离子，而采用 AIE 为材料的钾离子荧光点亮探针，有助于发现人体缺钾症。当人的体内缺钾时，会造成全身无力、疲乏、心跳减弱、头昏眼花，及早检测，病人适时补充钾，可以支持心脏舒展和伸缩自如，调节心跳节律，维持身体健康运作。此外，研究人员还设计了对锌离子、钙离子、铅离子、银离子、汞离子等的点亮型 AIE 探针。在有毒挥发气体检测方面，当前市场采用电化学或光纤型的检测方法，只能在特殊条件下使用，使用场景具有局限性，并且选择性差，混合体系下检测失效，检测时间长，需要富集检测，检测仪器难以便携化。然而，AIE 探针可以利用其溶解环境变化而导致的荧光强度规律性改变，实现对有机溶剂的传感；也可以设计特殊的反应基团对特殊传感底物的反应来选择和特定物质作用，从而达到化学结构和聚集态行为的荧光超放大效应；更可以利用 AIE 分子敏感的环境变化的荧光响应，实现对二氧化碳、水汽等气体的可视化监测。另外，由于大部分 AIE 探针的分子结构是类螺旋桨结构，其分子构型的变化都会影响其电子的分布组态，从而导致其发光颜色和效率的变化，所以，其具有典型的力致发光和机械变色的特性，通过刺激响应获得具有高灵敏度的智能传感器件。例如，在机械或热的作用下获得刺激响应而发生颜色变化的 AIE 材料，用于反复书写和擦除设备；在微压力敏感和高压力敏感方面也具有很高的响应以及可视效果，用于监测细胞移动时的微小压力变化，或者飞机、汽车等风洞实验中受力状况的判断。再者，由于 AIE 荧光探针具有良好的抗猝灭性能，可以与黑色等深色客体复合，制备具有吸收 - 发射双模态的检测方式的智能传感器，也可添加磁性材料等实现多通道检测。例如，在公共安全方面，可以将 AIE 分子和铁磁性粉末结合，用于刑事侦查中痕量指纹的检测，既可以在正常视野下观察到黑色的指纹印记，又可以借助荧光信号看到更加精细的二级、三级指纹结构，系列产品已经应用于一线案件侦破并获得一致好评；该复合粉末还可以实现荧光、磁性的多级加密，有望应用于人民币、有价证券等多重防伪。

12.3.5 高效光电转换材料和器件

目前，中国在能源上有巨大的需求，发展环保的照明和各类显示工具是必然的趋势。以 OLED 为主的显示和照明为例，其可应用于折叠显示、柔性照明等多个普及化的场景，然而中国代表性材料功能单一，且全方位依赖进口，缺乏自主知识产权。由于 AIE 材料在聚集态下发光性能大大增强，保证了其高固态光致发光效率，以及 AIE 特殊的发光机制可提高材料激发光的利用率，因此 AIE 材料在有机光电器件中的应用具有更大优势。如基于聚集诱导延迟荧光（AIDF）机制的 OLED 材料单色发光外量子效率（EQE）已经可以接近 40%，而且通过化学结构的调控实现从蓝光到红光的全光色覆盖；基于高能级反向系间窜越过程的非掺杂深蓝光材料可以实现 EQE ＞ 10%@CIEy ＜ 0.1，且借助激发态调控的交叉轴理论实现近紫外光的发射（λ_{max} ＜ 400nm）且 EQE ＞ 10%@CIEy ＜ 0.1；通过掺杂、敏化等策略构筑 AIE 单色磷光、荧光、白光器件的整体水平和稳定性，均达到了可商用的水平。另外，借助发光层结构高效的发光过程，可以通过 AIE 材料自身手性的设计实现电致圆偏振光发射，从而在未来量子计算、通信、3D 显示以及网络安全等领域具有应用潜质。在 LED 照明领域中，将具有发光功能的无机量子点混入点胶剂中，借助衬底芯片高效的深蓝光发射激发表层胶点形成复合白光，是目前的主流技术工艺。而对于大部分无机量子点来说，其在有机胶水中分散性相对较差，混合及后续加工工艺相对较复杂，且重金属元素会对环境造成严重污染等；同时，借助该技术制备的面光源通过点阵的形式拼接而成，观感的体验性较差。然而，以 AIE 材料为核心的有机染料或无机有机杂化类染料，不但可以通过分子结构调控实现光色调节并保持较好的相容性和加工性，而且能够构筑更加丰富的能级分布且借助 Kasha 规则等制备单分子白光器件。无论在理论上还是应用上，AIE-LED 器件走向产业化都值得期待。另外，由于 AIE 材料特殊的空间堆积对发光及电荷传递的影响，其在有机晶体管、有机太阳电池等领域的应用潜力也逐步被开发出来，并展现了一定的应用前景。

12.3.6 AIE 材料在体外诊断试剂及器械中的应用

随着国民生活水平的显著提高，人们对“精准诊断”的需求不断攀升。一方面，对于人类这种以蛋白表达为核心载体的生物来说，基于蛋白作用的免疫诊疗手段始终具有不可替代的作用，因此基于蛋白监测和检测的技术就具有重要意义。医学检测中的“免疫诊断”已成为最普遍的技术之一，其主流的方法学有免疫荧光层析技术（ICA）、化学发光技术、荧光免疫杂交（FISH）、生物研究中的酶联免疫技术（ELISA）等。另一方面，随着基因测序技术的成熟和计算机通量的增加，由此衍生出来的“分子诊断”技术被大家所熟知，从高大上的全基因组测序，到定点基因扩增的定量扩增技术（PCR），再到基于碱基配对原则的便携式定量快检技术等，都逐步将“核酸”“基因”的概念引入到日常诊疗分析中。在这两种主流体外诊断的方法中，“荧光”都被毫无异议地选为信号输出的主要方式。因此，高灵敏度的荧光探针设计和方法学的优化，及后续工艺和检测设备的集成，就成为实现高灵敏度、低成本体外诊断试剂开发和相关医用检测器械研究的重点。其中，关键核心材料“荧光探针”的性质，则是后续方法学及设备研发的关键。例如，目前体外诊断领域主流的基于化学发光的大型自动化设备都是基于“鲁米诺”和“吖啶酯”两个材料体系，国内几家上市公司几乎都围绕这两个体系开发了上千款产品；而实际上，探针结构及偶联方式优化、光学信号检测及数据模型、设备自动化流程和操作精密度等都要基于材料自身的性质，足以说明“荧光探针”这个核心结构的重要意义。

AIE 作为发光领域的“奇兵”，其自身的发光行为在很大程度上可以满足体外诊断领域的信号输出需要。第一，AIE 材料能够保持在聚集态下高的发光效率，特别是其在相对限域的空间内导致发光探针振转等耗能运动减少而导致相对亮度增强，很适合做信号输出基元。例如，已开发的 AIE 染料包覆到相对刚性的聚苯乙烯微球中，获得尺寸从纳米到微米可调的 AIE 荧光微球，通过偶联抗体后作为免疫层析的信号基元；相对于传统荧光法，AIE 信号稳定性更高，检测限可以有 1 ～ 2 数量级的提高，在抗原型新冠试纸条中的最低检测限可以达到 10pg/mL。第二，AIE 本身在高浓度下仍然具有持续增长的发光效率，这就保证了在检测分析中，荧光信号并不会因为待测物量的增加而引起荧光信号的损失，也就是传统染料面临的 ACQ 现象，从而能够实现对于底物的长程检测。例如，已开发的基于 AIE 荧光微球的免疫层析技术在检测 C 反应蛋白（CPR）、降钙素原（PCT）、血清淀粉样蛋白 A（SAA）和白介素 -6（IL-6）等炎症底物时，可以实现超敏与长程检测的统一。第三，AIE 材料通常具有大的 Stocks 位移（＞ 150nm），从而使得激发光源与检测基元间并不需要借助昂贵的窄带滤光片来实现信号的过滤。目前使用的传统的有机染料大都具有 Stocks 位移（＜ 60nm），为了减少激发光源对于信号收集的影响，荧光探针的光谱通过滤光技术（中心波长 ±10nm）仅有 30% ～ 60% 被有效采用来定量分析底物，而其余的并未被计算在内，导致信号丢失严重且稳定性降低；而 AIE 的大 Stocks 位移，可以有效避免激发光源的干扰，在不采用滤光片的前提下，实现更大程度地收集信号，并提高数据的稳定性和灵敏度。例如，我们利用 AIE 荧光微球实现了对 PCT 的低至 0.1ng/mL 的检测，与目前主流的罗氏设备相当。第四，AIE 材料具有显著的抗猝灭能力。如上所述，大部分磁性无机材料到达纳米尺度后都表现为强烈的吸收能力，且颜色相对较深，当其采用荧光包覆时的荧光都会被猝灭，而 AIE 材料由于特殊的聚集特性却可以抗衡这种猝灭，从而用于制备既具有长程吸收可视化检测特性，又具有高灵敏荧光特性的信号输出基元。例如，AIE 团队在纳米银颗粒表面包覆 AIE 探针对 EV71 进行检测，其准确率可以达到 100%。

除了作为信号输出基元外，具有荧光特性的微球也被应用于载体领域，通过其光色和发光强度的变化对微球进行编码，从而赋予该类载体特殊的身份印记，然后进一步在已编码的微球上标记特殊的抗体，借助后续样本引入后再次复合荧光检测探针和流式荧光检测技术，就可以实现对多种底物的平行检测。例如，如果选择双色荧光原料标记微球（红光 + 深红光），每种原料可以准确地构筑单色 10 重强度的编码，那么微球的编码就可以从编码 0101 开始到编码 1010，从而实现 100 种微球身份的标记，再偶联上不同抗体，就可以实现 100 种底物的定量检测，那么继续增加光色或单色重数，就可以大幅度提高平行检测能力。目前，该项技术仅由国外寡头企业把控，并实行设备和试剂的全面闭环销售，国内企业也在竞相跟进。AIE 材料本身专注于聚集态发光，其在各光色中的材料积累，非常适合用于编码微球的制备；加之 AIE 材料特有的抗猝灭能力，其在磁性荧光编码微球方向的应用更是值得期待。

12.4 推动我国聚集诱导发光材料产业发展的对策和建议

12.4.1 新形势下的 AIE 材料的机遇与挑战

聚集诱导发光材料体系作为毫无争议的中国原创、自主知识产权材料体系和技术，充分满足了我们在发光领域的迫切需求。如上节所述的创新性尝试，展现了 AIE 材料在各个领域的应用潜质，也证明了作为材料核心驱动力的价值。但是，AIE 材料作为底层技术的创新及发展，虽然在战略上被公认为是引领未来产业发展的关键，但是从实验室的“样品”过渡到可以批量化生产的“产品”，进而发展为可以上市销售的“商品”的路还存在不小的障碍。

① 大部分 AIE 材料体系缺乏工程化验证和稳定性研究。事实上，上述结果源于两个方面：第一是人。目前，从事 AIE 创新研究的主要群体是研究生，而大部分的文章等学术成果的衡量则是以“新”为高，大量系统的验证和重复、条件优化等工作很少有学生愿意涉及；况且，在进行系统的工程优化中，对研究者的行业经验，特别是对上下游产业链原料、设备及已有技术原理和工艺基础等方面要求都是不低的，学生也很难在短时间完成相关积累；而产业领域的工作者对创新学习的兴趣也不大，导致 AIE 的工程化中缺乏最基础的人才。第二是平台。作为人才的承接主体，定位合适的平台是完成工程化验证的基础。目前，无论是高校还是研究所，对于产业推进的需求虽然与日俱增，但现在的人才教育培养和关键技术攻关属性限制了平台在产品升级中的优势。能够承载科研“最后一公里”的主体既要具有明确的指标导引和场景需求，又要有允许试错和从头再来的空间。因此，营建一个适合 AIE 创新类材料成果逐步成长的平台，是突破“看上去什么都能做，实际上不知道做什么好”窘境的跨越。

② 大部分企业资本缺乏从“材料”做起的信心。众所周知，青铜器作为划时代的材料体系在人类文明中扮演了重要角色，而与之配套的加工工艺和设备等是将其变为真正推动规模化生产的关键，二者的磨砺前行最终铸就了伟大的时代辉煌。水蒸气推动机械运动是第一次工业革命的技术，而与之配套的轮机设计、工业加工及动力系统成为实现其功能的有效途径，二者的结合最终推动了时代的跨越；电气时代、信息时代亦是如此。同样，AIE 材料的创新也面临同样的问题。由于 AIE 发光行为与目前传统发光存在一定差异，所以从检测方式、计算模型到分析工具上都要实现方法学的革新，从而给目前在应用领域的企业带来不小的压力。这意味着企业在替代过程中不但存在着风险，而且在此之上要额外推动设备等硬件和解析方式等软件的支出，对于传统企业的“替换”思想是经济和魄力的双重挑战，所以更多的企业选择了“退堂鼓”。尽管有些灵活的小型创新企业愿意以技术优势驱动产业升级，但是往往在上下游资源整合时，小微企业的综合实力难以维持长期的投入，且很有可能在成长的过程中

受到更多企业的打压。

③ 资助各方都急于求成。随着经济的飞速发展和国家日益强大，我们发现可以参考的模板越来越少。以往通过资本杠杆可以撬动的时间因素似乎逐步失去了性价比，特别是在一些创新领域，我们已经走到世界的前列，而在自主发展中出现了一定迷茫。如何在已经领跑的领域继续创新，选择的方向是否会与我们的期待一致，都需要一个试错过程和成本的付出。这除了大量的经济成本外，时间是必不可少的因素。

12.4.2 AIE 材料产业发展对策

正因如此，应巩固我国在 AIE 领域的“领跑”地位，推动 AIE 技术的转化研究和产业化的落地，发展 AIE 科学理论，打造 AIE 创新前沿科学和工程技术平台，突破关键核心技术，培养和汇聚具有国际视野、精通材料合成与改性原理、掌握设备原理设计和技术实现、熟知资本运作和市场营销等能力的复合型科技转化人才（职业科管经理人）和队伍，从而将具有自主知识产权的 AIE 材料在生命健康、环境保护、公共安全和能源利用等领域的应用推向新的高度。唐本忠院士积极倡导参考美国“贝尔实验室”的运行模式，由大型企业或政府牵头，采用长期持续资助的方式，建立一系列专门从事 AIE 成果的专业或综合转化研究的平台，筛选出一系列有价值的专利技术成果，在开展有效基础研究和市场诉求调研的前提下，精准地开展工程转化研究，并直接与行业需求对接，实现产学研真正整合。一方面，从高校和行业中优选出青年学者和技术人才，提供充分的资源、经费和空间，使他们有精力、有动力去开展 AIE 理论的学习与行业经验的整合，进而有目的、有场景地开展转化研究，直接采用“产品”或“商品”的标准作为考察目标，而不仅仅是 SCI 类文章或是立竿见影的产值；另一方面，围绕国家的战略布局，有目的的整合上下游企业，并提供一个沟通平台进而形成集群优势，倡导大投入、长积累、高产出的模式，保持和提高我国在先进材料领域的核心竞争力，切实地实现“原始创新、科技强国”的中国梦。该转化平台的建立也将有效地推动解决目前 AIE 产业发展中遇到的困境，从人才、技术和时间三个维度，弥补基础科研与产业对接的鸿沟。

在此方针的指引下，唐本忠院士于 2020 年 5 月在广州黄埔创建了“聚集诱导发光高等研究院”（AIE Institute，以下简称研究院），专门从事 AIE 的产学研推进工作，从 AIE 产业布局方向着手，重点放在 AIE 材料向产品转化的方案的真正落地，从上述提及的平台角度解决关键人才培养和技术成熟方面的问题。研究院围绕聚集诱导发光的产业发展，初步规划了三个阶段：第一个阶段是 AIE 转化研究阶段，该阶段着眼于聚集诱导发光产业发展建设和运营，布局 AIE 材料在各个领域的专利、技术以及市场，同时搭建结合技术和产业的复合人才队伍；第二个阶段是聚集诱导发光初步产业化阶段，该阶段将以项目引导为核心，建立以 AIE 产业化落地为核心要务的公共服务平台，同时成立产业基金，建立产业孵化器和加速器，并提供社会化服务；第三个阶段是聚集诱导发光全面产业化阶段，该阶段将建立 AIE 产业园，成立情报及服务中心、研发中心、创新实验室及产品设备生产基地，协同 AIE 产业孵化、运营及招商等，不断推进 AIE 产业化深入发展。

作为材料创新向产业转化的尝试，研究院是围绕专一主题开展针对性研究的一个排头兵，相对于目前平台式的孵化器模式有更多的问题正在探索，但是这种从底层创新向上层产业链传递的新模式，有望开创一条从“中国原创”迈向“中国智造”的新路。因此，对于 AIE 的产业发展，提出如下建议：

第一，AIE 材料的产业发展应始终坚持以创新为源头，以国家战略需求为导向。AIE 是我国提出的原创性的新材料、新产业，在创新方面需要国家科研机构、高水平研究大学和科技领军企业的关注和投入，也要强化 AIE 科技创新平台的硬件支持和配套服务，完善 AIE 材料产业成果落地承接机制，从而加强基础前沿探索和应用，支持关键技术创新和突破；可推动一批有条件的区域率先建设 AIE 资源集聚区，夯实特色产业和重点领域创新能力；推动所在地研发机构优先布局，建立 AIE 国家技术创新中心等重大创新平台。

第二，AIE 材料实用场景应逐步明晰，前瞻布局未来产业。AIE 材料产业发展需要充分发挥高等院校、科研院所及科技企业的优势，尤其在 AIE 应用场景建设及新技术、新产品落地应用方面。以夯实基础、补短板、蕴特色、促交叉为目标，进一步加强顶层设计，推动 AIE 材料学科跨越式发展，实现发展历练从“广谱科研”到“细分产业”的转变。不断完善 AIE 的具体应用场景，培育 AIE 专业化、市场化的应用机构，跟踪新技术创新场景，推动 AIE 常态化应用挖掘、策划、发布和对接，形成一批具有核心竞争力和商业价值的 AIE 产品。

第三，应坚持高水平创新创业模式，促进 AIE 产业向高端产业发展。从布局层面，应重点关注 AIE 创新创业的纵深发展，培育一批具有标杆效应和高成长潜力的创新型企业；从平台角度，完善建设高质量 AIE 产业孵化载体，专业化众创空间，集聚市场化运营团队，打造专业化技术开发团队，强化产品研发、工业设计、小批量试制、中试熟化、检验检测等功能；从人才汇聚角度，应瞄准世界科技前沿、未来产业发展的高端领袖人才，深入推进 AIE 科技创业、科学家联合创业、连续创业等，并引进法务律师、知识产权人才、产业投资人等高水平专业化服务人才，从而实现人财物的聚集，支持高端企业的厚积薄发。

AIE 材料及技术作为真正的“中国原创”科学理论及体系，在以往的二十多年里取得了相当耀眼的成绩，在未来的产业转化道路上需要更多的关注和支持，特别是政府、企业及社会各界的理解与帮助，让我们一起共同培育这根幼苗成长为参天大树！

参考文献

作者简介

唐本忠，中国科学院院士，香港中文大学（深圳）学勤讲座教授，理工学院院长，博士生导师，发展中国家科学院院士，亚太材料科学院院士，国际生物材料科学与工程学会联合会会士，英国皇家化学会会士，中国化学会会士。主要从事高分子化学和先进功能材料研究工作，特别是在聚集诱导发光（AIE）这一化学和材料前沿领域取得了原创性成果，是 AIE 概念的提出者和研究的引领者。目前已发表学术论文 2500 多篇，2014—2022 年连续 9 年入选全球“高被引科学家”。先后获得国家自然科学奖一等奖（2017，第一完成人）、何梁何利科学与技术进步奖（2017）、科技盛典——2018 年度 CCTV 科技创新人物、*Nano Today* 国际科学奖（2021）等荣誉。

王志明，华南理工大学材料科学与工程学院研究员，博士生导师，聚集诱导发光高等研究院常务副院长。主要从事芳基杂环深蓝光材料设计及新型 AIE 荧光探针开发的研究，提出根据光致 / 电致激子生成路径的本质差异而采用“交叉长短轴”策略来实现高效深蓝 / 蓝紫光材料的制备，并发展了酮基水杨醛联肼类等新型 AIE 荧光探针且拓展了其在微生物诊疗领域的应用。目前已发表学术论文 100 多篇。主持国家自然科学基金项目及博士后基金项目和国家、省、市、校级课题 20 余项，并获得广东省自然科学基金杰出青年基金项目资助（2021）和广东省材料研究学会青年科技奖（2022）。目前负责推动聚集诱导发光高等研究院建设及 AIE 产业化工作。

第 13 章

聚合物太阳能电池光伏材料

李永舫　李骁骏

13.1 聚合物太阳能电池光伏材料的背景需求及战略意义

光伏技术是实现双碳目标的重要发展方向。当前晶体硅太阳能电池已经获得大规模商业化应用，并且我国在晶硅太阳能电池领域处于国际领先水平，晶硅太阳能电池为我国可再生能源的开发和利用发挥了重要作用。聚合物太阳能电池（polymer solar cell, PSC）是由 p 型共轭聚合物给体和 n 型有机半导体受体的共混活性层，夹在透明底电极和金属顶电极之间所组成，具有器件结构简单、重量轻、可以制备成柔性和半透明器件等突出优点，近年来获得快速发展。柔性聚合物太阳能能电池的活性层厚度只有晶硅太阳能电池的千分之一，并且其本身具有柔性。因此，柔性 PSC 具有轻、薄、柔等突出优点，并且具有在弱光下效率不减的特点，在便携式和可穿戴能源、建筑光伏一体化、农光互补、室内光伏智能微电网等方面具有重要应用前景，是晶硅太阳能电池应用的重要补充。因此，发展和实现聚合物太阳能电池的大规模应用具有非常重要的意义。近几年发展起来的窄带隙有机小分子受体（small molecule acceptor, SMA），尤其是 A-DA′D-A′ 型 SMA，使得 PSC 的功率转换效率（power conversion efficiency, PCE）获得快速提升，实验室小面积器件最高 PCE 已经超过了 19%，迈过了可以向实际应用发展的门槛。因此，柔性 PSC 器件及其光伏材料在未来 5 ～ 10 年将成为世界各国竞相发展的重要领域。

13.2 聚合物太阳能电池光伏材料的国内外发展现状及趋势

13.2.1 富勒烯衍生物受体光伏材料

1995 年，美国加州大学圣芭芭拉分校（UCSB）的 Fred Wudl 教授组合成了可溶性 C_{60} 衍生物 PCBM（分子结构见图 13-1），这是一种具有较高电子迁移率的 n 型有机半导体材料。随后，该校的 Alan J. Heeger 教授研究组俞刚博士等使用他们的 p 型共轭聚合物 MEH-PPV 为给体、PCBM 为受体，把它们共同溶解到有机溶剂中制成混合溶液，再将这种混合溶液旋涂到导电玻璃电极上制备了具有本体异质结（Bulk-heterojunction, BHJ）结构的给体（受体共混活性层、上面再蒸镀金属电极），制备了聚合物太阳能电池（PSC）。俞刚和 Heeger 等提出的本体异质结活性层结构，增大了给体 / 受体材料的接触面积，提高了激子电荷分离与电荷传输效率，从而提高了光电流和能量转换效率。但是由于聚合物给体 MEH-PPV 和受体 PCBM 的吸收波长范围较窄，能级也不够匹配，俞刚和 Heeger 等 1995 年报道的 PSC 的 PCE 很低，还不到 1%。后来 Brebac 等使用吸收光谱拓宽至 650nm 的己基取代的聚噻吩衍生物 P3HT 为给体，将 PSC 的效率于 2003 年提升至超过 3%。2005 年，UCLA 杨阳课题组使用热退火处理的基于 P3HT：PCBM 的共混活性层，将效率提高到 4.3%。其后，通过发展窄带隙 D-A 共聚物给体光伏材料（包括带共轭侧链的聚合物给体材料），以及使用基于 C_{70} 的 $PC_{71}BM$（具有更强的吸收和稍宽的光谱吸收范围，分子结构见图 13-1）为受体光伏材料，2012 年之后逐渐将 PSC 的 PCE 提升至超过了 10%。

2010 年，李永舫课题组通过茚双加成合成了具有较高 LUMO 能级的茚双加成 C_{60} 衍生物受体 ICBA（分子结构见图 13-1）。提高受体的 LUMO 能级有利于提高器件的开路电压。使用 ICBA 受体将基于 P3HT 的有机太阳能电池的效率提升至 6.5%。他们又进一步合成了茚双加成 C_{70} 衍生物 $IC_{70}BA$（分子结构见图 13-1），使用 $IC_{70}BA$ 为受体于 2012 年将基于 P3HT 的有机太阳能电池的效率进一步提升至 7.4%，为当时基于 P3HT 的有机光伏的最高效率。

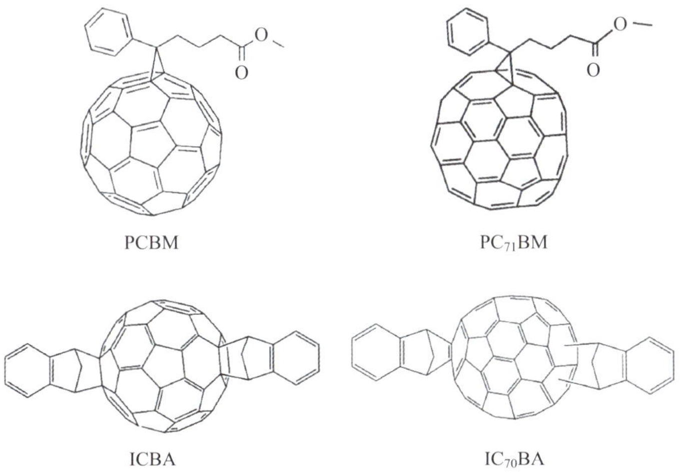

图 13-1　有代表性的富勒烯衍生物受体光伏材料的分子结构

但是，由于富勒烯衍生物存在吸收光谱较差（只吸收短波长的蓝光区的光）、难以调制 LUMO 能级（受体的 LUMO 能级偏低导致器件开路电压低）等缺点，基于富勒烯受体的聚合物太阳能电池的最高效率被限制在 10% ～ 12%。2015 年中国学者报道了窄带隙有机小分子受体光伏材料，克服了富勒烯受体材料的缺点，推动了聚合物太阳能电池效率的进一步提升。尤其是 2019 年报道了 A-DA′D-A 型受体光伏材料 Y6 之后，聚合物太阳能电池的效率迅速提升到了超过19%的水平。值得一提的是，2015年之后中国学者引领了聚合物太阳能电池光伏材料的研究发展，高效受体和给体光伏材料都是由中国学者报道。下面将重点介绍最近几年窄带隙小分子受体、小分子受体高分子化的聚合物受体以及与窄带隙受体匹配的聚合物给体的研究进展。

13.2.2 窄带隙有机小分子受体光伏材料

2015年，占肖卫在中国科学院化学研究所的课题组合成了基于给电子稠环IDTT核与强吸电子的茚酮类IC末端的A-D-A型窄带隙小分子受体ITIC（分子结构见图13-2），与李永舫课题组合作表征了其有机光伏性能。李永舫课题组2016年使用宽带隙J系列D-A共聚物给体与ITIC共混制备的有机光伏器件效率突破了10%, 其中使用J71聚合物给体的器件效率达到了11.41%，使ITIC这类非富勒烯受体受到了有机光伏研究者的广泛关注，也使聚合物太阳能电池的研究进入了非富勒烯受体的阶段。侯剑辉课题组对ITIC的端基进行氟取代，合成了IT-4F（分子结构见图13-2），在2017年使基于PBDB-T-SF（或称为PM6）给体和IT-4F受体的有机太阳能电池效率达到13.1%。为了简化受体分子的合成，降低材料的成本，李永舫课题组通过合成路径与方法的优化，为烷氧基侧链取代的A-D-A类小分子受体的合成提供了一种新方法。基于这一方法，可以高效低成本地合成IDIC类受体分子MO-IDIC-2F（分子结构见图13-2）。将MO-IDIC-2F与聚合物给体PTQ10共混后，制备的有机太阳能电池效率达到13.46%。

在随后的几年中，李永舫课题组对窄带隙有机小分子受体材料的结构与性能的关系进行了深入的研究。其中在侧链修饰方面，课题组将ITIC结构的侧链（对位烷基取代苯）替换为间位烷基取代苯合成了受体分子*m*-ITIC（分子结构见图13-2），相比于ITIC，间位取代的烷基苯侧链提升了*m*-ITIC分子的结晶性与吸收系数，同时由于分子堆积更为紧密，*m*-ITIC的电子迁移率也有所提高，该分子通过与聚合物J61共混，制备的光伏器件PCE达到了11.77%。在此基础上，通过氟取代末端对分子光电性能进行调节，合成了受体分子*m*-ITIC-2F（分子结构见图13-2），由于氟取代增强了分子内的电荷转移，因而使分子吸收发生红移，且末端间增强的分子间相互作用，可以进一步使分子形成更为有序的堆积并提升分子在薄膜状态下的电子迁移率。最终基于*m*-ITIC-2F的光伏器件效率超过了12.5%。课题组随后通过设计合成同分异构受体分子TPTC和TPTIC（分子结构见图13-2），研究了侧链位置异构化对A-D-A型小分子受体光电性质以及光伏性能的影响。通过研究发现，TPTC由于相对较远的烷基链结构、较小的空间位阻，导致分子更易于自聚集，从而在器件制备中产生相对较大的相分离。这一研究结果揭示了烷基链空间位阻对分子堆积的重要影响。进一步，课题组通过设计并合成了一组区别仅在于侧链长度的受体分子MO-IDIC-2F、HO-IDIC-2F和DO-IDIC-2F（分子结构见图13-2），基于此，研究了分子侧链长度对分子堆积的影响。在晶体结构中，烷基链不仅起到了填充晶格空隙的作用，而且促使相同骨架的分子形成完全相异的堆积结构，从而进一步影响分子的电子传输特性以及与给体的共混性。该研究表明烷基链的长短不仅对分子溶解性有影响，最重要的是可以作为一种调节分子堆积模式的方法。

在π桥的修饰和拓宽分子吸收方面，李永舫课题组提出将双键作为π桥引入A-D-A受体分子的策略，该策略在材料合成过程中简便易行且对分子吸收的调控效果显著。基于这一策略合成的受体分子SJ-IC（分子结构见图13-2），与未加入π桥的分子IDT-IC相比，SJ-IC的吸收光谱发生了明显红移，分子的电子迁移率得到了提高，从而证明双键π桥的修饰是一个简单有效的拓宽分子吸收、改善分子结晶性和分子堆积的方法。随后这一策略被应用于合成可用于半透明和叠层太阳能电池的窄带隙受体。例如在ITIC基础上，通过将双键π桥和末端氟取代策略相结合，成功制备了一系列窄带隙（$E_g < 1.4$eV）近红外受体材料，其中分子ITVffIC（分子结构见图13-2）的最大吸收边带超过900nm。将ITVffIC与J71共混制备的器件得到了当时单层二元有机太阳能器件的最大短路电流密度（22.83mA/cm^2）。此后，将该策略与Y6结构相结合，合成了超窄带隙受体BTPV-4F（分子结构见图13-3），其光学带隙为1.21eV，具有覆盖了600～1050nm的吸收。由于该分子在近红外区宽的吸收特性，以BTPV-4F为受体的太阳能电池器件的J_{sc}达到了28.9mA/cm^2。通过采用BTPV-4F作为后结电池的受体材料，所得到的叠层器件的PCE达到了16.4%以上，并且表现出良好的光稳定性。

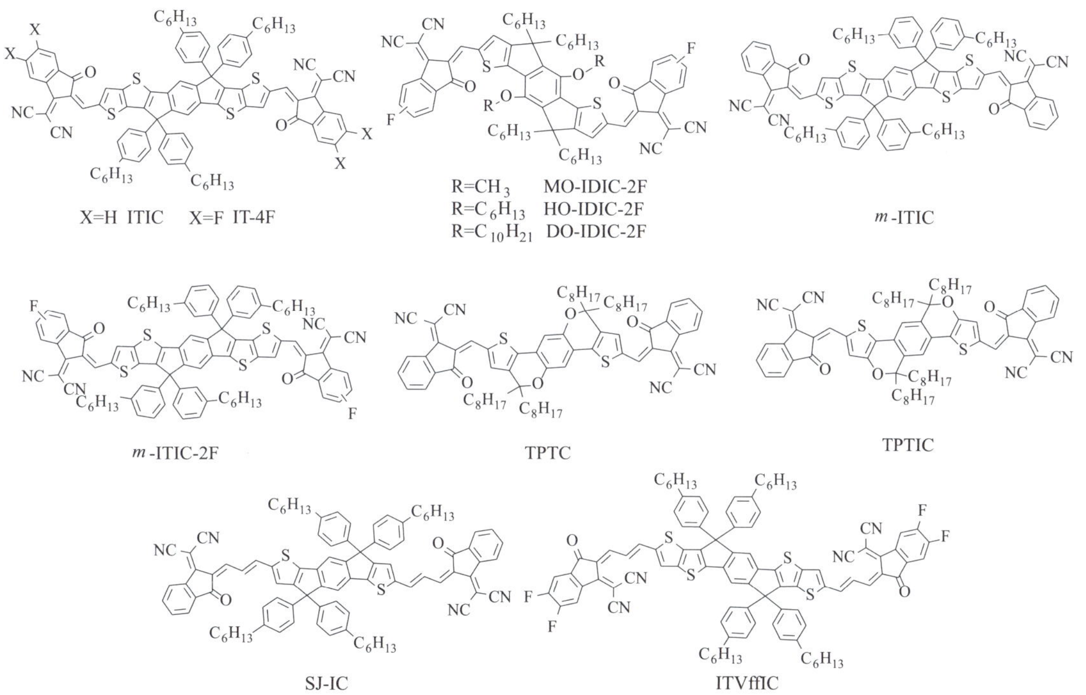

图13-2 有代表性的A-D-A窄带隙小分子受体光伏材料的分子结构

2017年，中南大学邹应萍课题组首次将两边并有两个吡咯环的缺电子单元苯并三氮唑引入稠环受体中心核，合成了A-DA′D-A型窄带隙小分子受体BZIC（分子结构见图13-3）。随后，在BZIC的基础上，邹应萍研究组将中心的苯并三氮唑换成苯并噻二唑、稠环中的噻吩单元换成并噻吩单元、末端引入氟取代，2019年合成了新的A-DA′D-A型窄带隙小分子受体Y6（分子结构见图13-3）。使用PM6为给体、Y6为受体的聚合物太阳能电池效率大幅增加至15.6%。随后，颜河研究组利用内侧链支化位点外移使受体N3（分子结构见图13-3）具有比Y6更好的

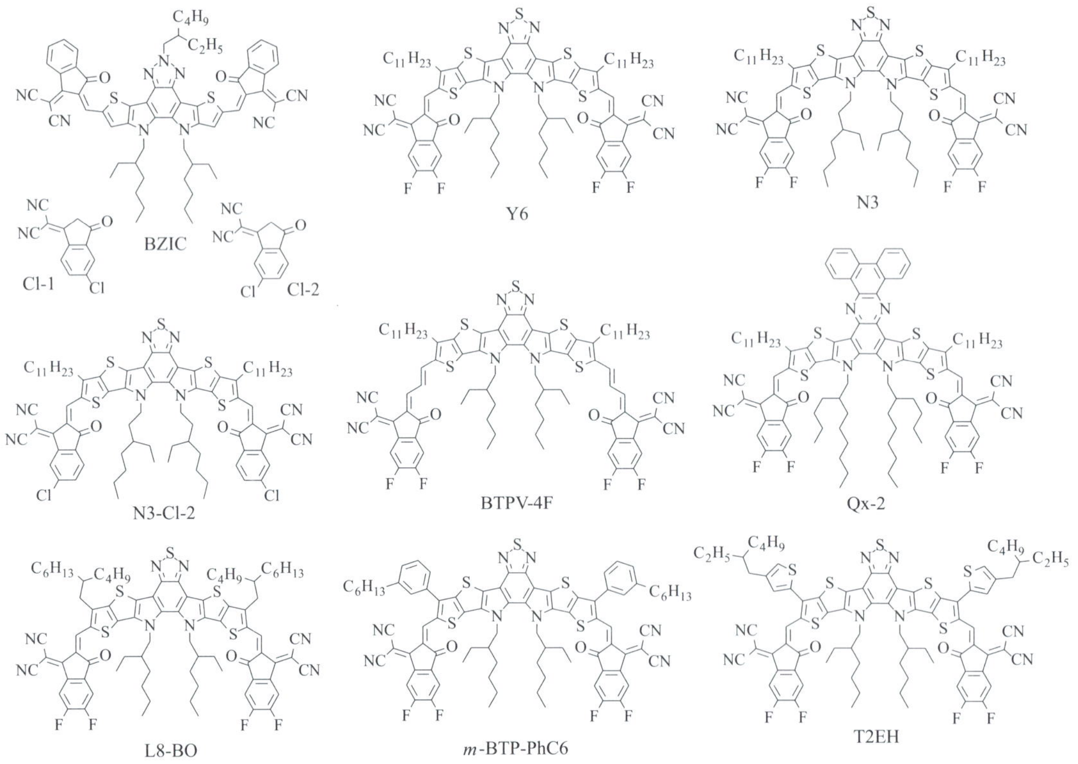

图 13-3　有代表性的 A-DA′D-A 窄带隙小分子受体光伏材料的分子结构

溶解性，与 PM6 共混后形成更为合适的相分离尺度，促使基于 N3 的有机太阳能电池效率超过 16%。李永舫课题组基于 A-D-A 和 A-DA′D-A 两类受体分子，对单氯取代 IC 末端中的异构体问题进行了研究，探讨了两种氯取代位置异构的末端 Cl-1 和 Cl-2（分子结构见图 13-3）对分子堆积和相应光伏器件的影响。通过多角度对比研究，发现 Cl-1 取代的分子由于分子间强的氢键作用，使分子表现出强的结晶性和弱的分子长程有序性，而 Cl-2 取代的分子更易于形成分子间多方向的 π 相互作用，这使分子在单组分薄膜和共混膜中均表现出更为有序的 π-π 堆积，而这一特性更有利于电子在薄膜中的传导，从而也促使 Cl-2 取代的分子具有相较 Cl-1 取代分子更好的光电转换性能，其中基于 N3-Cl-2（分子结构见图 13-3）的受体分子器件效率达到 16.42%。这一研究从分子相互作用以及固态堆积的角度阐明了不同位置 Cl 取代对分子光电性能的影响，为更深入理解分子结构与器件性能之间关系提供了指导。除末端外，通过中心稠环核结构的修饰可以调节分子的吸收、能级以及分子重组能。例如魏志祥课题组将 Y6 稠环核结构中的苯并噻二唑替换为喹喔啉类衍生物后，与 Y6 相比 Qx-2（分子结构见图 13-3）的 LUMO 能级得到提升，能量损失进一步降低，促使基于 Qx-2 的太阳能电池效率达到 18%。此外，将 Y6 分子外侧链替换为具有一定空间位阻的叉链烷基链（L8-BO）、苯基（*m*-BTP-PhC6）或噻吩基（T2EH）（分子结构见图 13-3）侧链后，材料的双分子堆积和分子在薄膜中的有序性得到了改善，使得基于 A-DA′D-A 型小分子受体的效率接近 19%。同时将 A-DA′D-A 型小分子受体与新型宽带隙聚合物给体（比如 PTQ10、D18 等）以及器件优化相结合，基于 Y6 及其衍生物受体的聚合物太阳能电池的能量转换效率获得快速提升，效率已经超过了 19%。

13.2.3 小分子受体高分子化的聚合物受体光伏材料

基于聚合物给体和聚合物受体共混活性层的全聚合物太阳能电池，具有成膜性好、机械柔韧性高和形貌稳定性好的突出优点，是将来实际应用的柔性聚合物太阳能电池的重要候选。另外，在报道本体异质结聚合物太阳能电池的 1995 年，Heeger 研究组也同时报道了全聚合物太阳能电池，其后聚合物受体光伏材料和全聚合物太阳能电池也受到了研究者的重视。但是，由于缺少高效聚合物受体光伏材料，2017 年之前全聚合物太阳能电池的效率一直远低于基于富勒烯衍生物受体以及基于窄带隙小分子受体的聚合物太阳能电池的效率。聚合物受体存在的问题是长波长的吸收系数低、聚集性能差，使得全聚合物太阳能电池的短路电流和填充因子都比较低，导致低的能量转换效率。

2016 年，李永舫课题组使用当时最有代表性的 n 型共轭聚合物 N2200（分子结构见图 13-4）为受体、他们组开发的与 N2200 能级匹配和在可见 - 近红外区吸收互补的聚合物 J51 为给体，使全聚合物太阳能电池的能量转换效率提升至 8.27%。华南理工大学应磊和黄飞等 2017—2019 年间开发了一系列宽带隙聚合物给体光伏材料，与 N2200 共混制备的全聚合物太阳能电池的能量转换效率提高到了 9% ～ 11% 的水平。

但是 N2200 在长波长区域较弱的吸收系数限制了全聚合物太阳能电池短路电流的进一步提升。而从 2015 年起开发的窄带隙小分子受体光伏材料在长波长的近红外区具有强和宽吸收的优点，据此李永舫课题组 2017 年提出了将窄带隙小分子受体高分子化（polymerized small molecule acceptor, PSMA）的分子设计策略，使用窄带隙小分子受体 IDIC 衍生物 IDIC16 作为主要结构单元与噻吩连接单元共聚，合成了新型聚合物受体光伏材料 PZ1（分子结构见图 13-4），基于 PZ1 为聚合物受体、PBDB-T 为聚合物给体的全聚合物太阳能电池的 PCE 提升至 9.19%。进而使用 PM6 为聚合物给体，基于 PZ1 的全聚合物太阳能电池的 V_{oc} 提高到 0.96V，J_{sc} 达到 17.1mA/cm^2，PCE 达到了 11.2%。这种 PSMA 策略制备的聚合物受体保持了 SMA 的窄禁带、强吸收和合适的电子能级优点，同时增加了聚合物的良好的成膜性能和形貌稳定性的优点。因而 PSMA 型聚合物受体已受到同行广泛关注，以此为基础，各课题组报道了一系列的 PSMA 聚合物受体分子。其中，崔超华等将 IDIC16 末端的苯替换为噻吩基团，并以苯并二噻吩（BDT）衍生物为桥连单元，合成了 PBI-α、PBI-β（分子结构见图 13-4）两种聚合物受体。相较于 PZ1，受体分子结构中末端的噻吩基团为分子间提供了更多 S—S 相互作用，从而改善了分子堆积，提高了材料的电子迁移率。在以 PM6 为给体的器件中，这两种聚合物受体均获得了超过 11% 的光电转化效率。在 PBI-β 的基础上，通过将桥连单元 BDT 衍生物替换为更大共轭结构的 IDT 衍生物后，得到了聚合物受体 PIDT（分子结构见图 13-4），在与聚合物给体 PTQ10 匹配后，器件表现出非常不错的 V_{oc}（1.10V）和良好的 PCE（10.19%）。考虑到 PIDT 具有高的 V_{oc} 以及合适的吸收边带，可以很好地应用到叠层电池的构建中。因此，李永舫课题组进一步利用 PIDT 作为叠层器件前结电池的受体材料，通过与合适后结电池进行匹配制备了全聚合物叠层太阳能电池，获得了 17.87% 的光电转化效率，同时全聚合物叠层太阳能电池表现出在光稳定性方面的巨大优势。

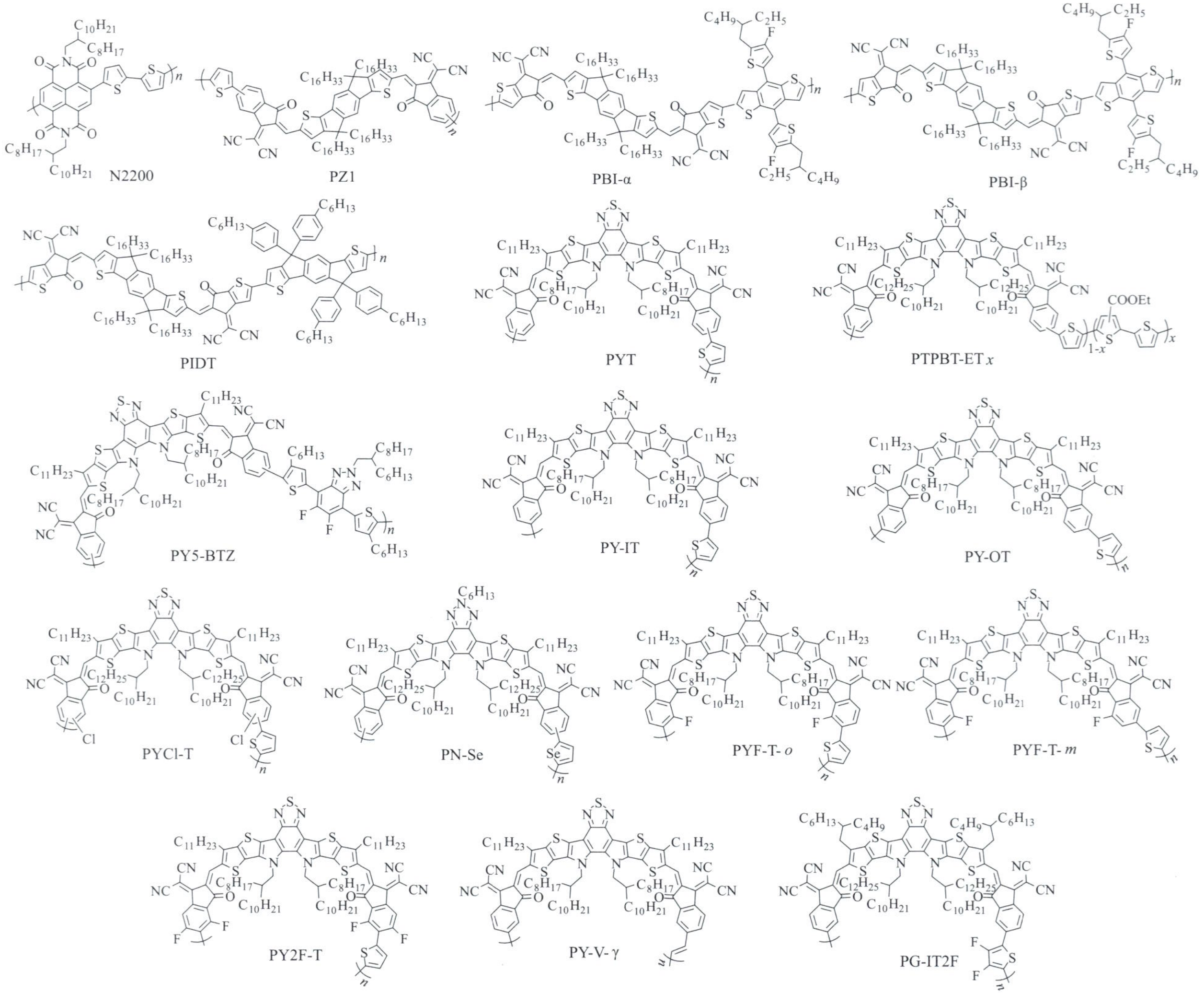

图 13-4　有代表性的聚合物受体光伏材料的分子结构

2019 年后，随着明星 SMA 受体分子 Y6 的报道，多个课题组（包括李永舫课题组、华南理工大学黄飞课题组、武汉大学闵杰课题组、香港科技大学颜河课题组、瑞典 Ergang Wang 课题组等）都基于 PSMA 策略合成了以 Y6 衍生物为分子骨架的高效聚合物受体光伏材料，很快把全聚合物太阳能电池的 PCE 提升至 12% ～ 15% 的水平。例如在 PYT（分子结构见图 13-4）的基础上，李永舫课题组通过无规三元共聚策略合成了一系列聚合物受体 PTPBT-ET*x*（分子结构见图 13-4），其中 *x* 为乙酯取代噻吩单元的物质的量分数。随着乙酯取代噻吩含量的增加，分子 LUMO 能级逐渐上升，V_{oc} 随之增大。但乙酯取代噻吩含量过高时，会影响给受体相分离，导致迁移率降低，进而影响器件效率。当 *x*=30% 时，PTPBT-$ET_{0.3}$ 与 PBDB-T 共混后可获得 12.52% 的光电转化效率。由于桥连单元的重要性，课题组探索了将给电子噻吩桥连单元替换为受电子单元，来调节聚合物受体的光电等物化性质。其中以噻吩取代苯并三唑为桥连结构的受体 PY5-BTZ（分子结构见图 13-4）与 PBDB-T 给体共混后，获得了 14.82% 的光电转化效率。由于 PSMA 策略中起到连接作用的受体末端的单溴取代物 IC-Br 具有两种同分异构体，在与桥连单元共聚后会由于分子骨架结构的不同而影响器件性能。为此，颜河课题组将 IC-Br 通过氯仿和乙醇重结晶，分离得到 IC-Br(in) 和 IC-Br(out)，基于此合成了三种具有不同聚合位点的聚合物受体材料 PY-IT、PY-IOT（或 PYT）、PY-OT（分子结构见图 13-4）。研究发现从 PY-OT 到 PYT，再到 PY-IT，分子的吸收光谱逐渐红移、LUMO 能级有所下降、电子迁移率显著提升。以 PM6 为给体，基于 PY-IT 的器件展现出这三个受体中最高的光电转化效率（15.05%）。在此基础上，李永舫课题组通过将氯原子引入 PYT 结构来调节聚合物分子的结晶性和聚集行为，合成了聚合物受体 PYCl-T（分子结构见图 13-4）并将其作为第三组分加入 PM6:PY-IT 体系中。与 PY-IT 相似的分子骨架和差异化的结晶特性使得 PYCl-T 进一步优化了二元体系的共混形貌，促进了活性层中电荷的分离和传输，最终三元体系器件获得了 16.62% 的光电转化效率，且在 150℃下加热 600min 后，仍保持着初始值的 97.2%。

随着 Y6 类衍生物快速发展，聚合物受体结构也得到进一步优化。李永舫课题组将 PYT 稠环中心核由苯并噻二唑单元改换为苯并三氮唑，以硒吩作为桥连单元并通过侧链的优化，合成了聚合物受体材料 PN-Se（分子结构见图 13-4），得益于吸收范围的红移以及与给体 PBDB-T 共混后形成的典型的纳米尺度互穿网络相分离结构，最终器件的光电转化效率达到 16.16%。骨架结构中氟原子的引入可以调节聚合物能级，同时为分子间提供更多的非共价相互作用促进分子的堆积。闵杰课题组在 PY-IT 的基础上，通过精确控制溴代位点并引入氟原子，合成了两种具有不同聚合位点的聚合物受体材料 PYF-T-*o* 和 PYF-T-*m*（分子结构见图 13-4）。相较于 PYT-T-*m*，PYT-T-*o* 具有更高的吸光系数以及更好的分子堆积。在以 PM6 为给体的器件中，二者展现出截然不同的光电转化效率，前者高达 15.2%，后者仅为 1.4%。随后，他们又将末端改换为 IC-2F-Br，合成了聚合物受体材料 PY2F-T（分子结构见图 13-4），其载流子迁移率及相分离尺度均得到优化，在以 PM6 为给体的器件中，获得了 15.22% 的光电转化效率。随后他们利用三元策略调节活性层形貌，使基于 PM6:PY2F-T:PY-IT 的活性层体系效率超过 17%。基于 PY-IT，颜河课题组以乙烯为连接单元，合成了聚合物受体 PY-V-γ（分子结构见图 13-4），与 PY-IT 相比，PY-V-γ 具有更为有效的共轭以及更为紧密的堆积，所以在以 PM6 为给体的器件中，获得了相较于 PY-IT（16.1%）更高的光电转化效率（17.1%）。在 PY-IT 基础上，李永舫课题组则利用侧链 - 连接单元协同优化的策略，合成了聚合物受体分子 PG-IT2F（分子结构见图 13-4），与 PY-IT 相比，PG-IT2F 不仅电子迁移率得到显著提升，同时与给体 PM6 共混的形貌也得到改善，使基于 PG-IT2F 的二元器件效率超过 17.2%。侯剑辉研究组通过合成与聚合物受体 PY-IT 形貌更加匹配的聚合物给体 PQM-Cl，进一步提升了 PSMA 的光伏性能，使全聚合物太阳能电池的能量转换效率提升至 18% 的水平，接近了基于窄带隙小分子受体的聚合物太阳能电池的最高效率。得益于逐渐提升的效率以及全聚合物太阳能电池特有的柔性等优点，PSMA 聚合物受体光伏材料将在未来的柔性聚合物太阳能电池的应用中发挥重要作用。

13.2.4 与窄带隙受体匹配的聚合物给体光伏材料

对于早期使用富勒烯衍生物为受体的聚合物太阳能电池，需要设计宽吸收和窄带隙共轭聚合物给体光伏材料来提高器件的效率。为此，研究者提出了通过使用给电子结构（D）单元和受电子结构（A）单元共聚来拓宽吸收和调制电子能级，合成高效的 D-A 共聚物给体材料的学术思想。苯并 [1,2-b:4,5-b′] 二噻吩（BDT）是一个具有高度平面性的 D 单元，基于 BDT 的 D-A 共聚物一般具有较高的空穴迁移率和较低的 HOMO 能级，因此 BDT 成为构筑高效聚合物给体材料的最重要的 D 单元。2009 年，美国芝加哥大学的 Luping Yu 等合成了一系列基于 BDT 给电子结构单元和带有吸电子的酯基和氟取代的并二噻吩（TT）的具有共振结构的窄带隙共聚物 PBDTTT，其中基于 PTB7（一种 PBDTTT 聚合物，分子结构见图 13-5）为给体、$PC_{71}BM$ 为受体的器件效率超过了 7%。其后，PTB7 以及带有噻吩共轭侧链的 PTB7-Th（分子结构见图 13-5）成为了基于 $PC_{71}BM$ 受体的最具代表性的高效聚合物给体光伏材料，最高器件效率超过了 10%。

2005—2006 年，针对当时最有代表性的聚合物给体 P3HT（3 位己基取代聚噻吩，分子结构见图 13-5），李永舫课题组提出了引入共轭侧链的学术思想，合成了一系列带噻吩等共轭侧链的二维共轭聚噻吩衍生物给体光伏材料，其中基于带噻吩乙烯共轭侧链的聚噻吩衍生物给体与 PCBM 受体的 PSC 的 PCE 达到 3.18%，比同样条件下基于 P3HT 给体的器件效率显著提高。后来，这一共轭侧链的学术思想又引入到基于 BDT 的聚合物给体上，合成了带噻吩共轭侧链的 PBDTTT 衍生物给体光伏材料 PBDTTT-E-T 和 PBDTTT-C-T（分子结构见图 13-5），基于 PBDTTT-C-T:$PC_{71}BM$ 体系的聚合物太阳能电池的效率达到 7.59%。前文提到的 PTB7-Th 也是带噻吩共轭侧链的高效聚合物给体。2011 年以来，噻吩取代 BDT 单元（BDTT）被国内外同行在设计和合成有机光伏材料中广泛使用，已经成为构成有机光伏材料的明星给电子结构单元。

2015 年之后，随着窄带隙有机小分子受体光伏材料以及基于小分子受体高分子化的聚合物受体的发展，宽带隙聚合物成为了给体光伏材料的主流。中国学者在与小分子受体匹配的宽带隙聚合物给体的设计和合成方面处于国际领先地位。在明星 D 单元 BDTT 基础上，李永舫课题组从 2012 年起利用氟取代苯并三氮唑受体单元（A）设计合成了一系列 D-A 共聚物给体（J 系列），通过共轭侧链杂原子取代与氟原子修饰的策略，实现了对该类聚合物给体 HOMO 能级的调控，材料 HOMO 能级从 J51 的 −5.26eV 逐渐下降到 J71 的 −5.40eV（分子结构见图 13-5）。在这个过程中，基于相应材料器件的 V_{oc} 得到显著提升，最后这类聚合物给体与窄带隙受体 ITIC 或 IDIC 共混获得了 10% ～ 12% 的 PCE。侯剑辉课题组 2014—2015 年开发了基于 BDTT 给体单元和 BDD 受体单元的 D-A 共聚物 PBDB-T 和 PBDB-T-2F（PM6）（分子结构见图 13-5），这两种聚合物已经成为与窄带隙小分子受体及其对应的 PSMA 聚合物受体共混的最有代表性的给体光伏材料，尤其是 PM6 与 Y6 衍生物及其对应的 PSMA 聚合物受体匹配已经成为最具代表性的高效聚合物太阳能电池光伏体系，器件能量转换效率达到了 17% ～ 18% 的水平。

除了氟取代苯并三氮唑和 BDD 受体单元外，喹喔啉（Qx）也是一类广泛应用于 D-A 共聚物给体的受体构筑单元。由于 N 原子的存在可以稳定 Qx 单元的醌式共振结构，因此基于 Qx 单元的 D-A 共聚物在主链上具有更短的键长和明显的醌式特征，从而使聚合物获得更窄的带隙和更强的共平面性。2017 年，侯剑辉课题组报道了以 BDTT 为给电子 D 单元、Qx 为 A 单元的三种 D-A 共聚物给体 PBQ-0F、PBQ-QF 和 PBQ-4F（分子结构见图 13-5）。其中 F 原子的引入有效调控了聚合物的能级和与受体共混后的活性层形貌，同另外两种材料相比，PBQ-4F:ITIC 共混薄膜表现出更有序的分子堆积和更高的迁移率。基于 PBQ-4F 的 PSC 的 PCE 达到 11.34%。通过对 PBQ-4F 中 Qx 单元的侧链进行优化，李永舫课题组设计并合成了给体 PBQ10（分子结构见图 13-5）。相比于 PBQ-4F，由于 PBQ10 中单烷氧基侧链的空间位阻较小，因此 PBQ10 表现出更紧密的 π-π 堆积、更强的分子结晶性和更高的空穴迁移率［PBQ10 为 $5.22\times10^{-4}cm^2/(V\cdot s)$，PBQ-4F 为 $1.71\times10^{-4}cm^2/(V\cdot s)$］，以 Y6 为受体时，PBQ10 相应的器件效率为 16.34%。随后，李永舫课题组进一步在 Qx 取代烷基链上进行修饰，报道了两种具有不同侧链的聚合物给体 PBQ5 和 PBQ6（分子结构见图 13-5），与具有烷基侧链的 PBQ5 相比，PBQ6 的烷基取代氟噻吩侧链有效拓展了材料的共轭体系，促使分子间形成更强 π-π 相互作用。基于 PBQ6:Y6 的共混薄膜比 PBQ5:Y6 共混膜表现出更少的载流子复合、更长的载流子寿命。最终，PBQ6:Y6 有机光伏器件的 PCE 达到 17.62%，显著高于 PBQ5:Y6 的 PCE（15.55%）。他们又将 PBQ6 的 Qx 上噻吩侧链上的氟原子取代换成氯原子取代合成了 PBQ9，引入氯取代简化了合成步骤、降低了合成成本，同时基于 PBQ9:*m*-TEH 的聚合物太阳能电池的 PCE 进一步提升至 18.81%。

目前，聚合物太阳能电池的效率已经达到了可以向应用发展的阶段。对于有机光伏的实际应用，除了需要高效率外，还需要有低的成本和高的稳定性。然而，目前高效给体光伏材料大多结构复杂、合成步骤多、产率低，导致了高的合成成本。简化分子结构是降低成本的有效途径。2018 年李永舫课题组设计并合成了具有简单分子结构的低成本聚合物给体 PTQ10（分子结构见图 13-5）。PTQ10 是一种以简单的噻吩单元为 D 单元、以氟取代喹喔啉为 A 单元的 D-A 共聚物，仅需两步合成，产率接近 90%，是一种低成本的聚合物给体光伏材料。当使用明星分子 Y6 为受体时，基于 PTQ10 的器件的效率达到了 16.53%。随后课题组进一步在 PTQ10 的 Qx 单元上引入了甲基，报道了聚合物给体 PTQ11（分子结构见图 13-5）。由于甲基具有弱给电子性质，PTQ11 的 HOMO 能级略高于 PTQ10，吸收光谱略微蓝移。此

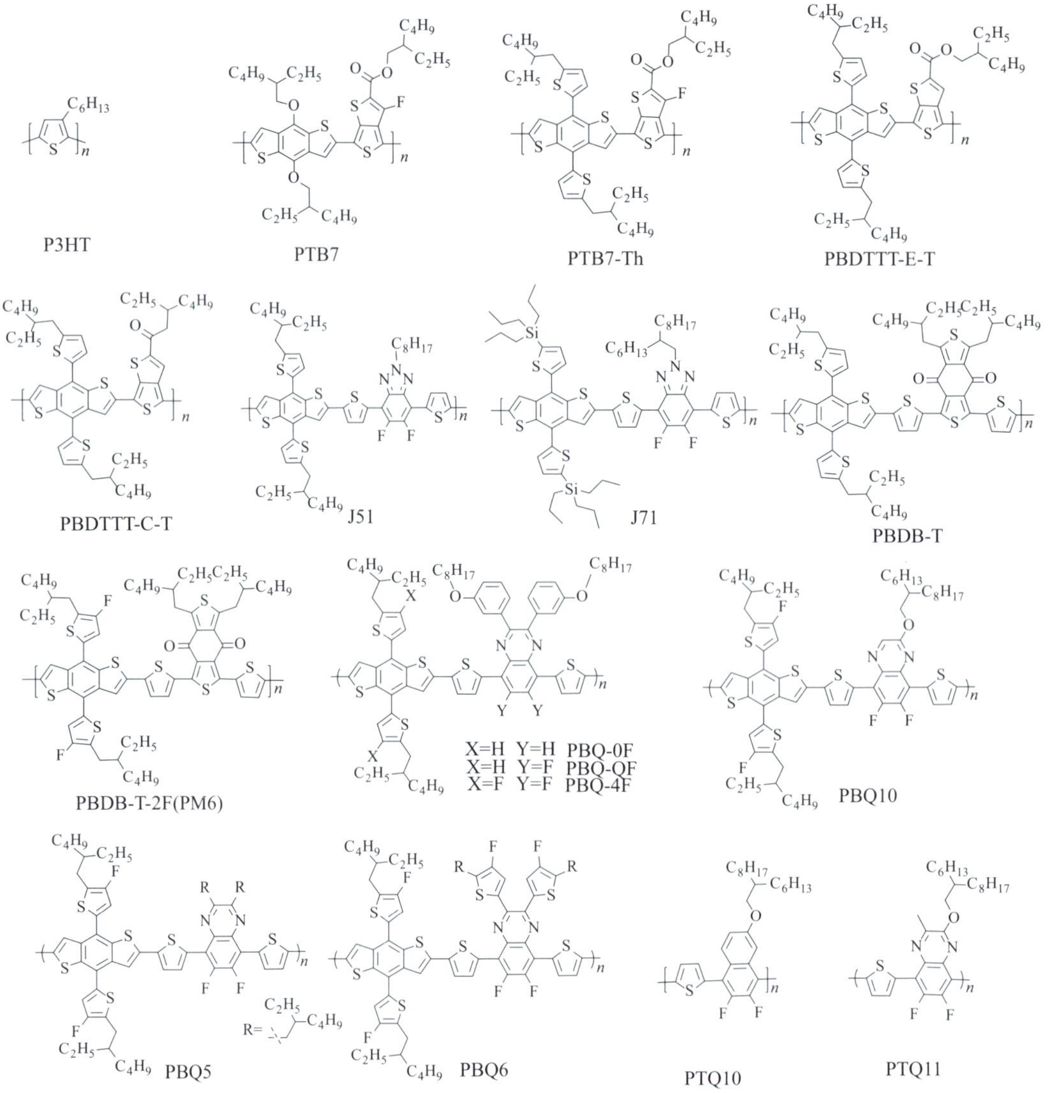

图 13-5　有代表性的聚合物给体光伏材料的分子结构

外，甲基的引入增强了分子间的 π-π 堆积和分子结晶性，使 PTQ11 的空穴传输能力增强。在 PTQ11:TPT10 器件中，尽管给体 PTQ11 和受体 TPT10 之间的 HOMO 能级相差很小，但相应器件仍表现出高效的激子解离和空穴转移行为，因此，基于 PTQ11:TPT10 的 PSC 取得了 16.32% 的 PCE。课题组还通过 Y6 分子的侧链优化合成了带噻吩共轭侧链的 Y6 衍生物受体 T2EH（分子结构见图 13-3），使用 T2EH 为受体，使基于 PTQ10 的聚合物太阳能电池的效率提升到了超过 18.5%。因此，PTQ10 是一种低成本高效聚合物给体，将可能在柔性聚合物太阳能电池的制备中有重要应用前景。

三元共聚策略，即通过在聚合物的 D-A 共轭骨架上添加不同结构的第三组分 D_2 或 A_2 单元形成三元共聚物（如 D_1-A-D_2-A 或 D-A_1-D-A_2 型共聚物），可以有效调节材料的吸收与能级，同时调控聚合物给体与受体的共混性和共混膜形貌，进而提高器件的效率。2019

年，侯剑辉课题组将酯基取代噻吩（EST）作为第三组分引入到聚合物给体 PM6 中。随着 EST 单元含量逐渐增多，相应三元共聚物的 HOMO 能级逐渐降低，吸收范围逐步拓宽，其中含有 20% EST 单元的聚合物 T1（分子结构见图 13-6）与受体 IT-4F 共混制备的 PSC 取得了 15.1% 的效率。2020 年，张茂杰课题组将噻唑并噻唑（Tz）单元加入到 PM6 聚合物主链中，报道了一系列 D-A_1-D-A_2 型三元共聚物。随着聚合物中 Tz 单元比例的增加，材料的 HOMO 能级逐渐下移，同时 Tz 单元强的刚性和共平面性，使三元共聚物 PM1（分子结构见图 13-6）获得了更高的结晶性和迁移率，以及与 Y6 共混后良好的相分离，最终实现了 17.6% 的光电转化效率。李永舫与颜河课题组基于 PM6 骨架结构和一系列 BDTT 衍生物 BDT-C 和 BDT-S 构筑了 D_1-A-D_2-A 类三元共聚物 PL-1 和 PL-2（分子结构见图 13-6）。与 PM6 相比，这两种共聚物在保证了材料具有与 PM6 相似的吸收和电荷迁移特性的同时实现了对分子 HOMO 能级的调节，为具有较高 HOMO 能级的受体材料的匹配提供了更多选择。除了引入给电子单元外，李永舫课题组还设计合成了弱吸电子单元 2,5- 双［4-（2- 乙基己基）噻吩］吡嗪（PZ-T），并将 PZ-T 作为 A_2 单元加入到 PM6 的聚合物主链中，通过无规共聚得到了三种 D-A_1-D-A_2 型三元聚合物。其中 PMZ-10（分子结构见图 13-6）与 Y6 共混后薄膜具有更合适的相分离，从而表现出更高的迁移率，基于 PMZ-10:Y6 的器件获得了 18.23% 的 PCE。为了提高聚合物的溶解性以适应于绿色溶剂加工，薄志山课题组将 D18 受体结构单元引入 PM6 聚合物骨架中，设计合成了三元共聚物 PL1、PL2、PL3（分子结构见图 13-6）。与 PM6 和 D18 相比，三元共聚物 PL1 在绿色溶剂（邻二甲苯）中的溶解度得到很大提高，且表现出了温度依赖的聚集特性。当邻二甲苯为溶剂时，基于 PL1:BTP-eC9-4F 的器件效率达到了 18.14%。

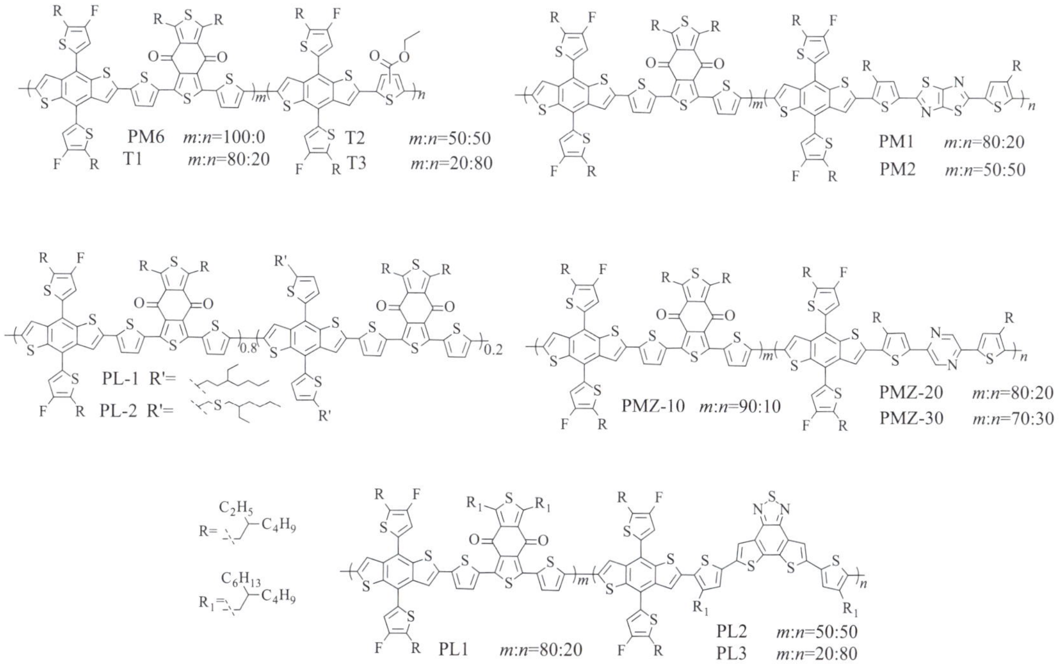

图 13-6　有代表性的三元共聚物给体光伏材料的分子结构

13.3 聚合物太阳能电池光伏材料的产业潜在方向

近几年聚合物太阳能电池效率的快速提升得益于我国学者在有机光伏材料领域的引领性贡献。从2015年以来，我国在高效有机光伏材料的基础研究方面一直处于国际领先地位。目前聚合物太阳能电池效率已经超过了商业应用的门槛，我们的研究者也正在有机光伏的产业化方面做出更多的努力，争取在将来柔性PSC及其光伏材料的产业发展中继续保持我国的引领地位。实现聚合物太阳能电池商业化生产和应用的前提和关键是相关给体和受体光伏材料的产业化发展。因此，开展高效、低成本聚合物给体光伏材料和高效有机受体光伏材料的放大合成和产业化发展具有重要的战略意义。从开发PSC应用产品的角度来讲，有机/聚合物给体和受体光伏材料的放大合成是开展PSC大面积制备和向应用发展的基础。光伏材料的产业化和柔性PSC产业化是一个相辅相成的发展过程。

聚合物太阳能电池光伏材料后续的发展重点在于：

① 面向特定应用需求的材料的开发，例如在小分子受体方面，需要关注开发吸收边红移至1100nm左右的高效稳定的超窄带隙受体材料和吸收边在750nm左右的中等带隙受体材料，其中超窄带隙受体更利于应用于半透明有机太阳能电池和叠层有机太阳能电池的后结受体材料，而中等带隙受体材料可适用于室内应用的有机太阳能电池的受体材料。同时，需要开发高效的与超窄带隙受体匹配的窄带隙给体光伏材料以及与中等带隙受体匹配的宽带隙给体光伏材料。

② 面向大面积以及柔性器件加工的材料的设计，例如通过分子修饰和改进，提升材料在工业化生产中大面积和绿色溶剂可加工性，提升器件加工的可重复性。同时，通过给、受体材料的改性或引入第三组分材料来提升分子间非共价相互作用，提高整体薄膜的抗拉和弯折能力。

③ 可应用于柔性聚合物太阳能电池的聚合物给体和受体光伏材料同时实现材料的大规模、低成本制备。对于高效聚合物给体和受体材料，从关键中间体入手，简化材料合成过程，同时从规模化聚合方法和角度出发，解决聚合物材料的批次重复性问题；对于高效窄带隙小分子受体，开发低成本合成路径与方法，同时开展放大合成研究和工艺流程的优化。

科技部和中国科学院应该加大对聚合物太阳能电池光伏材料产业化发展的支持力度，设立研究专项支持百克级至公斤级的给体和受体光伏材料的放大合成路线的确立。同时，还应该关注和支持柔性透明电极材料和柔性光伏器件隔水隔氧封装材料的产业化开发。

13.4 聚合物太阳能电池光伏材料发展的对策和建议

有机光伏从报道本体异质结结构的1995年算起已经经过了近30年的发展，能量转换效率从最初的不到1%发展到现在的超过18%，有机半导体给体和受体光伏材料也已经历了几代的更新。2015年以来中国学者引领了有机光伏材料的发展，中国学者开发的窄带隙非富勒烯受体光伏材料以及与之匹配的宽带隙聚合物给体光伏材料，使有机太阳能电池的效率获得大幅度提升，达到了可以向实际应用发展的阶段。有机光伏是我国为数不多的当前在国际上处于引领地位的研究领域，我们需要继续努力保持我们的引领地位。有机光伏的下一步发展是在争取进一步提高效率的同时，实现可大规模稳定供应的低成本光伏材料的设计合成，为大面积光伏器件的制备奠定材料基础。同时深入和系统开展光伏材料和器件稳定性研究，开展大面积柔性和半透明器件制备工艺的研究。而且也需要在柔性透明电极材料和隔水隔氧封装技术等方面下功夫，争取率先在我国实现有机光伏的实际应用。我们有信心，经过共同努力，我国有望在“十四五”期间率先实现有机光伏在柔性可穿戴智能产品、半透明建筑光伏一体化以及室内智能物联网等方面的实际应用。

参考文献

作者简介

李永舫，中国科学院院士，现任《高分子通报》主编、《中国科学 化学》副主编。主要研究方向是聚合物太阳能电池光伏材料和器件。已发表研究论文 900 多篇，“导电聚吡咯的研究”获 1995 年度国家自然科学二等奖（排名第二）、“导电聚合物电化学和聚合物发光电化学池的研究”获 2005 年度北京市科学技术奖一等奖（排名第一）、“带共轭侧链的聚合物给体和茚双加成富勒烯受体光伏材料”获 2018 年度国家自然科学二等奖（排名第一）。

李骁骏，中国科学院化学研究所副研究员，主要从事新型小分子受体的合成和分子结构与性能关系的研究，在适用于有机太阳能电池的小分子受体材料的设计与合成，以及简化合成方法等方面积累了较为丰富的经验。在有机光伏材料这一研究方向以第一作者 / 通讯作者身份在 *Nat. Commun.*, *Angew. Chem. Int. Ed.*, *Energy Environ. Sci*, *Adv. Energy Mater*, *Adv. Funct. Mater.*, *Chem. Mater.*, *J. Mater. Chem. A*, *CCS Chem.*, *Sci, China Chem*. 等期刊发表多篇学术论文，取得了一系列具有指导意义的研究成果。

第 14 章

均相离子交换膜

徐铜文　汪耀明

由于我国面临着水资源稀缺与生态环境保护的严峻现状“碳达峰”“碳中和”战略目标被提出并不断深入贯彻落实，高性能离子膜材料作为关键新材料，在实现过程工业传统生产工艺绿色化变革和“双碳”目标达成进程中将扮演重要角色。在这样的环境背景下，人们期望不断创新出更优异的膜材料和更高效的膜技术，同时不断完善产学研用协同创新的机制。围绕水的资源化处理和低碳环保的可持续发展战略，我国均相离子交换膜产业在优化传统工业过程和创造新的工业过程中发挥了独到的作用，因此，其近年来受到科研人员、工程技术人员和生产管理人员的普遍重视，相关研究成果不断涌现，其过程设计理论、实践应用不断取得重要突破和跨越式发展。

整体来看，盐湖提锂、废旧锂电池回收、酸碱盐废水减量化和资源化、电解水制氢、液流电池储能等行业快速发展，对高性能均相离子交换膜的需求不断增大，对性能的要求也在不断提升。未来膜技术的发展必须综合考虑与之相辅相成的组件设计和应用过程研究，均相离子交换膜的制备也将面向其实际应用，实现量体裁衣。因此，离子交换膜的宏观使用性能与膜微结构的定量关系、膜的微结构形成机理与控制方法以及应用过程中的膜微结构的演变规律，将是今后离子交换膜研究的重中之重，并通过探究这些关系，实现构建膜结构 - 性能 - 应用之间的联系范式，定向精准设计面向工业应用的高性能均相离子交换膜。总而言之，我国均相离子交换膜产业的发展未来可期，处于并将长期处于机遇与挑战并存的发展关键期。

本章通过解读均相离子交换膜产业发展的背景需求及战略意义，分析国际发展现状及趋势以及其国内发展现状，提出均相离子交换膜产业发展的主要任务及存在的主要问题，并针对性提出推动我国均相离子交换膜产业发展的对策和建议，期盼我国众多怀有远大抱负的优秀的科研英才们能够紧抓时代机遇，直面技术挑战，贡献出更多中国智慧和中国方案，打赢绿水青山攻坚战，实现建设工业强国的中国梦。

14.1 均相离子交换膜产业发展的背景需求及战略意义

为积极应对国际气候变化的挑战，2022 年 10 月 16 日，中国共产党第二十次全国代表大会报告中强调，立足我国能源资源禀赋，坚持先立后破，有计划分步骤实施碳达峰行动。在当前国内的重大战略背景下，亟须寻找行之有效的策略助力“碳达峰”“碳中和”，进一步保护生态环境，维持气候稳定，推动可持续发展，打好蓝天、碧水、净土保卫战，树立负责任的大国形象。

贯彻落实“积极稳妥推进碳达峰碳中和”的政策方针，重点在于从能源生产端和能源消耗端双管齐下，对碳排放总量实施严格把控，实现能源的清洁高效利用，推动化工行业的节能减排和转型升级。其主要路径包括两大方面：①在能源生产端，推动化石能源的清洁高效利用，推动光伏、核电、风电、盐差能等非碳清洁能源的传统替代，实现从高碳向低碳到零碳的重大转变；②在能源消耗端，推动节能减排及提效降耗，推动二氧化碳的捕集、利用和转化，实现从高能耗向低能耗到零能耗转变。其中，均相离子交换膜产业凭借对现代工业需求的高度适配，在实现该政策上有着不可忽视的重要价值，应用高性能的均相离子交换膜和先进的膜技术，聚焦水资源的高效开发、工业废水零排放和资源化、高端化学品制造、新能源等关键领域，构建碳捕捉和储存（carbon capture storage, CCS）的高效平台，进一步促进均相离子交换膜产业的高质量发展和转型升级，对推动绿色低碳循环发展大有裨益。

作为我国高科技战略性产业，“十二五”期间，均相离子交换膜产业凭借其在节能环保和新材料两大战略性新兴产业上的独特优势得到广泛关注。“十三五”期间，高性能分离膜材料作为关键战略材料的发展重点在政策上得以明确，均相离子交换膜产业势如破竹，发展迅猛。“十四五”是我国从膜产业大国向膜产业强国发展的关键时期，我国在膜材料领域的基础研究已处于国际前列，基础膜技术相对成熟。2010 年以来，国务院、国家发展改革委、科技部等多部门都陆续制定颁发了支持、规范膜产业的发展政策，明确了其发展目标、产业地位及发展方向，着重强调了其在污水处理、环境建设等领域的具体内容。如在国务院颁发的《中国制造 2025》文件中，着重强调膜产品作为关键材料的发展重点，并提出具体目标是到 2025 年水处理膜材料的成本下降 20% 以上，特种分离膜和气体分离膜能耗下降 20%，以分离膜材料为核心的分离装备成为石油化工、煤化工等行业的主要分离手段，分离效率提高 30%，国产化率将超过 50%。在《“十四五”城镇污水处理及资源化利用发展规划》中提到补齐城镇污水管网短板，提高收集效能；强化城镇污水处理设施弱项，提升处理能力；加强再生利用设施建设，推进污水资源化利用。可见，水资源短缺及污水的标准化处理将进一步促进污水处理产业的转型升级，均相离子交换膜产业在污水资源化市场将得到更广泛的应用，进一步激发均相离子交换膜产业的蓬勃发展。在国家多项支持鼓励环境整治及提升水资源利用政策的总体方向把控下，各地纷纷因地制宜出台相应政策，对污水处理目标、再生水利用率、投资规模和金额以及节能环保等方面做出具体的规划和设定了预期效果，刺激均相离子交换膜产业的发展和需求，促进国家经济发展，满足国家重大战略需求。

目前，以均相离子交换膜为基础的燃料电池和液流电池是能源转化和存储的有效方式；以酸性/碱性离子膜电解水是产氢最可行的方式之一；基于离子膜反应器的二氧化碳高效捕集与利用技术，目前已开发出基于离子膜反应器的碳捕集技术新路线，碳捕集能耗小于2.3GJ/tCO_2，能大幅降低碳捕集与转化综合能耗及实施成本，二氧化碳脱除、转化率均高于95%，实现二氧化碳高效捕集并转为碳酸氢钠等产品；煤化工、石油化工和纺织印染工业生产过程中产生大量的固体废盐，钢铁工业产生大量的废酸，传统处理方法能耗高、过程复杂，处理过程伴随大量的二氧化碳排放，采用离子膜技术，可以实现相关过程的低能耗、零排放，大大减少二氧化碳排放，该技术将在优化传统工业过程和创造新的工业过程中发挥其独到的作用。因此，其近年来受到科研人员、工程技术人员和生产管理人员的普遍重视，相关研究成果不断涌现，过程设计理论、实践应用不断取得重要突破和跨越式发展。伴随着“碳达峰”“碳中和”战略目标的确立以及面对水资源稀缺与生态环境保护的严峻现状，更优异的膜材料和更高效的膜技术应不断创新，产学研用协同创新的机制仍有待完善，均相离子交换膜产业也处于并将长期处于机遇与挑战并存的发展关键期，围绕水的资源化处理和膜技术的低碳环保，均相离子交换膜产业仍备受瞩目，期待贡献出更多中国智慧和中国方案。

14.2 均相离子交换膜产业的国际发展现状及趋势

均相离子交换膜及其相关技术在经济和环境领域发挥着越来越重要的作用，其产生和发展与人类生活和实践息息相关。作为离子交换膜的一种十分重要的类型，均相离子交换膜（homogeneous ion exchange membrane）是一种具有离子交换功能的高分子膜，离子交换基团与膜状高分子骨架以化学键的方式相结合，对离子起到选择性迁移的作用。一般来说，均相离子交换膜的结构均匀，离子交换基团更为稳定，不易脱落，膜整体结构和化学稳定性良好，不会发生相分离。此外，均相离子交换膜的电阻低，电化学性能优异。基于其独特的离子传递特性，均相离子交换膜能够进行离子物系的分离分级，在清洁生产、节能减排、环境保护、能量转换等方面有着广泛的应用前景，如图14-1所示。

均相离子交换膜的研究起源于国外，最早可追溯到1890年早期的理论和实验研究，为其奠定了坚实的发展基础。当时Ostwald研究一种半渗透膜的性能时发现如果该膜能够阻挡阴或阳离子，该膜就可截留这种阴或阳离子所构成的电解质。为了解释当时的实验现象，他假定了在膜相和其共存的电解质溶液之间存在一种所谓的膜电势“membrane potential”来解释膜相和溶液主体中离子浓度的差异。这种假设在1911年被Donnan所证实，并发展为现在所公认的描述电解质溶液与膜相浓度的Donnan平衡模型。1925年，Michaelis和Fujita开展了均相弱酸胶体膜方面的基本研究，这是最早对离子交换膜的相关基础研究，打破了膜领域从无到有的屏障。接着，Sollner于1932年提出了同时含有荷正电基团和荷负电基团的镶嵌膜和两性膜的概念，并发现了通过这些膜的一些奇特的传递现象，进一步深化其发展进程。在1940年左右，研究人员开始不再局限于实验室的基础研究，将目光聚焦于

图 14-1　均相离子交换膜的应用

合成酚醛缩聚型离子交换膜的发展，企图打破工业应用的壁垒。几乎与此同时，Meyer 和 Strauss 提出了一个电渗析过程，在该过程中，阴离子交换膜和阳离子交换膜交替排列，在两个电极之间形成了许多平行的溶液隔室，这就是最早的电渗析过程。但在那时，还没开发出性能优良尤其是低电阻的商用离子交换膜，因此很难将其应用在工业之中。直到 20 世纪 50 年代 Ionics 公司的 Juda 和 McRae，以及 Rohm 公司的 Winger 等成功研制了一种性能优良离子交换膜（当时并非均相离子交换膜），该膜稳定性良好，具有高的选择性以及低电阻，以离子交换膜为基础的电渗析过程才开始快速应用于工业电解质料液的脱盐和浓缩。也是从那时起，无论是均相离子交换膜或是电渗析都进入了快速发展期，并得到了诸多改进，在很多领域得到了广泛应用。例如，20 世纪 60 年代，日本旭化成公司利用一价离子选择性膜，实现了用海水制盐的工业化；1969 年，开发出倒极电渗析（EDR），避免电渗析器运行过程中膜和电极的污染，实现了电渗析器的长期稳定运行；20 世纪 70 年代，美国 Dupont 公司开发出了化学稳定性非常好的全氟磺酸和羧酸复合膜——阳离子交换膜（“Nafion 系列”），实现了离子交换膜在氯碱电解工业、能源储存和转化体系（如燃料电池）中的大规模应用；1976 年，Chlanda 等将阴阳离子交换膜复合在一起制备出了双极膜，它的出现大大改变了传统的工业制备过程，为日后的电渗析发展创造了许多新的增长点，在当今的化学工业、生物工程、环境工业和食品工业领域中有着重要的应用。在 20 世纪 90 年代，借助材料科学的发展，均相离子交换膜也不仅仅局限在有机材料上，无机材料的耐高温特性使得以其为基础的离子交换膜也先后出现，这些无机材料包括沸石、硼酸盐和磷酸盐等。同时，兼具有机材料的柔韧性和无机材料的耐高温性能的新型膜品种，无机 - 有机杂化离子交换膜也应运而生。多年来，均相离子交换膜从它发展的初期到现在，已经形成了包括杂化膜、两性膜、双极膜、镶嵌膜等门类众多的大家族，它们应用广泛，发展潜力巨大。

随着研究的不断深入，多年来离子交换膜材料在众多应用过程中也得到了不断改进，离子交换膜的技术领域得到开拓，受到发达国家的广泛关注。从最初性能较差的非均相离子交换膜拓展到适合工业生产的、性能较好的均相离子交换膜，从单一的电渗析水处理膜拓展到扩散渗析膜、离子选择透过性膜和抗污染用膜。目前，国外对离子交换膜的开发主要集中在材料及其应用机制方面，除原始的苯乙烯 - 二乙烯苯的聚合物外，还拓展到异戊乙烯 - 苯乙烯嵌段共聚物、苯乙烯 - 丁二烯共聚物及含氟聚合物，以及聚砜、聚醚砜、聚苯醚等聚合物。应用方面从普通的电渗析拓展到电解、渗透蒸发、质子燃料电池、液流电池及以电渗析为基础的过程集成。研制出种类齐全且兼具高性能和低成本的均相离子交换膜，不断完善膜材料、膜组件、膜装置并应用于清洁生产、节能减排、环境保护、能量转换等行业，从而获得十分显著的经济效益、社会效益、环境效益，已经成为均相离子交换膜技术的主要发展方向，均相离子交换膜产业的国际发展仍大有可为。在这些方面，日本的旭硝子（Selemion）、德山曹达（Neosepta）及旭化成（Aciplex），美国的 AMF 公司（Amfion）、Ionics 公司（Nepton）、Dupont（Nafion）以及德国的 Fumatech 公司的产品最具有代表性且竞争激烈，并拥有很多品牌产品。但是，与压力驱动膜和其他膜品种相比，由于均相离子交换膜的制备工艺复杂，国际上均相离子交换膜的产量和生产公司都比较少，除 Nafion 膜外，其他离子交换膜的年产量约为 50000m^2 左右，可见，均相离子交换膜产业的生产仍无法与实际需求相平衡，仍面临重大机遇和重要挑战。

14.3 均相离子交换膜产业的国内发展现状

相比较于国外，我国均相离子交换膜的研究起步较晚，相对而言较为滞后，最初也只是从异相离子交换膜开始研究，再逐步转化为均相离子交换膜的研制。其研究最早可追溯到 20 世纪 50 年代后期，北京和上海的科研单位将离子交换树脂磨成粉再加工成异相离子交换膜，这也是我国最早开发研究的膜品种。随后，以此技术为基础，中国科学院化学研究所、上海化工厂等开始进一步开展研究，逐渐形成了现在我国市场上离子膜的主导产品，年产量达 $5\times10^5m^2$ 左右，但这种膜并非均相离子交换膜，而是异相离子交换膜。该膜是通过离子交换树脂粉与聚乙烯等黏结剂热压而成，由于电阻高、选择性差、性能不稳定且寿命相对较短，目前主要用于污水的初级处理和一些简单的化工分离，还远远不能胜任多数反应和分离的要求，难以满足清洁生产、环境保护、精细化工分离纯化等过程对膜的性能要求。由于缺乏均相离子交换膜工业化产品，以日本为首的国家对我国进行相关技术封锁和价格垄断，使得国外均相离子交换膜在国内不仅价格高昂（1500～2000 元 /m^2），而且供货周期长、附加条件多（如额外的包装及运输费用、货款 100% 提前支付、需告知使用目的），大大阻碍了膜技术的应用推广。因此，发展具有我国自主知识产权且价格低廉的均相离子交换膜将打破国外的技术封锁，满足国内不断增长的技术需求，是十分有必要的。

20 世纪 60 年代至 70 年代是我国离子交换膜研究的活跃时期，各种均相离子交换膜被竞相开发并投入生产，如聚乙烯阴、阳膜，聚苯醚阳膜，聚砜型阴膜，过氯乙烯 - 多胺型阴膜，辐照接枝的氟材料阴、阳膜，聚偏氟乙烯阳膜，甲基丙烯酸均相阳膜，聚三氟氯乙烯苯乙烯阳膜等。80 年代，晨光化工研究院采用聚乙烯辐射接枝甲基丙烯酸二甲胺乙酯制备渗析阴膜，国家海洋局杭州水处理中心开发了一种离子交换网膜。此间也有研究对膜的形状和结构进行改进，例如筒状、凹凸型膜和袋状膜等。80 年代末到 90 年代，由于方向和任务的调整，研发单位和人员数量相应减少。华东理工大学研发了 HF 系列均相离子交换膜，但其年产量只有数千平方米。2000 年左右，山东天维膜技术有限公司推出了 DF 系列阴膜和阳膜，其成本是 HF 的 1/5，在当时年产量就已达 $50000m^2$，实现了国内离子交换膜的低成本和大批次高产量生产。从总体上看，我国离子交换膜产量呈上升趋势，生产规模居世界首位，但国内仍多以异相离子膜为主，究其原因，主要是受传统的均相离子交换膜的制备路线制约从而大大阻碍了均相离子交换膜的大规模应用。我国也在进一步加大均相离子交换膜的研究，随着研究人员的不懈努力，我国的均相离子交换膜的制备技术和应用技术都得到很大程度的发展，应用范围更为广泛，包括但不限制于能源、食品、医药、生物、冶金、化工、环保和饮用水等领域。

近年来，我国研究人员先后开发出多种生产均相离子交换膜的工艺，并形成了规模化生产的能力，如早期宁波环保设备厂以聚砜为基质，通过氯甲醚的氯甲基化生产 S203 阴膜；杭州水处理中心研制了磺酸型苯乙烯 - 二乙烯基苯阳膜；北京核工业研究院开发了一种均相甲基丙烯酸环氧丙酯阴膜。我国当前均相离子交换膜的生产概况汇总于表 14-1。本课题组也在均相离子交换膜工艺上不断深入研究，先后开发了聚苯醚溴化、多硅交联剂、聚酰基化、超酸催化聚合、含浸等工艺制备均相离子交换膜，并进行规模化生产。例如，采用多硅交联剂制备具有杂化结构的阴 / 阳离子交换膜，表现出超高的离子通量、稳定性及电导率，相关技术衍生出 DF-120/F 系列扩散渗析膜商品，并大规模应用于酸碱废水处理行业，取得了良好的经济、社会和环境效益；采用原子转移自由基活性聚合（ATRP）技术，设计开发了单侧链型、双或三侧链型、多侧链型的高分子主链，调控了均相离子交换膜相结构，构筑了离子高速传导通道，保证了具有规整侧链结构均相离子交换膜材料制备；采用交联反应构筑了具有交联网络的高分子团聚物，利用浸涂技术制备得到系列阴、阳离子交换膜，此类膜具有高机械稳定性、高离子选择性及低材料成本优势，相关技术通过技术转化衍生出 CJMA/C 系列阴 / 阳离子交换膜商品，并已在相关企业大规模量产。

表 14-1　我国当前均相离子交换膜的生产概况

膜名	组成及工艺	性能及特点	重要生产厂	备注
扩散渗析膜	聚苯醚溴化 - 胺化工艺	以浓差为驱动力，实现 H^+ 与金属离子分离	山东天维	单膜年产 $20\times10^4m^2$
电渗析膜 - 含浸法	功能单体、共聚单体、交联剂含浸在多孔基团上聚合成膜	膜具有高致密性，适合脱盐 / 浓缩	山东天维、北京廷润	$35\times10^4m^2$
电渗析膜 - 在线聚合	液体单体溶解聚合物在线聚合成膜	制备过程溶剂使用量少，适合电渗析脱盐过程	合肥科佳、安徽中科莘阳	$15\times10^4m^2$
双极膜	阴阳膜层流涎 + 喷涂中间层 / 单片型双极膜	用于盐制酸碱，适合有机酸清洁生产、含盐废水资源化	安徽中科莘阳、北京廷润	$10\times10^4m^2$
碱性膜 - 超酸催化法	超酸催化，亲核性较强的芳香环单体与特定的酮单体聚合，得到无芳醚键结构的离子交换膜	自支撑成膜，力学性能优异、耐酸碱、高离子传导性能，适合碱性电解水制氢、CO_2 还原、电化学合成氨等应用	中国科学技术大学、武汉大学	批量化

续表

膜名	组成及工艺	性能及特点	重要生产厂	备注
自聚微孔离子交换膜	选择特定单体聚合形成由自聚微孔聚合物（PIMS）再功能基化。膜孔在 2nm 以下，传质特性具有限域性。常见的 PIM 类型主要分为二苯并二氧己环型、Tröger Base 型、聚酰亚胺型和聚氧杂蒽型等	自聚微孔聚合物膜分子链能够紧密堆叠和缠绕构筑大量尺寸（<2nm）的自由体积（即微孔），孔径均匀，电阻小，选择性好，稳定性优异，主要用于液流电池、盐差能发电等	中国科学技术大学、宿迁时代储能	年产 10 万平方米，已成功应用于水系液流电池

此外，着重指出的是采用聚酰基化 / 超酸催化制备的非醚主链阴 / 阳离子交换膜，具有超强的酸碱稳定性、高电导率及高力学性能，在碱性电解水制氢、电化学合成氨、氢燃料电池、氨燃料电池、储能液流电池、锂电池、电渗析等领域中有着巨大的应用潜力。基于聚酰基化所制备的均相离子交换膜的优良物化性质，如良好的耐溶胀性、耐燃料渗透性、官能团密度可调控等，在成本低廉的同时，还有着与商业膜相近甚至超越商业膜的性能，因此其在燃料电池和电渗析分离的领域中有很大的商业化潜力。本课题组通过该工艺开发出含侧链磺酸型聚酰亚胺阳离子交换膜，主链含脂肪长链的磺酸型聚芘酰亚胺均质阳膜，主链含氟的磺酸型聚酰亚胺均质阳膜，聚醚酮类均质阴膜，侧链季铵型聚醚酮均质阴膜，主链含冠醚的侧链季铵型聚醚酮均质阴膜等，有着极大的应用价值。而在单多价离子选择性分离领域，课题组也通过聚酰基化反应一步合成带有冠醚的阳离子交换膜并用于锂镁分离，是聚酰基化膜在离子分离领域的一次有意义的尝试。

对于超酸催化工艺制备均质离子交换膜，近年来也引起了国内研究人员的广泛关注。该工艺具有以下优势：催化效率高，反应速度快；反应条件温和简单，不含金属基催化剂；起始原料和试剂容易获得；反应动力学可控可制备主链只含 C—C 键的聚合物；季铵基团接枝的程度和位置可以精确控制；所得聚合物能够有高分子量；种类多样，性能优异等。相比较于其他工艺，使用超酸催化工艺制备均相离子交换膜有很多无法比拟的优势，吸引了大量研究者的关注，国内的朱红组、李南文组、严玉山组等都在不断尝试探索。

采用超酸催化工艺合成“无醚”聚合物制备的离子交换膜首先被应用于碱性膜燃料电池领域，以解决困扰该领域多年的膜碱稳定性问题，并表现出了优异的性能。此后，展开了对“无醚”主链聚合物均相离子交换膜的研究，基于超酸催化合成的各种结构的“无醚”主链离子膜被相继报道。此后，超酸催化制备“无醚”聚合物在离子膜中广阔的应用前景逐渐被其他应用领域所关注，如同样需在碱性环境中运行的碱性膜电解水系统以及需要在酸性环境中运行的质子膜燃料电池和全钒液流电池等。最近几年，超酸催化制备离子膜在相关领域的报道已经出现并表现出了优异的性能和应用前景。随着研究者越来越多的关注和兴趣，超酸催化工艺制备离子膜方兴未艾。目前主要的研究方向主要在合成新结构的“无醚”主链离子膜以赋予膜相应的特性以及探索“无醚”主链离子膜在新领域的应用，如最近备受关注的电化学合成氨和 CO_2 电还原等。如严玉山课题组于 2019 年在国际顶级能源杂志 *Nature Energy* 上报道了用于碱性燃料电池的聚（芳基哌啶鎓）膜的工作。湖北大学黎明教授课题组报道了一种全碳链聚芳基 N- 甲基奎宁阴离子膜。通过超酸催化工艺获得了聚合物主链既具有刚性芳基链段，还具有高分子量，同时季胺化后大幅度改善了其溶解性，具有优异的力学性能的同时表现出了极其优异的碱稳定性，并显示出与 Nafion 相似的吸水率和电导率。此外，基于该膜和无 CO_2 空气供给的膜电极组件中可以实现高峰值功率密度和良好的耐久性，并且电极催化剂中的铂负载量也相对较低，这对于碱性燃料电池的大规模商业化具有重大的意义。

不仅国内的课题组在超酸催化制备性能优异的离子交换膜方面有着良好进展，本课题组在超酸催化制备均相离子交换膜方面也取得了优异的成绩。中国科学技术大学团队在超酸催化“无醚”主链的基础上，通过引入扭曲结构、偶极作用和 π-π 堆叠作用等次级结构和作用，进一步提高了离子交换膜的各种性能。研究结果已经充分表明，相较于传统聚芳醚聚合物离子膜，这种“无醚”主链离子膜在电导率和碱稳定性等各方面均有明显优势。例如，为了制备具有高导电性和碱性稳定离子通道的阴离子交换膜（AEM），课题组设计了一种具有最佳碱性稳定性的自聚集侧链设计策略，该策略在阳离子侧链中插入双极性环氧乙烷间隔体，精确操纵聚电解质自组装过程，构建了快速水离子运输的相互连接的离子传输通道，制备的均相离子交换膜具有较高的 OH^- 电导率，这对燃料电池、液流电池和电渗析等领域都具有重要意义。

随着化工产业需求的不断变化，一些新型的具有特殊功能性的膜产品则应运而生，其中双极膜作为一种新型的均相离子交换膜也逐渐受到关注（图 14-2）。不同于普通的均相离子交换膜，双极膜由阴阳膜层和中间水解离层组成，利用其在反向偏压下中间层水分子受极化产生 OH^- 和 H^+ 的特性，可作为 H^+ 和 OH^- 在线发生源，在 HER/OER 析氢反应和二氧化碳还原反应等领域有广泛应用；同时在食品、化工清洁领域的清洁生产，在石油石化、煤化工的烟气吸收液含盐废水资源化中，也具有重要工业应用。利用双极膜不仅能够实现有机酸盐直接转化为有机酸、食品工业的电酸 / 碱化，还能够在不引入新组分的情况下将盐水溶液直接

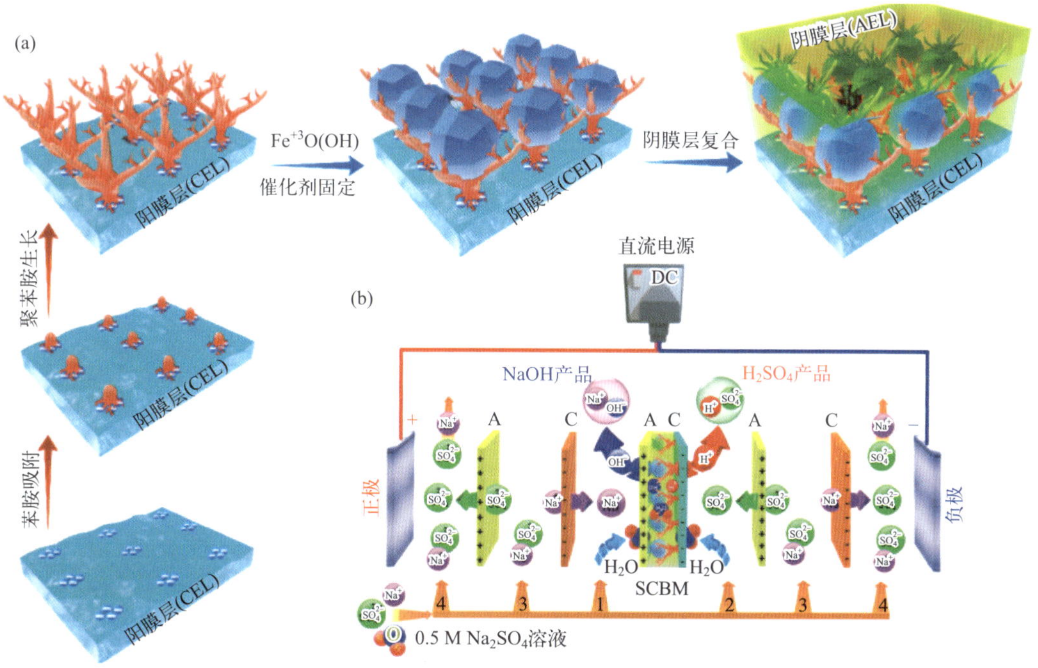

图 14-2 （a）原位生长制备双极膜示意图；（b）双极膜电渗析在线产酸碱工作原理图

转化为对应的酸和碱而循环利用，因此双极膜被认为是零排放技术的关键材料，引起了研究人员的广泛关注。但双极膜产业化还存在两方面难点：一是阴阳膜层由于膨胀系数不同，使用过程中容易分层；二是目前多采用小分子或者过渡金属离子作为中间层催化剂，使用过程中催化剂易泄漏失效。有鉴于此，国内双极膜产品处于批量试制阶段，还没有真正实现大规模的工业应用。日本等发达国家一直对中国进行技术封锁和价格垄断。

针对双极膜产业化的难题，中国科学技术大学课题组基于早期在单一离子膜方面的研究积累的大量经验，开发了聚苯醚基材的阴阳膜层，解决了两层材料热膨胀系数不同的问题，并先后制备出系列由亲水性高分子、明胶、超支化高分子、凹凸棒土等固载过渡金属离子的中间催化层结构。但这些尝试用于规模制备时，双极膜的水解离压降偏高，催化层稳定性不能满足工业长期应用的需求。为进一步提升双极膜水解离效率和中间层稳定性，课题组采用原位生长思路，通过调控苯胺分子在阴阳膜层界面处原位锚定、聚合生长并包裹 FeO(OH) 颗粒构建稳定水解离中间层制备高性能双极膜，在低成本高性能双极膜开发及产业化方面取得突破进展。这种双极膜具有极低的水解离启动电压（0.8V）和水解离电压（100mA/cm^2,1.1V）（日本商业膜 Neosepta®BP-1 这两个指标分别为 1.1V 和 1.3V），并表现出优异的稳定性和水解离产酸碱能力，高于进口 Neosepta®BP-1 膜。同时在此基础上，课题组开发出具有自主知识产权的高性能双极膜材料及流延 + 催化层喷涂一次性成型制备技术，目前在安徽界建成了幅宽最宽、单台产能最大（＞ 6 万平方米 / 年）的双极膜生产线，如图 14-3 所示。

除了均相离子交换膜的制备，膜的传输机理和膜技术的实际应用的深入研究也不容忽视，其同样对均相离子交换膜产业的发展有着重要价值。为了深入研究离子在限域孔道内的传质行为及分离机理，课题组前期提出以具有规则孔道结构、骨架结构参数明确的多孔连续框架材料为模型，在埃米精度下实现离子传输通道的精确定制和孔道性质精密调控，达到了高效、精准的离子分离效果；定量化通道关键结构参数，初步揭示了埃米尺度下离子限域传质机

图 14-3　均相离子膜（双极膜）生产线及电渗析膜组器

制。为进一步提升离子渗透选择性，课题组通过界面生长策略首次构筑了自聚离散框架结构的 POC（CC3）离子分离膜，研究离子在多层次通道中的传递行为与分离特性，在新型多孔材料分离膜精密构筑方面取得突破性进展。CC3 膜表现出很高的一价阳离子渗透速率和极低的二价阳离子透过率，实现了高的离子选择性，比如 K^+/Mg^{2+} 的选择性约 1031，Na^+/Mg^{2+} 的选择性约 659，Li^+/Mg^{2+} 的选择性约 283，并揭示了离子在 POC 离散框架通道中的传递特性，为开发高离子渗透选择性分离膜提供了理论指导。

离子选择性分离作为均相离子交换膜分离技术的重要应用领域，涉及资源回收再利用、能源转换与存储等重要化工过程，在盐湖提锂、盐水精制（氯碱工业）、高盐废水资源化、液流电池和盐差能发电等领域均有涉及。面向“双碳”的国家战略目标，针对节能减排和传统产业转型升级等国家重大需求，离子分离技术的进步对于化学工业生产的可持续发展具有重要意义，而这种离子分离技术常通过使用高选择透过性的离子交换膜的电渗析过程来实现。电渗析技术一般包括传统电渗析（electrodialysis, ED）以及电渗析为基础的新型电渗析技术，如双极膜电渗析（bipolar membrane electrodialysis, BMED）、反向电渗析（reverse electrodialysis, RED）和置换电渗析（electrodialysis metathesis, EDM），能够实现污水的浓缩淡化，捕捉二氧化碳，最大程度上减少对环境的危害，是有利于实现零排放和碳减排的一种高效技术。

传统电渗析能够实现水资源的淡化浓缩，如采用多级间歇电渗析对高盐溶液进行浓缩，不仅可以提高浓缩效率，同时可降低能耗，实现高盐废水的资源化处理。双极膜电渗析能够通过分离废水中的离子，并结合双极膜产生的 H^+ 和 OH^- 生产无机盐产品，生成新的物质的同时捕捉 CO_2 实现碳循环。其不仅适用于无机盐废水，实现对 CO_2 的回收，也可以从有机盐废水中捕获 CO_2，得到副产物氨基酸，在一定程度上缓解化学法合成氨基酸过程给环境造成的负担。如采用中间体蛋氨酸钠和碳酸钠的混合溶液捕获 CO_2，并将反应后的溶液作为料液生成氨基酸和可回用碱，并回收得到纯净的 CO_2；用苯胺废水对 CO_2 捕捉，降低温室气体 CO_2 浓度的同时获得工业原料苯胺。另一方面，双极膜电渗析也可以从海水中捕获 CO_2，有利于实现气体的“负排放”。可见，在 CO_2 的捕捉方面，双极膜电渗析有着高电流效率和低能耗的优势，同时可得到酸碱副产物，既解决了原料对环境的污染，又能废物利用降低碳排放，给盐废水的资源化提供了有效的解决方法，有着巨大的应用潜力和发展前景。除此之外，其他膜技术也是符合现下低碳减排政策的高效技术，并被广泛研究，如反向电渗析利用盐差能发电具有清洁、可持续、投资成本低等特点，常与电催化、电池等技术耦合，不仅能够发电，还可以实现捕捉 CO_2、生产 H_2 等多项功能，逐步完成向新能源和保护环境等方向的转变。

此外，针对化工特种分离领域复杂物料分离难题，中国科学技术大学团队受传统的多级塔板精馏机制与层析色谱分离机制的启发，原创性地提出一种“离子精馏”概念，如图 14-4 所示，并首次应用于高镁锂比盐湖提锂。“离子精馏”打破传统电渗析单元内部的功能隔膜间隔排布方式，基于“同类同侧”原则，将多个同类型膜并列排布，并在电渗析单元内集成，利用特种离子在堆叠离子膜中的多级筛分机制及离子选择性的级数放大效应，锂镁离子在堆叠的离子选择膜间迁移，在电场力驱动下实现锂镁离子的电吹脱分离，极大地提升了特种物料间的分离效率。由盐湖卤水一步制取超电池级纯度的锂产品，解决了高镁锂比盐湖卤水提锂的技术难题，通过锂电解决传统能源危机，并推动解决“双碳”问题。作为一种新型化工单元操作，离子精馏的分离效果显著优于目前文献中所报道的各类先进功能膜材料以及膜分离过程。同时，该技术集成了平衡分离（选择性高）与速率分离过程（运行成本低）的特色优势，对不同溶质体系的盐湖卤水也具有广泛适用性，并有望为锂同位素分离、稀土分离、海水精制、精细化学品分离、生物制药等特种分离场景提供有效解决方案，推动目标物料的高值化利用，助力相关过程产业技术升级，特别是化工特种分离技术革新。

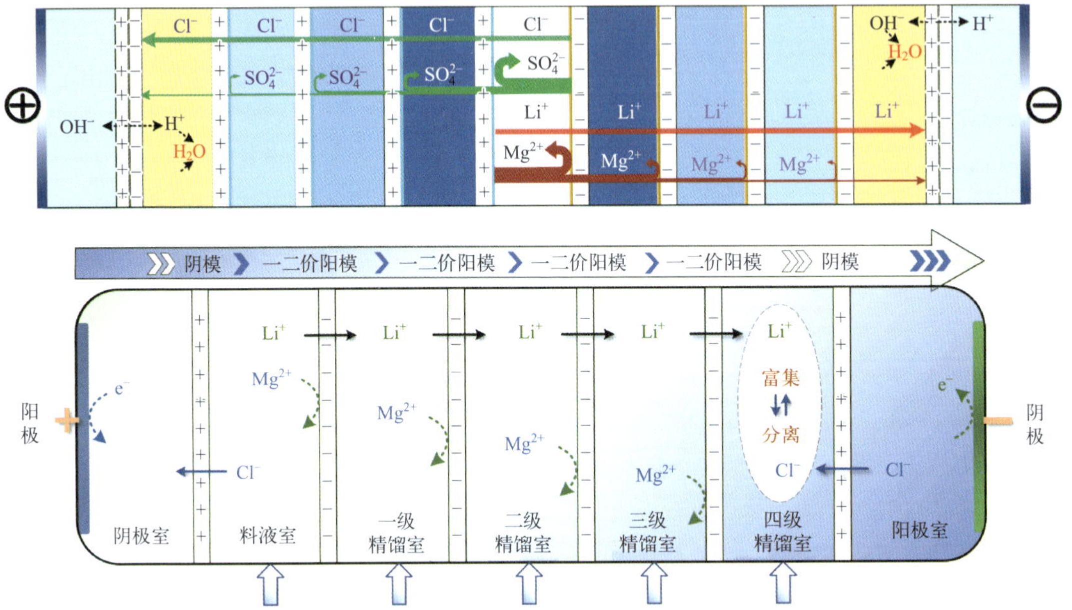

图 14-4　离子精馏技术设计理念

14.4 发展我国均相离子交换膜产业的主要任务及存在的主要问题

随着高盐废水排放、化工清洁生产、清洁能源等需求的日趋增加，均相离子交换膜在水、资源、能源、环境保护中将发挥越来越重要的作用，并为“碳中和”和“碳达峰”目标的实现提供支撑。尤其是以电渗析、扩散渗析、双极膜电渗析为主的分离技术，在盐湖提锂、废旧锂电池回收、酸碱盐废水减量化和资源化等领域市场潜力巨大。但与其他压力驱动膜过程如超滤、反渗透、纳滤相比，均相离子交换膜所占市场份额仍然较小，仍处于发展阶段。究其原因，主要体现在如下几个方面：

① 与国外相比，国产均相离子交换膜生产企业少、膜片品种少、性能单一。目前均相离子交换膜制备技术领先的企业如日本 Astom 公司、美国 Suez、德国 Fuma-Tech 等，其膜片品种齐全，产品性能优异，包括脱盐普通阴 / 阳膜、浓缩阴 / 阳膜、一 / 二价离子选择性分离膜、双极膜、扩散渗析膜、高阻氢阴膜、高阻氢氧根阳膜、质子交换膜、碱性膜、反相电渗析膜等十来个品种。而国内能生产均相离子膜企业有限，且膜种类少，目前仅包括脱盐用的电渗

析膜、扩散渗析膜、双极膜，而高致密性浓缩膜、一 / 二价离子膜、配套双极膜用的阻氢阴膜和阻氢氧根阳膜等特种离子膜仍属于空白。面向能量存储和转化的质子膜、碱性膜虽具有广阔前景，但在国内仍处于起步发展阶段，质子膜与国外杜邦、旭化成等企业仍有较大差距，核心专利受限于国外几家龙头企业；碱性膜国内发展迅速，但与质子膜相比，碱性膜仍处于发展阶段，膜片稳定性仍有待进一步验证。

② 离子膜制备所需的一些核心原材料如聚合物、网布受限于国外化工企业。目前离子膜制备的一些关键原材料如聚偏氟乙烯、聚苯醚等受限于国外龙头企业；膜制备过程中的支撑布也被国外企业所垄断，国产网布在质量和产品稳定性方面也与国外有一定的差距。从单体出发，开发出更为清洁的新型膜制备路线和成膜工艺，摆脱对传统成膜聚合物限制显得尤为迫切。另外，针对性开发适合离子膜应用体系的耐酸碱网布也非常重要。

③ 国内均相离子交换膜幅宽不统一、膜组器尺寸大小不一、相关国家标准缺失，严重阻碍均相离子交换膜行业发展和壮大。受限于制膜过程和成膜工艺的不同，目前国内均相离子交换膜和膜组器尺寸大小不一，有幅宽 30 ～ 100cm 采用流涎工艺卷对卷生产的膜片，也有单片尺寸大小为 40 ～ 60cm 采用含浸工艺片接片批次生产的膜片；而膜组器有 20cm×40cm、40cm×80cm、55cm×110cm、40cm×160cm、112cm×112cm 等多种尺寸，且各厂家单台膜堆装配的膜片数量也不相同，导致市面上各厂家离子膜组件之间的兼容性差，难以相互更换替代。在标准方面，目前均相离子交换膜仅有扩散渗析阴膜、扩散渗析阳膜、双极膜等行业标准，尚未有发布实施的国家标准和国内主导申报的国际标准，导致国内离子膜型号、测试方法、适用范围等均没有统一标准，严重阻碍了行业发展。

④ 与压力驱动膜等行业相比，离子膜行业规模小、从业企业科研能力较弱、龙头企业规模较小、行业无序竞争恶劣，格网及电极等配套企业少。与超滤、纳滤、反渗透等压力驱动膜过程相比，目前均相离子交换膜行业规模仅几十亿元，行业规模仍较小。离子膜的生产企业多以膜工程公司为主，企业研发能力较弱，营业收入过亿的行业龙头企业屈指可数。由于缺乏核心技术，大多数工程公司无法涉足高附加值物料体系，企业之间的无序竞争导致质量不好、工程售后服务不足，影响离子膜技术在新兴行业的推广应用。除膜以外，离子膜工程配套设施如电极板、隔板、垫片、高频直流电源等配套材料及设备配套厂家不足，也阻碍了行业的快速发展。

针对以上离子膜所面临的不足和挑战，未来离子膜的发展方向应围绕“双碳”远景目标展开，开发高离子电导、低电阻、高稳定、低成本、大宽幅的均相离子交换膜材料，解决化学化工行业碳排放问题，稳步提升物质传递及能量转化效率，精准合成制造服务于新化工产业的高性能均相离子交换膜材料，具体包括：电渗析用高性能均相离子交换膜材料及产酸 / 产碱用双极膜材料；用于碱性电解水制氢、碱性膜燃料电池、碱性膜电化学合成氨、碱性膜直接氨燃料电池、二氧化碳电化学还原的先进碱性离子交换膜；用于特种分离行业物料精准分离的高性能一 / 多价离子交换膜；用于酸性电解水制氢、燃料电池、液流电池的非氟质子交换膜；用于液流电池储能、海洋盐差能转化、同位素精准分离的高性能自聚微孔离子膜。未来，随着核能、清洁生产、液流电池、电子级高端化学品等持续发展，Li^6/Li^7、H/D/T 等同位素分离，K/Na、F/Cl 等特种分离需求会越来越旺盛。而高性能的离子膜材料，有望发挥更加重要的作用。因此，开发面向同位素分离、海水提铀、特种离子选择性透过的新型膜材料，是未来离子交换膜的重要发展方向。

14.5 推动我国均相离子交换膜材料产业发展的对策和建议

整体来看，随着我国一系列政策的确定和产业结构的不断升级，对于均相离子交换膜的需求不断增大，性能要求也在不断提升。均相离子交换膜的应用范围也在不断扩展，从早期的海水淡化、盐水精制、废酸废碱回收和产有机酸碱等方面，逐渐扩展为新能源产业发展的重要组成。近年来，在二氧化碳还原领域中，离子交换膜除了作为隔膜承担串联电路的作用外，在提升法拉第效率、放大电流密度方面也起着至关重要的作用。在电解水领域中，碱性电解水制氢因具有设备简单、运行可靠、使用非贵金属催化剂且制得的氢气纯度较高，是目前常用的电解水制氢工艺。而性能优异、在碱性条件下性能稳定且易于工业化的阴离子交换膜亟待开发。

因此，为满足均相离子交换膜在锂元素提取、碱性电解水制氢、传统工业绿色化改造等新需求，建议尽快起草相关应用用离子交换膜国家标准，建设离子交换膜产品公用检测平台，构建离子交换膜评价体系、统一膜组件规格尺寸。加大政策倾斜力度，推动技术创新及其产业化；健全产业发展体系，营造离子交换膜产业发展良好环境；加强宏观战略引导，制定产业中长期发展规划，特别是针对热点需求，设立面向盐湖提锂、同位素分离、水系液流电池等所需高性能分离膜的材料及装备技术的专项项目。

未来膜技术的发展必须综合考虑与之相辅相成的组件设计和应用过程研究，离子交换膜的制备要面向其实际应用，实现量体裁衣。因此，离子交换膜的宏观使用性能与膜微结构的定量关系，膜的微结构形成机理与控制方法以及应用过程中的膜的微结构的演变规律，将是今后离子交换膜研究的重中之重。通过探究这些关系，实现构建膜结构－性能－应用之间的联系范式，定向精准设计面向工业应用的高性能均相离子交换膜。总而言之，我国均相离子交换膜产业的发展未来可期，紧握时代机遇，直面技术挑战，必将迎来新的壮丽舞台。

参考文献

作者简介

徐铜文，中国科学技术大学讲席教授，博士生导师。长期从事离子膜材料制备及应用研究。入选教育部“长江学者”特聘教授，国家杰出青年科学基金获得者，国家重点研发计划首席科学家，中国科学院王宽诚产研人才计划，英国皇家化学会会士，中国化工学会会士。发表论文 / 专述 500 余篇，他引 20000 余次，H 因子 79，2014—2022 连续九年入选 Elsevier 高被引作者名单。出版中文专著 4 部，主编英文专著 3 部。获得发明专利 87 项，部分成果已经推广应用，打破了国际技术封锁和价格垄断。培养研究生和博士后 150 余名。以第一完成人身份获得国家技术发明奖二等奖 1 次，省部级及行业协会一等奖 5 次、二等奖 2 次。

第 15 章

仿生防污材料

任露泉　田丽梅　靳会超

海洋工业、医疗卫生、太阳能产业和文物保护等诸多领域的物体表面，由于污损生物、油脂、灰尘等的附着造成的各种污染，将会带来严重的负面影响。例如，海洋污损生物（如细菌、藻类和藤壶等）在船舶表面的附着和生长造成船体表面粗糙度增加，航行阻力提高，燃料消耗量加大，进而显著增加船运公司的运营成本；细菌、病毒等在医疗器械和公共设施表面的定殖生长，则会大大增加传播疾病的风险；油脂、灰尘等污染物在太阳能面板表面的附着，将会显著降低光电转化效率。传统防污技术要么通过化学方法即通过添加有毒物质或抗生素来杀死表面的微生物，要么通过物理方法即通过机械外力利用定期清洗的方法来去除表面污染物。然而有毒物质对环境带来负面影响；抗生素的过量使用，导致细菌、病毒的耐药性增强，使得出现超级细菌、病毒的风险剧增；采用定期清洗表面的方法，则带来了巨大的人力、物力成本消耗。因此，发展新型无毒防污新材料迫在眉睫。自然界中的一些生物在亿万年的进化过程中，为了减少生存环境中灰尘、微生物等污染物的影响，进化出了绿色、高效、长效的防污策略。模仿这些生物策略的生物特性、结构特性和功能特性制备的仿生防污材料，在近年来吸引了众多研究人员的关注，相关研究成果也在防污材料产业中得到了应用和推广。仿生防污材料科技含量高、市场潜力大、综合效益好，将引领未来高端防污材料产业，是可持续发展战略的重要组成部分。

15.1　仿生防污材料产业发展的背景需求及战略意义

15.1.1　仿生防污材料的内涵

仿生学内涵：仿生学是构建具有生物系统某些特征和功能的人工系统的学科，它不是一门专门的学科，而是一门集生物、物理、化学、机械、电子等众多学科交叉的学科，最早由美国 J.E.Steele 在 1958 年提出。模仿自然是一个古老的思想，古人受鱼儿在水中利用尾鳍游动、控制方向的启发，在船尾架设了橹，控制船的行驶。我国新石器时代河姆渡遗址（约 7000 ～ 5000 年前）出土的木桨形状就像极了鱼的尾巴。《韩非子・外储说》记载：“墨子为木鸢，三年而成，蜚一日而败。”也有人认为是鲁班制作了世界上第一只鸢，飞三日而不落，不管是哪种说法，都说明了中国古人模仿鸟类制作风筝的历史久远。近几十年间，仿生学发展迅速，已经发展出结构仿生、材料仿生、力学仿生、分子仿生、能量仿生、信息与控制仿生等诸多方向。仿生学的多学科交叉特性是推动科技创新及社会进步的不竭动力，是突破传统技术局限性的破局者，是解决复杂工程难题的有效武器。仿生学已经在建筑、医疗、工业、航空航天、农业机械、军事等领域获得应用，未来也将在更多领域贡献力量。

表面污染内涵：微生物、植物、动物、灰尘、油脂、无机 / 有机颗粒、液体等在物体表面附着，进而超出物体的承载力或改变物体表面的正常状态，破坏物体表面或使物体无法正常工作，是困扰人类社会发展的一大难题。例如，海洋中的细菌、藻类等会黏附在船体表面造成海洋生物污损，降低船速，加速表面腐蚀；医疗器械表面的细菌附着可能带来传播疾病的风险；传感器光学窗口表面沉积的灰尘、水膜会影响检测精度；日常生活中，墨水、果汁等液体容易在纸张、衣物、桌面等表面残留。

仿生防污材料内涵：通过研究自然界生物（如荷叶、鲨鱼、贝壳等）的防污原理，进而模仿、设计，最终获得达到或超越生物原有防污功能的人造材料，称为仿生防污材料。仿生防污材料可实现对灰尘、颗粒、微生物、液体等多种污染物的驱离，或达到对微生物的杀灭，最终实现防污效果。通过对仿生防污材料的针对性设计，可实现仿生防污材料在海洋工业、医疗卫生、文物保护、公共交通内饰、光学窗口、日常物品等领域的应用。

15.1.2 仿生防污材料的分类、优势和特点

（1）仿生防污材料的分类 仿生防污材料大致可以分为 6 类，如图 15-1 所示。

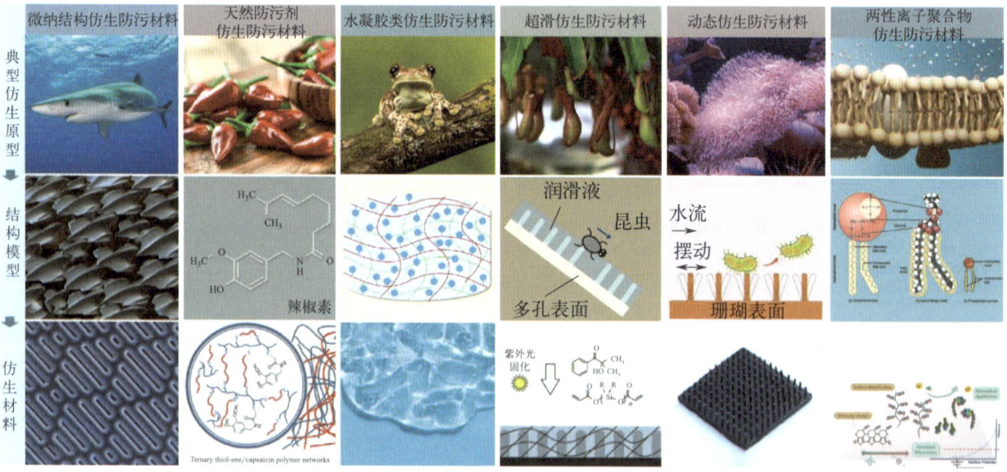

图 15-1 仿生防污材料的分类

① 微纳结构仿生防污材料　荷叶和鲨鱼皮肤是比较典型的利用微纳结构防止表面污染的例子。荷叶表面的微纳分层结构，再加上表面的蜡质，使得荷叶表现出超疏水性和低接触角滞后的性质，水滴在其表面极易滚落，从而带走表面的污染物。由于荷叶上的水膜和污染物会减少气体交换和阳光透过率，所以这种自清洁特性提高了光合作用的效率，这种自清洁特性被称为荷叶效应（Lotus Effect）。鲨鱼皮肤虽然不是超疏水的，但其表面微纳结构的存在，降低了污损生物的附着力，使得附着的污损生物极易脱落，从而达到防污的目的。除此之外，还有众多的动植物具有微纳结构防污表面，如水稻叶、水黾、芦苇、壁虎爪、甲虫、弹跳虫、花生叶等。通过模仿各种各样的微纳结构，研究人员开发出了诸多的微纳结构制造技术，如电化学沉积、气象沉积、模具法、刻蚀法、静电植绒、化学反应、增材制造、机械微加工、自组装等。通过这些先进技术的开发和利用，获得了诸多微纳结构仿生防污材料。

② 天然防污剂仿生防污材料　人类早期杀死表面微生物的方法通常是在现有材料中添加有毒的物质（如有机锡、金属氧化物、抗生素等），然而随着有机锡等对环境的负面影响及细菌对抗生素耐药性的发现，这些方法逐渐被淘汰或禁用。生物在长期进化过程中，为了抵抗细菌感染，进化出了一些天然的防污剂，用来杀死细菌；还有一些生物会分泌化感类物质（如酚类、萜类、生物碱等），用来对其他物种（包括微生物）产生直接的或间接的伤害。基于“从自然中来为自然”的原则，人们从海洋无脊椎动物（如海绵、珊瑚、海鞘、贻贝、苔藓虫等）、海洋植物（如巨型藻、海草等）、海洋微生物（如细菌、真菌等）、陆生植物（如辣椒、大蒜、角果木、金荆花等）等提取了数百种化合物用于测试其防污性能，取得了一些防污效果较佳的天然化合物（如辣椒素）。由于从生物体中提取化合物的流程复杂、成本较高，且有些动物、植物为保护性生物不应被使用，现在也有许多研究通过化学合成的方法来直接合成这些化合物或化合物的衍生物，并取得了一定的进展。

③ 水凝胶类仿生防污材料　鱼类和两栖动物表皮黏液在抵抗细菌附着和提供保护方面发挥着重要作用。黏液的主要成分是一种被称为黏蛋白的天然水凝胶，与人工合成的水凝胶类似。黏蛋白表现出柔软亲水性，在水中形成凝胶。水凝胶是一类极为亲水的含有交联三维网络结构的聚合物，可以吸收大量的水。亲水表面易形成氢键或静电诱导的水化层，水化层形成了对微生物的物理屏障，微生物突破水化层接触到表面需要巨大的能量。此外，由断裂力学可知污损生物在弹性模量较低的材料表面附着强度较低，因此水凝胶表面不利于微生物的附着。鉴于这些优点，人们对水凝胶涂层在海洋防污应用、医疗抗菌应用中的作用进行了广泛的研究。水凝胶种类多样，凡是水溶性或亲水性的高分子材料，通过一定的化学交联或物理交联，均可以形成水凝胶。常见的天然水凝胶材料包括纤维素、淀粉、海藻酸、壳聚糖、琼脂等，合成的水凝胶包括聚丙烯酸、聚丙烯酰胺、聚甲基丙烯酸、聚乙烯醇等。由于水凝胶在水中容易膨胀吸水，因此其力学性能较差，在水中长期使用时容易被有机物、泥沙等覆盖，其长效性存在问题。近年来开发的新型健壮水凝胶、聚合物刷改性水凝胶和纳米复合水凝胶，正在逐步解决这些问题。

④ 超滑仿生防污材料　猪笼草是一种肉食性植物，其捕虫瓶瓶口边缘非常光滑，昆虫极易滑落其中从而被其消化。研究发现，其超滑特性在于瓶口边缘的微纳多孔结构，同时微纳

多孔表面铺展着一层润滑液，具有这种结构和特性的表面被称为超滑液体注入表面（slippery liquid-infused porous surfaces, SLIPS）。超滑表面是如此光滑，具有排斥各种液体的能力，并且物理损伤后能迅速恢复排斥液体的能力，被认为几乎可以抵抗任何污染物的附着，且能承受高压。在海洋中，超滑仿生防污材料存在多种防污机制，主要包括：润滑液作为物理屏障阻碍细菌等接触到表面；通过欺骗贻贝的机械感应能力降低其附着；降低污损生物的附着力；对污损生物产生的化学信号进行阻断；自清洁特性；润滑液形成的分子级光滑表面等。超滑仿生防污材料表现出对金黄色葡萄球菌、大肠杆菌、硅藻、孢子、腺介虫、贻贝等污损生物优秀的防污能力，在实验室测试中防污能力优于超疏水表面，在实海测试中防污能力优于国际油漆公司（International Paint）的商用防污涂层 Intersleek900（IS900）。

⑤ 动态仿生防污材料　在海洋中，当壳状珊瑚藻表面污损生物较多时，其会进行蜕皮（上表皮脱落）来移除表面附着的污损生物。这种蜕皮现象在节珊瑚藻类、红藻、褐藻、绿藻、珊瑚等表面也被观察到。此外，海豚、领航鲸等一些大型的海洋动物皮肤也存在上表皮脱落现象，用于减少附着的污损生物。这些生物的共同特点是不断更新的皮肤表面，使得污损生物难以附着。自抛光和可降解共聚物的机理与生物上表皮脱落相似，其表面不断更新以去除附着的污损生物。这些聚合物材料大多含有丙烯酸或聚氨酯共聚物，它们在海水中可以降解或水解，实现一种动态更新的表面，海洋现场试验结果令人满意，前景广阔。近年来出现的超支化聚合物防污材料也具有良好的应用前景，其降解速率可以得到较好的控制，实现防污性能和使用寿命的平衡，并且具有生物降解能力，避免了微塑料对海洋环境造成危害。

有些生物（如海豚和软珊瑚）也表现出优秀的防污能力。这些生物的共同特点是它们具有柔软或有弹性的皮肤，在流体激励作用下，它们的皮肤会产生形变，形成不稳定的皮肤表面。污损生物在附着过程中需要识别合适的基质表面，而一直产生形变的不稳定动态表面增加了它们识别的难度。此外，附着的污损生物在连续动态变形下很容易从表面脱离。受这种现象启发，采用硅橡胶、聚二甲基硅氧烷等弹性体作为基材，开发电致变形、气致变形、流体激励变形等防污表面，取得了一定的进展。

⑥ 两性离子聚合物仿生防污材料　脂质双分子层（lipid bilayer）是细胞膜的重要组成部分，脂质分子类型主要为磷脂酰胆碱，占总细胞膜的 50%。磷脂酰胆碱头部是两性离子，带有相反的电荷，数量相等，具有电中性。此外，两性离子由于其极性而具有亲水性。1980 年左右，磷脂酰胆碱头部被发现可以抗血栓形成。两性离子聚合物在其聚合物链上具有相同数量的阳离子和阴离子，研究发现两性离子聚合物具有降低血小板和蛋白质黏附的能力。由于海洋微生物如细菌和硅藻分泌胞外聚合物（主要是蛋白质、多糖、RNA 和 DNA）来促进黏附，贻贝和藤壶依靠其分泌的蛋白质黏合剂附着在表面上，因此，两性离子聚合物可以干扰污损生物和表面之间的蛋白质附着，其在海洋防污中的应用潜力引起了人们的极大关注。由于其特性，两性离子聚合物也被广泛应用于医疗材料。几种阳离子（如季铵、季磷、吡啶和咪唑）和阴离子（如磺酸盐、羧酸盐和磷酸盐）已被用于制备两性离子聚合物。研究最广泛的两性离子聚合物是磺基甜菜碱、羧甜菜碱和磷胆碱），它们具有良好的生物相容性，已被用于生物传感器、导丝和导管以防止微生物的定殖。在海洋防污领域，也已经证明两性离子聚合物可以抵抗蛋白质、细菌、藻类、藤壶等的附着，然而其防污机制并不明确，主要有能量势垒、

防止离子耦合吸附、空间排斥效应等观点。

（2）仿生防污材料的优势和特点

① 科技属性更高　生物在亿万年的进化过程中，为了更好地适应环境，通常以尽可能小的消耗达到最大的效率，为了平衡自然生态，其生存策略具有环保性，是防污材料设计的最佳模仿对象，是提升防污材料性能的创新技术来源。仿生防污材料是科技研究前沿，分析其功能需要利用先进的研究技术，例如高速摄像机、电子扫描显微镜、红外光谱仪、拉曼光谱仪、原子力显微镜等先进的仪器。制备仿生防污材料需要先进的制造技术，例如激光刻蚀、增材制造、静电植绒、化学气相沉积等。获得的防污新原理、新技术、新材料科技属性高，可以显著促进企业的创新能力和产品科技水平，引领防污材料行业的快速发展。

② 防污性能更好　生物为了适应多变的自然环境，往往进化出了多重且高效的防污策略，例如珊瑚可以通过分泌天然防污剂、触手摆动、低表面能皮肤、发射荧光、蜕皮等方法减少污损生物的附着，受这些多重防污策略启发而设计的仿生防污材料可以实现高效且持久的防污效果，降低了单一防污策略失效的风险，从而更好地适应不同海域、不同季节的海洋环境。此外，生物通常具有自修复功能，生物机体的破损可以通过生物体的调节更新，受这种现象启发的自修复仿生防污材料，在恶劣环境中材料可以做到自修复自更新，从而获得更持久的防污性能。

③ 更环保　生物在长期进化过程中，周边生态环境往往比较稳定，其生存策略会平衡对环境的影响，受这些策略启发设计的防污材料，对环境更加友好。天然物质材料的自然循环特征明显，例如草木死亡后，其体内有机物、无机物会通过自然循环降解，并被其他动植物吸收。基于大自然进化出的仿生防污策略，结合无毒、可降解新材料的开发，所获得的仿生防污材料更加环保，有益于人类社会的可持续发展。

④ 工程应用前景更好　人类面临的表面污染问题日趋严重，仿生防污材料的研发具有明确且紧迫的应用需求。健康领域：随着人们对公共设施表面传播细菌、病毒等微生物的担忧，对环保、长效仿生防污材料的需求日益剧增。海洋领域：海洋是世界各国争相开发的关键区域，也是经济纷争激烈的区域，海洋经济的繁荣、远海护航的震慑力都依赖于海洋工程装备、海洋武器装备，广谱、长效的仿生防污新材料是维持上述装备正常运转的首要条件。新能源领域：为防止灰尘、油脂等附着在太阳能发电板表面从而显著降低光电转化效率，对新型仿生防污材料的需求与日俱增。交通领域：太空舱、飞机、高速列车等运输工具内部设施均需要考虑各种各样的防污问题，因此对仿生防污新材料也将会有大量需求。

15.1.3 仿生防污材料的应用背景情况

仿生防污材料是解决表面污染的有效途径，当前仿生防污材料已经在以下领域获得研究和应用，见图 15-2。

（1）海洋防污应用　海洋生物污损指的是细菌、藻类、藤壶和贝类等海洋污损生物在水下表面的定殖和生长。海洋生物污损可增加船体重量，增加船体表面粗糙度，增加航行阻力，降低航速，导致过量燃料消耗，产生更多温室气体和有毒气体（如 CO_2 和 SO_2）的排放，从

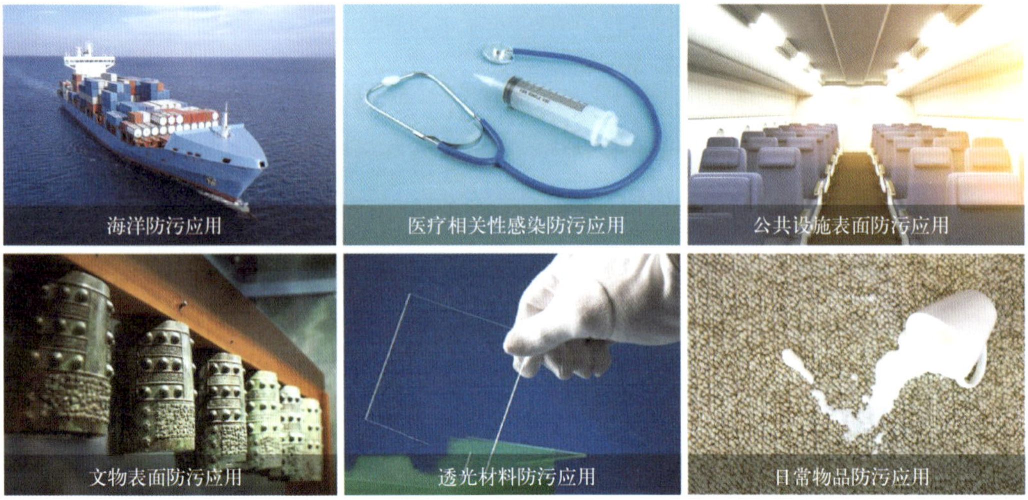

图 15-2　仿生防污材料的应用领域

而影响全球大气环境；污损生物随船全球航行，到达新的海域时，容易引起海洋生物入侵；养殖网箱上的海洋生物污损会降低水流通量，造成养殖对象死亡，增加网箱重量，最终破坏网箱；污损生物会引起表面化学、离子类型、pH 等的局部变化，引起微生物腐蚀；生物污损影响水下传感器精度，甚至导致其失效。据统计，海洋生物污损造成的损失每年达 150 亿美元。传统防污材料，例如三丁基锡（tributyltin）类防污材料，由于对环境的负面影响逐渐被世界各国禁用，防污材料中的氧化铜（CuO）含量，在美国的一些州和波罗的海等部分海域也被严格限制。仿生防污材料环保优势明显，美军海军资助的受鲨鱼启发的 Sharklet 防污材料已经应用在海洋防污领域；我国香港科技大学钱培元教授受海洋链霉菌代谢物的活性化合物启发，对其化学结构进行改造，开发的丁烯酸内酯类防污剂（butenolide）也成功实现应用转化，在海洋防污领域得到应用。

（2）医疗相关性感染防污应用　医疗相关性感染（healthcare-associated infection, HAI）指的是病人或医院工作人员在医院内获得的感染，其中三分之二是由医疗操作中使用医疗器械引起的感染。医疗器械表面的污染包括活体微生物在医疗器械表面的定殖、生长，以及死体微生物和环境中无机、有机颗粒在表面的附着。活体微生物的生长，会增加病人感染的风险，甚至危及病人生命。医疗器械表面的死体微生物虽然不具备感染能力，但其代谢产物（如毒素）仍然存在，一般的消毒方法并不能破坏这些代谢产物，病人接触这些物质时，可引发异常反应，甚至昏迷、死亡。医疗器械表面微生物污染与医院院内获得性感染密切相关。作为预防性措施，一些防污（抗菌）材料已经应用在医疗器械表面。欧美国家也相继发布了一些行动计划和措施来减少 HAI。仿生防污材料具有优异的抗微生物附着能力，而且具有生物相容性，可减少人体的异常反应，如 Sharktlet 仿生防污材料、受猪笼草启发的医疗导管材料等，在医疗相关性感染领域已经获得应用，相信在未来将会具有更为广阔的应用前景。

（3）公共设施表面防污应用　交通工具内饰、公共坐便器、电梯按钮、银行服务触摸屏、门把手等公共设施表面被人们频繁接触，表面黏附的油脂、灰尘、蛋白质碎屑等为微生物的繁殖提供了良好的基质。数据显示，车内的细菌可达数千种，总量超过十亿个，方向盘表面的细菌附着种类可达 800 余种。这些表面的微生物繁殖增加感染性疾病传播的风险，也增加了清洁、消毒等维护的频率。当前设备厂商已经注意到表面污染的问题，汽车内饰、方向盘、鼠标等表面已经开始采用相关的仿生防污材料。

（4）文物表面防污应用 露天文物和室内未遮罩文物表面因为易潮湿，易被灰尘、鸟类粪便和微生物孢子等附着，使得文物表面受到大气污染物、微生物繁殖等的影响，进而引发文物表面局部微环境改变，造成文物表面损坏。例如，我国的石窟、摩崖造像总计超 250 处，《世界遗产名录》中的敦煌石窟、龙门石窟、云冈石窟等，均存在水患、结构失稳、表面风化、污染物 / 酸雨侵蚀等多个问题。我国多个科研机构，如哈尔滨工业大学、西北大学、华南理工大学、中南大学等对仿生自清洁文物保护材料进行了研究，取得了一些成果；此外，我国的一些防污材料公司，如洛阳量子纳米科技有限公司，也有相关的仿生防污文物保护材料在生产和销售。

（5）透光材料防污应用 交通工具车窗玻璃、太阳能面板表面玻璃、传感器光学窗口等表面易受灰尘或者污浊的液体（如泥水、油水混合物等）的附着。交通工具（如火车、飞机）的车窗玻璃的污染会影响司机视线，降低交通工具内部的光线，影响乘客的乘坐体验；太阳能面板表面玻璃的污染会显著降低太阳光透过率，从而影响光电转化效率；传感器的光学窗口发生污染时，光线无法有效透过，使得传感器精度降低，甚至失效。因此，模仿生物的自清洁原理，将自清洁技术应用到透光材料中可以降低透光材料表面的污染。英国皮尔金顿玻璃公司、日本旭硝子公司、日本东陶机器株式会社等先后成功研制了仿生自清洁玻璃，并批量推向市场。国内的中科纳米技术工程中心有限公司、江阴莱恩创科自清洁玻璃有限公司等也有类似的产品问世。

（6）日常物品防污应用 在日常生活中，经常发生果汁、油脂、墨水、牛奶等洒落在衣物、桌面、纸张等表面，这些污染不仅会影响物品美观，降低使用寿命，在某些情况下也会造成不可逆的损害，造成经济损失，影响生活品质。军队士兵衣物、民用户外服装也要考虑恶劣环境下的使用场景，需要具备防污、防水等功能。模仿荷叶的自清洁功能，杜邦特氟龙面料、山东鲁泰纺织自清洁面料，都已经成功应用在服装制造领域。

15.1.4 对国家发展战略及经济和国防建设的重要意义

《中华人民共和国国民经济和社会发展第十四个五年规划和 2035 年远景目标纲要》中提出，积极拓展海洋经济发展空间，加快国防和军队现代化；党的二十大报告提出，发展海洋经济，保护海洋生态环境，加快建设海洋强国。积极拓展海洋经济发展空间，加快国防和军队现代化建设，维护海洋领土安全，对实现中华民族的伟大复兴具有重要的战略意义。发展仿生防污材料对国家发展战略及经济和国防建设意义重大，主要体现在以下几点：

（1）对国家发展战略及经济的意义 中国海总面积 493 万平方千米，大陆海岸线长 1.8 万千米，岛屿海岸线 1.4 万千米，是典型的海洋大国。海洋事业关系中华民族的生存发展状态，关系国家兴衰安危，是国家发展的重大战略。然而在探索海洋过程中，多种与海洋相关的装备和设施，例如钻井平台、海洋牧场、船舶、跨海大桥、码头、海底管道、沿海电力设施等均受海洋生物污损的影响。装备设施表面海洋生物污损导致部件的效能下降、运行稳定性降低、安全性骤降，进而产生过高维护成本和巨大的经济损失。全球范围内，船舶表面生物污损造成的航行成本增幅可达 220 亿～ 2040 亿美元。据资料显示，2021 年我国海水养殖产业规模达 2025.51 千公顷，年产值 4301.7 亿元。有数据估算，生物污损每年可以给海水养殖业带来 5% ～ 10% 的经济损失。海洋生物污损发生时，会产生局部微环境的变化，进而加速海洋装备表面的腐蚀。2014 年我国腐蚀成本约占当年国内生产总值（GDP）的 3.34%，而海洋腐蚀造成的经济损失约为腐蚀总损失的 1/3。

发展仿生防污材料为与海洋相关的装备和设施提供防污保护，可有效减少海洋生物污损引发的经济损失，从而更快、更好地开发利用海洋资源来发展海洋经济，拓展国土开发空间，提高中国在世界各国经济中的主导地位。发展仿生防污材料新理论、新方法、新技术，把获得的新技术进行产业化探索，可以提升我国尖端科技创新能力和相关产业的升级发展，加快新旧动能转换，打造新的经济增长点，为海洋经济的发展注入新的活力。仿生防污材料绿色环保，强调人与自然和谐共生，发展仿生防污材料有助于构建海洋命运共同体，促进实现海洋环境的共同维护，服务我国“一带一路”建设海上合作设想，凸显我国大国担当。

（2）对国防建设的意义 当前，世界百年未有之大变局加速演进，国际力量对比深刻调整，不确定因素增多，我国维护海洋领域安全面临极大的挑战。潜艇、舰船、水下探测器等武器装备与海洋工程装备长期服役在高盐、高湿度及海洋生物富集的环境中，装备表面生物污损会造成表面粗糙度增加，进而增加损失。有数据显示，仅数百微米厚的生物被膜可以使表面阻力增加 70%，当严重污损发生时，航速下降可达 86%。航速的下降，严重影响军事装备的机动性和战斗力；另一方面，表面海洋生物污损大大增加了装备维护的成本，降低了装备的在航率。严重情况下，海洋生物污损加速表面腐蚀，造成海水管系、舰船表面的破裂，严重威胁操作人员的安全。

由于传统有毒防污材料的负面影响，我国相继发布了一些针对防污材料的标准和法规，例如 GB/T 6822—2014《船体防污防锈漆体系》、HJ 2515—2012《环境标志产品技术要求　船舶防污漆》，以及交通运输部在 2011 年发布的关于《控制船舶有害防污底系统国际公约》在中国生效的通知，用以规范有毒防污材料的使用。然而，由于绿色环保的替代产品较少，当前我国主战舰艇使用较多的为含锡型自抛光防污漆、含有毒氧化铜防污漆等，虽然这些防污材料的毒性已经大大减弱，但对环境仍存在一定的负面影响。国家海洋局编写的《中国海洋 21 世纪议程》明确提出，我国要积极开展长活性、无污染防污涂层等新型涂料的开发研究和产业化工作。仿生防污材料绿色环保、高效，有望逐步取代传统防污材料在海洋军事装备领域的使用，增强我军海洋装备的科技水平和作战能力，为实现中华民族的伟大复兴添砖加瓦。

15.2 仿生防污材料产业的国际发展现状及趋势

当前仿生防污材料产业发展能称之为规模化的主要包括海洋领域、医疗健康领域、玻璃行业等。

15.2.1 海洋领域仿生防污材料产业发展现状及趋势

西方国家有着发达的航海历史，从公元 13—15 世纪的哥伦布航海时代，到 16—18 世纪通过海战进行殖民扩张时代，再到第一次、第二次世界大战期间，对舰艇防污材料的需求非常大，所以西方在此领域投入的研究较早，但使用的材料大多数含有毒物质。2001 年，国际海事组织（IMO）发布三丁基锡类材料的禁用令，无毒仿生防污材料正式成为研究的热点（图 15-3）。根据区域划分，全球防污材料的市场分为北美、亚太、欧洲、拉丁美洲、中东和非洲，预计亚太地区将主导全球海洋防污材料市场，仿生防污材料的市场虽然没有明确统计数据，但由于其具有绿色、长效、广谱等特点，在多个国家和地区颁布环境保护政策以及对有毒防污材料的强制性禁用法规背景之下，仿生防污材料市场预计将会显著增加。

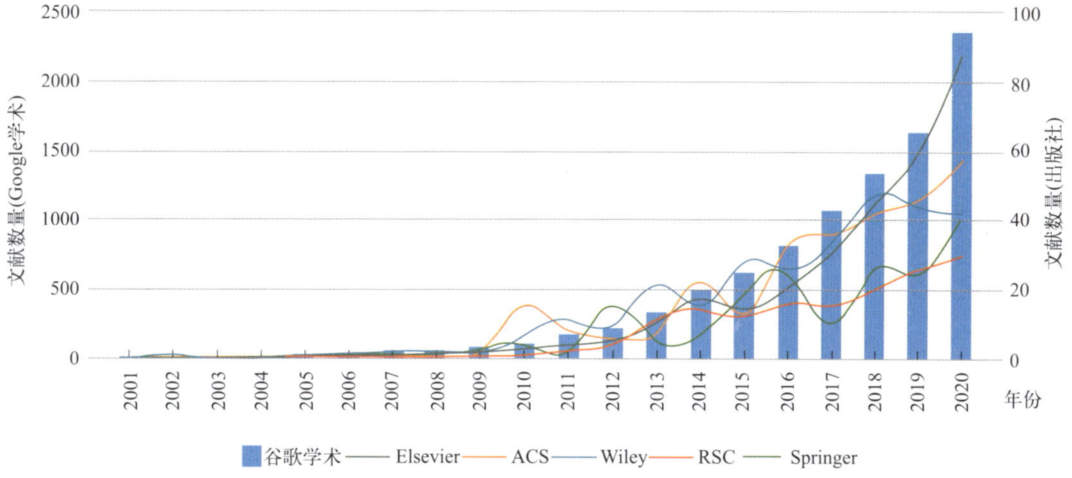

图 15-3　仿生防污材料文献数量变化

在北美，美国为海洋防污材料的第一大市场，并诞生了 PPG、BASF 等著名涂料公司。2000 年，美国海军曾委托佛罗里达大学的安东尼・布伦南（Anthony Brennan）教授解决军舰生物污损问题，使得仿鲨鱼皮肤 Sharklet 防污技术产生，安东尼・布伦南随后成立了 Sharklet 技术公司进行商业化探索，并使其在海洋防污领域得到应用。随后 Sharklet 公司把该技术应用于医疗器械表面抗菌，并于 2011 年获得美国国家卫生研究院（NIH）/ 国家糖尿病、消化和肾病研究所 120 万美元的小企业创新研究第二阶段拨款，用以继续研发基于 Sharklet 技术的导尿管。加拿大是北美海洋防污材料的第二大市场。加拿大国防研究与发展部（Defence Research and Development Canada）每隔 5 年便会发布一次先进防污技术调查报告，以便对现有技术在加拿大皇家海军舰艇的潜在应用进行评估。欧洲多个国家在仿生海洋防污领域的研究和投入较多，研究成果和相关产业的公司产品线也较为丰富。例如 2020 年，欧盟为 AIRCOAT 项目资助了 530 万欧元，用来研究基于仿槐叶萍（Salvinia）超疏水、超稳定气垫策略的海洋仿生防污材料开发；欧盟与生命计划（LIFE Programme）共同资助，吸引意大利

Azimut Benetti 集团、罗马 Tor Vergata 大学、Colorobbia Consulting 公司等的共同参与，使用两亲性材料模仿生物皮肤的表面微纳结构，最终获得优秀防污能力的环保仿生防污材料。基于对海洋防污材料丰硕的研究成果，欧洲诞生了多家世界领先的海洋防污材料公司，如荷兰 AkzoNobel NV、挪威 Jotun、丹麦 Hempel AS 等，这些公司的产品，如自抛光防污材料、低表面能防污材料，均能在生物界找到仿生原型，仿生防污材料的市场发展也吸引了防污涂料公司更多的投入。

15.2.2 医疗健康领域仿生防污材料发展现状及趋势

在医疗健康防污（抗菌）领域，西方在仿生防污材料研究方面投入也较早。早在 2003 年，加利福尼亚大学伯克利分校 Messersmith 研究小组就成功研制了儿茶酚、多巴胺、肽类等防污材料，这种利用生物化合物合成的防污材料，可以有效降低蛋白质和细胞的吸附。另一种研究较多和市场规模较大的防污材料是仿生纳米材料，据估计，2020 年全球纳米材料市场规模为 71 亿美元，到 2026 年将达到 121 亿美元。由于 Covid-19 的大流行，全球对防污（抗菌）材料的需求剧增，仿生防污材料的前景广阔。欧盟、日本、韩国等国家和地区均向纳米材料的研究投入了较多的资金。具有仿生纳米形貌的材料作为一种较为火热的研究方向，世界各国投入了大量的研究资金，这种材料通过机械抗菌的方式驱赶细菌不表面的附着，理论上细菌不易产生耐药性，然而其也存在一些缺陷，例如大规模生产纳米尺度的材料，仍是一个工程挑战；此外，作为矫形或牙科植入材料，其耐用性和耐腐蚀性仍达不到可接受的程度；作为生物医用材料，其还需要满足生物细胞兼容的要求，因此其医学应用前景仍需要进一步探索的。当前，这些缺陷也在逐步被克服，有理由相信在不久的将来，这些仿生防污材料将在医疗防污（抗菌）领域大放光彩。

15.2.3 玻璃行业仿生防污材料发展现状及趋势

自然界中存在一些超亲水现象，例如紫花琉璃草、泥炭藓叶子表面具有超亲水特性，水滴在其表面能够快速铺展，有利于叶面的自清洁和蒸腾作用，增加光合作用效率。随着二氧化钛（TiO_2）光致超亲水现象的发现，基于 TiO_2 技术的涂层被广泛应用于玻璃的自清洁、防雾中，这种亲水自清洁技术在玻璃市场占主导地位。自然界中也存在超疏水现象，典型的如荷叶的自清洁效应，表面污染物很容易被滚动的水珠带走，基于这种技术开发的自清洁材料也被用于玻璃表面。据 Market Data Forecast 统计，截至 2021 年末，自清洁玻璃市场的全球份额约为 1 亿美元，并将以 6.5% 的年增长速率增长。按地区划分，全球自清洁玻璃市场可分为北美、欧洲、亚太、拉丁美洲、中东和非洲，其中欧洲地区主导了全球市场份额。据欧盟委员会统计，大约有 570 个相关项目已经注册，预计获得 6000 万欧元的投入，将促进自清洁玻璃在建筑、汽车、太阳能电池板等领域的防污应用。当前，全球最大的 5 个自清洁玻璃厂商为 Pilkington、Saint-Gobain、Tuffx Glass、Cardinal Glass Industries、Morley Glass & Glazing ltd。预计未来几年，中国和印度汽车产量的增长将推动亚太地区对自清洁玻璃的需求，自清洁玻璃研发和市场份额预计会显著增长。

15.3 仿生防污材料产业的国内发展现状及平台布局

15.3.1 仿生防污材料国内产业发展现状

（1）海洋防污领域 新中国海洋防污材料的发展始于1966年创立的“四一八”舰船涂料攻关组，经历了从无到有，从仿到创的历史。20世纪90年代后期，我国浙江、江苏等东南省份通过引进国外防污技术，进行试制和改进，逐渐形成了一大批有活力的船舶材料生产商。然而，国内的海洋防污材料市场一直被国际跨国公司所垄断，在“十二五期间”，国内市场占主导地位的生产企业为Jotun、IP、CMP、Hempel和PPG。我国自有品牌海洋防污材料产品只能在军事舰艇和近海小型渔船市场中应用。2007年以前，我国的海洋防污材料主要使用的是双对氯苯基三氯乙烷（常称为滴滴涕、DDT）、氧化铜等有毒物质作为微生物杀灭剂。随着环保意识的增强，我国采取系列政策、技术改革，控制有毒防污材料的使用及推进环保防污材料的研发，如2007—2014年“中国用于防污漆生产的滴滴涕替代”项目的实施，实现了每年淘汰250吨DDT的目标，2015年起针对挥发性有机化合物（VOC）开始征收消费税，将防污涂层材料框在消费税征收范围内。党的十八大以来，中国在生态文明建设上取得了举世瞩目的成就，更是将发展绿色防污材料作为基本国策。为了满足日益严格的环保要求和相关法规，研发新型仿生防污材料成为重要的发展方向。国内市场占有率较大的公司有中涂化工（上海）、上海国际油漆有限公司、山东乐化集团、江苏兰陵高分子材料有限公司、江苏（南京）长江涂料有限公司等，这些公司相继开发了可降解型、自抛光型、低表面能型、环保防污剂等新型防污材料。这些环保型防污材料也受到其他公司的关注，并推出了类似的产品，如志盛威华ZS-533自洁涂料、海悦996无机硅树脂长效防污涂料。我国是世界三大造船大国之一，每年有超过3000万载重吨的船舶需要维护，仿生防污材料市场巨大。

近年来，国家各部委也对海洋防污材料的研究给予了大规模的资助，并在仿生防污材料领域取得了丰硕的成果。吉林大学任露泉院士团队田丽梅课题组承担了多个装备发展部装备预研项目的任务，相继研发了受海豚、珊瑚、荷叶、生物自修复功能启发的仿生防污材料；中国科学院海洋研究所段继周课题组承担了丝绸之路科学基金项目、中国科学院基础前沿科学研究计划“海水腐蚀与生物污损控制创新技术研究”，开发了生物酶、纳米等仿生防污材料；中国科学院理化所王树涛课题组承担国家自然科学基金、中国科学院重点研究项目、国际合作计划等项目，开发了受青苔启发的仿生黏滑防污材料；华南理工大学张广照课题组开发了可降解、水解的聚氨酯、聚丙烯酸酯、超支化聚丙烯酸酯等防污材料，相关产品已经规模化应用；哈尔滨工程大学陈蓉蓉课题组受装备发展部、科工局、国家重点研发等项目资助，相继开发了自抛光型、低表面能树脂、自愈合等仿生防污材料；中国科学院深圳先进技术研究院与厦门大学受国家重点研发计划资助，开发了天然产物喜树碱（CPT）类防污材料；浙江大学张庆华课题组受国家重点科研计划项目、自然科学基金项目资助，开发了受盲鳗、海蛞蝓等启发的仿生防污材料；大连海事大学张占平课题组受交通运输部资助，研发了仿生荧光无毒防污材料；海洋涂料国家重点实验室受“973 计划”资助，研发了仿海豚皮防污材料；中国科学院江雷团队郭兴林课题组研发了水凝胶类防污材料；中国科学院宁波材料研究所受“973 计划”资助，研发了仿生微纳结构防污材料；香港科技大学钱培元课题组受海洋真菌次级代谢产物启发，开发了丁烯酸内酯类防污剂，并获得国家自然科学奖二等奖，之后成立了相关的科技公司进行市场推广。国内海洋防污领域的研究单位众多，还包括中船重工七二五研究所、海洋化工研究院、清华大学、中国农业大学、东北大学、中国海洋大学、北京化工大学、上海海洋大学、集美大学等。但当前的大部分研究成果仍停留在实验室阶段，成果产业转化上存在较大不足。

（2）医疗健康防污领域 我国的医疗健康防污（抗菌）产业始于 1998 年，中国科学院理化所和海尔集团联手，首次推出了抗菌家电产品，并获得极大成功。随后，国家 973 计划、863 计划、重点研发计划、自然科学基金等先后资助了大批抗菌材料的研发。例如，2022 年西北工业大学承担的国家重点研发计划“医用蛋白的绿色生物制造关键技术应用”、自然资源部第三海洋研究所承担的国家重点研发计划“壳聚糖系列抗菌纳米防护材料及消毒剂的研发及产业化”、中国科学院成都有机化学有限公司承担的国家重点研发计划“高性能绿色抗菌环保合成树脂开发及应用”等项目。目前，我国抗菌事业的产值约 1000 亿元，传统抗菌材料通常含有抗生素、金属氧化物等抗菌物质，但随着国家对抗生素类物质的监管，以及金属氧化物类生物兼容方面存在的问题，这些材料的缺陷凸显，仿生防污（抗菌）材料有望突破上述局限。传染性疾病的大流行，人们逐渐意识到对表面微生物防控的重要性，促进了相关产业的快速发展。当前的仿生防污材料在陶瓷、金属、塑料、织物等表面获得应用，相关的企业有连云港杜钟新奥神氨纶有限公司、苏州市威伯琳抗菌材料科技有限公司、上海润河纳米材料科技有限公司、江西赣大材料技术研究有限公司、北京崇高纳米科技有限公司、中科先行工程塑料国家工程研究中心股份有限公司等。

（3）玻璃行业 自清洁玻璃具有环保和降低维护成本等特点，对太阳能光伏产业、建筑行业、车用玻璃行业影响巨大。中国是亚太地区最大的自清洁玻璃消费国。消费者对绿色环保建筑的偏好正在改变，这推动了中国自清洁玻璃市场的发展。我国建筑玻璃行业的发展得益于居民收入和支出水平的提高。预计中国在住宅和非住宅领域的建筑支出都将增加，这又将推动自清洁玻璃市场。中国光伏行业协会发布的《2015—2016 中国光伏产业年度报告》中指出，具有防灰、防尘、防污染、易清洁特点的光伏玻璃成为近年来业内关注的重点之一，我国光伏玻璃产业规模全球第一，对自清洁玻璃的需求趋增。我国的玻璃生产企业主要集中在华南、华北、华东等地区，信义玻璃控股有限公司、福莱特玻璃集团、河南安彩高科股份有限公司等玻璃生产商相继推出了自清洁玻璃产品，并取得一定的成功。当前，自清洁玻璃生产成本较高，全球自清洁玻璃市场规模仍然较小，自清洁玻璃市场挑战和机遇并存。技术革新、降低成本、扩大自清洁玻璃的应用范围，是促进我国自清洁玻璃产业发展的有效途径。

15.3.2 国内研发平台布局及建设情况

随着我国对防污材料的重视，先后依托多个重点单位建立了诸多研发平台，在基础领域投入了较多的研究，确保了未来我国在此领域的领先地位（表 15-1 ～表 15-3）。

表 15-1　海洋仿生防污材料领域部分核心平台

平台名称	依托单位
吉林大学威海仿生研究院	吉林大学
海洋环境腐蚀与生物污损重点实验室	中国科学院海洋研究所
海洋工程材料平台	华南理工大学
海洋涂料国家重点实验室	海洋化工研究院
第七二五研究所	中国船舶重工集团公司
南方海洋科学与工程广东省实验室	中国科学院、香港科技大学
海洋科学与技术学院	天津大学
中国科学院兰州化学物理研究所	中国科学院
国家水运安全工程技术研究中心可靠性与新能源研究所	武汉理工大学
中国科学院宁波材料技术与工程研究所	中国科学院
联合化学反应工程研究所	浙江大学
沈阳材料科学国家研究中心腐蚀与防护（联合）研究分部	东北大学、中国科学院金属研究所
海洋化学理论与工程技术教育部重点实验室	中国海洋大学
海洋特种材料工信部重点实验室	哈尔滨工程大学
厦门市海洋腐蚀与智能防护材料重点实验室	集美大学

表 15-2　表面仿生防污（抗菌）材料领域部分核心平台

平台名称	依托单位
仿生材料与界面科学中国科学院重点实验室	中国科学院理化技术研究所
国家纳米科学中心	中国科学院、教育部
工程仿生教育部重点实验室	吉林大学
高分子材料工程国家重点实验室	四川大学
仿生智能界面科学与技术教育部重点实验室	北京航空航天大学
宁波慈溪生物医学工程研究所	中国科学院宁波材料技术与工程研究
中国科学院深圳先进技术研究院	中国科学院
功能高分子材料教育部重点实验室	南开大学
材料先进技术教育部重点实验室	西南交通大学
清华大学天津高端装备研究院	清华大学
高分子科学与工程学系生物医用大分子研究所	浙江大学
胶体与界面化学教育部重点实验室	山东大学
柔性电子研究院	西北工业大学
先进高分子材料研究所	天津大学
北大 - 清华生命科学联合中心	北京大学、清华大学

表 15-3　自清洁玻璃领域部分核心平台

平台名称	依托单位
中科纳米技术工程中心	中国科学院纳米科技中心
中国科学院兰州化学物理研究所	中国科学院
中国科学院宁波材料技术与工程研究所	中国科学院
清华两岸院（常州）自清洁产品工程技术研究中心	清华大学
北京石墨烯研究院	北京大学
硅酸盐材料工程教育部重点实验室	武汉理工大学
量子点和纳米仿生研究室	苏州大学
华东师范大学重庆研究院	华东师范大学
先进玻璃制造技术教育部工程研究中心	东华大学
浮法玻璃新技术国家重点实验室	蚌埠玻璃工业设计研究院、中国洛阳浮法玻璃有限责任公司
特种玻璃国家重点实验室	海南大学、海南中航特玻材料有限公司
发光与光信息教育部重点实验室	北京交通大学

15.4 我国仿生防污材料产业存在的主要问题及发展风险

15.4.1 主要问题

（1）仿生防污材料产业化基地建设不足　产业化基地的建设，可以有效促进人才、基地、成果、项目的协调发展，推动基础研究、技术研发、人才成长、成果转化、市场推广要素的聚集，从而形成完整的产业化链条，促进行业优势特色的加快发展，增强区域或行业的核心竞争力。当前，我国的仿生防污材料产业链条中“小而散”的企业各自为政，高校等科研机构脱离产业化需求“闭门造车”搞研究，或科研机构与企业“点对点”合作无法广泛有效地聚集人才、资金、信息等，以及地方政府对产业基地建设忽视，相关产业仍然是“小打小闹”，无法形成完整的产业链，导致研发的产品缺乏市场竞争力。

（2）科研产出与市场需求对接不准确，市场对仿生防污新材料接受度不高　我国仿生防污材料的研究不缺乏世界性的先进成果，但这些成果大多数来源于各高校和研究所，且主要以基础研究为主，与用户的实际需求对接不上，所研发的仿生防污新材料市场接受程度不高。而站在市场最前端的企业，即便最能了解用户的实际需求，但创新人才缺乏、创新能力相对乏力，企业生产的防污材料体现出的科技含量不高，满足不了用户的需求，与国外先进的仿生防污材料相比，缺乏市场竞争力，总体表现为我国所生产的仿生防污材料市场占有率低，市场接受度不高。

（3）原材料自主创新乏力，导致仿生防污新材料生产成本高 原材料行业自主创新乏力，一直是导致我国材料产业发展艰难的“卡脖子”难题，用以制造仿生防污材料的原材料主要还是依赖进口，导致国产仿生防污新材料的生产成本高、利润低，使得国产仿生防污新材料品牌同国外先进防污新材料相比缺乏竞争力。

（4）研发起步晚，产品类型单一，同质化高，产品竞争力不强 一方面，我国仿生防污材料研发起步较晚，早期投入较少，使得产品类型、性能、科技含量与国外先进产品存在较大差距。另一方面，我国防污材料产品同质化较严重，客户可以轻松更换同类型产品，使得企业无议价权。最为重要的是传统防污材料的成本低，已经可以满足部分市场的需求，用户对高价仿生防污新材料不愿意了解，也不认可，致使仿生防污新材料与普通防污材料相比，竞争力不强。

15.4.2 发展风险

（1）投入与产出不匹配风险 科研经费投入不断增加，最直观的体现就是专利申请数和授权数大幅增长。2012—2021 年，我国专利申请量从 10.6 万件增加到 36.7 万件，增幅达 246.2%，授权量从 6.9 万件增加到 30.8 万件，增幅达 346.4%。2021 年的统计显示，我国科研院所的有效专利实施率为 38.0%, 而高校的有效专利实施率仅为 13.8%。基于统计数据和论文文献的估算，中美两国的科技成果的平均转化率分别为 6% 和 50%。研发和市场需求脱离，使得知识产权无法有效产出，这是制约仿生防污材料发展的风险之一。

（2）产品趋同化风险 当前仿生防污材料商业化产品以低表面能材料和纳米材料为主，微纳仿生材料、天然防污剂仿生材料等产品较少，造成了产品同质化严重。由于小企业、新兴企业的生产规模较小，在成本、利润、市场竞争上无法对行业主导者的同类产品进行挑战，使得产品同质化风险凸显，无法进一步扩大市场。为避免这种风险，应该加大新型仿生防污材料的研发，同时加大新技术、新产品推广力度，提升市场接受度，实现国内企业的弯道超车。

（3）国外企业竞争风险 数据显示，2021 年中国船舶涂料行业的前 5 名为 Jotun、Chugoku、Hempel、AkzoNobel 和 PPG，均为国外品牌，80% ～ 90% 的市场被国外品牌占据，形成垄断态势，中小企业的国产品牌只能在中低端市场中竞争。在全球涂料领域，2021 年销售额前十的企业均为外资企业，合计占全球市场的 46%, 竞争格局相对分散，中国企业仍有较大的成长空间。虽然中国为涂料生产大国，但 2021 年中国涂料进口总额为 17.01 亿美元，同期出口 7.5 亿美元，在国际市场的占比仍然较小。应增加对国内企业的扶持力度，积极引导国内相关产业的发展，同时国内相关从业者应该从经济形势、政策、技术和市场导向为出发点，全方位减少国外企业的竞争风险。

（4）重大投资项目决策失误风险 重大投资项目是实现国家或企业长期发展战略目标的有效手段，是获得科学突破、技术进步和经济提升的重要支撑，对国家和企业的未来发展举足轻重。重大投资项目的批准和实施，是在国际需求分析、国内市场调研、技术可行性分析、建设方案可行性分析，以及经济可行性分析等基础上进行决策的，存在多重风险，如供求关系、产品竞争力、原材料价格，都可能受国家政策、经济环境等影响，有些变化难以预测。其他的风险还包括技术革新风险、管理风险和人才风险等，都需要有足够的防范措施。

（5）上游原材料、设备价格波动风险 仿生防污材料的开发常用的原材料包括基材物质（如硅树脂、聚氨酯等）、填料（如纳米粒子、金属氧化物等）、溶剂和助剂等，这些原料通常占总成本的 90% 以上。这些原材料的供货商大多为国外企业，供应不仅受市场供求关系影响，也受国际关系和政策影响。国内防污材料生产企业往往处于被动局面，只能通过压缩毛利率来取得市场占有率，这影响了产品的竞争力。另一方面，仿生防污材料对先进制造设备依赖程度高，如采用激光刻蚀设备、3D 打印机等进行仿生防污材料的生产，规模化生产和生产成本必然受到这些设备的价格波动影响。2022 年，中国涂料协会发布的《2022 中国涂料行业利润预警》指出：由于原材料价格的快速上涨，中国涂料行业大部分企业已经出现亏损情况。涂料生产企业应该密切关注原材料上游厂商的市场状况，及时调整经营策略来抵抗风险。

15.5 推动我国仿生防污材料产业发展的对策和建议

（1）加大基础创新研究投入，实现新技术突破 党的二十大报告中指出到 2035 年实现高水平科技自立自强，进入创新型国家前列，必须坚持科技是第一生产力、人才是第一资源、创新是第一动力。《中华人民共和国国民经济和社会发展第十四个五年规划和 2035 年远景目标纲要》指出要坚持创新驱动发展，全面塑造发展新优势。创新是实现中华民族伟大复兴的助推器，也是实现各领域高质量发展的基础。仿生防污材料基于仿生科学基础性研究，从源头上创新，并将生物信息、方法、理论、技术应用于工程防污领域，实现技术突破。当前，政府、企业和高校对仿生防污材料的研发投入规模较小，研发人员较为缺乏，领域内的重大科研项目和重大科研仪器研制项目获批较少，资助项目较为分散，资助金额少，难以快速、有效地取得国际领先的技术突破。未来，应加大基础创新研究投入，实现新技术突破。

（2）积极推动产学研结合，加快仿生防污材料产业链基地建设 国家领导人多次强调“要围绕产业链部署创新链、围绕创新链布局产业链，推动经济高质量发展迈出更大步伐”。产学研结合，即企业、高校、科研机构的有机整合，形成创新链、产业链，达到覆盖上、中、下游的完整链条。产学研深度融合是全球技术创新的大趋势，避免了高校、科研机构创新性成果和社会需求的脱节，为企业产品的技术开发和创新提供了有力的支撑。产学研基地的建设也逐渐引起各级政府和企业的重视，并进行了一些尝试。当前我国建设成的常州涂料基地，其集合了高校、科研院所、涂料企业，实现了产学研一体化建设，并承担了多个国家级、省部级项目，取得了多项创新性成果和国际领先的技术。吉林大学威海仿生研究院首期建设已经完成，建成了具有 1.5 万平方米的科研、科教基地及 1 万平方米的中试基地，实现了产学研的有机结合，加速项目成果转化，以仿生创新驱动地方经济，并进一步辐射山东、服务全国。我国加速进行产学研基地建设，有助于联合攻克“卡脖子”关键技术，促进成果的快速、高效转化，推动产业的高质量发展。

（3）调整防污材料产业结构，提升国际竞争力 当前，防污材料产业结构在多个方面存在一系列的问题和挑战。在生产上，原材料、能源、设备成本上存在无法控制和预测的难题，不利于企业的生产率和利润率的提升；在规模上，中小企业数量较多，分散较广，市场占有率低，不具备集中力量办大事的能力，导致单个企业竞争力较弱。此外，产业结构还存在研发投入少、重复建设、管理能力低、生产方式不环保、国际市场份额低等问题。进行产业结构调整，打通上、中、下游，首先要解决我国原材料的自主开发、生产、供应困境，加大科研资金投入，整合中小企业，改进生产方式，对新技术进行市场宣传，提升需求方对新产品的认可，积极开发高端产品，加快产品升级与技术迭代，提升国际竞争力。

（4）对接国家重大发展战略，实现中华民族伟大复兴 发展海洋经济、提升海洋军事装备水平是国家重大发展战略的重要组成部分。当前，我国大部分民用海洋装备、军事装备采用的仍为传统防污材料，存在科技含量低、性能差的问题，是掣肘我国海洋事业发展的重大难题之一。国家领导人强调“把军民融合发展上升为国家战略，是我们长期探索经济建设和国防建设协调发展规律的重大成果，是从国家安全和发展战略全局出发作出的重大决策”。仿生防污材料产业应该瞄准国家发展重大战略需求，积极拓展新技术在海洋牧场、海洋资源勘探、军民两用等装备领域的应用，建立全新的工业基础模式，推动仿生防污材料产业服务国家重大发展战略，实现中华民族伟大复兴。

参考文献

作者简介

任露泉，吉林大学教授，中国科学院院士，吉林大学工程仿生教育部重点实验室学术委员会主任。长期从事仿生科学与工程研究，作为首席科学家先后主持“跃升计划”（1.95亿元）和“仪器开发”（5009万元）两项国家重大专项。申报和授权中国、美国和欧盟发明专利 100 余件。出版著作 5 部。发表 SCI 论文 300 余篇。获省部级以上奖励 12 项，其中国家奖 4 项。组织创建“仿生科学与工程”一级交叉学科、国际仿生工程学会和 JBE。被评为国家级有突出贡献的中青年专家，获振兴东北老工业基地特殊贡献奖、全国五一劳动奖章和吉林省科学技术特殊贡献奖。

田丽梅，吉林大学教授，教育部“重大人才工程奖励计划”特聘教授。长期从事仿生功能表面——流体介质系统增效、减阻、防污、防腐研究工作，提出“谐动防污”新原理，实现仿生减阻技术在泵类产品上的转化。获中国商业联合会科学技术奖一等奖、中国专利优秀奖等。出版专著 1 部。

靳会超，吉林大学工程仿生教育部重点实验室、生物与农业工程学院副教授，博士生导师，吉林大学唐敖庆青年学者。主要从事仿生防污、防腐、抗菌功能表面研究。

第16章

机器学习在纳米材料设计中的应用

闫希亮　刘国红

16.1 机器学习应用于纳米材料设计的背景需求

机器学习是人工智能（artificial intelligence, AI）的一个分支领域，由于其在计算机视觉、语音识别和自然语言处理方面的高度成功，引起了越来越多的关注。在一些以前被认为只有人类才能掌握的领域，例如，较为复杂的战略游戏和医疗图像诊断，机器学习衍生的系统已经显示出人类专家的水平，有时甚至超过人类专家的能力。机器学习这一前沿领域正在继续扩展到许多其他领域，如量子物理学、计算化学和基础生物医学研究。纳米材料具有许多独特的物理化学性质，在能量转换和储存、水生态修复、医疗、数据存储和信息处理等方面显示出良好的应用前景。机器学习也在纳米材料的研究和应用领域掀起了一场革命。

在以往的纳米材料科学中，实验和计算模拟是探索纳米材料的两种主流途径，这两种方法都需要专业的知识。但它们本身就受到实验条件（设备要求高、实验环境极端、实践经验有限等）或现有理论基础（复杂的电子运动、分子动力学、微结构等）的限制。特别是随着化学物质结构复杂性的增加（Lipinski 虚拟化学空间达到 10^{60}），使用这两种传统方法对新的纳米材料及其性能的预测难以实现。因此，迫切需要为纳米材料科学开发一种兼具时间和性能效率的新范式。随着 2011 年材料基因组计划（materials genome initiative, MGI）的启动，材料 4.0 时代已来临。越来越多的纳米材料相关数据库，如纳米粒子信息库（nanomaterial information library, NIL）、Nano-HUB 数据库和调查研究分析制表符格式（ISA-TABNano）得到使用。此外，随着计算能力和算法的提升，机器学习正在为加速纳米材料发现、设计和应用铺出一条可行的路径。虽然机器学习已经展现出了可预测能力，可在人工投入少、省时和高效的情况下进行预测，但同时也为保证纳米材料科学的预测精度带来了新的挑战。

16.2 机器学习的基本步骤

有了机器学习，给定足够的数据和规则发现算法，计算机就有能力在不需要人工输入的情况下确定所有已知的物理定律（以及可能是目前未知的物理定律）。传统的计算方法，计算机只不过是一个计算器，使用人类专家提供的硬编码算法。相比之下，机器学习方法通过评估数据的一部分并建立模型来进行预测，从而学习数据集的规则。我们考虑了构建模型所涉及的基本步骤，如图 16-1 所示，构成了在材料发现过程中成功应用机器学习所需的通用工作流程的蓝图。

图 16-1　机器学习基本流程

16.2.1 数据收集

机器学习包括从现有（训练）数据中学习的模型。数据可能需要初始预处理，在预处理过程中，识别并处理丢失或虚假的元素。例如，无机晶体结构数据库（ICSD）目前包含超过 19 万个条目，这些条目已经过技术错误检查，但仍存在人为和测量错误。识别和消除这些错误对于避免机器学习算法被误导至关重要。公众越来越关注在同行评议的科学文献中发表的实验数据缺乏可重复性和误差传播。在某些领域，如化学信息学，已经制定了解决这些问题的最佳实践和指导。

根据可用数据的类型和数量，机器学习模型的训练可以是有监督的、半监督的或无监督的。在监督学习中，训练数据由输入值和相关输出值的集合组成。该算法的目标是导出一个函数，该函数在给定一组特定输入值的情况下，将输出值预测到可接受的保真度。如果可用数据集仅由输入值组成，则可以使用无监督学习来尝试识别数据中的趋势、模式或聚类。如果有大量的输入数据，但只有有限的相应输出数据，半监督学习可能有价值。

监督学习是这些方法中最成熟和最强大的，并且被用于物理科学中的大多数机器学习研究，例如将化学成分映射到感兴趣的属性。无监督学习不太常见，但可用于更一般的数据分析和分类，或识别大型数据集中以前未识别的模式。

16.2.2 数据表示

尽管原始科学数据通常是数字的，但数据呈现的形式往往会影响学习。光谱学中，信号是在时域中获取的，但为了解释，使用傅里叶变换将时域转换为频域。与科学家一样，机器学习算法可能使用某一种格式比另一种格式能更有效地学习。将原始数据转换为更适合算法的数据的过程称为特征化或特征工程。

输入数据的表示越合适，算法就越能准确地将其映射到输出数据。选择如何最好地表示数据可能需要深入了解潜在的科学问题和学习算法的操作，因为哪种表示方式的选择会带来最佳性能并不总是显而易见的，这是化学系统研究的一个活跃话题。

许多表示可用于编码结构和属性。一个例子是库仑矩阵，它包含关于原子核排斥和自由原子势能的信息，并且对分子平移和旋转是不变的。分子系统也可以用图形来描述。在固态中，使用平移矢量和原子分数坐标的晶体结构的传统描述不适合机器学习，因为通过选择不同的坐标系，晶格可以用无数种方式表示。基于径向分布函数、Voronoi 剖分或属性标记材料碎片的表示是解决该问题的新方法之一。

16.2.3 模型选择

当收集整理好一个数据集之后，就该选择一个模型从数据集中学习了。目前存在广泛的机器学习方法用于模型构建和预测。监督学习模型可以在离散集（如将材料分类为金属或绝缘体）或连续集（如极化率）内预测输出值。为前者建立模型需要分类，而后者需要回归。根据数据类型和提出的问题，可以应用一系列学习算法。使用不同算法的集合或内部参数值不同的类似算法（称为“装袋”或“堆叠”）来创建更健全的整体模型在很多情况下能够达到更理想的预测效果。在此，我们仅介绍一些常见的算法。

朴素贝叶斯分类器是一组基于贝叶斯定理的分类算法，在给定关于问题的先验知识的数据下，来确定最可能的假设。贝叶斯定理提供了一种在给定一组现有数据的情况下计算假设正确的概率的形式化的方法，然后可以测试新的假设并更新先前的知识。这样，可以选择正确呈现数据的概率最高的假设（或模型）。

在 k 近邻法（k-nearest neighbor）中，计算了描述符多维空间中样本和训练数据之间的距离。之所以这样命名，是因为预测的输出值取决于数据中 k 个“最近邻”的值，其中 k 是整数。最近邻模型可以用在分类和回归模型中：在分类中，预测是由 k 个最近邻点中大多数点的类别决定的；在回归中，是由 k 个最近邻点的平均值决定的。

决策树是用于确定行动过程或结果的流程图。树的每个分支代表一个可能的决策、事件或反应。树的结构显示了一个选项如何以及为什么会导致下一个选项，分支表示每个选项都是互斥的。决策树包括根节点、叶节点和分支。根节点是树的起点。根节点和叶节点都包含要解决的问题或标准。分支是连接节点的箭头，显示从问题到答案的流程。决策树通常用于集成方法（元算法），将多棵树组合成一个预测模型以提高性能。

核方法（kernel methods）是一类算法，其中最著名的成员是支持向量机和核脊回归。“内核”这个名称来自内核函数的使用，该函数将输入数据转换为更高维的表示，从而使问题更容易解决。从某种意义上说，内核是由领域专家提供的相似性函数：它接受两个输入并创建一个输出，以量化它们的相似性。

人工神经网络和深度神经网络大致模拟了大脑的运作，人工神经元（处理单元）排列在输入、输出和隐藏层中。在隐藏层中，每个神经元接收来自其他神经元的输入信号，对这些信号进行积分，然后将结果用于直接计算。神经元之间的连接具有权重，其值表示网络的存储知识。学习是调整权重的过程，以便尽可能准确地再现训练数据。

无论是哪种模型，大多数学习都不是完全自主的，至少需要一些指引。内部变量（超参数）的值是使用系统和随机搜索或启发式预先估计的。即使超参数值的适度变化也会显著改善或削弱学习，并且最佳值的选择通常是有问题的。因此，自动优化算法的开发是一个积极的研究领域，将其纳入非专业用户可访问的包中也是如此。

16.2.4 模型优化

当选择了一种学习（或一组学习）并进行预测时，必须评估试验模型，以便优化和最终选择最佳模型。误差有三个主要来源，必须加以考虑：模型偏差、模型方差和不可约误差，总误差是这些误差的总和。偏差是来自算法中错误假设的错误，可能导致模型缺少基础关系。方差体现对训练集中的小波动的敏感性。即使是训练有素的机器学习模型也可能包含由于训练数据中的噪声、测量限制、计算不确定性、简单的异常值或缺失数据而导致的误差。模型性能差通常表示偏差大或方差大。

当模型不够灵活，无法充分描述输入和预测输出之间的关系时，或者当数据不够详细，无法发现合适的规则时，就会出现高偏差（也称为欠拟合）。当模型变得过于复杂时，会出现高方差（或过度拟合）；通常，这会随着参数数量的增加而发生。过度拟合的诊断测试是模型在表示训练数据时的准确性继续提高，而在估计测试数据时的性能保持平稳或下降。

机器学习模型的准确性的关键测试是它对看不见的数据的成功应用。用于确定模型质量的广泛使用的方法包括在训练期间保留随机选择的数据部分。一旦训练完成，这个被保留的数据集（称为测试集）就会显示给模型。然后，验证集中的输出数据被准确预测的程度提供了训练有效性的度量。只有当用于训练和验证的样本代表整个数据群时，交叉验证才是可靠的，如果样本量较小，或者如果模型应用于与原始数据集中的数据非常不同的化合物的数据，则交叉验证可能会出现问题。在这种情况下，需要仔细选择评估模型可转移性和适用性的方法。

16.3 机器学习应用于纳米材料设计的国际发展现状及趋势

16.3.1 机器学习设计具有高催化能力的纳米材料

纳米材料具有较高的催化活性，广泛应用于CO_2、H_2、N_2和有机环境污染物的化学还原，对环境保护和绿色能源设计具有重要意义。纳米材料的催化能力往往由少数几个特定的表面位点决定，而活性位点的设计是实现高性能异构催化剂的关键。表面科学通过对具有良好定义的单晶表面的表面原子排列进行建模来再现催化反应速率。然而，这种方法在原子构型高度不均匀的情况下有局限性，如具有原子级缺陷的合金纳米颗粒。一个使用局部相似性核的机器学习方案解决了上述问题，所构建的机器学习模型可以根据局部原子构型来预测催化活性。双金属催化剂（如镍、镓等）在电化学催化反应中具有广阔的应用前景。机器学习揭示了双金属中心催化剂的氧还原反应（oxygen reduction reaction, ORR）活性是由嵌入金属原子的电子亲和力、电负性和半径等基本因素决定的。由于缺乏能够提供原子级信息的实验技术，跟踪反应条件下的催化剂结构是一个挑战。X 射线吸收光谱（X-ray absorbtion spectra, XAS）对金属原子的局部几何和电子特性非常敏感。通过机器学习分析储存在 XAS 催化剂数据中的大量特定结构信息，可以在实验过程中跟踪催化剂的结构变化。

从水中电化学还原 CO_2 和 H_2 被用来储存可再生能源。然而，电催化剂的搜索空间太大，无法详尽地探索。机器学习则提供了一种完全自动化的筛选方法，即通过结合密度泛函理论（density functional theory, DFT）计算，然后预测电催化剂的性能。在催化剂的高通量筛选中，结合位和能量是非常有价值的描述符。通过集合学习进行全面的结合能预测已经被证明可行，并有望加速催化剂的筛选。机器学习与多尺度模拟和量子力学相结合，被用来预测去合金化 Au 表面上 5000 ~ 10000 个表面位点对 CO_2 还原的催化性能（图 16-2）。这种方法提供了一个强大的工具来预测和可视化金属电催化剂表面的催化活性。

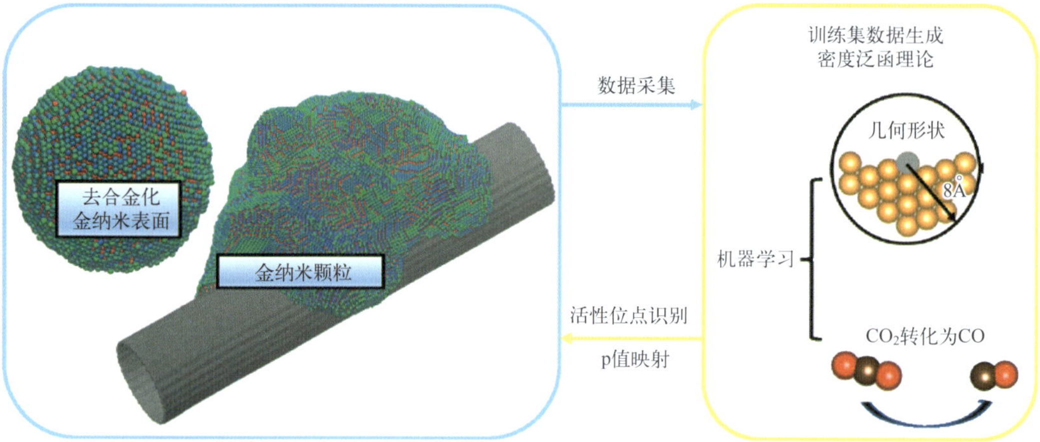

图 16-2　机器学习和分子模拟结合预测去合金化 Au 对 CO_2 还原的催化位点

此外，机器学习加快了催化净水纳米电机的设计，并提高了催化剂性能，以解决不断上升的二氧化碳排放问题。通过机器学习构建的模型可以识别纳米颗粒中影响其环境净化性能的关键特征，如颗粒大小、催化剂类型和长宽比。机器学习方法在许多实际应用中显示出了良好的前景。梯度提升算法是预测纳米马达催化行为的一种有前途的方法，尽管目前这些算法在实践中很少用于纳米领域。不同机器学习模型的组合可用于快速估计虚拟构建的纳米材料的功能特性，在很多情况下，其高效性和准确性是理论计算和实验方法都无法达到的。在未来，基于组合方法的机器学习模型可用于确定和指导设计合理纳米材料的原则或规则。

16.3.2 机器学习设计具有吸附性能的纳米材料

纳米材料，如石墨烯、碳纳米管和金属有机框架材料（metal-organic framework，MOF），由于其巨大的比表面积和复杂的多孔结构，因而表现出良好的亲和性或吸附性能。这些纳米材料被广泛用作环境污染物、二氧化碳、一氧化碳和氢气的吸附剂，甚至用于分解手性分子。加速纳米级吸附材料的发现和有效运用，依赖于凭借化学洞察力和结构 - 性质关系进行的合理设计。机器学习作为一种高效的、准确的、替代反复实验的方法，在选择最先进的吸附剂方面具有广阔的应用前景。现有的吸附模型通常是针对中性化合物开发的，而深度学习神经网络方法可以预测许多新出现的极性的或可电离的有机污染物的吸附。神经网络模型是基于一般可用的参数或者可从在线数据库中免费获得的参数。纳米多孔材料基因组是一个重要的数据库，提供了大约 67 万个多孔材料结构。利用深度神经网络方法和现有的材料数据库，研究人员可根据自己的需求构建相应的深度学习预测模型。

在各种吸附剂中，MOF 提供了结构和化学上可定制的纳米孔，使这些材料有望实现高效的二氧化碳捕获。机器学习预测结果表明，羟基、硫醇、氰基、氨基或硝基的功能化作用提高了母体 MOF 的二氧化碳捕获指标。在选择描述符时，使用结构中的原子类型，而不是以前被广泛使用的结构单元，可以得到更准确的预测效果。Boyd 等通过对包含超过 30 万个 MOF 的计算筛选库进行数据挖掘，鉴定出了 MOF 中较强的 CO_2 结合位点，模型的拟合系数 R^2 值高于 0.98。在上述方法中，合成的 MOF 对来自人为源的二氧化碳具有很强的吸附作用，且不受水蒸气和氮气的影响。

机器学习也促进了对吸附动力学的理解。例如，基于机器学习方法的创新吸附模型比传统的等温线模型表现更好。需要注意的是纳米材料的吸附性能影响其催化行为。例如，析氢反应（hydrogen evolution reaction, HER）对纳米团簇的催化活性取决于不同的吸附位点结构。Ni_2P 催化剂对 HER 的活性受到 Ni_3 空心位点强 H 吸附的限制。表面非金属掺杂增加了在 Ni_3 空心位点上的 H 吸附的自由能，并且改变了 Ni_2P 的催化活性。

16.3.3 机器学习预测纳米材料电学性质、光学性质和热导率

在光伏发电和传感器阵列中，其电学性质非常重要。石墨烯是一种碳基半导体材料。为了研究纳米尺度特征与石墨烯的电子性质之间的内在关系，Fernandez 等采用多元线性回归（multiple linear regression, MLR）、决策树（decision tree, DT）、*k* 近邻（*k*-nearest neighbor, *k*NN）、人工神经网络（artificial neural network, ANN）和支持向量机（support vector machine, SVM）等多种机器学习方法建立了定量结构 - 性质关系（quantitative structure property relationship, QSPR）模型，预测石墨烯的电子亲和能、费米能级、电子带隙和电离势。对于费米能级和带隙量，机器学习模型的总体预测准确率分别高达 94% 和 88%。机器学习模型对所有属性值的预测达到了拟合系数 R^2=0.9 的强相关性。Sun 等采用多种机器学习算法，如 *k* 均值聚类（*k*-means）、逻辑回归、随机森林、主成分分析（principal component analysis, PCA）和三层神经网络（ANN）分析了 425 个虚拟银纳米颗粒，并成功地将费米能级映射到几何、结构、拓扑和形态特征上。Zhang 等采用基于差分进化算法的反向传播神经网络研究了柔性银 / 聚氨酸（Ag/PAA）复合材料的电学性能，该复合材料在智能穿戴设备中具有重要的应用价值。利用 1077 个学习样本和 49 个预测样本，对柔性银 / 聚氨酸薄膜在不同优化制备条件下的片材电阻进行了预测，预测的相对误差小于 1.96%。利用优化后的工艺参数成功制备了

应变传感器、摩擦电纳米发生器和电容式压力传感器阵列。

热性质对于纳米结构材料、纳米半导体材料和纳米流体的应用非常重要。例如，在纳米结构材料中实现超低的晶格热导率对于许多应用（如热电能量转换）极具吸引力。由于设计空间太大，采用基于直觉的人工搜索方法很难找到热导率的下限，但遗传算法仅通过探索设计空间的一小部分就能有效地识别出全局最小热导率。局部原子环境的微小畸变会显著降低晶界（grain boundary, GB）结构的热导率。Fujii 等利用多元线性回归算法并以局部畸变因子作为结构描述子，准确预测了 GB 的热导率，其 R^2 值为 0.92。除了预测热导率外，机器学习算法还被用于设计高性能热界面材料。石墨烯与六方硼氮化体之间的界面热阻可以通过不同的机器学习模型准确预测，只考虑系统温度、两层间耦合强度和面内拉伸张力。Yang 等使用逻辑回归、多项式回归、决策树、随机森林和人工神经网络来预测石墨烯和六方氮化硼之间的界面热阻，然后比较了这些算法的均方误差（mean square error, MSE）。在他们的研究中，所构建的神经网络具有两层紧密连接层（dense layers），每层 20 个神经元，其 MSE 最小为 $0.045\times10^{-7}K\cdot m^2/W$，在所有的机器学习模型中表现出最佳的预测性能。机器学习技术使下一代热材料的设计更加精确，因为它允许以较小的计算开销识别显示所需热传输行为的结构。

纳米材料通常具有比块状材料更好的光学性能，如更强的光吸收、吸收光谱的红移 / 蓝移、更高的激子密度和荧光现象，因此在光传感、光电、光发射和光存储等领域有着重要的应用。通过机器学习可以从大量的训练例子中发现纳米结构和光响应之间复杂的、非直观的关系。这些机器学习应用既实现了光学性能的正向预测，又从给定的需求实现了纳米材料的逆向设计。例如，一个由两个双向神经网络组成的基于深度学习的模型被用来设计和优化在预先设计的波长具有强手性响应的三维手性超材料，该数据驱动模型可作为研究复杂的光 - 物质相互作用和加速纳米光子器件设计的有力工具。机器学习还用于预测有机聚合物的折射率，改善胶体量子点的单分散性，设计具有特定荧光颜色的 DNA 稳定银簇。在机器学习的帮助下，可以在合成前预测具有特定光学性质的纳米材料。

16.3.4 机器学习用于纳米药物设计

纳米材料可以通过使药物释放速率与患者的特定药代动力学和药学特征相适配来提供可控的给药剂量。与瞄准方法类似，外部刺激被用于此目的。可按需释放靶剂的多孔支架为控制释放和给药提供了一种有吸引力的方法。例如，一种基于海藻酸盐的大孔铁凝胶，用 Fe_3O_4 纳米颗粒构图，在外部磁场下显示出可逆变形，从而能够逐步释放不同部分，从低分子量药物米托蒽醌（Ⅱ型拓扑异构酶抑制剂）到质粒 DNA，甚至到整个细胞。电场和超声还用于体外和体内动物模型，以实现各种纳米材料的脉冲释放，包括电敏聚合物纳米孔膜和介孔二氧化硅纳米颗粒。然而，为了改进个性化给药技术，脉冲释放系统必须与实时传感技术相结合，以与胰岛素泵的操作类似的方式监测血浆或靶点中的药物水平。这将对长期稳定的纳米传感器制造技术带来挑战。

剂量控制也不总是足够使治疗个性化，因为具有不同药物基因组特征的患者对不同药物剂量的反应不同。在这种情况下，可以利用 AI 来确定药物剂量与治疗结果的相关性。例如，人工神经网络被开发用于根据辐射的物理规格、治疗目标以及患者的生理和解剖参数，为癌症患者构建量身定制的放射治疗计划。目前，这些方法也被用于根据药物特性、生理测量和基因表达谱来预测化学药物的药物反应关系。其他AI模型直接将患者的病情和建议的治疗方法联系起来，从而在不考虑患者特定剂量的情况下预测治疗效果。例如，一种药物遗传预测因子被用来预先确定乳腺癌患者对紫杉醇、氟尿嘧啶、多柔比星（doxorubicin）和环磷酰胺联合治疗的反应。为此，基于82例接受上述联合药物治疗的乳腺癌患者的基因表达谱训练数据，设计了一个分类模型，AI模型成功预测了51例被分析患者中92%的病理完全缓解。对纳米药物实施这些剂量和治疗效果预测将有助于改善其在临床环境中的表现。

16.4 机器学习应用于纳米材料设计的国内发展现状

该领域研究内容涉及纳米材料大数据构建与处理、人工智能方法开发及应用等。人工智能已上升至国家战略地位。“十三五”期间，国家政策支持力度逐步加大，市场也迅速作出了反应，市场规模逐年扩大，人工智能市场前景十分广阔。随着人工智能技术的逐渐成熟，科技、制造业等业界巨头布局的深入，应用场景不断扩展。作为人工智能的核心技术，深度学习在图像、语音、自然语言处理等领域取得了大量关键性突破，如百度公司的自动驾驶、人脸识别等。上述技术成果可以为该领域的高质量数据集成技术开发和深度学习模型构建等研发工作的开展提供技术支撑。

国内优势团队在该研究领域已积累了众多可利用的软硬件资源。如南开大学胡献刚教授团队在纳米-生物效应、环境毒理以及毒性大数据分析等方面的研究，可为该领域纳米材料风险评估、构效关系分析等交叉学科研究提供支持；湖南大学曾湘祥教授团队在生物医疗大数据所积累的重要研究成果，可为该研究领域高质量纳米材料大数据集成技术的研发提供借鉴；浙江大学侯廷军教授团队在深度学习模型预测分子药代动力学性质方面取得的重要成果，为该领域深度学习预测模型构建奠定了基础。另外，由科技部支持创建的国家超级计算中心，为该领域所要开展的大数据处理、深度学习模型构建等提供了所需的计算机硬件资源。下面选取几个代表性的工作做简要介绍。

16.4.1 机器学习预测纳米颗粒表面吸附蛋白冠种类（南开大学胡献刚教授）

在生物应用中，纳米粒子（NP）与许多蛋白质相互作用，并在进入血液或与细胞外基质接触后立即形成蛋白冠。蛋白冠重塑了NP与生物系统界面的理化性质（如尺寸、电荷、亲水性和稳定性），因此在巨噬细胞吸收、循环时间、免疫反应和NP的细胞识别中发挥了重要作用。分析蛋白冠最传统的方法包括蛋白质分离程序，然后使用基于质谱的蛋白质组学进行蛋白质鉴定。蛋白冠组成是指占蛋白冠中总蛋白质的相对蛋白质丰度（RPA），是描述蛋白冠的一个重要参数。利用抗体标记的金纳米颗粒研究了NP的生物分子电晕上蛋白质结合位点的表面定位。用计算机而不是通过实验室实验来预测蛋白冠的组成可以节省成本，并且可以预测生物实体和各种NP之间未知的相互作用。迄今为止，许多因素（如NP理化性质、孵育和分离条件）已被证明会影响蛋白冠的生物反应和组成。因此，很难用一般的线性回归模型或密度泛函理论来描述蛋白冠的组成。密度泛函理论需要特定的分子结构，需要大量的时间来计算复杂的系统，并且由于缺乏特定的分子结构和多种蛋白质的共存，无法准确有效地预测 NP 上的电晕形成。各种 NP 与蛋白冠形成之间的复杂关系以及众多的定量或定性因素限制了密度泛函理论的应用。一般的线性回归模型不能处理多变量问题，因此研究了将其与机器学习进行比较。此外，由于 NP 的多维属性与蛋白冠功能组分之间的高度异质性，许多传统模型（如定量结构活性关系）难以预测蛋白冠的功能指纹。

众所周知，NP 的细胞识别可以确定其应用和不良影响，但由于多维因素 - 响应依赖，用实验方法和传统模型检测和预测各种 NP 的细胞识别非常困难。蛋白冠通过展示关键功能基序与受体相互作用作为关键表位的暴露，将细胞识别（例如巨噬细胞的细胞摄取和免疫反应）联系起来。例如，从生蛋白作为一种 dysopsonin，通过遮蔽 NP 而不被巨噬细胞识别，增加了 NP 的隐身特性。因此，预测蛋白冠可能是预测已知和未知 NP 生物学反应的有效方法。本研究将机器学习和元分析相结合，探索蛋白质在不同 NP 上的潜在结合模式，然后根据蛋白冠的功能组成预测 NP 的生物学效应。建立一个稳健而灵活的模型对于在实验工作之前预测大范围的 NP 和生物反应上的电晕形成至关重要，可以显著降低实验工作的成本。准确预测蛋白冠的功能组成和由此产生的细胞识别有助于指导已知和未知 NP 的设计、合成和有效应用。该研究成果发表在 *Proceedings of the National Academy of Sciences*, 2020, 117（19）: 10492-10499。

16.4.2 机器学习设计纳米酶（南开大学黄兴禄教授）

纳米酶是具有酶催化性能的纳米材料。与天然酶不同，纳米酶展现出相对较高的稳定性和对温度和 pH 的耐受性。结合纳米材料的固有特性，纳米酶在生物传感领域、抗菌药物、环境污染和疾病治疗方面具有广泛的应用潜力。自从我国在 2007 年发现具有固有过氧化物酶活性的铁磁性纳米颗粒以来，已经有很多的出版物报道了纳米材料——类酶活性，其中至少涉及六类类酶。根据文献报道，不同的纳米材料本质上都具有相同的类酶活性，且不同类型的纳米材料往往表现出不同的类酶催化活性。异构的结果揭示了纳米酶在催化能力方面的复杂性和多样性。事实上，纳米酶的颗粒与性质关系是复杂的，目前缺乏基本的了解。此外，合成具有所需特性的纳米酶通常是通过试错、直觉和经验来确定的，这是耗时、费力和耗费资源的。

作为人工智能的一个分支，机器学习的目标是开发基于现有数据的数学模型推断算法，提供一种很有前途的方法加速研制所需纳米粒子的工具。当机器学习应用于变量和未知结果之间的复杂关系时特别有效，并可以揭示数据中隐藏的特征。例如，全连接深度神经网络（DNN）是一种在输入和输出层之间具有多个隐藏层的人工神经网络。包含隐藏数据层的信息“黑匣子”可以通过非线性函数逼近算法发现。近年来，利用机器学习模型进行数据挖掘，成功地获得了优化的或新的材料。特别是机器学习辅助材料发现，利用失败的实践经验，在指导具有理想性能的材料的开发方面有强大潜力。鉴于纳米酶的复杂性和多样性，我们考虑机器学习能否揭示纳米酶特征与性能之间的隐藏关系，以促进具有优先功能的纳米酶的预测和开发。

在此，南开大学黄兴禄教授课题组通过对已发表文献中提取的数据进行训练，开发了基于全连接 DNN 方法的纳米材料类酶活性分类和定量预测模型［图 16-3（a）］。为了建立模型，将提取的数据经过数字化处理后，人工分为内部因素和外部因素［图 16-3（b）］。为了预测纳米酶，首先将这些因素作为自变量填入输入模块。然后利用该分类模型输出拟酶类型（即因变量），包括过氧化物酶（POD）、氧化酶（OXD）、超氧化物歧化酶（SOD）和过氧化氢酶（CAT）。在定量模型中，通过对酶活性系数的归一化，将各类酶活性水平设为因变量。同时，引入了模型和验证数据集的正则化方法，以克服模型可能存在的过拟合问题。此外，为了验证两类模型的预测精度，利用合成的纳米材料进行了实验验证。重要的是，为了揭示纳米酶特征与性能之间隐藏的机制，通过灵敏度分析探索了两类模型的可解释性。该研究成果发表在 *Advanced Materials*, 2022, 2201736。

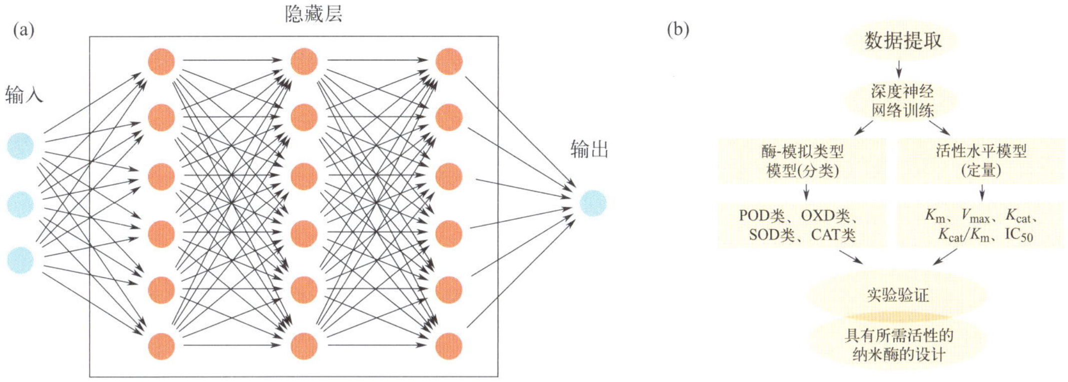

图 16-3　机器学习模型构建示意图

16.4.3 机器学习设计碳点白光发光二极管（苏州大学李有勇教授）

白光发光二极管（WLED）在照明和显示方面起着至关重要的作用，近年来受到了广泛的关注。到目前为止，各种发光材料，包括有机分子、荧光粉、半导体量子点等在白光发光二极管的应用中占据主导地位。碳点（CD）具有环保、合成方法简单、经济、无毒等优点，在生物医学成像、光催化、电催化和传感器等领域具有广阔的应用前景。此外，碳点由于其固有的发光波长可调性、高光致发光量子产率、在不同溶剂中良好的溶解性和低光漂白率等光学优势，在发光二极管（LED）领域开辟了一条新的道路。迄今为止，通过不同的合成方法和不同的前驱体，制备了具有从红到紫的光致发光（PL）的碳点。近年来，该领域发展迅速，一些碳点的光致发光量子产率高达 90%，其光致发光光谱的半极大值处全宽窄至 20nm 左右，基本接近显示器件的要求。然而，大多数碳点具有较宽的发射光谱，且碳点与复合界面之间存在电子转移，使得基于碳点的发光器件（CD LED）的设计非常复杂。大多数碳点白光发光二极管是在蓝色 GaN-chip 的基础上实现的。

近年来，机器学习在材料制造和实验结果预测方面发挥了重要作用。然而，仍然缺乏使用机器学习来指导发光二极管制造的工作。在这里，苏州大学李有勇教授与合作者展示了由 PTCDA 合成绿色和橙色碳点的过程。绿色碳点的光致发光光谱以 493nm 为中心，光致发光量子产率为 63.5%，而橙色碳点的光致发光光谱以 553nm 为中心，光致发光量子产率为 83.6%。橙色碳点发光二极管的光致发光光谱以 560nm 为中心，EQE（外部量子效率）为 1.98%，发光强度为 626cd/m^2; 绿色碳点发光二极管的光致发光光谱以 498nm 为中心，外部量子效率为 1.76%，发光强度为 519cd/m^2。此外，机器学习完成了一项漫长而复杂的工作，通过结合蓝色、绿色和橙色碳点，指导完成从 3093K 到 11018K 可调相关色温（CCT）的白色光致发光。在机器学习的指导下，准确地设计和制作了相关色温为 3107K、4071K 和 4548K 的暖白碳点发光二极管，以及相关色温为 5632K［CIE 坐标为（0.33,0.33），外部量子效率为 1.18%，发光强度为 598cd/m^2］和 6034K 的冷白碳点发光二极管。该研究成果发表在 *Angewandte Chemie*, 2021,133（22）,12693-12698。

16.4.4 机器学习设计碳点白光发光二极管（浙江大学侯廷军教授）

使用机器学习辅助生物活性化合物的开发已成为许多现代药物研发过程中的重要组成部分。如果基于机器学习的从头药物设计方法（包括分子生成）能够加速发现和 / 或优化具有理想治疗效果的新型配体，这将非常具有吸引力。自动设计这一高远的目标距离成为主流方法还需要一段时间。主要障碍为药物设计是一个固有的多约束优化过程，例如，一种先导化合物必须表现出对一个或多个预期靶点的强烈而特异性的结合能力、高药物相似性、低毒性等。除此之外，我们还需要一种机器学习模型来最大化其输出的多样性和新颖性（即更多样和新颖的分子结构）。为了满足这些严格且有时相互矛盾的需求，需要不断开发新技术，以进一步提高药物设计的成功率。

为此，浙江大学侯廷军教授课题组提出了一种新的分子生成方法——多约束分子生成（MCMG）。首先，Conditional Transformer 由于在自然语言处理中的优越性能，可用于构建生成模型。分子可以作为一种化学语言用简化的分子输入行条目系统（SMILES）表示，这样可以使用 Conditional Transformer 自然地生成 SMILES。然后采用知识蒸馏模型来降低模型的复杂度，以便 RL（reinforcement learning，强化学习）能够有效地对其进行微调。RL 最初是为了快速部署，而将从大型模型或多个模型中学习到的知识转移到另一个轻量级模型中。这种蒸馏方法还可以大大改善生成分子的结构多样性。在两种评估方案下对 MCMG 进行了彻底的研究和基本测试。MCMG 展示了在多任务约束生成任务中的优越性能。与现有水平相比，MCMG 在所有实验中都表现优异，并且在相同的条件下，它可以生成更多具有理想性质的分子。此外，生成的分子拥有更高的结构多样性和更多类型的骨架。该研究成果发表在 *Nature Machine Intelligence*, 2021, 3（10):914-922。

16.5 机器学习应用于纳米材料设计的潜在方向

为了真正实现机器学习在纳米材料设计中的广泛应用和成果落地，应该消除或减少将机器学习应用于纳米安全的障碍（例如，数据集的缺乏和纳米描述符的不足）。我们认为，通过扩展机器学习和深度学习方法在药物设计、医疗健康等领域的发展，相关领域可以在未来的几个方向上取得进展。我们设想这些建议将推动机器学习和深度学习方法的快速发展，从而在这一领域产生影响。

16.5.1 高质量纳米材料数据库构建

具有结构多样性和统一实验标准的生物效应的纳米材料是确保构建具有良好鲁棒性和泛化能力的机器学习模型的重要先决条件，可以通过纳米组合库和高通量筛选来实现。纳米材料的纳米组合库可以通过编程各种物理化学参数来实现，包括形貌、成分和表面性质。在过去的十年中，研究人员已经使用了高通量的方法来研究纳米材料的物理、化学性质与其生物活性之间的相关性。这些方法包括合成大量的纳米材料或设计良好的组合库。我们的实验室是最早开展纳米组合化学研究的实验室之一：

① 2008 年，Zhou 等设计了一个包含 80 个多壁碳纳米管的纳米管库，其表面化学性质由具有不同物理、化学性质的小分子修饰。该纳米管库已被用于以系统方式调节细胞毒性、免疫毒性、自噬、细胞分化和肝脏中 CYP3A4 酶的扰动。

② 类似地，在 2010 年，Zhou 等开发了一个由 30 个金纳米颗粒组成的库，这些纳米颗粒显示了多种表面化学性质，并将其用于探测细胞识别。

③ 通过仅逐渐改变一种性质同时保持其他性质基本不变，Su 等设计了一个包含 17 种正负电荷逐渐增加的金纳米粒子库，该库的正电荷或负电荷逐渐增加。

④ 2018 年，Sun 等设计了 41 个具有单一物理、化学性质（如电荷密度、疏水性或氢键密度）单变量梯度变化的金纳米颗粒。

⑤ Bai 等合成了一个由 36 个纳米颗粒组成库，其中包含三种类型的核心材料（Au、Pt 和 Pd）的所有组合，两种尺寸（6nm 和 26nm），每一种都与六种疏水性不同的表面配体之一偶联。这些纳米组合库数据集已被广泛用于机器学习。

16.5.2 新型纳米描述符开发

纳米描述符在生成 QNAR 模型时的重要性怎么强调都不为过。毫不夸张地说，有了好的纳米描述符，几乎任何机器学习算法都可以创建有用的模型。显然，迫切需要创建更好的纳米描述符。对于有机小分子和纳米粒子，一个好的描述符应具有以下特征：

① 一种描述符应首先涵盖有关结构特征和 / 或物理化学性质的足够信息；

② 生成的描述符应该是可解释的，可以用来理解生物过程或物理、化学性质的复杂性，指导目标分子或纳米粒子的优化；

③ 描述符应该易于计算，不需要大量的计算时间和资源；

④ 描述符应具有可重复性，其生成方法或代码可公开访问。

对于人工智能辅助的纳米毒理学，最大的挑战之一是开发适当的纳米材料表示，以提高人工智能模型的可靠性。几十年来，已经开发了许多纳米描述符来表示纳米材料的结构特征及其物理、化学性质。然而，大多数纳米描述符并不具有真正的纳米特异性，而是从有机小分子中借来的。纳米级特性的特殊性也导致了纳米描述符生成中的其他重大挑战，这些挑战需要在不久的将来解决以补充现有的纳米描述符。

16.5.3 新型纳米材料的逆向设计

机器学习模型的一个重要目标是识别具有某些理想性质的新型纳米材料，如低毒性或理想生物活性。目前，机器学习实现这一目标的主要方式是预测大量虚拟纳米材料的性质，这一过程也称为“高通量虚拟筛选”。尽管这种方法产生了有益的新材料，但它仍然面临着巨大的挑战，例如：①构建和筛选大型虚拟数据库既费时又低效，因为所需的资源数量与发现的少量点击量相比不成比例；②数据库中的许多材料远离模型的适用范围，这导致了不准确的预测。深度学习（即深度生成模型）的最新进展改变了上述格局，使得能够生成新的分子和材料来进行有效的探索。深度生成模型主要包含两个部分，一个编码器将分子或材料的离散表示（例如，3D 几何结构、SMILES 或图像）转换为潜在变量或描述符，另一个解码器允许将潜在描述反转以生成具有改进性能的新分子或材料结构。分子逆向设计方法与传统方法的不同之处在于，它不再从结构中导出属性，而是预先选择属性参数，并通过结构与属性之间的反向映射推断出满足这些属性的未知分子。最近，研究人员开始在分子或材料合成之前将这些技术应用于目标用户所需的性能。例如，Kim 等开发了一种称为 ZeoGAN 的生成对抗网络，以实现具有理想甲烷吸附热的晶体多孔材料的逆向设计。Kotsias 等开发了一种用于分子生成的条件递归神经网络，该网络通过直接塑造生成分子的特性来解决逆向设计问题。然而，到目前为止，纳米材料逆向设计应用的例子还很少。

16.5.4 纳米材料与环境污染物复合毒性预测

近年来，在大气和地表水等不同的环境分区中发现了人为纳米材料。不可避免地，纳米材料在环境中的出现和分布导致了与化学物质的相互作用，并可能作为各种有机化学物质和重金属的载体在环境生物体中产生混合效应。因此，研究纳米材料与化学物质，特别是新兴污染物的联合毒性是必不可少的。如上所述，尽管已经为毒性预测建立了各种机器学习模型，但几乎所有的研究都集中在单个化合物或纳米材料上，而且还没有成熟的方法可以直接用于建模混合物的特性。机器学习在混合物毒性预测中的应用主要受到以下因素的限制。首先，缺乏可靠的数据是即使是小分子的化学混合物也面临的最大挑战之一。其次，缺乏描述混合物性质的适当描述符也是纳米材料和环境污染物复合毒性预测的一大障碍。Cherkasov 等总结了所有先前使用的描述符，这些描述符可分为实验描述符和三种不同的计算描述符。这里不再重复实验描述符的缺点，但主要限制是所有计算的描述符都独立地表征混合物中的单个化合物。第三个限制是缺乏严格的外部验证。通常，训练和测试集都包括具有不同摩尔分数的相同混合物的数据点。因此，模型的真实预测性能没有得到正确估计。因此，在预测纳米材料和其他化学物质的混合物毒性方面克服这些限制的主要任务是：

① 生成更多关于纳米材料与新污染物结合的毒性数据；

② 开发代表混合物组合性质的新描述符，例如在我们之前的研究中，应用四面体描述符来描述与各种污染物组合的碳纳米颗粒的性质；

③ 实施更严格的外部验证，例如，预测来自训练集的混合物的任何组成的研究性质，以

及预测由训练集中不存在的新纯化合物形成的混合物的性质。

16.5.5 端到端深度学习预测模型开发

与传统的机器学习方法相比，深度学习方法的一个主要优势是自动特征提取，这大大促进了人工智能的发展。例如，卷积神经网络可自动提取用于人脸识别的图像特征；Word2vec算法使用神经网络自动学习单词关联，用于自然语言处理。受这些成就的启发，研究人员现在正在应用这些技术从分子表示（例如图像和微笑）中自动提取特征，而无须进行描述符计算。例如，Cortés Ciriano 和 Bender 开发了一套卷积神经网络架构，用于根据其 Kekulé 结构表示预测化合物的细胞毒性，无须生成化合物描述符或使用复杂的图像处理技术。同样地，Asilar 等应用卷积神经网络以化学图像作为输入预测肝毒性，该网络在不计算分子描述符的情况下，在化学结构和性质之间建立了直接相关性。我们可以从这些方法中学习，为纳米毒性预测建立端到端的深度学习模型。在研究中，我们应用纳米结构图像和卷积神经网络对纳米颗粒的活性和性质进行端到端建模。然而，需要记住，只有通过纳米结构数字化，才能将纳米结构转化为图像或其他合适形式的数据。

16.6 机器学习应用于纳米材料设计的展望与未来

使用机器学习方法，近些年在发现新的纳米材料和预测纳米材料的性质（例如形态、毒性、活性、能量差和缺陷状态）方面取得了重大成就。机器学习显示出加速纳米材料开发的强大能力，这将使研究人员从复杂的研究任务中解脱出来。然而，要实现用于智能纳米材料研究的完全自主系统还有很长的路要走。在此，我们提出了可能有助于这种自主纳米材料系统的进一步研究方向。

机器学习是一种数据驱动的学习方法，通常需要大量的训练数据才能达到预期的性能。纳米组合学是一个新兴的材料研究方法，通过纳米级实验条件的大规模并行化，提供了一种快速可靠的方法来为机器学习生成大量高质量的训练数据。在纳米组合学中，纳米组合库通常使用先进的方法生成，例如扫描探针光刻（SPL）、无悬臂 SPL 和纳米组装。这些具有足够多样性和复杂性的纳米组合库将是机器学习的宝贵资源。

除了有意增加训练数据量外，促进纳米材料机器学习的另一种方法是在小型数据库上高效地训练模型。在字符识别和药物发现的任务中，One-shot learning 方法已被用来解决训练数据量小的问题。优化或开发机器学习算法将是紧迫和有前途的，特别是当纳米材料领域的数据量本质上很小的时候。

机器学习可以增强现有的理论计算方法。传统的量子 / 分子力学，如密度泛函理论、分子动力学和蒙特卡洛技术，已与机器学习相结合进行材料研究。结合高通量计算筛选方法和进化算法，机器学习方法正在成为设计合成方法和预测纳米材料复杂性质，甚至发现新纳米材料的有力工具。

此外，应建立标准和国际纳米材料生态系统，以有效可靠地评估机器学习的纳米材料的新特性和应用。我们相信，用于纳米材料科学的强大人工智能或人工通用智能系统最终将在未来成为现实。

参考文献

作者简介

闫希亮，广州大学大湾区环境研究院讲师。长期从事计算毒理学研究，目前主要研究方向为大数据、人工智能、分子模拟等计算手段在环境化学中的应用。以第一作者 / 通讯作者在 *Nature Communications*、*Environmental Science & Technology* 等国际著名期刊发表十余篇研究论文，并得到国际同行好评。申请国家发明专利 5 项。主持国家自然科学基金青年基金项目 1 项、广州市基础研究计划项目 1 项。

刘国红，广州大学大湾区环境研究院博士后。长期从事环境毒理研究，近两年以第一作者身份在 Environmental Science & Technology、Journal of Hazardous Materials 等期刊发表多篇研究论文，申请国家发明专利 6 项，主持广东省基础与应用基础区域联合基金 - 青年基金 1 项。